Marcel Pott · Renate Schimkoreit-Pott

BEIRUT

Zwischen Kreuz und Koran

westermann

CIP-Kurztitelaufnahme der Deutschen Bibliothek

Pott, Marcel
Beirut: zwischen Kreuz und Koran
Marcel Pott; Renate Schimkoreit-Pott. –
Braunschweig: Westermann, 1985.
ISBN 3-07-508840-4
NE: Schimkoreit-Pott, Renate

1. Auflage 1985
Schutzumschlag: Wolfgang Rühle und Jürgen Peters
Satz: Hagedornsatz, Berlin
Druck und Bindung: Mainpresse Richterdruck Würzburg

ISBN 3-07-**50 8840**-4

Inhaltsverzeichnis

Die Libanesen unter sich

Milizenschlacht in Beirut

»Ich glaube an die Wiedergeburt«, sagte der junge drusische Milizionär lächelnd, als er sich auf der Treppe niederließ, die zu unserem eineinhalb Quadratmeter großen Kellerloch führte. Lässig klemmte er seine Maschinenpistole, eine russische Kalaschnikow, zwischen die Beine und musterte uns wortlos, während wir verängstigt auf dem feuchten Zementboden hin- und herrutschten, immer bemüht, mit angestrengter Freundlichkeit unseren Schrecken zu verbergen.

In dieser naßkalten Februarnacht 1984, als die Koalition von schiitischen Muslimen und drusischen Milizen die Macht im Westsektor Beiruts übernehmen sollte, hatten wir so lange wie möglich in unserer Wohnung im 4. Stock eines Appartementhauses ausgeharrt.

Schon in den frühen Nachmittagsstunden, kurz nach Verkündung der absoluten Ausgangssperre, mußten wir den ersten Schrapnelltreffer hinnehmen, der die Frontscheibe unseres Büros zerstörte. Wir zogen uns mit einem Telefon und der Schreibmaschine in den inneren Teil der Wohnung zurück. Bis sechs Uhr abends hatten wir noch Kontakt zur Außenwelt, dann brach alles zusammen, und das Inferno begann: Mit einem heimtückischen Pfeifen schossen die Raketen und Granaten heran, um dann mit einem ohrenbetäubenden Knall über, hinter oder vor unserem Haus zu explodieren. In Minutenschnelle zerbarsten sämtliche Fensterscheiben, und schwerer Zementstaub legte sich auf unsere Lungen.

Die Flugbahn der Geschosse ließ schon vermuten, was wenig später zur Gewißheit werden sollte: Längst war es nicht mehr allein die libanesische Armee, die gegen die muslimischen Milizen kämpfte, sondern die christlichen Privattruppen im Ostsektor Beiruts feuerten ebenfalls aus allen Rohren.

In einer Kampfpause inspizierten wir kriechend unsere Wohnung und stellten fest, daß sie drei Treffer erhalten hatte. Doch es sollte noch schlimmer kommen: Während wir zusammengekauert in unserer »sichersten« Ecke hockten, wurde das gesamte Gebäude wie von einem Erdbeben bis in den letzten Winkel hinein erschüttert. Zwei schwere

Raketen hatten es direkt getroffen. Eine hatte die im Hinterhof geparkten Autos lichterloh in Brand gesetzt und mehrere Alarmanlagen ausgelöst, die stundenlang einen gespenstischen Heulton von sich gaben – bis die Autobatterien schließlich leer waren. Die zweite Rakete war in eine Nachbarwohnung eingeschlagen, die sofort in hellen Flammen stand. Der vom Aufprall zerfetzte Balkon fiel brennend, Stück für Stück, in den Hof. Wir fürchteten, daß sich das Feuer im ganzen Haus ausbreiten und das Treppenhaus erreichen könnte, wodurch uns der einzige Fluchtweg versperrt gewesen wäre.

An den Einsatz der Feuerwehr war nicht zu denken, denn in dieser Stunde brannte halb Beirut. Also stiegen wir hinab in den kleinen Keller, der gerade Platz genug bot für die erbärmliche Küche unseres Hausmeisters.

In jener Nacht machten wir auch Bekanntschaft mit der »Solidarität« unserer Nachbarn – fast ausschließlich amerikanische Diplomaten. Als wir uns in dem kleinen Kellerraum so gut es ging einrichteten, erschienen plötzlich auf der Treppe zwei bewaffnete Sicherheitsbeamte der US-Botschaft: »Wer ist hier Amerikaner?« – hieß es knapp und unzweideutig. Die Angesprochenen sprangen auf und verschwanden, nicht ohne das in letzter Minute gerettete Katzenfutter unter den Arm zu klemmen.

Der infernalische Granatendonner nahm die ganze Nacht hindurch kein Ende. Wir saßen in unserem Kellerloch wie die Ratten in der Falle und versuchten, uns gegenseitig mit »logischen Überlegungen« Mut zu machen: »Es ist höchst unwahrscheinlich, daß unser Haus sich vollends in einen Trümmerhaufen verwandeln könnte, selbst wenn es noch weitere Volltreffer erhalten sollte, denn die Geschosse, die auf unser Viertel niederregnen, sind zur totalen Zerstörung von massiven Bauten nicht geeignet – und Luftangriffe werden nicht geflogen.«

Erst am späten Vormittag des nächsten Tages flaute der Kampflärm ab, und wir wagten einen Blick in unsere Wohnung: Überall Zerstörung.

Wir entschlossen uns, im Journalisten-Hotel »Commodore« Zuflucht zu suchen, um von dort aus den telefonischen Kontakt nach Deutschland wieder aufnehmen zu können.

Mit der Angst im Nacken, daß die Kampfpause nur von kurzer Dauer sein könnte, machten wir uns zu Fuß auf den Weg in die Innenstadt, vorbei an den Milizionären, diesen schwerbewaffneten jungen Männern in Jeans und T-Shirts, die plötzlich wieder – als seien sie aus dem Nichts gekommen – das Straßenbild bestimmten. Der »gesetzlose Zustand« war zurückgekehrt, so, als hätte es nie eine israelische Invasion und einen Abzug der Palästinenser gegeben, geschweige denn den Versuch der libanesischen Staatsmacht, im eigenen Land Fuß zu fassen.

Die Bilder, die wir sahen, glichen der Szenerie aus einem Film über das Ende der Welt: Hunderte von ausgebrannten Autowracks, verkohlte Baumstümpfe, völlig zusammengestürzte Häuser, aus denen noch kleine Flammen schlugen oder dunkler Rauch aufstieg, dazwischen ängstliche, bleiche Menschen, denen man ansah, daß sie gerade eben – wie wir selbst – aus ihren Verstecken wieder ans Tageslicht gestiegen waren.

Den ekelerregenden Geruch von verbranntem Fleisch und Kunststoff in der Nase, widerstanden wir so gut es ging dem Drang zu rennen, denn ein libanesischer Freund hatte uns warnend zugerufen, dies könnte die Milizionäre zum Schießen reizen.

Als wir das Hotel erreichten, wußten wir, daß wir die schlimmste halbe Stunde unseres bisherigen Lebens überstanden hatten.

Beirut ist wieder eine geteilte Stadt

Am Morgen des 7. Februar 1984 war Beirut wieder eine geteilte Stadt. Die »Grüne Linie«, jener sich mitten durch Beirut ziehende Streifen aus durchlöcherten Häusern, in denen kaltblütige Heckenschützen ihr tödliches Spiel trieben, dieses Schlachtfeld des unerbittlichen Bruderkampfes, war nach nur 16 Monaten gescheiterter Friedensversuche zu neuem bedrohlichen Leben erwacht.

Diese Todeslinie war während des libanesischen Bürgerkriegs 1975/76 entstanden und trennte seither den christlich beherrschten Osten von dem überwiegend muslemisch bewohnten Westen Beiruts. Im Herbst 1982, als die palästinensischen Guerillas im Zangengriff der israelischen Armee die libanesische Hauptstadt verlassen mußten, verlor die »Grüne Linie« vorübergehend ihre Bedeutung. Denn in einer kurzen Phase der Versöhnungsbereitschaft aller Bürgerkriegsparteien waren die beiden Sektoren Beiruts wiedervereinigt worden.

Nun aber, nachdem die muslimischen Milizen sich gegen den christlichen Präsidenten Amin Djemayyil erhoben und seine Armee in erbitterten Straßenkämpfen aus West-Beirut vertrieben hatten, war die »Grüne Linie« wiederum der alte Todesstreifen.

Zwei Tage nach dem Bombeninferno ertönen in den Geschäftsvierteln Beiruts wieder die schrillen Hupkonzerte der autovernarrten Libanesen. Ihre außergewöhnliche Überlebenskraft beginnt – wie so oft schon – sich erneut zu zeigen. An der »Grünen Linie« aber fließt weiter Blut. Die muslimischen Milizen und der regierungstreue Rest der auseinandergebrochenen Armee liefern sich hier erbitterte Gefechte. Oft Mann gegen Mann kämpfen sie um jedes Haus, während die christlichen Wohngebiete in Ost-Beirut bombardiert werden, was die Rohre der drusischen Artillerie in den Bergen hergeben.

Die Schreie der Klageweiber aus den Slums der südlichen Vorstädte, aus den zwischen den Fronten liegenden Vierteln, dringen nicht bis ins Zentrum West-Beiruts. Sie werden übertönt vom Verkehrslärm auf der »Hamra«, der einstmals so glanzvollen Hauptgeschäftsstraße, die heute ein schäbiges und verlottertes Gesicht zur Schau stellt. In »Ras el-Nabeh« aber, einem Stadtteil nahe der »Grünen Linie«, sind 50000 Menschen seit einer knappen Woche eingeschlossen in den Kellern ihrer Häuser, ohne jeden Kontakt zur Außenwelt: Kein Wasser, kein Brot, keine Medikamente – von Elektrizität ganz zu schweigen. Die Bewohner von »Ras el-Nabeh« haben noch viele tausend Leidensgenossen, die wie sie gefangen sind zwischen den Kampflinien, an denen sich ihre Landsleute gegenseitig umbringen.

Vier Wochen nach der Milizenschlacht gibt es nur einen »sicheren« Übergang zwischen Ost- und West-Beirut. Jeden Morgen wälzen sich in beiden Richtungen kilometerlange Autoschlangen über die durch mächtige Sandbarrikaden behinderte Straße am »Nationalmuseum«, dessen Fassade von unzähligen MG-Salven und Granatsplittern gezeichnet ist. Auf westlicher, muslimischer Seite sind die Kontrollpunkte von Kämpfern der nasseristischen »al-Murabitoun« (»Die Wächter«) besetzt, im Niemandsland stehen als neutrale Beobachter französische Soldaten, und auf östlicher, christlicher Seite kontrolliert die regierungstreue Armee. Viele Beirutis aber wagen nur den Weg an, nicht über die »Grüne Linie«, weil sie Angst haben im anderen Sektor mißhandelt zu werden.

Pierre Azoury zum Beispiel gehört zu ihnen. An jedem Werktag gegen 12 Uhr verläßt er sein Büro im christlichen Ost-Beirut, steigt in seinen Wagen und fährt in Richtung Westen. Irgendwo in der Nähe des seit Jahren geschlossenen »Nationalmuseums« sucht er einen Parkplatz und beginnt seinen Fußmarsch. Ungefähr zur selben Zeit begibt sich Hasan Saleh auf der anderen Seite der »Grünen Linie« auf die Reise. Sein Ziel ist das »Barbir-Hospital« am Ende des 700 Meter langen Streifens der Abdallah Yafi Avenue, des einzigen Stücks offener Straße zwischen den beiden Sektoren, die im Volksmund nur der »Museumsübergang« heißt. Die zwei Männer, beide sind Reisekaufleute, passieren die jeweiligen Kontrollpunkte und treffen sich im »Niemandsland« zu ihrer täglichen Verabredung, um Flugtickets und andere Dokumente auszutauschen.

Die Begegnung von Pierre und Hasan ist eine der Methoden, die es Geschäftsleuten im geteilten Beirut ermöglicht, mit ihren Partnern weiterhin »im Geschäft« zu bleiben. Banken, die sowohl im Westen als auch im Osten Filialen unterhalten, sind oft auf Boten angewiesen, die sich jeden Morgen zu einer festgelegten Stunde »am Museum« treffen, um die hausinterne Post zu übergeben. Stadtverwaltung und Ministerien stützen sich oft auf eine ähnliche Praxis, die bis in die Tage des Bürgerkriegs von 1975/76 zurückgeht.

Die Notwendigkeit, auf diese Weise Briefe oder Mitteilungen zu transportieren, hängt außerdem mit dem katastrophalen Telefonnetz zusammen: »Jedes Kind in Beirut weiß, daß man oft eine halbe Stunde warten muß, um überhaupt ein Freizeichen zu bekommen; wählt man schließlich die gewünschte Nummer, so bleibt die Leitung entweder stumm oder es ist besetzt«, so oder ähnlich lautet die Klage der Beirutis, wenn man sie auf das Telefonsystem ihrer Stadt anspricht.

Die neuen Herren von West-Beirut

Beirut war wieder zweigeteilt, und die »Grüne Linie« hatte ihre traurige Berühmtheit wiedererlangt. Diejenigen aber, die sich an dieser künstlichen Grenze gegenüberlagen, waren andere als zuvor. Wo bis zum Sommer 1982 palästinensische Freischärler zusammen mit einer Vielzahl linksgerichteter libanesischer Kampftrupps den Ton angaben, bestimmten nun die neuen Herren West-Beiruts den militärischen Gang der Dinge: Die Kämpfer der paramilitärischen Schiiten-Organisation »Amal« (»Hoffnung«) und die Privatarmee der »Sozialistischen Fortschrittspartei« unter Drusenfürst Walid Djumblatt.

Drüben im Osten waren die Barrikaden dagegen mit rund 3000 Soldaten der regulären Armee besetzt, unterstützt von den »Lebanese Forces«, den vereinigten Christenmilizen, die die rückwärtigen Positionen innehatten.

Was war geschehen? Warum hatte das Experiment des »Beirut al-Kubra«, der Wiedervereinigung der libanesischen Hauptstadt, kaum mehr als ein Jahr überdauert? Wovon waren die Menschen Zeugen bei der »Schlacht um Beirut«, in deren Verlauf die libanesische Armee wiederum – wie schon 1975/76 – in christliche, muslimische und drusische Einheiten zerfiel?

Waren in diesem Kampf die Machtverhältnisse geschaffen worden, die künftig eine neue politische Ordnung und mehr soziale Gerechtigkeit ermöglichen würden? Oder hatten wir die Geburtsstunde der schiitisch-islamischen Revolution nach dem Vorbild Ayatollah Khomeinis erlebt? War die Agonie des Libanon durch den christlich-muslimischen Gegensatz nun in ihre Endphase eingetreten?

Fest steht, daß das Land durch diese dramatischen Ereignisse politisch und militärisch um ganze neun Jahre zurückgeworfen worden war. Die Libanesen sahen sich – schockiert, entmutigt und verzweifelt – wiederum in derselben Bürgerkriegssituation wie 1975/76. Allerdings mit einem wesentlichen Unterschied: Die Kommandos der »Palästinensischen Befreiungsorganisation« (PLO) waren bei der Eroberung

West-Beiruts im Februar 1984 nicht beteiligt; der »palästinensische Faktor« spielte in dieser Phase der libanesischen Tragödie keine Rolle mehr. Damit trat offen zutage, was viele Libanesen, besonders eine Reihe von christlichen Führern, niemals öffentlich wahrhaben wollten: Der Konflikt war im Grunde innerlibanesischer Natur. Ein Bruderkampf mit vielen sozio-politischen Facetten zwar, die sich ausländische Mächte und Supermächte zunutze machten –, aber eben doch ein Bruderkampf, in dem sich zwei politische und kulturelle Weltsichten gegenüberstanden, die entweder auf dem Christentum oder auf dem Islam basierten.

»Sagen wir es ungeschminkt: Der Krieg im Libanon ist ein Religionskrieg«, erklärte denn auch der 84jährige Camille Schamun, ehemaliger Staatspräsident und Vorsitzender der christlichen Parteienallianz »Libanesische Front«, einige Wochen nach dem Debakel von West-Beirut auf der gescheiterten »Versöhnungskonferenz« der Libanesen in Lausanne (März 1984). Dennoch ist dies nur ein Teil der Wahrheit über die Vorgänge im Libanon, wie wir später noch sehen werden.

An dieser Stelle sei lediglich festgestellt, daß die Formel »Rechte Christen gegen linke Muslime«, die oft benutzt worden ist, um die Fronten im libanesischen Bürgerkrieg zu beschreiben, eine grobe Vereinfachung ist und als ernstzunehmende Erklärung nicht taugt. Denn die Rivalitäten und Feindschaften bestanden nicht allein zwischen Christen und Muslimen schlechthin, sondern Christen kämpften ebenso gegen Christen wie Muslime gegen die eigenen Glaubensbrüder, und dies aus den unterschiedlichsten Beweggründen.

Die Wurzel des libanesischen Konflikts ist zugleich die aktuelle Ursache für die blutige »Schlacht um Beirut« im Februar 1984. Die Rede ist von der ungleichen Machtverteilung im Staate zwischen Christen und Muslimen und der daraus resultierenden Sonderstellung der größten christlichen Gemeinschaft – der Maroniten. Die Maroniten, mit Rom unierte Katholiken, haben seit Gründung der unabhängigen Republik Libanon (1943) alle Schlüsselpositionen in Regierung und Verwaltung auf sich vereinigt. Wer sich unter den Maroniten politisch organisieren wollte, dem bot sich die »Falange«- oder »Kata'ib«-Partei an, die einen eindeutig christlich-nationalistischen Kurs steuerte, mit dem Ziel, die Vormachtstellung der maronitischen Christen im Lande festzuschreiben. Keineswegs aber folgten alle maronitischen Staatspräsidenten ein- und derselben politischen Richtung, oder hatten gar alle den straff durchstrukturierten Apparat der Partei hinter sich. Tatsächlich gab es bis zum August 1982 keinen einzigen Falangisten, der das Präsidentenamt innehatte. Erst mit der Wahl Beschir Djemayyils, der noch vor Amtsantritt ermordet wurde, und seines Bruders Amin Djemayyil, der gegenwärtig Staatspräsident des Libanon ist, gelang der Falange der Vorstoß ins höchste politische Amt.

Die isrealische Invasion des Libanon im Sommer 1982 stellte die bis dahin herrschenden Machtverhältnisse im Libanon auf den Kopf.

Keiner der Bürgerkriegsparteien war es seit Beginn der Kämpfe im April 1975 gelungen, einen eindeutigen Sieg über den Gegner zu verbuchen, obwohl sie alle mit wechselnder Unterstützung ausländischer Mächte operiert hatten. Bis Mitte 1976 behielten die muslimischen linksorientierten Milizen gegenüber den christlichen Privatarmeen die Oberhand, weil sie sich auf die Kraft der »Palästinensischen Befreiungsorganisation« (PLO) stützen konnten. Im Juni desselben Jahres aber wendete sich das Blatt. Syrische Truppen und Panzerverbände überschritten die Grenze, um die radikale politische Linke im Libanon zu bändigen und vor allem den entscheidenden Einfluß der PLO auf die libanesische Politik einzudämmen. Die Allianz mit Damaskus erlaubte es den Christen, ihr Gleichgewicht zurückzugewinnen.

Die Zusammenarbeit der christlichen Gruppen mit Syrien war jedoch nicht von langer Dauer. Schon im Februar 1978 richteten sich die Kanonen der syrischen Armee gegen die Stellungen der christlichen Milizen, die sich der Umarmung durch Damaskus entziehen wollten. Die syrischen Führer lockerten daraufhin ihren Griff auf die palästinensischen Freischärler und ihre libanesischen Verbündeten, die nun erneut zu einer großen Bedrohung für die Christen wurden. Spätestens zu diesem Zeitpunkt wandten die Christen unter Führung der maronitisch beherrschten »Falange«-Partei ihren hilfesuchenden Blick nach Tel Aviv, und eine jahrelange Allianz mit Israel war in die Wege geleitet.

Die maronitischen Christen hatten sich zu diesem Schritt entschlossen, weil die von den westlichen Ländern, insbesondere den USA, erhoffte Unterstützung ausgeblieben war.

Bis die israelischen Truppen 1982 zum Sturm auf Beirut ansetzten, befanden sich die Bürgerkriegsparteien politisch und militärisch in einer Patt-Situation. Ein für die libanesische Politik sehr bezeichnender Grundsatz wurde damals noch von allen Beteiligten als gültig anerkannt: »Im Libanon gibt es keine Sieger und keine Besiegten.« Es herrschten weder Krieg noch Frieden im Lande, und alle Gruppen hatten sich in ihrem jeweiligen Machtbereich – getrennt durch die »Grüne Linie« – häuslich eingerichtet.

Nachdem Zehntausende von israelischen Soldaten die palästinensischen Guerillas aus dem Süd-Libanon vertreiben konnten, und schließlich PLO-Chef Yassir Arafat mit 11 000 Kämpfern das monatelang von den Israelis belagerte West-Beirut ebenso verlassen mußte wie die dort stationierten syrischen Einheiten, war das Pendel im Libanon deutlich zugunsten der maronitischen Christen und ihrer Milizen ausgeschlagen.

Die »Lebanese Forces« – oder »Libanesischen Streitkräfte«, wie ihr nationalbewußter Name lautet – bewegten sich im Schlepptau der israelischen Armee und vermochten so überall dort Fuß zu fassen, wo vorher ihre Bürgerkriegsgegner das Sagen hatten. Die christlichen Milizionäre strömten in alle Himmelsrichtungen aus und waren am Ende im Süd-Libanon, im Chouf-Gebirge südöstlich der Hauptstadt und sogar im überwiegend muslimisch bewohnten West-Beirut selbst zu finden. Ihre libanesischen Feinde, diese Koalition aus panarabisch-islamisch und links orientierten Gruppen, waren durch den Abzug der palästinensischen Kommandos ihrer militärischen Potenz beraubt und mußten endgültig die Waffen strecken, als die Israelis Mitte September 1982 in West-Beirut einmarschierten.

Die Maroniten – genauer, die mit Israel verbündeten Falangisten – hatten auf dem Rücken von »Tsahal«, der israelischen Armee, einen vorläufigen Sieg davongetragen.

Die direkten politischen Folgen dieser Entwicklung zeigten sich in der Wahl zweier Männer zum Staatspräsidenten, die in der falangistischen Bewegung eine zentrale Rolle spielten: Beschir und Amin Djemayyil. Der nur 34jährige Beschir war noch Kommandant der christlichen Milizen, als das Parlament ihn zum Staatsoberhaupt der Libanesen wählte. Nur drei Wochen später wurde er das Opfer eines Bombenattentats im Hauptquartier der »Falange«-Partei in Ost-Beirut. Sein Bruder Amin, wie Beschir Sohn des Parteigründers Pierre Djemayyil, wurde daraufhin zu seinem Nachfolger bestimmt.

Damit hatte der Prozeß begonnen, den die muslimisch-drusische Opposition als die »christlich-falangistische Vorherrschaft über den Staat und die reguläre Armee« brandmarkte.

Die »israelische Ära« im Libanon erreichte ihren Höhepunkt mit dem israelisch-libanesischen Truppenabzugsabkommen vom 17. Mai 1983, das durch intensive Vermittlung Washingtons zustande kam.

Während Präsident Amin Djemayyil, der selbst eher eine gemäßigte Position einnahm, falangistische Scharfmacher in Schlüsselpositionen bei Armee und Verwaltung einsetzte, begann sich die Opposition in West-Beirut und im Chouf-Gebirge zu formieren. In ihren Augen arbeitete das Regime unter dem Einfluß der »Falange«-Partei zielstrebig darauf hin, die muslimischen Bevölkerungsgruppen ein für allemal auf den zweiten Platz im Staate zu verweisen.

Die fast rückhaltlose Anlehnung Präsident Djemayyils an die USA, die sich 1982/83 immer stärker politisch und militärisch im Libanon engagierten, die Zusammenarbeit mit den drei NATO-Staaten Frankreich, Italien und Großbritannien, die ursprünglich ihre »Friedenstruppen« nach Beirut geschickt hatten, um die palästinensische Zivilbevölkerung vor weiteren Massakern durch christliche Milizen zu schützen, und vor allem die politische Verbindung der Zentralregierung mit Israel, das im Süd-Libanon eine rüde Besatzungspolitik betrieb – all diese Faktoren zusammengenommen waren überhaupt nicht nach dem Geschmack der muslimischen Opposition und noch weniger im Sinne ihres Verbündeten Syrien, das befürchtete, seinen historischen Einfluß im Libanon zu verlieren.

Für die panarabisch orientierte Linke, für die Muslime aller Schattierungen und auch für die Drusen, die seit Jahrhunderten als Nachbarn der maronitischen Christen in den libanesischen Bergen lebten, war der Libanon ein »arabisches« Land, in dem sie ihr politisches und soziales Recht forderten. Dem Anspruch der Maroniten, der Libanon gehöre ihnen mehr als den anderen Religionsgemeinschaften, der Libanon sei »weniger die westliche Grenze des arabischen Ostens, als vielmehr die östliche Grenze des christlichen Westens«, wollten sie sich nicht beugen. Schließlich hatten sie erleben müssen, wie überheblich die Falangisten »ihren Sieg« auskosteten, ohne Rücksichten auf die Gefühle der anderen religiösen Gruppen im Land zu nehmen.

Als die Israelis ihre Truppen im September 1983 aus den Bergen südöstlich von Beirut zurückzogen, um sich im Süd-Libanon einzugraben, war die erste Gelegenheit für die Opposition gekommen, um verlorenes Terrain gegen die Falangisten wieder gutzumachen. Die Gefolgsleute des Drusenfürsten Walid Djumblatt, ausreichend von den Syrern mit Waffen versorgt, vertrieben die christlichen Milizen nach tagelangen blutigen Kämpfen und wechselseitigen Massakern an Frauen, Kindern und Greisen aus dem Chouf-Gebirge und den Hügeln um die Stadt Alay.

Die Drusen, dieses geheimnisumwitterte, für seine Kriegskünste bekannte Bergvolk, zogen anschließend eine Nachschublinie zu den schiitischen Milizen in den südlichen Vororten Beiruts, und es begann ein reger Fluß von Waffenlieferungen aus Syrien, die die paramilitärische Organisation »Amal« (»Hoffnung«) für den Tag »X« rüsten sollten.

Mit dem Sieg in den Bergen hatte die anti-falangistische Front mit massiver syrischer Hilfe dem treu auf die Amerikaner bauenden Regime unter dem christlichen Präsidenten Djemayyil einen schweren Schlag versetzt. In einer darauf folgenden kurzen Phase der Gesprächsbereitschaft trafen sich die libanesischen Kriegsherren unter syrischer Aufsicht in Genf (31. Oktober bis 4. November 1983) zur ersten »Versöhnungskonferenz», deren mageres Ergebnis unter anderem der

Auftrag an Präsident Djemayyil war, das von der Opposition und Syrien abgelehnte Truppenabzugsabkommen mit Israel (17. Mai 1983) irgendwie aus der Welt zu schaffen. Der Widerstand gegen den israelisch-libanesischen Vertrag, der durch den persönlichen Einsatz von US-Außenminister Shultz das Licht der Welt erblickt hatte, wird verständlich, wenn man die Einschätzung eines erfahrenen israelischen Politikers dazu hört:

»Diese Vereinbarung erfüllt das gesteckte Ziel, den Libanon im arabisch-israelischen Konflikt zu neutralisieren und macht ihn zu einem Teil der amerikanischen Einflußzone.«

Amin Djemayyil reiste nach Washington und kehrte erwartungsgemäß mit leeren Händen zurück. Präsident Reagan hatte ihm bedeutet, das Abkommen mit Israel sei der einzige Weg, um den Abzug aller fremden Truppen aus dem Libanon zu bewerkstelligen. Damit war der christliche Staatschef einmal mehr daran erinnert worden, daß sein Land praktisch dreigeteilt war: Israel regierte mit rund 12000 Soldaten den Süden, die syrische Armee saß mit 40000 Mann im Norden und Osten bis dicht an die israelischen Linien heran, und ein Stück »Groß-Beirut« stand damals noch unter der Kontrolle der libanesischen Staatsmacht.

Der Hinweis Reagans zielte ohne Zweifel auf die Syrer, die nach dem naiven Verständnis der Amerikaner die israelische Bedingung erfüllen sollten, ihre Truppen als erste aus dem Libanon zurückzuziehen. Für Damaskus aber, das mit Beistand der Sowjetunion militärisch wieder erstarkt war, gab es keinen ersichtlichen Grund, dieser Forderung nachzukommen. Denn erstaunlicherweise hatte es US-Außenminister Shultz bei seiner kurzatmigen Pendeldiplomatie gänzlich unterlassen, dem syrischen Regime Gegenleistungen anzubieten, die Präsident Assad vielleicht zu einer Zusammenarbeit hätten bewegen können. Hinzu kommt, daß Syrien den Libanon praktisch als Bestandteil der historischen Provinz »Groß-Syrien« und somit als seinem Machtbereich zugehörig betrachtete. Es war deshalb kaum anzunehmen, daß sich Damaskus in seinem eigenen »Vorgarten« so ohne weiteres von einer Allianz zwischen Israel, den USA und den christlichen Falangisten entmachten lassen würde.

Ähnliches gilt für die libanesischen Muslime, allen voran die im Süd-Libanon größte Bevölkerungsgruppe der Schiiten, die befürchtete, im eigenen Land auf Dauer der Vorherrschaft der westlich orientierten Maroniten ausgeliefert zu sein.

Von welcher »Weitsicht« die amerikanische Politik im Libanon in dieser Phase getragen war, zeigten die Äußerungen des damaligen Nahost-Sonderbotschafters Philip Habib: »Wir wissen, daß die Syrer die Bestimmungen des libanesisch-israelischen Vertrages nicht mit

Vergnügen akzeptieren werden. Sie müssen sie dann eben widerwillig hinnehmen.«

Hier hatten die Amerikaner und mit ihnen der christliche Präsident Djemayyil die Rechnung ohne den »syrischen Wirt« gemacht, der sich in gekonnter und gewohnter Manier der libanesischen Oppositionsgruppen bediente. Damaskus schaltete um, und die »Versöhnung« der libanesischen Kriegsherren geriet statt dessen zu einem heftigen »Krieg der Worte«, der schließlich in die »Schlacht um Beirut« mündete.

Die wüsten Bombardierungen der vorwiegend von Schiiten bewohnten südlichen Vororte der libanesischen Hauptstadt durch die christlich geführte Armee brachten den Stein ins Rollen. Nur vier Tage später waren die Milizen wieder auf den Straßen und übernahmen an vielen Stellen kampflos die Armeepositionen ihrer Glaubensbrüder: »Unseren Freunden in der Armee, die sich uns anschließen wollten, haben wir geraten, auf ihren Posten zu bleiben, bis der richtige Zeitpunkt gekommen ist«, so hörte man am 7. Februar 1984 die schiitischen Kämpfer rundherum erzählen.

Es waren die Söhne und Brüder der weithin verarmten Schiitenmassen, die in Hundertschaften die Viertel West-Beiruts überschwemmten und die Soldaten der regulären Armee aus ihren Stellungen vertrieben.

Mit Stirnbändern, deren Schriftzeichen das Paradies verhießen, mit über dem Patronengürtel baumelnden Halsketten, die das Abbild Ayatollah Khomeinis oder ihres Imams Musa Sadr umschlossen, stürmten sie gemeinsam mit den drusischen Milizionären der »Sozialistischen Fortschrittspartei« (PSP) und verstreuten nasseristischen »Murabitoun«-Pistoleros vor und machten das wahr, was Nabih Berri, der Führer der Schiiten-Organisation »Amal«, schon Monate vorher angedroht hatte. Sie zerbrachen die Armee, die sie als Instrument einer einzigen Partei und Religionsgruppe, als Werkzeug der christlichen Falangisten betrachteten. Diese Armee, wenige Monate zuvor unter amerikanischer Anleitung für Millionen Dollar wieder aufgebaut und ausgerüstet, zerfiel nun in ihre religiösen Bestandteile. Daraufhin beschlossen die Regierungen der USA, Frankreichs, Italiens und Großbritanniens, ihre »multinationalen Friedenstruppen« aus Beirut abzuziehen.

Nun stand Präsident Djemayyil vor einem Scherbenhaufen. Er hatte den Schutz der Amerikaner verloren, der Macht also, auf deren Schultern er die Risiken seiner allzu westlich orientierten Politik geladen hatte. Um sein vom Zusammenbruch bedrohtes Regime zu retten, vollzog der christliche Staatschef in letzter Minute eine totale Kehrtwendung zugunsten Syriens. Er annullierte das Mai-Abkommen mit Israel und ersetzte auf diese Weise die israelisch-amerikanische Option durch die syrische.

Damaskus war zufrieden: Es hatte die in der »israelischen Ära« verlorene Schlüsselposition, die »Hauptrolle im libanesischen Drama«, wiedergewonnen.

Sofort machte sich die syrische Führung jetzt daran, das blutbefleckte Haus der Libanesen nach ihrem Geschmack zu säubern. Wiederum durften sich die unverändert streitbaren libanesischen Kriegsherren zu einer »Versöhnungskonferenz« versammeln. Diesmal in Lausanne im März 1984. Mit Delegationen, die dem amerikanischen Präsidenten zahlenmäßig alle Ehre gemacht hätten, trafen sich die Clanführer und selbsternannten Volkstribune aller Religionsgemeinschaften im Nobelhotel »Beau Rivage«, um nach Tagen fruchtlosen Palavers bei Hummer und Kaviar der staunenden Weltöffentlichkeit mitzuteilen, man sehe sich gezwungen, unverrichteter Dinge in das lodernde Beirut zurückzureisen.

Dort waren unterdessen die sich nach Frieden sehnenden Beirutis weiterhin den tödlichen Willkürakten ihrer jeweils feindlichen Brüder ausgeliefert. Neun Jahre Bürgerkrieg, in dem mehr als 100000 Libanesen sterben mußten, über 200000 Menschen verwundet oder zu Krüppeln wurden und mehr als ein Drittel der 3,5 Millionen Einwohner des Staates das Schicksal von Flüchtlingen im eigenen Land teilten – all das reichte nicht, um die Kriegsherren in Lausanne auch nur zum geringsten Kompromiß zu bewegen.

Es schien, als wirke auch die syrische Medizin nicht auf den libanesischen Bazillus. Auch wenn Damaskus am Ende noch eine »Regierung der nationalen Einheit« zustandebrachte, in der alle Bürgerkriegsveteranen und ihre jungen Nacheiferer vertreten sind, auch wenn im Juli 1984 wieder einmal ein Sicherheitsplan für Beirut in Kraft treten konnte, so steht doch fest, daß die »libanesische Krankheit« – jenseits jeder ausländischen Einmischung – im Kern so lange unheilbar bleibt, bis die Libanesen selbst eine tragbare Formel des Zusammenlebens gefunden haben.

Friedenssehnsucht und Hoffnungslosigkeit

»Beirut, 1. November 1984.

Todesrate im Libanon-Konflikt gestiegen. Mehr als 100 Menschen starben im Libanon während des vergangenen Monats eines gewaltsamen Todes.

Wie die Polizei in Beirut mitteilte, gehen die Todesfälle auf folgende Ereignisse zurück: Im israelisch besetzten Süd-Libanon töteten die israelischen Truppen 24 Libanesen. Libanesische Widerstandskämpfer töteten ihrerseits zwei israelische Soldaten und neun Landsleute, die verdächtigt wurden, mit den Israelis zu kollaborieren.

Bei Kämpfen zwischen der libanesischen Armee und regierungsfeindlichen Milizen in den Bergen südöstlich Beiruts wurden fünf Menschen getötet. Sieben weitere starben, nachdem es in einem palästinensischen Flüchtlingslager in Beirut zu bewaffneten Zusammenstößen gekommen war.

In der nordlibanesischen Hafenstadt Tripoli fanden sieben Menschen den Tod, weil zwei verfeindete Privatarmeen aufeinander losgegangen waren. Mindestens weitere 47 Menschen wurden bei Familienstreitigkeiten, bewaffneten Raubüberfällen und anderen Verbrechen getötet. Im ganzen Libanon wurden in diesem Zeitraum wenigstens 45 Bombenanschläge verübt.«

Diese Meldung einer internationalen Nachrichtenagentur spricht für sich selbst und bedarf dennoch einer Erklärung. Für die Libanesen ist der Bürgerkrieg keine zeitlich begrenzte Krise mehr, deren Lösung in Sicht ist. Der Bürgerkrieg ist für sie vielmehr zu einem unentrinnbaren Los, zu einem perversen Lebensstil, zum »Alltag« geworden.

»Eigentlich haben wir immer gehofft, daß sich am nächsten Tag oder vielleicht in der kommenden Woche die Dinge zum Besseren wenden werden. Aber jetzt haben die Leute keine Hoffnung mehr. Das Schlimme ist, daß die Bomben für jeden von uns immer näher kommen. Wir sind dabei, verrückt zu werden. Ja, ich denke, wir sind verrückt. Wir sind verrückt, ganz bestimmt, wir sind verrückt.« Soweit der verzweifelte Kommentar der Universitätsdozentin Iman Khalife, die im Frühjahr 1984 die glücklose »Friedensbewegung« des Libanon gegründet hatte. – Der Versuch Imans, gemeinsam mit Freunden und Kollegen aller Religionsgruppen einen Friedensmarsch über die »Grüne Linie« hinweg durchzuführen, war an der Machtbesessenheit der selbsternannten Bürgerkriegsgenerale und ihrer Waffenknechte gescheitert. Am Vortag des für den Libanon zweifellos historischen Ereignisses verwandelten sie die »Grüne Linie« und den Sektorenübergang am Nationalmuseum kurzerhand wieder in ein flammendes Inferno. Die Warnung war ebenso brutal wie unmißverständlich: Nicht die Friedenssehnsucht der schweigenden Mehrheit der Beiruter Bevölkerung sollte einen politischen Prozeß in Gang setzen, der möglicherweise einen Weg zur Aussöhnung eröffnete, sondern sie – die Clanführer und Kriegsherren –, die sich als Vertreter der Volksmassen ausgaben, waren es, die über Krieg und Frieden zu entscheiden hatten.

Die Libanesen lieben und verstehen zu leben. In gewisser Weise sind sie Lebenskünstler, die sich über die langen Jahre der Krise hinweg immer noch einen Funken Optimismus bewahrt hatten. Inzwischen aber ist der Anteil derjenigen, die an eine friedliche und dauerhafte Lösung des libanesischen Konflikts noch glauben können, stetig geringer geworden. Denn das Szenario der Gewalt in diesem Land hat eine furchtbar einfache Gesetzmäßigkeit. Glauben sich die Führer der Privatarmeen bei den Drusen, den schiitischen Muslimen oder den christlichen Falangisten bedroht, dann wird einfach geschossen und bombardiert, was die Magazine hergeben. Schon bei bloßen Irrtümern, Mißverständnissen oder einer zunächst harmlosen Fehlentscheidung eines untergeordneten Milizenführers ist die direkte Folge der Einsatz der Artillerie, die Plazierung von Heckenschützen an wichtigen Punkten oder die Entführung unschuldiger Privatpersonen, die zufällig einer anderen Religionsgruppe angehören. Dieses brutale Verhalten ausnahmslos aller Privatarmeen hat viele Wurzeln. Eine davon ist die Angst vor einem militärisch erfolgreichen Schachzug des Gegners, verbunden mit dem Verlust der Fähigkeit, miteinander zu reden. Unter den verfeindeten libanesischen Gruppen herrscht eine fast totale Sprachlosigkeit; die unmittelbaren Kommunikationswege sind abgeschnitten. Der Haß und das Mißtrauen sitzen so tief, daß man in problematischen Situationen nicht zuerst das vielleicht klärende Gespräch sucht, sondern sofort die Sprache der Waffen einsetzt. Inzwischen hat sich diese »Logik« verselbständigt: Alle Parteien sehen sich praktisch gezwungen, zu den Waffen zu greifen, um ihre politischen Forderungen in Erinnerung zu rufen.

Die Notwendigkeit, schließlich doch miteinander zu reden, wird von der feindlichen Gruppe erst dann anerkannt, wenn der Blutzoll hoch genug ist. Mit anderen Worten: Die Libanesen schießen sich gegenseitig verhandlungsbereit.

In Beirut ist die Situation mit einem Vulkan vergleichbar, der sich in unregelmäßigen, aber kurzen Abständen immer wieder entlädt. Im muslimisch-drusischen West-Sektor tummeln sich zahlreiche »offizielle« Milizen und noch mehr Splittergruppen, an deren Existenz die politischen Linien vorbeilaufen. Die Stadt ist ein »Dschungel«, wie Drusenfürst Walid Djumblatt es im Frühjahr 1984 in seiner lakonischen Art formuliert hat. In diesem »Dschungel« trifft man auf halbwüchsige und junge Männer, deren einziges Handwerkszeug die Feuerwaffe ist. Sie haben ihre »Lehrzeit« hinter den Sandsackbarrikaden an der »Grünen Linie« oder in den südlichen Elendsvierteln Beiruts absolviert. Hasan, zum Beispiel, ist mit seinen sechzehn Jahren schon ein Veteran, ein »pensionierter Heckenschütze«, der – wie er stolz erzählt – bereits seit drei Jahren in der »Amal«-Miliz der Schiiten dient. Husein ist zwei Jahre älter als Hasan und hat sich »Amal« (»Hoffnung«) angeschlossen, nachdem er vorher mit den Palästinensern gegen die christlichen Falangisten gekämpft hatte und von der syrischen Armee ausgebildet worden war. Amin Masri aber hält den Rekord in dieser Dreiergruppe. Von den neunzehn Jahren seines Lebens hat er elf Jahre lang eine Waffe getragen. »Ich war acht, als ich anfing«, sagt er und fügt mit abwesender Miene hinzu, »mein Vater ist von einem falangistischen Heckenschützen erwischt worden, und mein Bruder ist vermißt. Wahrscheinlich haben sie ihn entführt und dann umgelegt.« – Drei Mitglieder einer Miliz, die sich den Namen »Hoffnung« gegeben hat und mit mindestens 10000 Mann ein Gebiet kontrolliert, in dem knapp eine Million Menschen lebt: Die Elendsviertel im Süden Beiruts. »Willkommen in den südlichen Vororten. Wir haben eins gemeinsam – wir sind Entrechtete« – an diesem Transparent mußte 1983 jeder vorbei, der den Ortsteil »Schiah« besuchen wollte.

In der Tat spiegelt der überwiegend von schiitischen Muslimen bewohnte Elendsgürtel Beiruts die sozialen Probleme des Libanon wie in einem Mikrokosmos wider. Alles ist auf diesen vier Quadratkilometern konzentriert: Die Wasser- und Elektrizitätsversorgung sind katastrophal, das Abwasser- und Kanalsystem ist gänzlich verrottet oder gar nicht vorhanden, die Familien hausen oft mit zehn oder mehr Personen in einem Raum, für 60000 Schüler gibt es nur drei staatliche Oberschulen, und die medizinische Für- und Vorsorge sind völlig unzureichend. Dieser soziale Sprengstoff und die Übergriffe der Staatsgewalt und der regulären Armee in den südlichen Vororten haben gewiß die »Milizenschlacht um Beirut« im Februar 1984 mitprovoziert, aber die Freude am Töten, die sich bei vielen der jugendlichen Kämpfer findet, ist damit nicht hinreichend erklärt.

»Wenn ich schieße, dann immer mit dem Willen zu töten«, sagt Hasan, der sechzehnjährige Bürgerkriegsveteran und »pensionierte Heckenschütze« freimütig. Er bekennt ohne Zögern, daß er »dabei« Genugtuung empfindet. Ärzte und Psychologen in Beirut sprechen in diesem Zusammenhang von der »libanesischen Krankheit«, die nicht nur die Generation der Heranwachsenden befallen hat.

»Wer in einer gesellschaftlichen Umgebung aufwächst, in der jedermann durch die Waffe spricht, der beginnt irgendwann, dieses Verhaltensmuster zu übernehmen«, beschreibt der Kinderarzt Dr. Taufik Faqih die seelische Verfassung vieler seiner Patienten. »Allein vom Klang her können sie exakt unterscheiden, ob ein Raketenwerfer, eine Propellergranate, ein AK-47 oder ein M-16-Gewehr eingesetzt worden ist.« Für Kinder, die unter solchen Bedingungen leben und aufwachsen müssen, bedeutet dies in erster Linie, daß sie lernen, ihre Probleme nur mit der Waffe in der Hand zu lösen. Seit 1975, als der Bürgerkrieg begann, hat es im Libanon weit mehr als 200 Waffenstillstandsvereinbarungen gegeben. Oft waren es nur kurzlebige Feuerpausen, die den feindlichen libanesischen Brüdern und ihren jeweiligen Verbündeten dazu dienten, Atem zu schöpfen und ihre Waffenarsenale aufzufüllen, um dann mit frischer Kraft wieder aufeinander loszugehen. Wirklichen Frieden haben viele junge Libanesen nie kennengelernt. Anstelle von Geborgenheit, Unbeschwertheit und dem in jeder Gesellschaft notwendigen Gemeinschaftsgefühl erlebten die Kinder und ihre Eltern Dauerbeschuß, Autobomben, Straßenkämpfe, sich vertiefenden Haß und Gleichgültigkeit der herrschenden Oberschichten aller Religionsgruppen, die den Bürgerkrieg für sich oftmals zum lukrativen Geschäft machten.

Während der Kämpfe im Frühjahr 1984 haben wir wiederholt die Stellungen der Milizen auf beiden Seiten der »Grünen Linie« in Beirut besucht und mit jugendlichen Milizionären gesprochen. Wir wollten wissen, was sie denken und empfinden, wenn sie ihr Kriegshandwerk ausüben. Argumentierten sie alle so wie der sechzehnjährige Hasan, den wir schon früher zu Wort kommen ließen?

Issams Antwort gibt stellvertretend für die meisten seiner Altersgenossen einen Eindruck von der seelischen Verfassung dieser jungen Leute: »Wenn ich ehrlich bin, dann macht es einfach Spaß auf die anderen zu schießen und zu sehen, wie sie voller Angst davonrennen.« Issam ist Druse, kaum achtzehn Jahre alt und kämpfte damals bereits seit eineinhalb Jahren gegen die »anderen« –, das waren in seinem Fall die Soldaten der regulären libanesischen Armee. Seine Aussage ist charakteristisch, weil viele der heranwachsenden Kämpfer so denken, fühlen und handeln wie er. In gewisser Weise ist sie auch repräsentativ, denn die dahinter stehende Grundhaltung – dieser selbstverständliche Umgang mit der todbringenden Gewalt – findet sich bei der Jugend aller Religionsgemeinschaften im Libanon.

Die Gewalt gehört zum Alltag in diesem Lande und treibt zuweilen seltsam-makabre Blüten. Französische Waffenstillstandsbeobachter an der »Grünen Linie« berichteten im April 1984 von einem jungen Mann, der jeden Nachmittag gegen siebzehn Uhr auf seinem Motorroller in die Trümmerlandschaft nahe der »Grünen Linie« fuhr, sein Fahrzeug an einem ganz bestimmten Gebäude zum Stehen brachte, einen Blick in den Rückspiegel warf, sich mit ruhigen Handbewegungen die Haare sorgfältig kämmte, um dann zwischen den zerschossenen Häusern zu verschwinden. Zehn Minuten später hörten die Franzosen zwei kurz aufeinander folgende Explosionen, und der junge Mann kehrte nach einigen Augenblicken wieder in ihr Blickfeld zurück, schaute in den Rückspiegel seines Motorrollers, um seine Frisur zu überprüfen – und fuhr in aller Seelenruhe davon. Da dieser gutgekleidete »Zivilist« täglich um dieselbe Zeit am späteren Nachmittag auftauchte, vermuteten die Franzosen, daß er vor seiner »Feierabendbeschäftigung« einer geregelten Arbeit nachging.

Beirut hat zehn Jahre Bürgerkrieg, Terror und Anarchie hinter sich. Die Beirutis leben heute am Rande der seelischen Erschöpfung. Selbst der in der arabischen Welt so starke Familienverband kann oft den hilflos Verzweifelten keine Stütze mehr sein. Der Griff zu Beruhigungsmitteln wie Valium oder Aufputschdrogen ersetzt den Psychiater und ist leicht getan, weil alle Medikamente rezeptfrei in den Apotheken zu haben sind. Dennoch sind viele Menschen in Beirut vollgestopft mit Aggressionen; Faustkämpfe und Waffengänge haben oft lediglich im Kampf um einen Parkplatz ihren Ursprung. – Die Libanesen, das ist unbestritten, waren schon immer wilde und verwegene Autofahrer – mit einer unübertrefflichen Vorliebe für jede Art von schrillen Hupsignalen. Heutzutage aber sind sie in einem Ausmaß brutal und rücksichtslos am Steuer, daß das Autofahren in diesem Land häufig nur noch mit dem Überlebenskampf im Dschungel vergleichbar ist. Nicht nur einmal haben wir beobachtet, daß Beirutis sich gegenseitig gezielt beschossen, weil der eine dem anderen die Vorfahrt genommen hatte. Besonders auf der »Hamra«, der Hauptgeschäftsstraße West-Beiruts, sind Szenen wie diese durchaus keine Seltenheit: Ein blankgeputzter Mercedes fährt hupend auf den fließenden Verkehr zu, um sich den Weg über die verstopfte Kreuzung zu bahnen. Stoßstange an Stoßstange mit einem nagelneuen BMW, verliert der Mercedesfahrer die Geduld und brüllt wild gestikulierend, sein Gegenüber sollte ihn passieren lassen. Es vergeht keine Minute, da stößt der andere seine Tür auf, steigt aus und reißt eine Maschinenpistole hoch, aus der er in Sekundenschnelle eine ganze Serie von Feuerstößen auf den Mercedes abgibt. So schnell wie er begann, ist der Spuk auch wieder vorbei. Heckpartie und Rückenfenster des Wagens sind zwar völlig durchlöchert, aber der Fahrer hat Glück gehabt – er kommt mit dem Leben davon.

Natürlich sind nicht alle Libanesen wildgewordene Revolvermänner. Aber die langen Kriegsjahre haben eine übergroße Zahl unter ihnen sehr unduldsam gemacht, und die Gewalt wird oft als quasinatürliches Mittel der sozialen Auseinandersetzung betrachtet. Andererseits haben sich die Libanesen über Jahrhunderte hinweg immer mit der Waffe in der Hand gegen Eindringlinge von außen zur Wehr setzen müssen; dies gilt vor allem für die Bergbewohner, die ein fast liebevollvertrautes Verhältnis zu ihren Feuerwaffen entwickelt haben. Bei Hochzeiten, wenn ein Baby geboren wurde, aber auch wenn ein Familienmitglied zu Grabe getragen wird, schoß und schießt man zum Zeichen der Freude, der Trauer oder der Solidarität ganze Salven in die Luft. Der schnelle und unbedenkliche Umgang mit Waffen hat im Libanon also durchaus auch sozio-kulturelle Wurzeln. Dies beweist nicht zuletzt die zuweilen heute noch in den nördlichen Christenbergen oder im Siedlungsgebiet der Drusen praktizierte Blutrache.

Die verlorene Generation

Die libanesische Tragödie hat ganz besonders die Kinder und Heranwachsenden geprägt. Fachleute sprechen von der »verlorenen Generation«, von jungen Menschen, die durch die Kriegsereignisse so traumatisiert sind, daß sie kaum noch den Wunsch haben, zu lernen oder zu arbeiten. »Vor dem Krieg«, erzählt Mohammad Barakat, Direktor des muslimischen Waisenhauses in Beirut, »brauchten wir für eines von 500 Kindern psychiatrische Hilfe, heute ist das Verhältnis eins zu 50. Gewiß, einige Kinder können seelisch wieder gesund werden, aber viele sind so nachhaltig geschädigt, daß sie ihr Leben lang aggressiv bleiben. Es ist nicht auszuschließen, daß diese heutigen Kinder in 20 bis 30 Jahren einen neuen Bürgerkrieg vom Zaun brechen.«

Ein Reporter hat im Sommer 1984 Studenten der »Amerikanischen Universität« in Beirut interviewt und zu Beginn des Gesprächs nach ihrem Alter gefragt. Bevor jemand anderes antworten konnte, flüsterte ein Mädchen: »Wir sind alle hundert Jahre alt.«

Ein junger Dozent der Mathematik beschreibt seine Generation voller Bitterkeit: »Man hat uns einen Schnellkursus gegeben, wie man ein Mensch wird. Doch plötzlich waren um uns herum Leben und Tod untrennbar ineinander verzahnt. Damit sind wir aufgewachsen. Das Gefühl der Sorglosigkeit haben wir verloren. Ich glaube, ich war schon mit vierzehn Jahren zu ernst, um noch ein Kind zu sein.«

Was war »normal« für diese jungen Libanesen? Normal war es, beim Studium für ein Examen das Radio so laut zu drehen, daß man die Bomben draußen nicht hörte; normal war für sie, mindestens einen guten Freund in den letzten zehn Jahren durch gewaltsamen Tod zu verlieren; normal für sie ist, ihr eigenes Land nicht zu kennen. Tausende junger Libanesen, die im überwiegend muslimischen West-Beirut leben, wissen nicht, wie es im christlichen Ost-Beirut oder der schönen, alten Phönizierstadt Byblos aussieht. Sie kennen den Libanon »nur bis zum Museum«, dem Übergang an der »Grünen Linie«, den sie noch niemals überquert haben. Wie viele junge Christen würden sich in West-Beirut verlaufen, weil sie diesen Teil der libanesischen Hauptstadt, wenn überhaupt, nur im Fernsehen erlebt haben? Die Zerstückelung des Libanon in Gebiete, die von den verschiedenen Religionsgruppen kontrolliert werden, sowie die Einflußzonen der israelischen Besatzungstruppen und der syrischen Armee, machen ganze Landstriche für viele Libanesen zum unzugänglichen »Ausland«. Ein Besuch bei den »anderen« könnte tödlich sein, weil in den Personalpapieren die »falsche« Religion eingetragen ist. Das Gefühl, in diesem Land verwurzelt zu sein, ist den so aufgewachsenen Libanesen fremd.

Jenseits ihres »Kantons« haben sie keine Kenntnis, keine Erinnerungen, keine persönlichen Beziehungen oder Freunde. Heimat ist für sie das Siedlungs- oder Herrschaftsgebiet ihrer Religionsgruppe. Sie kennen keine »libanesische Heimat«, sondern eine christliche, drusische oder muslimische – auch wenn es überall im Libanon nach wie vor gemischt-religiöse Dörfer und Städte gibt.

»Vor dem Bürgerkrieg von 1975/76«, so erinnern sich dagegen viele Libanesen der älteren Generation, »war Beirut viel mehr als nur die Hauptstadt des Libanon.« Beirut war gleichbedeutend mit einem ganz bestimmten Lebensgefühl, einer Philosophie oder Weltanschauung. Es gab ein Neben- und Miteinander der verschiedenen Kulturen und Religionsgemeinschaften, das sich am deutlichsten in den »Souks« des historischen Stadtkerns offenbarte. Unter den Dächern der kleinen und großen Märkte, den Arkaden der Wandelgänge, in den Cafés und Buchläden, den luftigen Innenhöfen großzügig gebauter Bürgerhäuser, deren osmanische Rundbögen das Auge fesselten, dort im heute von wildem Grün zugewachsenen und zerschossenen Geschäftszentrum Beiruts, auf dem weitläufigen »Platz der Märtyrer«, der nun Teil der vielbeschworenen »Grünen Linie« ist, konnte man spüren, daß sich Beirut aus vielen sich scheinbar ausschließenden Elementen einer besonderen Kultur geformt hatte, der der Koexistenz.

7000 Geschäfte, Restaurants und Handwerksbetriebe drängten sich in der Altstadt aneinander, wo der sunnitische Textilimporteur neben dem armenischen Juwelier, der maronitische Schreiner neben dem griechisch-orthodoxen Geldwechsler und der schiitische Schneider neben dem drusischen Obsthändler ihrem Tagewerk nachgingen.

Heute ist das einstige Symbol der »Einheit Beiruts« ins Gegenteil verkehrt. In den durchlöcherten Häusern nisten sich die Heckenschützen ein, wann immer die »militärische Lage« dies verlangt, und der historische Stadtkern Beiruts trennt als »Grüne Linie« die libanesische Hauptstadt in einen West- und in einen Ostsektor.

Der »pluralistische Geist« Beiruts ist Vergangenheit. Das »babylonische Sprachgewirr« in den Gassen der Altstadt, Symbol der gelebten Toleranz, ist längst verflogen: die Einheit ist zerfallen in die Ghettos der Religionsgruppen.

Selbst die Amerikanische Universität von Beirut, seit 1866 ein in der arabischen Welt einzigartiger Ort der unvoreingenommenen Begegnung zwischen orientalischem und abendländischem Denken, ist inzwischen ein Opfer der sektiererischen Entfremdung unter den Libanesen geworden. Im Sommer 1984 waren am Schwarzen Brett der Universitätsklinik erstmals statt der üblichen Vorlesungsankündigungen Koranverse und Weisungen schiitischer Religionsführer zu lesen.

Etwa zur selben Zeit fanden unter den auf dem Campus lebenden Angestellten der Universitätsklinik Wahlen für ihr Selbstverwaltungsgremium statt, bei denen Ärzte zum ersten Mal in der Geschichte der traditionell liberalen Hochschule als Christen, Sunniten oder Schiiten kandidierten, anstatt wie früher ihre Persönlichkeit oder ihre fachliche Befähigung für das erstrebte Amt entscheiden zu lassen. Auf die Frage, warum dies geschehen sei, antworteten alle Mediziner gleichlautend: »Die anderen haben mich dazu gezwungen. Sie präsentierten sich als Christen oder Muslime, also mußte ich meine Religionszugehörigkeit auch in den Vordergrund stellen.«

Selbst nachdem Beirut 1975/76 in einen christlichen und einen überwiegend muslimischen Teil zerbrochen war, bestanden bestimmte liberal ausgerichtete und überkonfessionelle Einrichtungen wie die Amerikanische Universität fort. West-Beirut blieb noch auf Jahre hinaus der einzige Platz, wo jeder sich heimisch fühlen konnte, egal, aus welchem Siedlungsgebiet des Libanon er kam. Christen und Muslime lebten hier weiter Seite an Seite, während der Ostsektor Beiruts nahezu ausschließlich von Christen bewohnt war. Seit Februar 1984 aber ist dies anders geworden. Die flächendeckenden Bombardierungen der südlichen Vororte Beiruts durch die libanesische Armee vertrieben rund 150000 Schiiten aus ihren Wohnungen. Diese meist armen und einfachen Bewohner aus dem Südlibanon überschwemmten in ihrer Not West-Beirut und ließen sich überall dort nieder, wo noch ein Stein auf dem anderen war. Die Flüchtlinge und vor allem der militärische Sieg der muslimischen Milizen haben West-Beirut seitdem zu einer schiitisch geprägten Stadt gemacht. Ayatollah Khomeinis stechender Blick fällt von unzähligen Häuserwänden, und selbst die automatischen Glastüren am Eingang teurer Appartementblocks blieben von seinem respekteinflößenden Abbild nicht verschont. Niemand in West-Beirut wagt es, Transparente mit islamischen Revolutionsparolen oder Plakate mit dem Konterfei Khomeinis und dem des verschwundenen Religionsführers der libanesischen Schiiten, Imam Musa Sadr, zu entfernen.

Viele Hauseigentümer hatten zu Beginn der Kämpfe alles unternommen, um leerstehende Wohnungen unbewohnbar zu machen. Sie rissen Löcher in Decken und Wände, brachen die Wasserleitungen heraus, entfernten die elektrischen Kabel und füllten Toiletten und Abflußrohre mit Zement. Die Menschen, die aus ihren zerstörten Häusern und dem direkten Kampfgebiet geflohen waren, ließen sich hierdurch nicht davon abhalten, die Wohnungen in Besitz zu nehmen. Wenn es durch die Löcher hereinregnete, hockten sie zusammengekauert in den noch trockenen Ecken, versuchten, die fehlenden Fenster und Türen durch Plastikfolien zu ersetzen und die Zementblöcke aus den Toiletten herauszuschlagen. Hilfe zur Selbsthilfe leistete in diesen Wochen eine libanesische Obdachlosenorganisation, die es sich zum Ziel gemacht hatte, für ihre Schützlinge Unterkünfte in unvermieteten Appartements und auch in Hotels zu ermäßigten Preisen zu finden. Denn wie überall in der Welt, wenn Notlagen entstehen, versuchten Vermieter und Hoteliers sich an dem Elend der Leute zu bereichern. Jede neue Flüchtlingswelle bot die Chance, die Preise weiter in die Höhe zu treiben. Ein West-Beiruter Hotelier schilderte uns Anfang März 1984 die Situation aus seiner Sicht:

»Unsere Kundschaft hat sich sehr gewandelt. In der Blütezeit des Libanon, – in den sechziger und frühen siebziger Jahren, – tummelten sich hier in Beirut Geschäftsleute, Bankiers, Touristen und Weltreisende. Heutzutage sind außer Journalisten und bessergestellten Flüchtlingen keine potentiellen Kunden in Sicht. Den Gästeservice haben wir gegenwärtig fast ganz aufgegeben, denn die Leute, die wir jetzt in der Mehrzahl beherbergen, interessieren sich nicht für Bars, Restaurants und internationale Telefonverbindungen. Eigentlich sind wir keine Hoteliers mehr, sondern eher Vermittlungsbüros für möblierte Zimmer. Natürlich hat diese Situation finanzielle Engpässe heraufbeschworen, die uns zwingen, bei den Angestellten zu sparen. Wer seinen Job bei uns behalten will, der kann es sich nicht erlauben, auch nur einen Tag zu fehlen. Wenn unser Hotelboy zum Beispiel einen Tag Urlaub nimmt, um in seinem Heimatdorf an einer Beerdigung teilzunehmen, und sein Rückweg nach Beirut blockiert ist, weil neue Kämpfe ausgebrochen sind, dann wird er nicht bezahlt, und wenn er länger fortbleibt, verliert er seine Stelle ganz.«

Arbeitsplätze – so muß man hier hinzufügen – sind durch den kriegsbedingten Niedergang der Wirtschaft und durch den weitgehenden Ausfall der Leichtindustrie im Libanon knapp geworden: Nur rund 25 Prozent der arbeitsfähigen libanesischen Bevölkerung sind offiziell erwerbstätig. Auch wenn Tausende von Angestellten und Arbeitern oft monatelang von einem halben Gehalt leben mußten, – wie etwa die Belegschaft der libanesischen Luftfahrtgesellschaft »Middle East Airlines«, weil der Flughafen von Beirut wiederholt geschlossen war, – so darf man andererseits nicht verschweigen, daß bisher in Beirut und in anderen Landesteilen trotz aller Beschwernisse noch niemand verhungert ist. Denn weder Bruderkrieg noch Inflation haben den ausgeprägten Lebenswillen der Libanesen gänzlich niederdrücken können, der immer wieder einen improvisierten Ausweg entdeckt, um das Dasein zu bewältigen. Auf welch einfallsreichen Umwegen dies oft gelingt, ist für den westlichen Beobachter nicht selten ein Rätsel.

Ganz entscheidenden Anteil an der Lebenskraft und Überlebensfähigkeit der Libanesen hat sicher der im arabischen Raum fest verankerte enge Zusammenhalt im Familienverband. Was bei uns in Europa oft nur noch der Staat leisten kann, besorgt im Libanon die wechselseitige Solidarität der Familienangehörigen im weitesten Sinne.

Yussef K., ein maronitischer Staatsbeamter mit mäßigem Einkommen, könnte beispielsweise weder seine beiden Töchter noch seinen Sohn studieren lassen, weil die Gebühren an den Privatuniversitäten Beiruts sein Jahresgehalt zu einem großen Teil verschlingen würden. Yussefs jüngerer Bruder, als Versicherungsmakler in Saudi-Arabien zu Geld gekommen, trägt deshalb die Ausbildungskosten der Kinder seines Bruders. Die Familie verhehlt zwar ihre Dankbarkeit nicht, betrachtet aber andererseits die finanzielle Hilfe des reichen Onkels von der arabischen Halbinsel auch als selbstverständlich.

Ein Volk voller Lebensfreude

Toni K. ist mit seinen 21 Jahren ebenso wie Hasan, der »pensionierte Heckenschütze«, während des Bürgerkriegs aufgewachsen. Anders als der halbwüchsige Hasan aber, hat Toni es mit Hilfe seiner liberal denkenden Eltern vermocht, sich jedem fanatischen Denkmuster zu entziehen.

Er ist Pazifist und würde niemals eine Waffe in die Hand nehmen. Als Student der Ingenieurwissenschaften hat er Computertechnik zu seinem Hobby gemacht und würde am liebsten nach seinem Studium in Beirut ein Service-Unternehmen aufbauen, wenn »der Krieg nur endlich der Vergangenheit angehörte«. Toni verkörpert in einem Punkt eine »typische« libanesische Eigenart: Die Freude am Leben. Wenn er über dieses Thema spricht, dann leuchten seine kastanienbraunen Augen und er unterstreicht mit temperamentvollen Gesten seine Ausführungen.

»Gewiß, an Bürgersinn fehlt es uns Libanesen. Aber was uns über die Religionsbarrieren hinweg verbindet, ist unsere Lebensfreude. Das zeigt sich am deutlichsten in dem Optimismus, der trotz aller Katastrophen immer noch nicht ganz ausgestorben ist. Auch zehn Jahre Krieg halten die Leute nicht davon ab, nach jeder Explosion wieder von vorn zu beginnen. Ob Ladeninhaber oder Mieter, kaum ist der Pulverdampf verzogen, macht sich jeder daran, aufzuräumen und zu reparieren. Zugegeben, der Anteil der Optimisten hat seit Februar 1984 abgenommen, grundsätzlich jedoch ist der Wille, nicht aufzugeben, ein Teil unseres Wesens.

Darüber hinaus steht fest, daß uns nichts über gutes Essen, schöne Kleider, häufiges Ausgehen und immer neue Freunde geht. Viele

Libanesen geben ein Vermögen für teuren Schmuck, für reine Luxusgegenstände aus, selbst, wenn sie sich das gar nicht leisten können. Ich muß zugeben, daß wir es im allgemeinen sehr schätzen, bei anderen durch Äußerlichkeiten Eindruck zu erwecken. Andererseits sind die Libanesen harte Arbeiter. Sie lieben eben das Geld, was sie allerdings auch großzügig wieder ausgeben. Wir gehen gerne aus und empfangen ebenso gerne Gäste zu Hause. Regelmäßige Besuche sind eine Grundregel in unserem sozialen Leben. Natürlich sind wir durch den Krieg eher ans Haus gebunden, und die Besuchsgewohnheiten haben sich in den letzten Jahren geändert. Man bleibt kürzere Zeit und kommt eher am frühen Nachmittag oder an Wochenenden als während der Abendstunden. Die Libanesen haben Humor; sie lachen über sich selbst – und das hilft über vieles hinweg. Karten- und Glücksspiele sind bei uns sehr populär, als ob unser Leben nicht schon genug Risiken in sich trüge. Eine ganz große Rolle spielt bei uns die Gastfreundschaft. Ohne Zweifel ist dies keine rein libanesische Eigenart, sondern, wie man weiß, in der ganzen arabischen Welt verbreitet. Doch wir glauben, ganz besonders gastfreundlich zu sein. Man überschlägt sich förmlich, um das Wohlwollen der Gäste zu erlangen. Selbst in den ärmsten Familien läßt man die raffiniertesten und teuersten Gerichte auftischen, will man sich so großzügig zeigen, daß am Ende der Mahlzeit die Hälfte der Speisen übrigbleibt. Je größer die Fleischmengen und je reichhaltiger die Füllung aus Gehacktem und Nüssen bei den garnierten Gemüsen, desto überschwenglicher fällt das Lob der Bewirteten aus, denn der Gastgeber hat seine Großzügigkeit bewiesen. Bei wichtigen Anlässen beginnen die Hausfrauen Tage vorher mit den Vorbereitungen für das Festmahl, denn bei einer libanesischen ›Mezze‹ – unserem Nationalgericht – muß alles frisch sein. Eine gute ›Mezze‹ bestand vor dem Krieg aus 30 bis 40 kleinen Gerichten, wobei weder der ›Tabbouleh‹ noch die ›Kibbeh‹ fehlen durften. ›Tabbouleh‹ ist ein Salat aus feingehackter Petersilie, Schalotten, Tomaten, unter die gemahlener Weizen gemischt wird. ›Kibbeh‹ ist wohl das berühmteste libanesische Gericht: Feingehacktes Lamm- oder Kalbfleisch, vermengt mit zerdrücktem Weizen, wird roh, gebacken oder gebraten serviert.«

Diese offene Darstellung des libanesischen Charakters und der libanesischen Lebensweise aus der Sicht eines jungen Libanesen zwingt uns dazu, noch einmal zurückzukehren zu dem, was man die »libanesische Tragödie« nennt.

Eine zerrissene Gesellschaft

Die »libanesische Tragödie« hat ohne Zweifel religiöse, politische und soziale Ursachen. Eine zusätzliche Dimension erfährt sie nach Ansicht des Beiruter Soziologen Samir Khallaf durch ihren sozialpsychologischen Hintergrund:

»Welche Waffenruhen oder Reformprogramme die politischen Führer des Libanon auch zustandebringen werden –, das Zaubermittel, um den Libanon in einen friedlichen und säkularen Bürgerstaat zu verwandeln, enthalten sie gewiß nicht. Sicher ist es lobenswert, wenn die Politiker versuchen, aufeinander zuzugehen, aber dies reicht bei weitem nicht aus, weil die Krise, der wir gegenüberstehen, sozialer und psychologischer Natur ist. Es handelt sich nicht allein um eine politische Frage, sondern vielmehr um das Problem intellektueller und seelischer Grundmuster, die Libanesen untereinander zu Feinden gemacht haben. Was der Libanon nämlich in den letzten zehn Jahren erlebt hat, ist nicht nur der Zusammenbruch des Staates, sondern vor allem das Auseinanderfallen der Gesellschaft. Wie aber«, – fragt der libanesische Wissenschaftler –, »kann man eine zerrissene soziale Gemeinschaft wieder zusammenführen, wenn die dafür erforderlichen Voraussetzungen wie sittliches Wohlverhalten, wechselseitiges Mitgefühl und das gegenseitige Vertrauen zwischen den verschiedenen Gruppen völlig abhanden gekommen sind?«

»Der einzig gangbare Weg, um die zerfallene libanesische Gesellschaft neu aufzubauen«, so lautet die Antwort des Soziologen Khallaf, »ist das Bemühen, den Libanesen, insbesondere der jüngeren Generation, ein Gefühl der *nationalen* Identität und der bürgerlichen Mitverantwortung einzuflößen. Dies darf und soll nicht die Bindung der Muslime, Drusen und Christen an ihre Familien und Religionsgruppen ersetzen, sondern darauf aufbauen. Ohne einen solchen sozialpsychologischen Wiederaufbau wird die gesellschaftliche und politische Kultur des Libanon auch in Zukunft an dem grundsätzlichen Mangel leiden, der das Land und seine Menschen letztlich ins Unglück gestürzt hat: dem fehlenden bürgerlichen Verantwortungsgefühl des einzelnen gegenüber der Gemeinschaft.«

Wehrhafte Christen - Erwachende Muslime

»Wafas Traum«
Eine Christin über den Verlust ihrer Kindheit

Die Wirklichkeit und der Alltag des sinnverwirrenden Bruderkrieges hat bei den Menschen im Libanon tiefe Spuren hinterlassen. Der Traum Wafas, einer 26 Jahre jungen, christlichen Libanesin, zeigt beispielhaft, wie es in Kopf und Herzen vieler Libanesen aussieht:

»Wie gewöhnlich verbrachte ich mit meiner Familie und einigen Freunden das Wochenende in Joun. Das ist mein Heimatdorf, gelegen im südlichen Chouf-Gebirge, nur ungefähr zwei Autostunden von Beirut entfernt.

Das Dorf wurde gerade von den Israelis bombardiert, deshalb verkrochen wir uns alle unter unsere Betten. Plötzlich kamen mein Freund und ich auf die Idee, heimlich das Haus zu verlassen. Wir wollten die Kämpfe aus der Nähe betrachten.

Gemeinsam liefen wir auf die Wälder zu, die das Dorf umgeben. Da hielt unerwartet ein Auto neben uns an. In dem Wagen saßen zwei Journalisten, eine Frau und ein Mann. Sie erklärten uns, daß sie auch auf dem Weg zur Front seien und forderten uns auf, einzusteigen... Nach einer kurzen Weile schon wurden wir an einer Straßensperre der ›syrischen Sozialisten‹ gestoppt. Die beiden Auslandskorrespondenten zwang man auszusteigen. Wir beide aber mußten erst mal im Auto bleiben. Dann kam einer der sich ›sozialistisch‹ nennenden Kämpfer zurück und sagte, er werde uns nun in ein Umerziehungslager bringen, damit wir lernten, was ein guter ›libanesischer Nationalist‹ sei. Wir würden mit den anderen Leuten im Lager zusammenarbeiten, mit all den ›Schwestern und Brüdern‹ für die ›wahre libanesische Sache‹.

In diesem Moment war der Traum zu Ende, und ich wachte auf. Blitzschnell wurde mir klar, daß ich einen ›libanesischen Traum‹ geträumt hatte, in dem die ›syrischen Sozialisten‹ natürlich austauschbar waren. Es hätten genausogut ›christliche Falangisten‹, drusische Milizionäre oder schiitische Khomeini-Jünger sein können.«

Die Reise in ihr Heimatdorf, die Stätte ihrer Kindheit, ist für Wafa seit dem Ausbruch des Krieges 1975 stets schwieriger und gefährlicher geworden. Seit jedoch in der Folge der israelischen Invasion von 1982 im ganzen Land viele kleine Kriege ausgebrochen sind, sich die Fronten überall verhärtet haben und der Kampf zwischen den Milizen der verschiedenen Religionsgemeinschaften unerbittlicher wurde, hat Wafa ihren Geburtsort Joun im Süd-Libanon nicht mehr besucht.

Joun war in der guten alten Zeit ein gemischt christlich-muslimisches Dorf. Hier wohnten Katholiken, Maroniten und Schiiten über mehrere Generationen hinweg zusammen. Zwar vermischten sie sich nicht, hatten jedoch ausreichend Toleranz füreinander, um ein gemeinsames Dorfleben aufrecht erhalten zu können. Doch heute ist die soziale Ordnung im Dorf nicht nur zerstört, sondern die blutigen Parteienkämpfe haben im Denken der Menschen Wunden geschlagen, die es recht unwahrscheinlich machen, daß die Dorfgemeinschaft in naher Zukunft wieder aufleben kann. Damit wird zumindest ein Teil der Bevölkerung von Joun das Schicksal von rund einer Million Libanesen teilen, die in ihrem eigenen Land durch die Kriegsereignisse zu Dauerflüchtlingen geworden sind.

Für die meisten Libanesen, die eng mit ihrer Parzelle verwachsen sind, kommt die Zwangsumsiedlung einer Entwurzelung gleich, von der sie sich selten ganz erholen – auch ein noch so attraktives Exil bietet eben keinen Ausgleich. Die Vertriebenenschicksale schaffen dann – und hier schließt sich der Kreis – wieder neuen Konfliktstoff, der den Boden für die Propaganda radikal-oppositioneller Gruppen bereitet.

Auch Wafa befürchtet den völligen Verlust ihrer Heimat im Bergdörfchen Joun:

»Viele Einwohner werden auf jeden Fall nicht zurückkehren können. Wer dies sein wird, zeigt sich dann, wenn entweder eine Miliz siegreich ist, oder aber eine politische Entscheidung für den gesamten Raum getroffen wird. Sollte das Dorf in christlicher Hand bleiben, so werden sich die muslimischen Dorfbewohner nicht zurücktrauen. Wenn aber die drusischen und muslimischen Milizen das Dorf übernehmen, dann werden die Christen nicht zurückgehen –, vor allem diejenigen nicht, denen man Beziehungen zu den ›Lebanese Forces‹ – den christlichen Milizen – vorwerfen kann.

Meine Familie hatte zwar – obwohl wir Maroniten, also Christen, sind – nie Verbindung zu den christlichen, rechtsstehenden Parteien. Im Gegenteil: wir waren immer neutral, fast schon politisch desinteressiert. Aber selbst wir würden uns in einem ›muslimischen Joun‹ fremd fühlen. Ich weiß nicht, wie ich auf den Verlust meines Dorfes reagieren würde. Ich habe Angst vor dem Tag, an dem ich vor dieser vollendeten Tatsache stehe. Gewiß würde er das endgültige Ende meiner Kindheit bedeuten, denn alle meine Erinnerungen wären in Joun begraben, wenn es von Leuten in Besitz genommen wird, die eigentlich gar nicht dorthin gehören. Meine Wurzeln wären dann für immer abgeschnitten. Mich schmerzt vor allem der Gedanke, daß ich meinen eigenen Kindern niemals zeigen könnte, wo ich gelebt habe, als ich selbst noch ein Kind war. Das tut sehr weh. Für mich wäre dieses Schicksal vergleichbar mit dem der palästinensischen Flüchtlinge von 1948, die es in alle Welt zerstreut hat. Sie haben noch lebhafte Bilder von ihrem Land und ihren Dörfern im Kopf. Aber es gibt für sie keine Möglichkeit mehr, ihren Kindern zu vermitteln, wie es wirklich war in Palästina. Dazu fehlen ihnen die Worte, Fotografien besitzen sie nicht, und dorthin reisen lassen sie die Israelis auch nicht.«

Die Lebenssituation der maronitischen Christin Wafa ist nicht nur deshalb typisch, weil ihr Geburtsort in den Strudel der Kriegsereignisse gerissen worden ist. In ihrer Biographie finden sich zwei Merkmale, die sie mit vielen ihrer Landsleute verbinden: Wafa besitzt neben der libanesischen eine zweite Staatsangehörigkeit – die australische – und hat sieben Jahre im Ausland – eben in Australien – studiert und gearbeitet.

Libanesen in der Diaspora sind in allen fünf Kontinenten anzutreffen: In Westafrika ebenso wie in Australien, in Frankreich und in den Vereinigten Staaten, in Bolivien und am Arabisch-Persischen Golf. Ihre Beweggründe, den Libanon zu verlassen, sind so unterschiedlich wie die Länder, in die es sie verstreut hat. Einige peilen mit gewieftem levantinischem Geschäftssinn vielversprechende Möglichkeiten für eine gewinnbringende und langfristige Tätigkeit im Ausland an. Andere wieder wollen sich die Grundlage für den Erfolg durch entsprechende Studien und Diplomierungen in den westlichen Staaten erst schaffen. Viele treibt auch die Not im Libanon, der Mangel an Arbeitsplätzen und das Überangebot an nicht ausgebildeten Arbeitskräften in die Ferne.

In der Wahl des Exillandes sowie hinsichtlich ihrer Motive für eine zeitlich begrenzte Emigration sind die Libanesen ebenfalls eine geteilte Gesellschaft. Vor allem christliche Libanesen hatten schon sehr früh – lange vor Ausbruch der offenen Feindseligkeiten in ihrem Land – eine Vorliebe für das westliche Ausland. Sie nutzten den Wirtschaftsboom in den westlichen Industrieländern zu Geschäftskontakten, verbanden ihren Auslandsaufenthalt mit Studium und Weiterbildung und investierten das so gewonnene Wissen und Kapital wiederum im Libanon. Dabei lag ihnen meist weniger am Herzen, am Aufbau einer industriellen Infrastruktur in ihrer Heimat mitzuwirken, als vielmehr daran, ihr Vermögen zum eigenen Wohl in krisensicherem Boden- und Hauseigentum anzulegen. Auf diese Weise wechselte beispielsweise ein guter Teil des wertvollen Bodens in und um Beirut in den fünfziger und sechziger Jahren den Besitzer.

So manch ein Angehöriger des sunnitisch-muslimischen Bürgertums folgte dem Beispiel der christlichen Landsleute. Die Sunniten des Libanon sind die traditionelle levantinische Kaufmannsschicht. Aus diesem Grund siedelten sie stets vorzugsweise in den großen Hafenstädten – Tripoli, Beirut, Saida und Tyros. Die Sunniten haben am meisten Veranlassung, sich als Nachfahren der Phönizier – des sagenumwobenen Seefahrer- und Handelsvolkes – zu bezeichnen.

Auch aus den großen »aristokratischen« Familien der Schiiten machten einige ihr Glück in Übersee – in Südamerika oder Westafrika. Zu Hause blieb indessen – bis auf wenige Ausnahmen – die Bevölkerung der unterentwickelten und bereits sehr vernachlässigten ländlichen Gebiete.

Es zeichnete sich zwar bereits ein soziales Gefälle ab, doch war es keineswegs religionsspezifisch. Die so gern aufgestellte Gleichung – christlich = reich und muslimisch = arm – war unzutreffend. Die Tatsache, daß die Entwicklung dann doch in einen sozialen Aufschrei der Muslime und einen Protest gegen die Unterdrückung durch die Christen einmündete, ist auf eine unglückliche Verquickung verschiedener Faktoren zurückzuführen. Sie sind kultureller, historischer und politischer Natur. Eine ungleiche Verteilung politischer Rechte war von Anfang an in das Fundament des libanesischen Staatsgebäudes fest eingemauert und gab den Bevorzugten – den Christen – einen eindeutigen Startvorteil. Erst allmählich, aber unaufhaltsam entwickelten sich daraus die sozialen und wirtschaftlichen Unterschiede zwischen den einzelnen Religionsgemeinschaften. Der Weg in die Krise hatte bereits begonnen, als die Oberfläche noch golden schimmerte. In den sechziger und frühen siebziger Jahren erlebte Beirut seine Glanzzeit als Finanz- und Handelsmetropole des gesamten Nahen und Mittleren Ostens. Alles, was Rang und Namen hatte – Großbanken, Agenturen und Hotels – besaß eine Niederlassung im »Paris des Ostens«. Der Erfolg schien denjenigen, die mit ihrem ausländischen Kapital fast ganz Beirut aufgekauft hatten, Recht zu geben: Das Gedeihen der libanesischen Hauptstadt wurde unterstützt durch den liberalen Führungsstil der libanesischen Staatsmacht, die auf Eingriffe in das Wirtschaftsleben fast völlig verzichtete. Daher blieb es nicht aus, daß sich Beirut zu einem mächtigen Wasserkopf aufblähte, der auf einem schrumpfenden, zerbrechlichen Körper – dem ländlichen Hinterland – ruhte. Beirut – der voll entwickelte »Superkopf« – war eine Stadt, die eigentlich auch die Hauptstadt eines modernen, sehr fortschrittlichen Staates hätte sein können. Auch noch auf den zweiten

Blick schien Beirut viel mit einer europäischen Metropole in einer nachindustriellen Phase gemein zu haben: Es gab wenige Reiche, die dann allerdings enorm reich waren, – und wenige Arme, von denen jedoch keiner mehr Hungers sterben mußte. Zwischen diesen beiden zahlenmäßig schwachen Extremen war die große Masse der Beirutis einzuordnen, die man als Mittelschicht bezeichnen könnte. Sie war relativ gut ausgebildet, hatte Arbeit und ein befriedigendes Auskommen. – Sozialpolitisch gesehen, tendierte sie von Generation zu Generation zum gesellschaftlichen Aufstieg. Demgegenüber war fast der ganze Rest des Libanon nicht nur stark unterentwickelt, sondern befand sich wirtschaftlich noch auf der vorindustriellen, feudalistischen Entwicklungsstufe.

Zwar war die Kluft zwischen dem wirtschaftlichen Fortschritt in der Stadt und der Stagnation auf dem Land bald nicht mehr zu übersehen, doch man erklärte sie gerne als das Ergebnis eines normalen, erträglichen Ungleichgewichts zwischen den verschiedenen Regionen eines Landes. Obwohl zutrifft, daß zu Beginn wirtschaftlicher Erfolg oder Mißerfolg nicht mit einer bestimmten sozialen Klasse oder religiösen Gruppe gleichzusetzen war, wurde doch die wirtschaftliche und soziale Stellung im Laufe der Zeit immer mehr deckungsgleich mit der Zugehörigkeit zu einer religiösen Gemeinschaft. Diese Wendung der Dinge hängt damit zusammen, daß im Libanon schon vor dem Bürgerkrieg traditionelle Siedlungsgebiete bestimmter Religionsgemeinschaften existierten. Es gab zwar – wie das Beispiel der Maronitin Wafa zeigt – gemischte Ortschaften, doch blieb man sich stets bewußt, ob ein Dorf mehrheitlich muslimisch, christlich oder drusisch war.

Unter den Auswirkungen des Stadt-Land-Gefälles litten vor allem die Schiiten, die im Süd-Libanon bis heute die Bevölkerungsmehrheit darstellen. Abgesehen davon, daß man auf Zuschüsse der libanesischen Zentralregierung für bessere Bewässerungssysteme oder modernere landwirtschaftliche Geräte oft lange oder vergeblich wartete, trug das schiitische Erbrecht zu einer Verschärfung der wirtschaftlichen Situation unter den Schiiten des Süd-Libanon bei. Demzufolge muß nämlich der im Besitz einer Familie befindliche Boden zu gleichen Teilen an alle Kinder, Söhne und Töchter, verteilt werden. Auf diese Weise wurden die ohnehin kleinen Parzellen oft schon in der zweiten oder dritten Generation der meist kinderreichen Schiiten zu ertragsarm, um noch allen Haushalten das Überleben zu garantieren. Daher begannen die Schiiten nach anderen Möglichkeiten zur Sicherung ihres Lebensunterhalts zu suchen: Einige fanden Arbeit in der Hauptstadt Beirut, andere wandten sich ins Ausland.

Im Unterschied zu ihren christlichen Landsleuten jedoch, wurde den meisten Schiiten die Entscheidung über Zielort und Arbeitswahl aus der Hand genommen. In Ermangelung einer guten Vorbildung und ausreichender Sprachkenntnisse blieb ihnen meist nur der Weg in die arabische Welt offen. So verdingten sie sich als ungelernte Arbeitskräfte in Saudi-Arabien und den kleineren Golfmonarchien. In jüngster Zeit hat sich zu den bevorzugten Auswanderungsländern für muslimische Libanesen das streng islamisch regierte Mini-Sultanat Brunei, an der Nordwest-Spitze Borneos, gesellt.

So reiselustig und tatkräftig die Libanesen auch sein mögen –, viele von ihnen zieht es doch eines Tages in den Libanon zurück. Die heiß ersehnte Heimkehr indessen gestaltet sich für nicht wenige zum Schockerlebnis, wenn sie ihr Land noch unorganisierter, noch schmutziger und noch zerstörter vorfinden als zum Zeitpunkt ihrer Abreise. Die nötige Eingewöhnung gerät so zum Gewaltakt, der häufig nur durch den totalen Rückzug in die Privatsphäre bewältigt werden kann.

Auch Wafa, die Anfang 1983 aus Australien zurückkehrte – zu einem Zeitpunkt, als sich der Libanon wieder einmal zum Neubeginn rüstete – hat ihr erstes Jahr zu Hause noch in besonders schmerzvoller Erinnerung. Dennoch war es – wie sich bald herausstellte – für den libanesischen Alltag ein durchschnittliches Jahr.

»Nur eine Woche nach meiner Rückkehr in den Libanon war ich Zeugin einer der verheerendsten Autoexplosionen, die es bis dahin in Beirut gegeben hatte. Damals wurde das ›Palästinensische Forschungszentrum‹ in unmittelbarer Nähe unseres Hauses in die Luft gejagt. Ein ganzer Wohnblock stand in hellen Flammen, wir hörten die Schmerzensschreie der Menschen, die verzweifelt einen Ausgang aus dem brennenden Haus suchten. Einige sprangen von den Balkonen der obersten Stockwerke, sausten sekundenlang wie lebende Fackeln in die Tiefe, bevor sie dumpf auf dem Boden aufschlugen. Später zählte man fast 20 Tote und noch mehr Verletzte. – In der Sekunde der Explosion wurde unsere eigene Wohnung praktisch in tausend Stücke zerlegt. Alles – Bilder, Blumen, Fensterscheiben – lag plötzlich auf dem Boden, als hätte es ein Erdbeben gegeben. Einen ganzen Tag lang habe ich gearbeitet, um das Haus einigermaßen wieder in Ordnung zu bringen – mechanisch, wie ein Roboter. Noch Wochen nach dem Anschlag geriet ich in Panik, wenn ich ein verdächtig geparktes Auto sah, weil ich überzeugt war, daß es wieder ein Bombenauto sein müsse. Man braucht Monate, um ganz über diese Furcht hinwegzukommen.

Das nächste große Ereignis war, als die libanesische Armee im September 1983 West-Beirut stürmte, um es wieder unter ihre Kontrolle zu bringen. Mehrere Tage brachte ich im Korridor zu. Du hörst die Bomben nur 50 oder 25 Meter entfernt einschlagen – manchmal ununterbrochen über drei Stunden hinweg jede fünf Sekunden eine. Ich weiß noch, daß ich wochenlang nicht mehr in meinem Bett schlafen wollte, weil das Schlafzimmer sehr ungünstig liegt und fast nur Außenmauern hat. Aus Angst vor noch mehr Bomben habe ich lieber weiterhin im Korridor geschlafen, den ich für den sichersten Platz in unserer Wohnung halte.

Einige Monate später – als die muslimischen Milizen ihre Stellungen in West-Beirut zurückeroberten – erlebte ich aus nächster Nähe die entscheidende Schlacht um ein Militärlager mit. Die ganze Nacht unter den Bomben, ohne zu wissen, wann es aufhören wird. Und dann unter dem Feuer der Heckenschützen zu fliehen – das war das Schlimmste. Auf der Straße fühlst du dich dann wie ein Hase, den der Jäger abknallen kann, wenn er will. Du mußt so schnell laufen, wie du kannst, und dich so gut verstecken wie möglich, denn du weißt, daß dein Leben im Grunde nichts wert ist. Danach sah ich, wie die Milizionäre die Geschäfte stürmten, in denen Alkohol verkauft wurde. Ich hatte das Gefühl, daß uns eine persönliche Freiheit, die es in Beirut durchaus gab, genommen werden würde. Das hat mich wieder zum Nachdenken über mein künftiges Leben in West-Beirut gebracht. Ob ich es langfristig ertragen kann, daß man auf meiner persönlichen Freiheit herumtrampelt? Es klingt vielleicht sehr banal: Aber wenn dir Dinge genommen werden, die das Leben etwas erträglicher machen, überlegst du dir schon, ob du in diesem Land weiterleben willst. Ich lebe auch ständig in großen Ängsten, daß jemand auf der Straße erkennen könnte, daß ich Christin bin. Also, gewissermaßen vermeide ich alle äußeren Erkennungsmerkmale – wie ein kleines Goldkreuz zum Beispiel. Trotzdem befürchte ich immer, daß jemand meine Identitätskarte verlangen könnte und sieht, daß ich Maronitin bin. Ich fühle mich auch als Beschützerin meiner Familie. Ich habe einen 20jährigen Bruder, der im richtigen Alter ist, um ein Kämpfer sein zu können –, wenn er wollte. Aber er hat nie gekämpft, denn er ist Pazifist. Um ihn habe ich immer besondere Angst, wenn wir in West-Beirut eingeschlossen sind, weil die Leute denken könnten, daß er mit der ›anderen Seite‹ kämpft oder für sie spioniert. Viele christliche junge Männer, die in West-Beirut gelebt haben, sind ganz weggegangen, um woanders zu studieren. Denn die Universität hier ist im islamischen Sinne immer politischer geworden, und da immer weniger Studenten aus Ost-Beirut rüberkommen, haben wir im Westen jetzt eine muslimische studentische Mehrheit. Intellektuell betrachtet, leben wir hier im Westen im Ghetto, im Vakuum. Das Niveau der Universitäten ist sehr heruntergekommen. Es gibt kaum noch Professoren, die einen anregen wollen, etwas Interessantes zu machen. Es sind praktisch nur diejenigen übriggeblieben, die keine Möglichkeit hatten, woanders hinzugehen, und die hier eine sichere Position haben. Die wenigen, die noch Impulse geben könnten, planen bereits ihre Abreise oder die Entscheidung darüber hängt ständig in der Luft. Die Universität ist sozusagen ihrer guten Köpfe beraubt. Eine Diskussion, die nur ein bißchen in die aktuelle Situation hineinspielt, macht die muslimischen Studenten sofort sehr nervös und auch aggressiv.

Ich habe auch große Angst um meinen Vater, weil jeder weiß, daß er Christ ist. Wenn er später nach Hause kommt als geplant, denke ich immer: Hoffentlich haben sie ihn nicht angehalten oder angegriffen. Für mich als Frau ist es etwas leichter, denn es gehört immer noch zur orientalischen Mentalität, daß man Frauen nicht direkt attackiert. Aber genau wissen kann man das natürlich nicht, denn die Gewalt nimmt spürbar immer mehr zu. Vielleicht werde ich eines Tages als Geisel genommen.

Weißt du, im Libanon überhaupt zu leben, heißt, tagtäglich mit der Gewalt in Berührung zu kommen. Du brauchst den Glauben, daß dir nichts passieren wird – obwohl es natürlich jeden Augenblick soweit sein kann. Du lebst halt weiter und tust so, als ob alles ganz normal sei.«

Zwischen den Schilderungen der traumatischen Erlebnisse, die Wafas Aufenthalt in ihrem Heimatland seit der Rückkehr aus dem australischen Exil geprägt haben, schimmert immer wieder die Furcht durch, die nicht in direktem Zusammenhang mit Bombenteppichen und Explosionen steht: Die Angst, als Christin in einer überwiegend muslimischen Umwelt erkannt zu werden.

Das Bewußtsein, in erster Linie und ohne Ansehen der jeweiligen Religionszugehörigkeit ein Teil der »libanesichen Nation« zu sein, war unter den Libanesen niemals sehr stark entwickelt. Auch war die Hauptstadt Beirut zu keinem Zeitpunkt ein echter Schmelztiegel für die verschiedenen religiösen Gruppen, die hier lebten. Dennoch hat es lange Zeit ein stilles Nebeneinander gegeben, das auch schwierige Zeiten überdauerte. Selbst als die militante christliche »Falange«-Partei nach dem Bürgerkrieg von 1975/76 den Aufbau eines rein christlichen Teillibanons in Angriff nahm – mit Ost-Beirut, sowie den Hafenstädten Jounieh und Byblos –, behielten viele Christen auch weiterhin ihren Wohnort im vorwiegend muslimischen West-Beirut bei. Sogar wiederholte Ausschreitungen, die mit sich brachten, daß an eilig errichteten Barrikaden Andersgläubige festgehalten und oft auf der Stelle exekutiert wurden, führten nicht zu Massenfluchten. Sicher war die zur Schau getragene Toleranz in religiösen Fragen in vielen Fällen aufgesetzt.

Doch hatten selbst diese Lippenbekenntnisse oft die erstaunliche Wirkung, eine aggressive Grundhaltung gegen die »anderen« abzuschwächen und auf diese Weise ein distanziertes Zusammenleben doch noch zu ermöglichen.

Eine verstärkte Sensibilität gegenüber der eigenen Religion hat sich erst entwickelt, seit die Radikalen in allen religiösen Gemeinschaften an Boden gewonnen haben. Unter dem Einfluß ihrer Ideologie scheint tatsächlich eine »Säuberung« des jeweiligen sozialen Umfelds in Gang gesetzt worden zu sein. Dieser Prozeß wird von zwei einander ergänzenden Strömungen getragen und vorangetrieben. Die eigene Gruppe beäugt denjenigen, der nicht mit ihr lebt, mit Unverständnis. Von der anderen Gruppe wird ihm Mißtrauen entgegengebracht, und nicht selten vermutet man in ihm einen »Spion«. So gewinnt die Religion einen Stellenwert, der ihr nach Ansicht vieler gar nicht zukommen dürfte. »Ich bin eigentlich Atheist. Aber meine Identitätskarte weist mich als Maroniten aus. Danach muß ich leben«, sagte ein christlicher Libanese, der seinen Wohnsitz nun in den vornehmlich maronitischen Landesteil verlegt.

Ich kenne den Libanon nur bis zum Museum
Ein junger Druse erzählt über seine Heimat

Najib ist 25 Jahre alt und gehört damit derselben Generation an wie Wafa. Dennoch sind die beiden Welten voneinander entfernt, zwischen denen es in dieser Phase der libanesischen Geschichte kaum noch eine Brücke zu geben scheint: Najib nämlich ist Druse. Doch bevor wir Najibs Meinung über sein Land hören, ist es nötig, zum besseren Verständnis eine historische Rückblende einzuschalten.

Die Maronitin Wafa und der Druse Najib verkörpern zwei religiöse Gemeinschaften, deren wechselvolle Geschichte viele gemeinsame Ziele und Ansprüche kannte – aber noch mehr kriegerische Auseinandersetzungen, Massaker und auch Friedensschlüsse aufweisen kann. Noch heute reklamieren beide Gruppen im Libanon den Emir Fakhr ad-Din als ihren Nationalhelden. Ihm gelang es im 17. Jahrhundert, sich in den libanesischen Bergen von der osmanischen Oberhoheit weitgehend unabhängig zu machen. Seinen erfolgreichen Feldzug gegen das Osmanische Reich führte der Emir damals mit Hilfe einer gemischt drusisch-maronitischen Armee.

Drusen und Maroniten waren in den libanesischen Bergen Nachbarn geworden, nachdem Anhäger der drusischen Religion im 11. Jahrhundert auf der Suche nach Asyl in den Libanon gekommen waren. Hier trafen sie bereits auf die maronitische Gemeinschaft, die sich dort ebenfalls in der Hoffnung niedergelassen hatte, Zuflucht vor religiöser Verfolgung zu finden.

Die vielversprechende Koalition zwischen Drusen und Maroniten zerbrach bald nach Ende der kraftvollen Herrschaft des Emir Fakhr ad-Din. Die Saat für einen langen und blutigen Konflikt wurde gelegt, als sich im 19. Jahrhundert die vorwiegend maronitische Bauernschaft gegen ihre Feudalherren – in der Mehrzahl Drusen – erhob. Im Verlauf der Rebellion kam es wiederholt zu schweren, bewaffneten Auseinandersetzungen, die im Jahre 1860 in Massakern gipfelten, denen in den Städten Hasbayya, Raschayya, Zahle und Deir al-Qamar annähernd 3000 Christen – Männer, Frauen und Kinder – zum Opfer fielen. Man hat später immer wieder versucht, diese Eskalation der Gewalt als das Ergebnis eines internen sozialen Konflikts zu erklären, der sich an der Willkür der Feudalherren und Knechtung der Bauern entzündet habe und sich schließlich in einer Explosion entladen mußte. Doch es kann kein Zweifel daran bestehen, daß schon damals die europäischen Imperialmächte ihre Fäden im fernen Libanon zogen. Unter dem Deckmantel der Hilfeleistung für die eine oder andere Partei suchten und fanden sie Alliierte, die sie der Verwirklichung ihrer Eigeninteressen dienlich machen konnten: Der Ausweitung des jeweiligen Machtbereiches im strategisch immer bedeutender werdenden Nahen Osten. In diesem rivalisierenden Kräftespiel taten sich Frankreich und England besonders hervor.

Die Franzosen verstanden sich traditionell als die Beschützer der römisch-katholischen und der mit Rom verbundenen orientalischen Christenheit und unterstützten folglich die libanesischen Maroniten. Demgegenüber favorisierten die Engländer die drusische Gemeinschaft. Ein maronitischer Stammesführer formulierte damals offen die Ratlosigkeit der Libanesen gegenüber der europäischen Einflußnahme: »Unsere Angelegenheiten sind zu einem zentralen Thema für England und Frankreich geworden. Wenn hier ein Mann seinen Nachbarn schlägt, so kann sich der Zwischenfall zu einer englisch-französischen Konfrontation ausweiten. Eine Tasse Kaffee, die unvorsichtigerweise verschüttet wird, kann unabsehbare Folgen haben.«

Die unermüdliche Konkurrenz von England und Frankreich in den libanesischen Bergen ist auch noch vor einem anderen Hintergrund zu sehen: Beide Staaten wollten sich Startvorteile für die Aufteilung des Osmanischen Reiches verschaffen, dessen Niedergang bereits nicht mehr aufzuhalten war. Noch aber war das Osmanische Reich – der »kranke Mann am Bosporus«, der »Koloß auf tönernen Füßen« – nominelle Staatsmacht in den libanesischen Bergen. Die türkischen Statthalter im Libanon verschlimmerten jedoch durch ihre wankelmütige Haltung die Tragik der Ereignisse von 1860 auf ihre Weise. Standen sie selbst – als sunnitische Muslime – eher auf seiten der Drusen, so waren sie doch gezwungen, auch den wechselnden Anordnungen Englands und Frankreichs Gehör zu schenken.

Das Jahr 1860 hatte den Drusen einen überwältigenden Sieg über die Maroniten beschert. Doch dieser Erfolg sollte nicht von langer Dauer sein. Als man in Europa von fortgesetzten Übergriffen auf christliche Siedlungen erfuhr und sogar im benachbarten Damaskus Tausende von Christen niedergemetzelt wurden, entschlossen sich die europäischen Staaten zu handeln. Auf französischen Druck hin wurde das libanesische Emirat in seiner alten feudalistischen Form aufgelöst. An seine Stelle trat das Rumpfgebilde des heutigen Libanon, der »Mont Liban«. Er wurde von einer Zentralregierung geleitet, an deren Spitze ein nicht-libanesischer, christlicher Gouverneur stand, der der »Hohen Pforte« in Istanbul verantwortlich war. Diese Wendung der Dinge zu ihrem Nachteil veranlaßte viele Drusen, die libanesischen Berge zu verlassen und nach Syrien auszuwandern.

Das hatte zur Folge, daß nunmehr die Maroniten im Libanon in der Mehrheit waren. Die Drusen jedoch, die als Minderheit im Libanon zurückblieben und ihre Nachkommen – man schätzt ihre Zahl heute auf knapp 200000 – empfinden sich bis auf den heutigen Tag als Begründer und Wächter der »libanesischen Identität«. Diese Ansicht wird kurioserweise von vielen Maroniten geteilt. »Wir identifizieren uns am meisten mit den Drusen. Während die Sunniten sich an Syrien halten können und die Schiiten den Iran als Stütze haben, bleibt den Maroniten und den Drusen nur der Libanon«, so hat ein christlicher Milizenführer die drusisch-maronitische Schicksalsgemeinschaft charakterisiert.

Historisch gesprochen basiert der Libanon also auf einem drusisch-christlichen Einverständnis. Diesem Miteinander kommt ein enormes historisches Gewicht zu, gerade, weil es alle Extremsituationen durchlaufen hat: Man hat sich bekämpft, sich gegenseitig massakriert, sich anschließend wieder verständigt, um weiter miteinander leben zu können. Die Kriege waren unvermeidlich, wenn die eine Gruppe die andere dominieren wollte. Doch sobald eine dritte Macht auftauchte, sahen sich beide Gemeinschaften als Minoritäten bedroht und vereinigten sich wieder. Es ist deshalb irreführend, den maronitisch-drusischen Gegensatz allein unter dem Eindruck der jüngsten libanesischen Geschichte, der blutigen Feindseligkeiten während des Bürgerkrieges, erklären zu wollen. Religion und Ideologie spielen hier nur eine untergeordnete Rolle. Der Konflikt ist viel älter und kennt im Grunde nur einen zentralen Punkt: Es geht um territoriale Machtansprüche. Die Chance, diesem Problem beizukommen, ist daher theoretisch recht groß. Sobald Drusen und Christen ein fest umrissenes Gebiet unumstritten zu ihrer Verfügung hätten, wäre eine erneute gute Nachbarschaft durchaus wahrscheinlich. Natürlich ist inzwischen die maronitisch-drusische Problematik durch neuere Entwicklungen überlagert worden, die eine separate Lösung dieses Konflikts recht utopisch machen.

Anders als über das Christentum oder den Islam, weiß man von der drusischen Religion sehr wenig. Meist begnügt man sich damit, von den Drusen vage als von einer »extrem-schiitischen Geheimsekte« oder einem »geheimnisumwitterten Bergvolk« zu sprechen. Nach ihrer Religion befragt, sind die Drusen selbst sehr einsilbig. Najib sagt: »Ich weiß nicht viel über meine Religion. Wir haben dazu vor unserem vierzigsten Lebensjahr kein Recht. Dann lehrt man uns die fundamentalsten Prinzipien unserer Religion. Alles, was man bis dahin weiß, ist, daß es einen Gott gibt, an dem man glaubt.«

Ein Interesse an Aufklärungs- oder Missionsarbeit für ihre Religion haben die Drusen nicht. Sie betrachten das Wissen um ihre religiösen Prinzipien als ein wertvolles, esoterisches Geheimnis, das nur wenigen Auserwählten bekannt werden darf. Nur etwa zehn Prozent der Drusen selbst zählen zu diesen »Eingeweihten« – den »Uqqal« – während die restlichen neunzig Prozent ihr ganzes Leben lang »Unwissende« – »Dschuhhal« – bleiben. Einer der »weisen Männer« war Kamal Djumblatt – bis zu seinem gewaltsamen Tod 1977 auch einer der politischen Führer der drusischen Gemeinschaft. Er hat es sich nicht nehmen lassen, über den Inhalt seiner Religion zu sprechen, und gibt einige Anhaltspunkte über ihre Ausrichtung:

»Unser Dogma basiert auf der Einweihung. Nur die Eingeweihten können unsere heiligen Bücher, die wir ›Bücher der Weisheit‹ nennen, lesen und verstehen. Wir stehen in der esoterischen Tradition der griechischen und ägyptischen Geheimschulen, deren Lehren auch in die islamische Mystik eingegangen sind. Heutzutage kann nur ein Druse, der die ›Botschaft‹ aus einem früheren Leben kennt, eingeweiht werden. Nach unserem Glauben bilden die Drusen – oder ›Unitaristen‹ – eine Gemeinschaft mit vielen anderen religiösen Gruppen in der ganzen Welt. Sie existieren unter verschiedenen Namen und machen fast ein Viertel der Menschheit aus. Ein neuer Einweihungskreis wird um das Jahr 2000 beginnen. Dann werden wir durch einen großen Weisen eine neue Botschaft von Gott erhalten. Ich habe die drusische Religion lange studiert. Besonders die Lehren aus dem indischen ›Vedanta advaita‹ und der griechischen Philosophie haben mir den Schlüssel zum Verständnis unserer Lehren geliefert. Ich empfinde mich als Schüler eines großen indischen Gelehrten, der gleichzeitig mein Pythagoras und mein Sokrates ist.«

So schemenhaft das Bild auch ist, das Kamal Djumblatt von seiner Religion zeichnet, es zeigt doch deutlich, daß sich die Drusen nicht als Muslime verstehen. Ihr heiliges Buch ist nicht der Koran, ihre Ursprünge liegen weiter zurück als die des Islam, und sie haben auch keine Moscheen.

Das Mißverständnis, es handele sich bei den Drusen um die Anhänger einer muslimischen Sekte, hat seine Wurzeln im 11. Jahrhundert. Damals herrschten in Ägypten die Fatimiden, die eine radikalschiitische Variante des Islam vertraten. In der Tradition ihrer religiösen Propaganda stand auch ein Mann namens Darazi. Er glaubte, in dem damaligen fatimidischen Kalifen al-Hakim bi-Amrillah die Inkarnation des göttlichen Wesens zu erkennen. Auf dieser Grundlage entwickelte er ein eigenes theologisches Gedankengebäude. Einige seiner Ideen scheinen die Vorfahren der heutigen Drusen in ihre religiösen Lehren aufgenommen zu haben. Schließlich identifizierte man sie so sehr mit Darazi, daß man sie in Anlehnung an seinen Namen »Duruz« – Drusen – taufte. Als Darazi wegen Gotteslästerung in Kairo hingerichtet wurde, war auch für die Drusen der Zeitpunkt gekommen, eine neue Heimat zu suchen. Sie wandten sich in Richtung Libanon.

Für junge Drusen wie Najib spielt ihre Religionszugehörigkeit nur dort eine Rolle, wo sie in direkten Zusammenhang mit den aktuellen Ereignissen steht:

»Ich bin Libanese. Man versucht hier zwar immer, die Religion an die allererste Stelle zu setzen. Aber ich glaube nicht, daß das im Selbstverständnis der Menschen tatsächlich so ist. Ich glaube auch nicht, daß ein Christ denkt: Ich bin zuerst Christ und dann Libanese – und dasselbe gilt für einen Drusen oder einen Muslim. Natürlich hat der Krieg die Menschen wieder enger an ihre Religion gebunden – aber eben nicht, weil sie die Religion so wichtig finden. Die Drusen waren beispielsweise vor den Auseinandersetzungen in den Bergen überall zerstreut und auch im Libanon hingen sie verschiedenen Feudal-Clans an. Die beiden wichtigsten Familien – die Djumblatts und die Arslans – haben durchaus unterschiedliche Politik gemacht. Aber sie blieben immer verbunden: so konnte beispielsweise Kamal Djumblatt in keinem Bezirk eine erfolgreiche Politik machen, ohne sich mit Majid Arslan zu verständigen. Umgekehrt war es genauso. Aber das hatte eine politische Basis. Die Religion spielte erst nach dem Bürgerkrieg eine Rolle. So haben wir den Eindruck, daß die in Israel lebenden Drusen auf die israelische Regierung zu unseren Gunsten Druck ausgeübt haben. Hier entwickelt sich das Ganze tatsächlich zu einer religiösen, ja, ethnischen Frage – etwa so, wie ein Jude, der in Amerika lebt, immer bereit ist, ›sein Israel‹ zu unterstützen.

Ich als Druse, ich denke mir: Wenn sich jemals die Notwendigkeit ergeben sollte, dann würde auch ich zum Gewehr greifen. Das ist bei mir keine Frage der Religion. Wenn eben versucht wird, uns auszulöschen, dann ist meiner Meinung nach jeder einzelne verpflichtet, sich zu wehren – auch wenn er selbst gewaltlos ist. Wir sind als Gemeinschaft bedroht. Und ob ich will oder nicht –, ich werde hier über die

Tatsache, daß ich Druse bin, identifiziert. Meine Gruppenzugehörigkeit ist festgelegt. Man sagt immer, daß es sich im Libanon um einen Religionskrieg handelt. Ich persönlich glaube das nicht. Dies hier ist ein politischer Krieg. Jeder Kämpfer würde sein Gewehr doch lieber heute als morgen wegwerfen. Auch die jungen Leute in meinem Dorf: Sie waren verpflichtet, ihr Dorf zu verteidigen und zahlen heute dafür. Aber sie hatten keine andere Möglichkeit.«

Najib lebt als Druse – als Angehöriger des »drusischen Adels«, wie er selbst sagt – im muslimischen West-Beirut. Da es drusische Milizionäre waren, die entscheidend dazu beigetragen haben, das politische und militärische Übergewicht der maronitischen Libanesen zu schmälern, wäre anzunehmen, daß Najib auf der Suche nach seiner Identität weniger Rückschläge erlitten hat als die Maronitin Wafa. Doch auch Najib hat wenigstens einen Teil seiner Heimat eingebüßt. Durch die Ereignisse der letzten Kriegsjahre war er gezwungen, seine Bewegungsfreiheit einzuschränken, auf alte Freunde zu verzichten und neue soziale Kontakte zu suchen.

»Vor dem Krieg war das Leben für uns relativ leicht und problemlos. Wir haben es genossen. Meine Eltern sind praktisch jeden Abend ausgegangen und haben ihre Freizeit meist in Broummana verbracht. Die meisten unserer Freunde stammten aus Broummana –, waren also Christen. Ehrlich gesagt, gibt es in unserer Bekanntschaft fast nur Christen. Muslime sind die ganz große Ausnahme.

Nachdem 1975 der Krieg begonnen hatte, ist es dann sehr schnell bergab gegangen. Erst drei Jahre später konnten wir wieder einige Monate in den christlichen Bergen verbringen. Wir haben aber trotzdem immer Kontakt zu unseren Freunden dort gehabt. Zu Beginn der israelischen Invasion 1982 sind unsere Freunde gekommen, um uns nach Ost-Beirut zu holen. Das Leben in West-Beirut war wegen der Belagerung unerträglich geworden, und wer konnte, hat die Stadt verlassen. Zum damaligen Zeitpunkt hatte ja auch der Chouf-Krieg zwischen Maroniten und Drusen noch nicht begonnen. Deshalb war es für uns nicht gefährlich, nach Ost-Beirut zu fahren. Heutzutage habe ich Angst, den christlichen Teil Beiruts oder des Libanon zu besuchen. Auch alle anderen Mitglieder meiner Familie würden solch eine Fahrt gegenwärtig nicht machen. Einige Monate vor Ausbruch des Chouf-Krieges gab es eine kurze Periode der Ruhe, man kann fast sagen, des Friedens. Ich kam damals gerade aus Europa zurück und habe in der ersten Euphorie mit meinem Auto mehrere Ausflüge gemacht, unter anderem auch nach Byblos und Jounieh, ins Kernland der Maroniten.

Während des Bürgerkrieges von 1975 haben wir niemals vermutet, daß die Entwicklung bis zu dem Punkt fortschreiten könnte, an dem wir heute angelangt sind. Monatelang waren wir völlig eingeschlossen. Wir haben die ganze Zeit im Haus verbracht. In unserer Familie war es Brauch, die drei heißesten Sommermonate in den Bergen zu verbringen. Wir waren früher – man kann sagen – Aristokraten. Uns gehörte die ganze Gegend um Alay, und es war selbstverständlich, daß wir mindestens während des Hochsommers in unserem Heimatort lebten. Bis 1977/1978 war es nicht problematisch, in die Berge zu fahren. Es existierten zwar auf dem Weg Straßensperren der christlichen Miliz, aber sie haben uns nicht belästigt. So blieb es bis zum Sommer 1982. Es gab niemals Probleme zwischen Drusen und Christen in den libanesischen Bergen. Wir haben über Generationen hinweg zusammengelebt.

Am 6. Oktober 1982 – ich erinnere mich noch genau – war ich das letzte Mal in unserem Bergdorf. An dem Tag hat es einen kleinen Angriff gegeben – ein kleineres Scharmützel. Im Anschluß daran sind die Israelis ins Dorf vorgedrungen und haben die kämpfenden Parteien auseinandergetrieben. Tatsächlich hat der Chouf-Krieg in unserem Dorf begonnen. Unsere Verwandten haben uns erzählt, wie sich alles entwickelt hat: Nachdem die Israelis ihre Truppen zurückgezogen hatten, stand die letzte israelische Straßensperre genau am Ortseingang, das heißt, sie bildete praktisch den Grenzposten zwischen unserem und dem Nachbardorf, das christlich ist. Als die Israelis dann noch weiter zurückgewichen sind, kamen die Christen in unser Dorf hinunter. Im letzten Moment haben sich unsere Leute zur Verteidigung aufgeschwungen. Man hat uns glaubhaft versichert, daß eine Viertelstunde später schon nichts mehr zu machen gewesen wäre und unser Dorf dann in die Hände der Christen gefallen wäre.

Ein ganzes Jahr lang war das Dorf eingekreist. Das bedeutete, daß niemand hinein oder heraus kam. Schließlich wurde in der gesamten Region – mit Unterstützung der syrischen Armee – Artillerie eingesetzt, und das Dorf war ›befreit‹. Hinter den Massakern, die sich später ereigneten, steht meiner Meinung nach nicht ein tiefer Haß zwischen Drusen und Christen. Es war mehr die Situation, die die Ventile fürs Töten geöffnet hat. Zum Beispiel in unserem Dorf: Da waren die Leute isoliert, von allen Ressourcen abgeschnitten – und das ein ganzes Jahr lang. Sie haben früher auch größtenteils von den Zuwendungen ihrer Verwandten gelebt, die im Ausland arbeiteten. Aber plötzlich kam nichts mehr ins Dorf hinein, und der Hunger begann. Schulen schlossen, ja das ganze öffentliche Leben war stillgelegt. Jeder, der älter war als 15 Jahre, war gezwungen, das Gewehr in die Hand zu nehmen, um für das Überleben seines Dorfes zu kämpfen.«.

Auch wenn Najib von einer möglichen Verständigung zwischen Maroniten und Drusen überzeugt ist, muß er sich den harten Realitäten dieses Krieges beugen. Die Wunden, die man sich gegenseitig geschlagen hat, sind tief. Eine harmlose Kontaktaufnahme kann so Situationen herbeiführen, die der einzelne begründet oder unbegründet als bedrohlich empfindet:

»Ich habe einmal eine Freundin, die in Ost-Beirut wohnt, am Abend bis zum Übergang an der ›Grünen Linie‹ begleitet – bis zum Bischara al-Khoury-Platz, Sodeco. Dort gab es nebeneinander eine Sperre der französischen Truppen und eine Straßenkontrolle der libanesischen Armee. Nachdem sie ausgestiegen war, habe ich meinen Wagen umgedreht, um in Richtung Basta zurückzufahren. Ein Franzose hat zu mir gesagt: ›à droite‹. Ich bin rechts rangefahren und habe angehalten. Dann kam ein Soldat der libanesischen Armee und hat mich mit ›Za'idi‹ angesprochen, das sagen die Christen untereinander. In mir ist die Angst hochgekrochen, weil wir ja immer wußten, daß die Armee nicht ganz korrekt ist. Sie haben auch gekidnappt und so weiter. Nachdem er meine Identitätskarte gelesen hatte, hat er zögernd seinen Kopf gebeugt – und ich bekam natürlich noch mehr Angst, weil ich wußte: Wenn jetzt etwas passiert, kann mir keiner mehr helfen. Nach einer langen Schweigeminute hat er dann gesagt ›Passez‹. Diese Erfahrung hat mir gereicht. Von da an habe ich es vermieden, noch spät abends nach Hause zu fahren, wenn niemand mehr auf der Straße war.«

Vor dem Hintergrund dieser Ängste, der wirtschaftlichen Not und der allgemeinen Hoffnungslosigkeit, die die Libanesen bis an die Grenze der Belastbarkeit niederdrücken, hat Najib – wie die meisten seiner Landsleute – kein Verständnis mehr für die Irrwege der libanesischen Politik.

»Die libanesischen Politiker, die ›Leader‹, sollten alle liquidiert werden. Aber selbst dann ... man weiß ja nicht, wer nach ihnen kommt. Hier ist eben alles nicht normal. Im Grunde war schon seit der Unabhängigkeit alles verfahren. Es gibt ja die schweigende Mehrheit, die mit diesem Krieg längst nicht mehr weitermachen will, ihn aber auch nicht beenden kann. Im Grunde wird diese Mehrheit von den Milizionären und den Politikern gemeinsam tyrannisiert. Das sogenannte ›Volk‹ –, das sind ja auch die Mittellosen, die Armen, wenn man so will. Die können natürlich das Land nicht verlassen und müssen hierbleiben. Inzwischen treibt die Wirtschaft auf das Ende zu. Die meisten Fabriken und Handelsagenturen sind entweder schon geschlossen oder stehen kurz davor. Die Arbeitslosigkeit ist hoch. Dennoch streiten sie sich im Kabinett dauernd um Nichtigkeiten. Und das Haus brennt. Aber ich frage mich auch: Wie konnten sie nach diesen langen und grausamen Kriegsjahren nur eine solche Regierung zusammenstellen. Damit sind wir zum Anfang zurückgekehrt, zum ›Quadrat eins‹. Sie haben nicht die Mentalität der Leute, die den Libanon wiederaufbauen wollen, die leben wollen. In einigen Jahren werden sie sowieso alle tot sein. Aber das liegt eben an der feudalistischen Grundstruktur des politischen Systems im Libanon. Sicher, es gibt auch verschiedene Parteien mit politischen Programmen. Aber es gibt keine Zeit und keinen Platz für eine inhaltliche Diskussion. Der Krieg drängt eben alles zur Seite. Die Basis für einen neuen Libanon ist die Gleichheit: alle sollen dieselben Rechte haben – Christen, Muslime, Drusen. Die Ungleichheit zwischen den Libanesen war nicht nur eine Frage der Verteilung staatlicher Gelder. Auch bei Stellenangeboten von seiten der Behörden waren die Muslime stets im Nachteil. Wenn sich ein qualifizierter Muslim bewarb, so versuchte man mit allen Mitteln, ihn nicht akzeptieren zu müssen. Besonders die Schiiten hat man natürlich links liegen lassen. Ich kann erzählen, was einem Verwandten von mir passiert ist. Er hatte alle notwendigen Qualifikationen und Diplome und bewarb sich bei einer Behörde in Beirut. Er bestand ohne weiteres die Aufnahmeprüfung und sollte dann nur noch ein Gesundheitszeugnis vorlegen. Dafür mußte er sich dem – christlichen – Vertrauensarzt präsentieren. Kaum war er durch die Tür gekommen, da deutete der Arzt auf seine etwas gebogene ›Drusennase‹ und sagte: ›Ich brauche Sie nicht zu untersuchen, mit dieser Nase sind Sie für den Job nicht geeignet.‹

Um die Probleme dieses Landes zu verstehen, muß man bis 1943 zurückgehen. Es ist eigentlich unglaublich: Jedes Land hat seine politische Struktur seit seiner Unabhängigkeit verändert – mit Ausnahme des Libanon. Hier geben immer noch die Gesetze von 1943 den Ton an. Das kann nicht funktionieren, denn auch die heutige Mentalität ist nicht mehr dieselbe wie 1943.«

Das Versagen der »Libanesischen Formel«
Über das Ende eines multi-religiösen Kunstgebildes

Der Begriff »Libanesische Formel« klingt nach Magie und Hexenküche. Auch wenn mit ihrer Hilfe ein Staat, der Libanon, aus der Retorte entstand, so ist sie doch heute längst wirkungslos geworden.

Im Jahre 1943 wurde der Libanon nach langem Tauziehen zwischen Frankreich und England unabhängig. Jahrhundertelang hatten sich die größten Religionsgemeinschaften in wechselndem Ausmaß an ausländische Mächte angelehnt. Obwohl sie auf engstem Raum Nachbarn waren, hatten sie isoliert voneinander gelebt. Nun galt es, eine Basis zu finden, die das Zusammenleben für alle Beteiligten zur Zufriedenheit regelte. Glücklicherweise gab es damals Politiker, die das

Kunststück vollbrachten, sich zum Wohle des frischgebackenen Staatswesens zusammenzuraufen – das erste und das letzte Mal in der libanesischen Geschichte. Andernfalls hätte der libanesische Bürgerkrieg wohl schon 30 Jahre vorher begonnen.

Großen Anteil an der sogenannten »libanesischen Formel«, die zum Fundament der Republik Libanon wurde, hatten der erste Staatspräsident – der maronitische Christ Bischara Khoury – und der erste Ministerpräsident – der Sunnit Riad Solh.

Die Probleme, mit denen die Architekten des Libanon damals fertig werden mußten, waren bemerkenswert. Unter der Herrschaft der Osmanen waren die sunnitischen Muslime die privilegierteste Religionsgemeinschaft gewesen, denn die Herrscher des Osmanischen Reiches hatten den sunnitischen Islam auf ihre Fahnen geschrieben. Doch nach dem Ersten Weltkrieg wurden die Osmanen durch die französische Mandatsmacht abgelöst. Die Folge war, daß die Sunniten ihre Vorrangstellung verloren, denn Frankreich betrachtete sich als Schutzmacht der maronitischen Christen. Die Allianz zwischen den Franzosen und den Maroniten erstreckte sich auf alle Bereiche. Sie ging so weit, daß sich viele Maroniten mehr mit Frankreich und Europa identifizierten als mit ihrer orientalischen Heimat. Sie ließen sich in Frankreich ausbilden und sprachen nicht selten wesentlich besser Französisch als Arabisch. Über ihre muslimisch-arabischen Nachbarn wußten sie nur wenig. Libanon galt den meisten von ihnen als ein »christlicher Hafen im muslimischen Meer« und als Vorposten der europäischen Zivilisation im rückständigen Arabien.

Demgegenüber erkannten die muslimischen Libanesen besorgt, daß ihre Umwelt sich ihnen durch zunehmenden europäischen Einfluß entfremdete. Sie tendierten nun ihrerseits dazu, sich enger an ihre arabischen Bruderländer anzuschließen, und begannen, deren Propaganda hellhörig aufzunehmen. Besonders den Sunniten fiel es schwer, zu verkraften, daß sie nach der Ablösung der Osmanen durch die Franzosen so tief gesunken waren. Sie hatten verständlicherweise wenig Interesse daran, in einem Libanon zu leben, der von den maronitischen Christen dominiert wurde. Statt dessen liebäugelten sie mit einem Anschluß an Syrien, dessen Bevölkerung größtenteils ebenfalls sunnitisch ist.

Ziel der neuen libanesischen Regierung mußte also sein, eine Übereinkunft zu treffen, mit der diese Extrempositionen unter einen Hut gebracht werden konnten. Einzig ein zufriedenstellendes Gleichgewicht zwischen den Religionsgemeinschaften konnte Stabilität garantieren. Denn eine Nation waren die Libanesen noch lange nicht – auch, wenn beschlossen worden war, einen »Staat« zu gründen. Vielmehr war er ein Kunstgebilde mit willkürlich festgelegten Grenzen. In diesen

Grenzen tummelten sich sechs größere Religionsgemeinschaften – Maroniten, Griechisch-Orthodoxe, Griechisch-Katholische, Drusen, Sunniten und Schiiten – und ungefähr noch zwölf kleinere. Jede einzelne Glaubensgemeinschaft hatte ihre eigenen Traditionen, ihre eigene Kultur und ihre eigenen Abhängigkeiten. Die Bereitschaft zur Zusammenarbeit zwischen diesen Gemeinschaften war also die wichtigste Voraussetzung für das Gelingen des Projektes »Libanon«.

Schließlich einigte man sich darauf, daß alle einen kleinen Schritt zurücktreten sollten, um ihren guten Willen zu zeigen. Vor allem die außenpolitischen Aktivitäten sollten eingeschränkt werden: Die Maroniten sollten auf enge Bindungen an Europa verzichten; die Muslime sollten ihre Begeisterung für den pan-arabischen Nationalismus vergessen.

Diese Vereinbarung wurde bekannt als der sogenannte »Nationalpakt«, der niemals schriftlich niedergelegt wurde, im Prinzip jedoch heute noch gültig ist.

Damit hatte man sich also für den »mittleren Weg« entschieden. »Libanon ist ein Heimatland mit einem arabischen Gesicht, das sich um die positiven Errungenschaften der westlichen Kultur bemüht«, erklärte der erste Ministerpräsident Riad Solh. In der Außenpolitik schien dieses Konzept anfangs erfolgreich zu sein. Durch geschickte Manöver gelang es der Regierung, hier den Beifall der einen und dort der anderen Seite zu erhalten: Die Muslime freuten sich darüber, daß libanesische Soldaten im ersten arabisch-israelischen Krieg 1948 mitkämpften, die Christen begrüßten es, daß die Zollunion mit Syrien aufgekündigt wurde. Innenpolitisch sah die Entwicklung allerdings nicht so rosig aus. Der neue Staat wurde auf die wackligen Füße eines »konfessionellen Proporzsystems« gestellt. Damit wollte man erreichen, daß jede Religionsgemeinschaft nicht mehr politisches Gewicht erhielt, als ihr zustand. Die politische Bedeutung der verschiedenen religiösen Gruppen leitete man von der Anzahl ihrer registrierten Mitglieder ab. Dabei legte man die Ergebnisse der letzten offiziellen Volkszählung von 1932 zugrunde, die noch unter der Aufsicht der französischen Mandatsmacht erfolgt war. Sie ergab, daß die maronitischen Christen die Bevölkerungsmehrheit bildeten, gefolgt von den Sunniten und den Schiiten. Auf dieser Grundlage setzte man fest, welche politischen, militärischen und administrativen Ämter den jeweiligen religiösen Gemeinschaften »gehörten«. Das galt natürlich auch für die höchsten Staatsposten: Getreu dem »Nationalpakt« ist der Staatspräsident ein Maronit, der Ministerpräsident ein Sunnit und der Parlamentspräsident ein Schiit. Die Verteilung aller weiteren Ämter sowie der Kabinettssitze erfolgte nach dem Schlüssel 6:5. Das bedeutet im Klartext, daß jeweils sechs Christen fünf Muslimen gegenüberstehen. Dieses Mehrheitsverhältnis hatte man noch aus der Mandatszeit übernommen.

In der Anfangsphase war dieses System wohl die beste Wahl. Möglicherweise war auch zum damaligen Zeitpunkt die klare Bevorzugung der Christen in doppelter Hinsicht gerechtfertigt: Zweifellos hatten die Maroniten fähige und gut ausgebildete Leute für den Staatsdienst zu bieten. Abgesehen davon entsprach wohl auch das Ergebnis der Volkszählung von 1932 noch immer den Tatsachen. Genau wußte das jedoch keiner zu sagen, und in den späteren politischen Auseinandersetzungen nahmen die Muslime die unklaren Zahlenverhältnisse als Beweis für den »Machthunger« der maronitischen Christen.

In dieser »libanesischen Formel«, dem ungeschriebenen »Nationalpakt«, war also das konfessionelle System festgeschrieben worden. Das Zusammenleben der Menschen wurde nicht von politischen Programmen oder Initiativen geregelt, die über die religiösen Gruppen hätten hinausgreifen können. Die Religion war zum Maß aller Dinge geworden. Der verhängnisvollste Fehler war indessen, daß auch in der Zukunft keiner daran dachte, dieses System des »Konfessionalismus« – oder der »Religionsmauschelei« – in Frage zu stellen.

»Im Libanon wird die Religion als Paß, Scheck und Fähigkeitsnachweis mißbraucht«, sagte einmal ein libanesischer Politiker. Und wirklich: Man kann die Bedeutung der Religionszugehörigkeit für den Lebenslauf und die Karriere im Libanon kaum überschätzen. Da laut »Nationalpakt« ja alle Ämter bereits »vorsortiert« sind, kommt es bei einer Bewerbung eben nicht auf Diplome oder persönliche Eignung, sondern auf die Religion an. Hat sich etwa ein Protestant – nur etwa zwei Prozent der Libanesen sind protestantische Christen – in den Kopf gesetzt, Politiker zu werden, so bleibt ihm nichts anderes übrig, als seine Religion zu wechseln. Denn die protestantische Gemeinschaft war zu klein, um 1943 bei der großen Verteilung des Kuchens ihren Zuschlag zu erhalten. Dasselbe gilt für die armenischen Christen, die Lateiner, die Juden und andere mehr. Nicht weniger als 17 Religionsgemeinschaften sind im Libanon staatlich anerkannt. Die Religionszugehörigkeit bestimmte nicht nur den beruflichen Werdegang, sondern auch das Privatleben: Jede Gruppe unterhielt eigene Schulen, Jugend- und Sportklubs – und blieb unter sich.

Eine Ziviltrauung existiert in dieser religiösen Vielfalt nicht, denn alles, was mit dem Familien- oder Erbrecht zusammenhängt, fällt in den Bereich der religiösen Gerichtsbarkeit. So ist zum Beispiel im Libanon der »Mufti der Republik« nicht nur das geistliche Oberhaupt der sunnitischen Muslime, sondern er ist gleichzeitig auch ihr oberster Richter in diesen Angelegenheiten.

Im sozialen Bereich hatten die Libanesen vom Staat gar nichts zu erwarten. Sie waren völlig auf die Hilfe der sozialen Einrichtungen ihrer jeweiligen Religionsgemeinschaft angewiesen. Die größte sunnitische Wohlfahrtsorganisation beispielsweise unterhielt 19 schulgeldfreie Schulen in West-Beirut und 85 weitere in ländlichen Gebieten, eine Schwesternschule, eine Lehrerausbildungsstätte und ein gut ausgestattetes Krankenhaus. Sie unterstützte Waisen, Studenten und alte Leute und übernahm Beerdigungskosten. Im Leben der sunnitischen Muslime spielte diese Organisation zweifellos eine nützlichere und wichtigere Rolle als der Staat. Ähnliche Einrichtungen, die meist durch Auslandsgelder finanziert werden, gibt es auch für die Schiiten und die Christen.

So ist es nicht verwunderlich, daß die Treue eines Libanesen zuerst seiner Religionsgemeinschaft gilt. Spitzt sich die Lage zu, und er ist gezwungen, zwischen seiner religiösen Gruppe und dem Staat zu wählen – so verliert im allgemeinen der Staat.

Das kann groteske Formen annehmen und Reaktionen hervorrufen, die völlig verantwortungslos zu sein scheinen. So hat etwa der maronitisch-christliche Ex-Staatspräsident Suleiman Frandjieh seinem eigenen Schwiegersohn befohlen, das Haus zu hüten, nachdem dieser zum Minister ernannt worden war. Der Grund: Frandjiehs Schwiegersohn ist griechisch-orthodoxer Christ. Sein Ministerposten aber hätte einem maronitischen Christen gebührt!

Der »Nationalpakt« hatte bewirken sollen, daß sich der libanesische Staat festigte. Aus dem zusammengewürfelten Kunstgebilde sollte eine »Nation« entstehen. Statt dessen hat er verhindert, daß die Menschen jemals ein Gefühl für diesen Staat, ein Nationalbewußtsein, entwickelten. Man hatte die Libanesen systematisch getrennt und in die Arme verschiedener Interessengruppen getrieben, die ihren Religionsgemeinschaften entsprachen.

Der »Nationalpakt« gibt Anleitungen dafür, was zu unterlassen ist: Die Christen sollen sich nicht an den Westen anlehnen, und die Muslime sollen sich nicht als pan-arabische Nationalisten fühlen. Doch ein Leitfaden dafür, wie die verschiedenen religiösen Gemeinschaften hätten zusammenwachsen können, fehlt.

Inzwischen sind mehr als vier Jahrzehnte ins Land gegangen, und seit rund zehn Jahren leben die Libanesen in einem blutigen Bürgerkrieg. Die Sprache der Waffen hat politische Verhandlungen weitgehend ersetzt und oft unmöglich gemacht. Sie hat vor Ort Tatsachen und Machtverhältnisse geschaffen, die der politischen Struktur des Landes nicht mehr entsprechen. Es ist offensichtlich, daß dringende politische Reformen not tun – soll die noch junge Republik Libanon jemals ein respektables Alter erreichen.

In dieser Situation ist die Existenz des »Nationalpakts« mehr als ein Hemmschuh: Sie ist ein eisernes Band, das dem »libanesischen Einheitsstaat« die Luft abzuschnüren droht. Setzen wir einmal ganz naiv voraus, daß alle libanesischen Gemeinschaften an einem Weiterbestehen der libanesischen Nation interessiert sind. Dann stellt sich automatisch die verhängnisvolle Frage: »Auf welcher Basis soll der ›neue Libanon‹ errichtet werden?« Hierbei stößt man unweigerlich Schritt für Schritt auf die Bestimmungen des »Nationalpakts« beziehungsweise auf deren Folgen.

Man erinnere sich: Der »Nationalpakt« basiert zunächst auf den Mehrheitsverhältnissen und setzt voraus, daß die maronitischen Christen die Bevölkerungsmehrheit im Libanon bilden. Dies trifft heute nicht mehr zu – das ist eine Tatsache, die von allen anerkannt wird. Deshalb gibt es bei den Maroniten gegenwärtig im wesentlichen zwei Argumentationslinien. Beide haben natürlich zum Ziel, den maronitischen Christen auch in der Zukunft die Macht im Lande – oder wenigstens im christlichen Teillibanon zu erhalten. Die eine Gruppe tritt dafür ein, das politische Gerippe des Libanon so zu belassen, wie es ist – und es nur mit etwas neuem Fleisch zu umgeben. Durch Reformen und Zusätze zur Verfassung soll eine größere Durchlässigkeit erreicht werden. Die Zahl der muslimischen Parlamentsmitglieder ist bereits erhöht worden. Die andere maronitische Gruppe will sich auf die Querelen um einen geeinten Libanon nicht mehr einlassen. Sie bevorzugt eine Dezentralisierung, einen föderativen Staat mit einer Zentralregierung, die für die Außenpolitik zuständig ist.

Die Religionsgemeinschaft, die die Maroniten als Bevölkerungsmehrheit abgelöst hat, ist die der schiitischen Muslime. Nun könnte man annehmen, daß die gemäßigten schiitischen Politiker mit Freuden das System des »Nationalpakts« aufgreifen, weil es ihnen im Grunde das Recht zur Staatsführung verspricht. Das ist jedoch nicht der Fall, sondern die Argumentation der Schiiten ist taktisch viel geschickter. Sie entwickeln Vorstellungen von einem modernen, politischen System, in dem die Religionszugehörigkeit keine Rolle mehr spielen soll. Mit anderen Worten: Jeder einzelne Posten – vom Büroboten bis zum Staatspräsidenten – soll im Prinzip für alle zugänglich sein. Doch auch hierbei liegt der Teufel im Detail – und die Maroniten haben ihn entdeckt: Sie befürchten, durch diese »Demokratie der Zahl« schleichend, aber unaufhaltsam aus ihren Ämtern verdrängt zu werden. Demgegenüber haben die sunnitischen Glaubensbrüder allen Grund, sich ein Überleben des »Nationalpakts« zu wünschen. Immerhin sind ihnen damit das wichtige Amt des Ministerpräsidenten und noch andere einflußreiche Posten gewiß. Ginge es indessen nach den tatsächlichen Machtverhältnissen, bei denen im Verlauf des Bürgerkrieges das Unterste nach oben gekehrt wurde, so würden die Sunniten unter Umständen ganz leer ausgehen: Sie verfügen über keine schlagkräftige Miliz mehr – und das bedeutet, daß ihr politischer Einfluß sehr eingeschränkt ist. Während die anderen großen Religionsgemeinschaften alle ein traditionelles Siedlungsgebiet besitzen, auf das sie Anspruch erheben können, haben die Sunniten keinen eigenen »Kanton«. Sollte es zu einer Aufteilung des Libanon kommen, müßten die Sunniten um ihren Anteil bangen.

Einzig die Drusen sind ausdrücklich für eine völlige »Säkularisierung« des politischen Systems. Sie haben dafür allen Grund: Mit nur ungefähr zehn Prozent Anteil an der Gesamtbevölkerung sind sie im »Nationalpakt« von 1943 fast gar nicht berücksichtigt worden und würden auch heute kaum mehr ins Gewicht fallen. Da aber im Libanon die politische Bedeutung an der militärischen Stärke gemessen werden muß, ergibt sich folgendes Bild: Die Drusen hatten wiederholt militärische Erfolge in West-Beirut, in den Chouf-Bergen und im Süd-Libanon gegen die reguläre libanesische Armee und die christlichen Milizen zu verzeichnen. Sie sind darüber hinaus in der »glücklichen« strategischen Position, ihren politischen Forderungen durch Artilleriebeschuß christlicher Wohngebiete Nachdruck verleihen zu können. In ihren Bergen sind sie mehr oder weniger unter sich, das heißt, sie verfügen bereits über eine Art »Kanton«.

Es fällt auf, daß kein Lösungsvorschlag die konfessionelle Frage unberührt läßt: An der Religion führt im Libanon kein Weg mehr vorbei. Sogar eine Neuauflage des »Nationalpakts« ist erwogen worden: Man dachte an eine neue Volkszählung, die sicher längst fällig ist. Aber sie scheiterte – wie so vieles – an den Interessengegensätzen. Die Maroniten nämlich, die inzwischen im Libanon selbst zur Minderheit geworden sind, setzten ihre Hoffnungen auf die Auslandslibanesen: Die meisten der rund drei Millionen libanesischen Staatsbürger, die ständig im Ausland leben, sind Maroniten. Die muslimischen Libanesen jedoch beharrten darauf, daß bei einer Volkszählung nur diejenigen berücksichtigt werden sollten, die sich im Libanon aufhalten. Schließlich verzichtete man auf das Projekt.

Während die libanesischen Führer um politischen Einfluß ringen und dabei keine erkennbaren Fortschritte machen, gleitet ihnen die Entwicklung »auf der Straße« immer mehr aus den Händen. Sie gewinnt eine gefährliche Eigendynamik, die bald nicht mehr aufzuhalten sein wird.

Der schiitische Riese sprengt seine Fesseln
Khomeinis Saat geht auf

Baalbek, die größte Stadt in der ostlibanesischen Bekaa-Ebene hat ihr Gesicht verändert. Früher war Baalbek mit seinen erhabenen römischen Tempelruinen und dem alljährlich stattfindenden Folklore-Festival eine Touristenattraktion und ein beliebtes Ausflugsziel der Libanesen. Als der Bürgerkrieg, der 1975 in Beirut begann, immer weitere Kreise zog, wurde auch Baalbek allmählich in den Sog der Ereignisse gerissen. Zuerst kamen die Kommandos der Palästinenser, nach 1978 dann die syrische Armee. Ein Touristenziel war der Libanon damals schon längst nicht mehr, dennoch konnte Baalbek immer noch mit bescheidenen Besucherzahlen aufwarten.

Das änderte sich endgültig mit der israelischen Invasion des Libanon im Sommer 1982. Baalbek wurde zur Zentrale radikaler schiitischer Gruppen, die in der Stadt selbst und in der näheren Umgebung militärische Trainingslager errichteten. Hier sollten – daraus machte man gar keinen Hehl – Freiwillige für Rollkommandos und Selbstmordanschläge ausgebildet werden. Ziele dieser selbsternannten »Soldaten Gottes« waren der »zionistische Feind«, der den Südlibanon besetzt hielt, und die »imperialistischen Teufel«, die USA und Frankreich, deren Soldaten als Mitglieder der internationalen Friedenstruppen in Beirut Dienst taten.

Als moralische Stützen standen den todesbereiten Schiiten in der Bekaa-Ebene rund 300 iranische »Revolutionsgardisten« zur Seite. Auch das neue Straßenbild Baalbeks ließ keinen Zweifel an der politischen Richtung, der man entschlossen folgen wollte. Überall waren Bilder des zornigen Ayatollah Khomeini zu sehen, der mit erhobener Faust die »Befreiung Jerusalems« und die »Vereinigung aller Muslime« versprach. Die Parole lautete »Hizbuna – Hizbullah, Qayiduna – Ruhollah«. »Unsere Partei ist die ›Partei Gottes‹ – unser Führer ist Ruhollah (Khomeini).«

Der schiitische Riese war selbstbewußt erwacht. Zwei Ereignisse hatten im wesentlichen dazu geführt, daß er seinen Dämmerschlaf beendete: Die erfolgreiche schiitische Revolution im Iran von 1979 und die israelische Invasion des Libanon im Jahre 1982.

Verglichen mit den anderen Religionsgemeinschaften im Libanon, fanden sich die libanesischen Schiiten erst relativ spät in einer Organisation zusammen. Sie nannten sie »Amal« – zu deutsch »Hoffnung«. Gegründet wurde »Amal« von dem charismatischen Imam Musa Sadr. Musa Sadr selbst hatte enge persönliche Bindungen an den Iran, denn er war in der heiligen Stadt Quom im Iran aufgewachsen und hatte dort auch seine theologische Ausbildung erhalten. Bereits vor dem Erfolg der islamischen Revolution war er ein begeisterter Parteigänger von Ayatollah Khomeini. Seine Unterstützung für die Ziele des Ayatollah war so rückhaltlos, daß der persische Schah dem Imam die iranische Staatsbürgerschaft absprach und ihn schließlich außer Landes wies.

So kam Musa Sadr in den Libanon. Hier griff er dann die Belange seiner verarmten Glaubensbrüder auf. 1974 begründete er die sogenannte »Bewegung der Entrechteten«, deren Basis eher ein sozialer Protest war. 1975 allerdings im ersten Jahr des libanesischen Bürgerkriegs, wandelte sich auch »Amal« zu einer para-militärischen Organisation. Musa Sadr erlebte weder den Erfolg der islamischen Revolution im Iran, noch die Eskalation des Bürgerkrieges im Libanon. Er verschwand 1978 während eines Besuchs in Libyen spurlos und ließ seine Anhänger zu Hause in Unordnung und Orientierungslosigkeit zurück. Um so dankbarer waren die gläubigen libanesischen Schiiten, als der iranische Revolutionsführer Khomeini erklärte, er betrachte sich als Führer aller schiitischen Muslime. Schon bald nach dem Sturz des Schah und der triumphalen Rückkehr des Ayatollah nach Teheran akzeptierten sie ihn als ihre religiöse Autorität.

Tatsächlich hat die schiitisch-islamische Revolution nicht nur das Gesicht des Iran verändert. Das Selbstgefühl der schiitischen Muslime im allgemeinen ist von ihr entscheidend geprägt worden. Im Verlauf der islamischen Geschichte sind die Schiiten traditionell die Leidenden, Erduldenden und Resignierten gewesen. Ihre Anwärter auf das Kalifenamt waren schon in der Frühzeit des Islam übergangen und ermordet worden. Ihre geistlichen Führer – die Imame – wurden von den sunnitischen Glaubensbrüdern als Abweichler verfolgt. Die Versuche, eigene, schiitische Staatswesen zu errichten, waren meist nur kurzlebig.

Doch plötzlich, 1979, bekam die Bezeichnung »Schiiten« einen aggressiven Beigeschmack. Überall – auch in der westlichen Presse – begann man vom Vormarsch eines »schiitischen Fundamentalismus« zu sprechen und ihn zu fürchten.

Besonders im Libanon, wo viele Jahre Bürgerkrieg ein Chaos hinterlassen hatten, fiel diese neue revolutionär-schiitische Propaganda auf fruchtbaren Boden. Hilfreich war dabei nicht nur, daß weite Gebiete des Landes jeder staatlichen Kontrolle entglitten waren. Vor allem eine Tatsache, der man bis 1982 nicht viel Bedeutung beigemessen hatte, spielte eine große Rolle: Der Libanon besaß inzwischen eine ansehnliche schiitische Bevölkerungsmehrheit. Da ihre soziale und wirtschaftliche Situation oft verzweifelt schlecht war, haben sie sich wiederholt selbst als die »Neger der libanesischen Gesellschaft« bezeichnet. Verständlich also, daß revolutionäre Ideen willkommen waren –, wenn sie nur einen Ausweg aus der gesellschaftlichen Ächtung versprachen.

Erschwerend kam im Jahre 1982 noch hinzu, daß der Südlibanon – ein traditionell schiitisches Siedlungsgebiet – am härtesten von der israelischen Invasion betroffen war und sehr unter der israelischen Besatzung litt. Bei diesem Stand der Dinge befanden sich die libanesischen Schiiten 1982 am Kreuzweg. Sie konnten zwischen zwei auseinanderlaufenden Wegen wählen. Die eine Möglichkeit war, den Libanon so zu akzeptieren, wie er nun einmal war – und in diesem Rahmen lediglich zu versuchen, etwas mehr politischen Einfluß zu gewinnen. Doch das bedeutete gleichzeitig, die unpopuläre Politik des christlichen libanesischen Präsidenten zu stützen, der gleich nach der israelischen Invasion einen unverzeihlichen Fehler gemacht hatte. Er hatte sich nämlich eng an die USA angelehnt und gar ein Truppenabzugsabkommen mit Israel ausgehandelt – in den Augen vieler Schiiten eine Provokation.

Der andere Weg, den viele Schiiten bevorzugten, räumte dem Überleben der libanesischen Nation keine zentrale Bedeutung mehr ein.

Er führte in Richtung einer pan-islamischen Revolution nach iranischem Muster.

Vor diesem Hintergrund spaltete sich 1983 die schiitische Bewegung. Die Splittergruppe »Amal Islami« – das heißt »Islamische Hoffnung« – verwarf die bisherige Politik als zu weltlich und berief sich auf die Ziele des Ayatollah Khomeini. Der Anführer dieser ersten Oppositionsgruppe hieß Husein Musawi – ein ehemaliger Lehrer, der sein Zentralbüro in der ostlibanesischen Stadt Baalbek eröffnete. Für Musawi sitzen die Autoritäten, die entscheiden, welches politische Vorgehen im islamischen Sinne vertretbar ist, ausschließlich in Teheran.

»Wir gehören zu einer großen Nation: Der Nation der Gerechtigkeit, des Koran und des Islam. Diese Nation will keinem Böses. Aber sie wehrt sich gegen Ungerechtigkeit und Aggression. Wir stützen uns auf Gott und vertrauen auf seine Hilfe. Das können nur die wirklich Gläubigen verstehen. Wir zählen außerdem auf die Fähigkeiten unserer gesamten Nation – und nicht nur auf einige kleinere Gruppen, die sich im Libanon befinden. Unser Kampf hier ist nur ein Teil des großen Kampfes, der in der gesamten Region, ja, in der ganzen Welt ausgefochten wird: An der irakisch-iranischen Grenze, in den Golfländern, in Afghanistan... Die Welt ist in zwei Lager aufgeteilt: Dasjenige der Schwachen und Ausgebeuteten und jenes der Ausbeuter und der Kolonialisten. Wir werden den Kampf gegen unsere Feinde weiterführen, bis ihre Aggression ein Ende hat.«

Von Anfang an stand der »Islamischen Hoffnung« die radikale »Partei Gottes« – im Arabischen »Hizbullah« – nahe.

Sehr schnell überflügelte die »Partei Gottes « ihre Schwester – die »Islamische Hoffnung« – an zahlenmäßiger Stärke. 1979 gegründet, ist sie heute die zweitgrößte Organisation der Schiiten – und hat auch weiterhin regen Zulauf. Als ihr geistliches Oberhaupt im Libanon betrachten die Anhänger der »Partei Gottes« den Scheich Muhammad Husein Fadlallah, der mit seinen Freitagspredigten die Gläubigen zu Tausenden in die schiitischen Moscheen der Süd-Beiruter Vororte lockt.

Seine Studien hat Scheich Fadlallah in Nadjaf im heutigen Irak absolviert – einer Stadt, die den Schiiten heilig ist, weil sie hier das Grab ihres ersten Imams, des Propheten-Schwiegersohnes Ali, vermuten. Ein Aufenthalt an der Theologenschule in Nadjaf ist deshalb für jeden schiitischen Geistlichen, der etwas auf sich hält, ein »Muß«. Auch den iranischen Revolutionsführer Ayatollah Khomeini führte sein Exil für einige Jahre nach Nadjaf: Er wirkte hier als umworbener Lehrer in den ersten Jahren nach seiner Ausweisung aus dem Iran.

In Nadjaf wurde damals, in den sechziger Jahren also, der Grundstein gelegt für die enge Bindung der libanesischen an die iranischen Schiiten: Denn sowohl Imam Musa Sadr als auch der Scheich Fadlallah waren begeisterte Khomeini-Schüler in Nadjaf.

Scheich Fadlallah hat sich in zahlreichen Büchern über islamisches Recht, Religion und Politik als »Gelehrter« hervorgetan. Die Radikalität, gepaart mit oft zynischer Menschenverachtung, die seine Anhänger auszeichnet, läßt sich in seinen Schriften nicht finden. Kurioserweise nimmt er auch für sich in Anspruch, kein Mitglied von »Hizbullah« zu sein:

»Ich bin eigentlich kein Mitglied dieser Partei. Vielmehr arbeite ich durch die islamischen Massen im allgemeinen und die Schiiten im besonderen. Die Basis meiner Arbeit im Libanon und im Ausland ist die Liebe der islamischen Religion für die Menschen. Unsere Jugend ist von diesem Denken ergriffen worden. Ich gehöre zu denen, die dazu beigetragen haben, in den letzten 18 Jahren neue islamische Konzepte für die junge Generation zu erarbeiten. Aus diesen islamischen Konzepten, die sich am politischen Alltag messen lassen müssen, ist ›Hizbullah‹ geboren. Im Grunde haben Marxisten und Muslime dieselben Ansichten über Politik – allerdings unterschiedliche Methoden.«

Diese Selbstdarstellung ist erstaunlich. Sie kann eigentlich nur damit erklärt werden, daß Scheich Fadlallah versucht, sich als ernstzunehmenden politischen Denker und Gesprächspartner zu profilieren. Als solcher könnte er vielleicht irgendwann einmal die Belange der radikalen Schiiten vertreten, die bisher im Libanon noch keinen offiziellen Fürsprecher haben.

In scharfem Gegensatz zu den gemäßigten Äußerungen des Scheichs – »Hizbullah« sei ein neues islamisches Konzept, gewissermaßen eine Philosophie – stehen jedoch die Parolen und Taten libanesischer Schiiten, die sich stolz als Mitglieder der »Partei Gottes« bezeichnen. Immer mehr ist ihre Gegenwart in West-Beirut im Verlauf des Jahres 1984 deutlich geworden. An Häuserwänden sticht ihr Emblem ins Auge: Das Wort »Allah« weht wie eine Fahne des Triumphs über dem arabischen Wort für »Partei« – »Hizb« –, das in Form eines Maschinengewehrs geschrieben ist. Darunter wird in knappen Worten, aber unmißverständlich, das politische Ziel umrissen: »Islamische Revolution im Libanon.«

Während sich die gemäßigte Schiiten-Organisation »Amal« – »Hoffnung« – relativ bedeckt hält, die Drusen sich eher auf ihre Berge konzentrieren und von den sunnitischen Muslimen so gut wie gar nicht mehr die Rede ist, ist die »Partei Gottes« in der Hauptstadt Beirut, besonders in den »Arme-Leute-Vierteln«, sichtbar auf dem Vormarsch.

Die Wände sind übersät mit den Märtyrer-Photos der »Hizbullah«-Mitglieder, die im Süd-Libanon bei Anschlägen gegen die Israelis getötet wurden; Parteibüros schießen wie Pilze aus dem Boden, und auch organisierte Strafmaßnahmen unter dem Banner des radikalschiitischen Islam sind keine Seltenheit mehr. Sie richten sich meist gegen Einrichtungen, die auch schon das Hauptangriffsziel der begeisterten schiitischen Revolutionäre in Iran gewesen sind: Bars, Alkoholläden, Bordelle, Kinos.

Das ehemalige Vergnügungsviertel am Beiruter Hafen erlebte während der Feierlichkeiten zu »Aschura« – dem höchsten schiitischen Feiertag – 1984 erstmalig eine Szenerie, die an Bilder aus Teheran erinnerte: Etwa 200 Frauen im schwarzen Körperschleier – dem »Tschador« – stürmten mehrere heruntergekommene Bars und zertrümmerten den Alkoholvorrat und das Mobilar. Damit nicht genug, drangen sie in die Wohnungen einiger Barmädchen vor und machten ernsthafte Anstalten, die »Sittenlosen« aus dem Fenster zu werfen. Die fanatisierten Frauen waren von einem Dutzend Bewaffneter begleitet, ein Beweis, daß es sich um eine gut vorbereitete »Veranstaltung« handelte. Neben solchen sogenannten spontanen Aktionen ist das »Aschura-Fest« im Libanon in den vergangenen Jahren zu einer gut organisierten Massenveranstaltung nach althergebrachtem Muster geraten. »Aschura« – eigentlich der »Zehnte« – steht für den 10. Muharram 680 (nach Christus). An diesem Tag erlitt der Prophetenenkel Husein bei Kerbela im heutigen Irak der Glaubenstod. Er wurde damals von der weit überlegenen Armee seines Rivalen, des ungeliebten sunnitischen Kalifen Yazid, eingekesselt und niedergemetzelt.

Fortan war sein Tod für die Schiiten das Symbol für die Unterdrückung durch die Staatsgewalt. Vor allem im schiitischen Volksislam drehte sich alles um den zentralen Mythos des Märtyrertodes Huseins. Husein, so sagen die Schiiten, mußte sterben, weil er sich einer ungerechten, tyrannischen Macht nicht beugen wollte. Im Idealfall soll das Vorbild Huseins den Schiiten unserer Tage Mut machen, niemals von ihrem Glauben Abstand zu nehmen, und – falls nötig – auch für ihn zu sterben. Daß die Treue zu Husein nicht unbedingt in resigniertes Leiden einmünden muß, hat man erst nach der schiitisch-islamischen Revolution in Iran begriffen. Seitdem sehen viele gläubige Schiiten ihre Pflicht in der aktiven Rebellion, getreu dem Motto, das Ayatollah Khomeini ausgegeben hat: »Der Opfertod Huseins kannte keine Zuschauer.« Dies ist eine klare Aufforderung an alle schiitischen Muslime, nicht abseits zu stehen, wenn es um die Ausbreitung der wahren Religion geht.

Die Erinnerung an Husein wird jedes Jahr am »Aschura-Tag« in aufwendigen Ritualen erneuert. Aus diesem Anlaß strömen die Menschen zu Zehntausenden in den Süd-Beiruter Vororten, den schiitischen Dörfern im Süd-Libanon und in der Bekaa-Ebene zusammen. Sie drängen sich auf den Straßen, Balkonen und Hausdächern, um nichts von dem Schauspiel zu verpassen, das ihnen an diesem Tag geboten wird. Ihr Hauptaugenmerk gilt mehreren Gruppen weißgekleideter Männer und Knaben. Diese werden angeführt von einem ebenfalls weißgekleideten, bärtigen Jüngling, der ein Krummschwert rhythmisch über seinem Kopf hin und herschlägt. Ihm folgen in grotesken Hüpfschritten die eigentlichen Hauptdarsteller: Knaben und Männer, denen das Blut in Strömen über das Gesicht läuft und die weißen Kleider – Signal für die Bereitschaft zum Märtyrertod – rot färbt. Unaufhörlich schlagen sie sich mit der flachen Hand oder einem Holzscheit auf dem Kopf, damit das Blut nicht aufhört zu fließen. Dabei rufen sie beschwörend die Namen ihrer verstorbenen Imame: »Oh, Ali, oh Ali – oh Husein, oh Husein, – oh Haidar, oh Haidar.« Drei- oder viermal bahnen sie sich so den Weg durch die fanatisierte Menschenmenge, die ihnen begeistert zujubelt. Vorbei an den riesigen Fahnen in den schiitischen Farben Grün und Schwarz, vorbei an den Frauen, die sie durch Gesänge anfeuern, vorbei an den Mädchengruppen, die auf grünen Stirnbändern Koransprüche tragen, vorbei an Postern von Khomeini, Musa Sadr und Scheich Fadlallah, die ihnen aufmunternd zunicken. Inzwischen stinkt es unter der heißen Mittelmeersonne nach geronnenem Blut. Wenn die Akteure ihren Lauf zu

Ehren Huseins beendet haben, wird der hohe Blutverlust vielen von ihnen zum Verhängnis: sie müssen von den bereitstehenden Krankenwagen mit Blaulicht in die umliegenden Hospitäler geschafft werden. Der kleine Schnitt, den man zu Beginn der Zeremonie auf der Schädeldecke angebracht hat, ist durch das ständige Schlagen der Kopfhaut zu einer riesigen Platzwunde geworden. Diese Männer aber, diese »Husein-Getreuen«, sind Helden in den Augen ihrer Glaubensgenossen.

Deutlicher und kompromißloser als alle anderen schiitischen Gruppen im Libanon verfolgt die »Partei Gottes« ein rein religiöses Konzept. Es basiert auf den fünf Prinzipien des schiitischen Islam, wie sie seit altersher gültig sind. Die ersten drei Prinzipien haben die Schiiten mit den Sunniten gemeinsam. Es sind dies: Der Glaube an die Einheit und Einzigartigkeit Gottes, an die Echtheit der Botschaft des Propheten Mohammed und an den Tag des jüngsten Gerichts und der Auferstehung.

Diesen Glaubensartikeln hat der schiitische Islam noch zwei weitere hinzugefügt: Den Glauben an Gottes Gerechtigkeit und an die Bedeutung des »Imamats«. An der Frage des »Imamats« haben sich im Verlauf der islamischen Geschichte immer wieder Auseinandersetzungen zwischen Schiiten und Sunniten entzündet. In der jüngsten Vergangenheit ist sie erneut in den Mittelpunkt des Interesses und der Konfrontation gerückt: Durch den Erfolg der islamischen Revolution im Iran 1979 und den offenen Anspruch Ayatollah Khomeinis, der Führer aller Muslime zu sein.

Der Begriff »Imamat« kennt in der deutschen Sprache keine Entsprechung. Jeder Übersetzungsversuch gibt seinen Sinn nicht genau wieder.

Die zentrale Rolle des »Imamats« ist so alt wie die schiitisch-muslimische Religion – oder anders ausgedrückt: Der Streit um das »Imamat« hat dazu geführt, daß sich die muslimische Gemeinschaft im 7. Jahrhundert in Sunniten und Schiiten spaltete.

Der »Imam« ist eigentlich »derjenige, der vorne steht« – und das war ursprünglich, in der Frühzeit des Islam, als die Anzahl der Muslime noch überschaubar war, der Vorbeter in der Moschee. Im politischen Sinne gewann das Wort »Imam« bald die Bedeutung des »Führers« schlechthin. Der Islam kennt nämlich im Gegensatz zum Christentum keinen Unterschied zwischen weltlicher und geistlicher Führung: Beide bilden – im Idealfall – eine Einheit.

Nach dem Tode des Propheten Mohammad – der damals einzig anerkannten Autorität – tat sich unter den Muslimen eine äußerst menschliche Frage auf: »Wem gebührt die Macht?« Auf der Suche nach einer Antwort geschahen Dinge, die die muslimische Gemeinde schockierten und schwächten. Es wurde meuchlings gemordet, verraten und intrigiert – Muslime vergossen das Blut von Muslimen. Dennoch konnte man sich nicht mehr auf einen gemeinsamen Weg einigen, und es entstanden – grob gesagt – zwei große Gruppen.

Die eine bildeten die »Sunniten«, die dem vom Propheten vorgezeichneten Weg, der »sunna«, folgten. Die andere, zahlenmäßig kleinere, waren die Schiiten. Ihr Name ist vom arabischen Wort für »Partei« – »Schia« – herzuleiten. Während die Sunniten den Führungsanspruch in der islamischen Gemeinde jedem zubilligten, der ein guter Muslim und »demokratisch« von einer Mehrheit gewählt worden war, hatten die Schiiten viel strengere Vorstellungen. Das Oberhaupt der Muslime konnte für sie nur ein Blutsverwandter des Propheten sein. Da der Prophet Mohammad keine überlebenden Söhne hatte, setzten sie alle ihre Hoffnungen auf Ali, den Schwiegersohn und Vetter Mohammads.

Ali, der bis zum heutigen Tag als schöner arabischer Jüngling mit schwarzem Vollbart und glühenden Augen verherrlicht wird, ist der erste Imam der Schiiten. Ihm folgten seine beiden Söhne, Hassan und Husein.

Nach dem Glauben der Schiiten war durch die Blutsverwandtschaft auch die Vererbung einer gewissen »Nähe zu Gott« garantiert. Mit dem zeitlich immer größer werdenden Abstand zum Propheten wurde auch das verwandtschaftliche Verhältnis des jeweiligen Imam zu Mohammad komplizierter. Schließlich brach die Kette der als Imame anerkannten schiitischen Führer ganz ab: Der zwölfte Imam starb als Kind, bevor er in der Lage war, für männliche Nachkommen zu sorgen. »Er verschwand und befindet sich in der großen Verborgenheit«, sagen die gläubigen Schiiten. Sie erwarten seine Rückkehr als »Mahdi« – er hat also viel Ähnlichkeit mit den christlichen Messias, dem Erlöser – am »Ende der Zeiten« –. Dann wird er die »gerechte Gottesherrschaft« wiederherstellen.

Bis es soweit ist, mußte allerdings eine Zwischenlösung gefunden werden. Die Führungsrolle in der schiitischen Gemeinschaft übernahm fortan jeweils der gläubigste, weiseste und anerkannteste Religionsgelehrte. Nur ihn erachtete man als würdig, stellvertretend den Platz des »Imams der Zeit« bis zu dessen triumphaler Rückkehr einzunehmen, – ja, mehr noch, die Voraussetzungen für die Ankunft des »Mahdi« zu schaffen. Derzeit betrachtet Ayatollah Khomeini dies als seine Aufgabe.

Im Libanon ist die »Partei Gottes« sein Instrument. Einer ihrer Sprecher hat klargemacht, daß für seine Partei politische oder geographische Grenzen nicht existieren: »Wir hier im Libanon kümmern uns nicht um irgendwelche Entscheidungen, die einmal von den imperialistischen Mächten getroffen worden sind. Unsere Politik wird allein vom Imam bestimmt. Das Imamat kennt keine Grenzen. Deshalb ist unsere Aktivität nicht auf den Iran oder den Libanon beschränkt, sondern auf das gesamte islamische Gebiet, das heißt die ganze Welt.«

Die »Partei Gottes« – oder »Hizbullah« – hat sich längst von einer lockeren Gruppierung zu einer organisierten Partei gewandelt. Daneben gibt es jedoch in West-Beirut und im übrigen Libanon noch andere radikal-schiitische Gruppen, die eine rätselhafte Schattenexistenz führen. Vieles deutet darauf hin, daß sie sich lediglich zur Planung und Durchführung bestimmter Aktionen – wie Bombenattentaten und anderen Terrorakten – zusammenfinden und sich nach getaner Arbeit in alle Winde zerstreuen.

In dieser Hinsicht war die Gruppe »Islamischer Heiliger Krieg« – »al-Djihad al-Islami« – besonders erfolgreich. Sie brüstet sich der mörderischen Anschläge auf zwei amerikanische Botschaften und die Hauptquartiere der amerikanischen und französischen Friedenstruppen in Beirut. Auch »Propaganda« – »al-Daawa« – hat sich im Libanon und im arabischen Ausland, nämlich im Irak und in Kuweit, mit Sprengstoffanschlägen hervorgetan. Eine weitere Terrorgruppe hat sich den Namen »Die Morgenröte« – »al-Fadjr« – gegeben und wird vorzugsweise gegen die israelische Besatzungsarmee im Südlibanon aktiv.

In dieser Phase, da man sich im Libanon erhoben hat, um eine verhaßte politische und soziale Ordnung zu zerstören, scheint die Zersplitterung der Schiiten in viele kleine und kleinste Gruppen ihre Durchschlagkraft nicht zu schwächen. Im Gegenteil: Die Bereitschaft zum Selbstmord, die Überzeugung, für eine edle Aufgabe erwählt zu sein und die Verachtung des menschlichen Lebens – besonders, wenn es sich um das eines »Ungläubigen« handelt – geben ihnen eine Stärke, der momentan niemand etwas entgegenzusetzen hat.

Vor allem den gemäßigten Politikern aus den eigenen Reihen sind die Hände gebunden. Die Gefahr, daß sie von der Woge des Fanatismus hinweggeschwemmt werden, ist groß.

Sollte jedoch die Speerspitze der radikalen Schiiten eines Tages stumpf werden, dann – so hoffen auch viele muslimische Libanesen – wird sich ein weiteres Mal zeigen, was fast schon ein »Gesetz der libanesischen Geschichte« ist und gleichermaßen zur Blüte wie zum Leiden des kleinen Landes beigetragen hat: Niemals ist es einer Gruppe gelungen, den Libanon mit ihrer religiösen oder politischen Ideologie ganz zu beherrschen. Der Libanon war zu keiner Zeit nur traditionell arabisch – auch nie ganz westlich, nicht muslimisch, nicht christlich, nicht anti-jüdisch; er war immer ein Land mit einer »selbstgestrickten«, undefinierbaren Identität.

Deshalb sind auch die äußeren Merkmale der erwachenden Religiosität nicht immer ernst und dunkel wie etwa im Iran. Vielmehr haben sie oft ihr spielerisches libanesisches Gesicht erhalten. Das fällt auf, wenn man die Libanesen heute dabei beobachtet, wie sie den Fastenmonat der Muslime – den Ramadan – begehen.

Schon Wochen vor Beginn des Ramadan verändern viele Stadtviertel in West-Beirut und die meisten Dörfer im Südlibanon und der Bekaa-Ebene ihr Gesicht. Auf Anordnung des Großmufti der Republik, Scheich Hasan Khaled, werden große bunte Transparente quer über die Straße gespannt, die in kunstvoller arabischer Kalligraphie entweder Koransprüche als Aufschriften tragen, oder auf denen die Muslime aufgefordert werden, die im Koran erwähnte kanonische Almosensteuer – »Zakat« – zu entrichten.

Geschäftsinhabern wird in Flugblättern nahegelegt, daß sie wenigstens am Freitag, dem islamischen Sonntag, ihre Läden vor 11 Uhr morgens schließen sollen. Sie selbst und ihre Angestellten sollen nicht das wichtige Freitagsgebet versäumen! Damit übernimmt man im Libanon eine Tradition, die in Saudi-Arabien, Ägypten, Libyen, Iran und den Golfstaaten schon lange praktiziert wird. Dieser Rückgriff auf die religiösen Pflichten ist keineswegs auf die sogenannten »anonymen Volksmassen« beschränkt geblieben, sondern findet auch auf politischer Ebene seinen Widerhall. So sieht beispielsweise der sunnitische Ministerpräsident Raschid Karame – wohl wissend, was die Stunde geschlagen hat – sorgfältig darauf, daß er politische Gespräche am Freitag für das 11-Uhr-Gebet unterbricht. Gleichzeitig nutzt er seinen Auftritt als frommer Muslim auch geschickt und effektvoll für die politische Propaganda: Indem er die Freitagspredigt mal in diesem, mal in jenem Stadtviertel besucht – und sich dabei besonders häufig in den Moscheen der ärmlichen Süd-Beiruter Vororte sehen läßt – dokumentiert er die Verbundenheit seiner Regierung mit den Unterprivilegierten, die nun – über das Vehikel ihres erstarkten Glaubens – mit Macht ihrem Schattendasein am Rande der Gesellschaft den Rücken kehren wollen.

Der Ramadan liefert dafür eine gute Basis, denn er ist nicht nur eine religiöse Pflicht, sondern auch eine Art »gesellschaftliches Happening«. Daher besitzt er eine starke solidarisierende und vereinigende Kraft.

Im »Heiligen Ramadan« – 9. Monat des islamischen Jahres und vom Propheten Mohammad zur Fastenzeit bestimmt – soll 29 oder 30 Tage lang von kurz vor Sonnenaufgang bis kurz nach Sonnenuntergang gefastet werden, oder – wie es die arabische Sprache blumenreicher beschreibt: »Solange du mit dem bloßen Auge einen schwarzen von einem weißen Faden unterscheiden kannst, ist es dir untersagt,

Nahrungsmittel aufzunehmen. Erst wenn beide nicht unterscheidbar grau geworden sind, darf das Fasten gebrochen werden.«

Aber die strengen islamischen Fastenvorschriften beschäftigen sich nicht nur mit der Regelung von Essen und Trinken. Will man es ganz richtig machen, so muß man nicht nur darauf achten, was in den Körper hinein-, sondern auch, was aus ihm herauskommt. Daher sollte der pflichtbewußte Muslim tunlichst vermeiden, innerhalb der Fastenperiode zu schwitzen, zu spucken oder gar Geschlechtsverkehr zu haben.

Die Bürde des Ramadan kann mal schwerer, mal leichter sein. Das hängt ganz davon ab, in welche Jahreszeit der Fastenmonat fällt. Denn die islamische Zeitrechnung folgt dem Mondzyklus, und der Ablauf der zwölf Monate ist kürzer als in unserem Sonnenjahr. Deshalb verschieben sich die islamischen Monate jährlich um etwa zwölf Tage nach hinten und wandern somit durch alle Jahreszeiten.

Doch ob Sommer oder Winter: Nach Sonnenuntergang sind die Mühen des Tages vergessen und die lebensfrohen nächtlichen Aktivitäten setzen ein: Familie und Freunde versammeln sich um den Eßtisch, der sich unter der Last der Köstlichkeiten biegt, die die Frauen tagsüber für das »Iftar« – das »Fastenbrechen« – vorbereitet haben. Zwanzig oder manchmal dreißig verschiedenen Speisen stehen zur Auswahl, eine soziale Pflicht, die so manchen Familienvater am Ende des Ramadan in hohe Schulden verstrickt hat.

Diese Reichhaltigkeit ist auch für ein Kuriosum verantwortlich: Glaubt man nämlich entsprechenden Stastistiken, so legt die Mehrzahl der gläubigen Muslime während der Fastenzeit gehörig an Gewicht zu.

Das traditionelle Gericht, das im Libanon bei keinem Fastengelage fehlen darf, ist »Fattousch«: Ein arabischer Salat mit Tomaten, speziellen Kräutern und Gewürzen und gerösteten Brotkrumen. Dazu gibt es dicke, ofenfrische Brotfladen aus Weißmehl.

Die gesellschaftlichen Aktivitäten erschöpfen sich jedoch keineswegs im allabendlichen, gemeinsamen »Fastenbrechen«. Überall haben aktive Stadtteilgruppen – unseren Bürgerinitiativen vergleichbar – kleinere Festveranstaltungen organisiert, deren Programm ein wenig an einen Zirkus oder eine Wanderbühne erinnert. Da gibt es Folklore-Tanzgruppen, Tambourinschläger und Sänger, arabische Geschichtenerzähler, hin und wieder einen politischen Agitator – und ganz selten mal einen Prediger. Auch Feuerwerkskörper, Leuchtraketen, und – wie könnte es im Libanon anders sein – Maschinengewehrsalven fehlen nicht.

Bei dieser Gelegenheit wird auch deutlich, in welchem Ausmaß die Frauen zur Demonstration des neu erwachten islamischen Bewußtseins beitragen. In allen muslimischen Gebieten des Libanon – sei es nun in West-Beirut, seinen vornehmlich schiitischen Vororten, dem sunnitischen Tripoli im Norden oder im israelisch besetzten Süden – bestimmen seit einiger Zeit konservativ gekleidete Frauen und Mädchen das Straßenbild, die als geringstes Zugeständnis an ihre neue »Islamität« ihre Haare mit einem weißen Kopftuch bedecken und auch an heißen Tagen kaum noch ohne Strümpfe ausgehen.

Diejenigen, die selbst in ihrer Traditionsverbundenheit »modern« bleiben wollen, erwerben eine der »Bekenner-Uniformen«, oft ein Ensemble aus langer Hose und wadenlangem, lockeren Mantel in Dunkelblau, Dunkelbraun oder Grau. Auch hierbei darf natürlich das alles verhüllende Kopftuch, das nur Mund, Augen und Nase sehen läßt, nicht fehlen. In schiitischen Wohngegenden sind inzwischen Frauen mit dem aus Iran bekannten Körperschleier, dem »Tschador«, keine Seltenheit mehr.

Dennoch – und hier schlägt wohl die leichte libanesische Lebensart von anno dazumal durch –, für die wenigsten muslimischen Libanesinnen hat die dogmatische Erklärung Gültigkeit, die eine Glaubensgenossin als Grund für ihre Verschleierung angibt: »Ich suche Schutz vor dem Kontakt mit kranken Augen und kranken Herzen.« Im Gegenteil: Besonders junge Mädchen gewinnen in ihrem neuen Aufzug an Koketterie. Sie kombinieren ihre traditionelle Kleidung mit bunten, hohen Sandaletten und verwenden viel Sorgfalt auf das auffällige Make-up ihres Geischts – besonders der Augenpartie. Die Anordnung des Kopftuchs oder Schleiers gerät oft zum Kunstwerk. Die Falten werden kunstvoll gelegt und mit Blumen oder Broschen reich dekoriert. Einige Frauen tragen auch kleine Kappen unter dem Kopftuch, die das ganze Gebilde dann als kleines Krönchen erscheinen lassen – und ein bißchen dem Bild annähern, das man sich in Europa von den Burgfräulein der Ritterzeit macht. Solchermaßen zurechtgemacht und trotzdem mit allen äußeren Anzeichen einer »anständigen Frau« ausgestattet, spazieren sie dann an sonnigen Nachmittagen, zu dritt oder viert untergehakt, mit gewagten Hüftschwüngen auf der Beiruter Uferpromenade und leisten sich durchaus verführerische Blicke in Richtung der dort flanierenden jungen Männer.

Eine islamische Gemeinde für alle Araber? Die Angst der Christen vor dem »muslimischen Meer«

»Wir haben Angst vor dem Fundamentalismus der Muslime. Diese islamische Woge ist für uns eine ganz reale Bedrohung«, versichert Charles Malek, ein maronitischer Christ, als wir ihn in seiner dezent eingerichteten Anwaltskanzlei im Frühsommer 1984 aufsuchten.

»Die Christen«, so fährt er fort, »sind heute zweifach in der Minderheit: Hier im Libanon, wo sie bis vor kurzem noch die größte Bevölkerungsgruppe bildeten und natürlich im gesamten Nahen Osten, wo rund 150 Millionen Araber leben.«

Die Gefühle des jungen Rechtsanwalts in Ost-Beirut teilen inzwischen zahlreiche Christen im Libanon. Furcht vor dem sich offensiv gebärdenden Islam empfinden vor allem die Maroniten, die im libanesischen Staatsgefüge seit jeher eine machtvolle Sonderstellung eingenommen haben.

Für die Christen stellt sich inzwischen die »Existenzfrage« in dieser Weltgegend mit ihrer überwältigenden muslimischen Mehrheit.

»Die Muslime wollen keinen *weltlichen* Staat. Sie streben nach einer ›Islamischen Republik‹ ohne Christen«, betont Pater Choucri in seiner kleinen Kirche zum Heiligen Franziskus von Assisi, die mitten im überwiegend muslimisch bewohnten Hamra-Distrikt in West-Beirut liegt. »Wir haben große Angst vor dem Beispiel, das Khomeini gegeben hat. Wenn die libanesischen Schiiten Khomeinis Weg folgen«, so fährt der katholische Priester fort, »dann sind die christlichen Gemeinschaften im Libanon dazu verdammt, entweder zum Islam überzutreten oder zu verschwinden.«

Jeden christlichen Fanatismus von sich weisend, will Pater Choucri ein mögliches Miteinander zwischen Muslimen und Christen nicht völlig ausschließen. »Aber«, so stellt er fest, »trotz aller Anstrengungen, die ich hier in diesem muslimischen Viertel unternehme, um brüderliche Beziehungen herzustellen, bin ich mir doch darüber im klaren, daß ich in den Augen des Islam nicht existiere – schlimmer noch, eigentlich gar nicht existieren darf.«

Dieser Aussage von Pater Choucri bedarf der Erklärung. Er spricht damit die Stellung von Nichtmuslimen in einer islamischen Gesellschaft an. Hier ist zu unterscheiden zwischen der Theorie des Koran – des Heiligen Buches des Islam – und der tatsächlichen Behandlung, die die orientalischen Christen ebenso wie die Juden im Laufe der Jahrhunderte in islamischen Staaten erfahren haben und teilweise noch heute erfahren.

Christen und Juden sind im Koran als »Leute des Buches« (»der Schrift« = der Bibel bzw. der Thora) bezeichnet, denen es freisteht, die eigene Religion auszuüben, und deren religiöse Heiligtümer garantiert sind.

»Diejenigen, die glauben (d.h. die Muslime) und diejenigen, die dem Judentum angehören, und die Christen und die Sabäer, – alle die, die an Gott und den Jüngsten Tag glauben und tun, was recht ist, denen steht bei ihrem Herrn ihr Lohn zu, und sie brauchen wegen des Gerichts keine Angst zu haben, und sie werden nach der Abrechnung am Jüngsten Tag nicht traurig sein (Sure 2, 62: ›Die Kuh‹).«

Dieser Vers bestätigt die allgemeingültige Regel des Koran, daß es »in der Religion keinen Zwang gibt« (Sure 2, 256: »Die Kuh«).

Nach dem Tode des Propheten Mohammad (632 n. Chr.) verbreitete sich der Islam in Windeseile über die Arabische Halbinsel hinaus, und innerhalb von rund 100 Jahren eroberten die arabischen Armeen ein Imperium, das von Spanien im Westen bis an die Grenzen Chinas im Osten reichte. War ein Land unterworfen –, wie etwa Syrien, Ägypten oder Persien –, so erhielten dessen Bewohner den Status von »Schutzbefohlenen«, vorausgesetzt, sie gehörten einer der anerkannten »Buchreligionen« an. Der einzelne wurde zum »Dhimmi«, zum Angehörigen einer geschützten Minderheit, sofern er nicht zum Islam übertrat. Dies bedeutete, daß jede Gruppe unter ihrem religiösen Oberhaupt (dem Patriarchen oder Bischof) interne Autonomie genoß und auch das Land behalten durfte, das sie besaß und bebaute. Als Gegenleistung für ihren Schutz zahlten diese Minderheiten eine Bodenpacht, sonstige Abgaben und eine Kopfsteuer pro Person an den islamischen Staat.

Obgleich die Position der »geschützten Minderheiten« im großen und ganzen nicht schlecht war, so blieben sie doch in gewisser Weise »Bürger zweiter Klasse«. Der hieraus resultierende soziale Druck machte deshalb den Übertritt zum Islam zu einem außerordentlich attraktiven Schritt. Denn in der Praxis standen die meisten Ämter im Staatsdienst nur den Muslimen offen, und hinzu kam, daß ein Christ keine muslimische Frau heiraten durfte, und somit wirtschaftlich interessante Heiratsverbindungen mit einer muslimischen Familie ausgeschlossen waren.

Schon in dieser Frühzeit des Islam (7./8. Jahrhundert n. Chr.) ergab sich aber mitunter eine Verschärfung der Lebensbedingungen für die Christen, die oft steuerliche Gründe hatte.

Im Prinzip durften die Christen ja ihre Religion beibehalten und sie mußten lediglich eine besondere »Schutzbefohlenen-Steuer« entrichten, die aber mehr oder weniger der »Almosensteuer« entsprach, welche die muslimischen Untertanen zu zahlen hatten und die für die Christen entfiel. Als jedoch die Staatskassen der muslimischen Herrscher leer waren und man Geld für neue Kriegszüge benötigte, besteuerte man die »Ungläubigen« höher als die Muslime. Ganz offensichtlich traten damals viele Christen zum Islam über, um der drückenden Steuerlast zu entgehen. Besonders im Osmanischen Reich, zu dessen Herrschaftsgebiet der Libanon ja mehrere Jahrhunderte bis zum Ende des Ersten Weltkriegs gehörte, erlebten die Christen ihren Minderheiten-Status in allen Schattierungen – positiven wie negativen gleichermaßen.

Wie es ihnen jeweils erging, war kaum von ihrem Wohlverhalten abhängig, sondern wurde von komplizierten Faktoren bestimmt. Zum Beispiel konnten gewisse berufliche Rechte, die die »Dhimmis« eigentlich besaßen, mit einem Federstrich hinfällig werden, wenn die wirtschaftliche Lage der Muslime dies zu erfordern schien. So erhielten Christen in bestimmten Handwerkszweigen Berufsverbot zugunsten muslimischer Kollegen, die die unliebsame Konkurrenz auf diese Weise ausschalten wollten.

Außenpolitische Erwägungen spielten ebenso eine Rolle: Befand sich der Sultan in Istanbul im Kriegszustand mit christlichen Mächten – etwa auf dem Balkan –, so betrachtete man die Christen in den eigenen Grenzen sehr schnell als Sicherheitsrisiko, und ihre Bewegungsfreiheit wurde infolgedessen eingeschränkt.

Einzelne Schicksale oder Karrieren sagen nichts über die Lage der Christen unter islamischer Herrschaft im allgemeinen aus. Es hat durchaus Christen gegeben, denen sich im Osmanischen Reich enorme Aufstiegschancen eröffneten. Einige unter ihnen brachten es bis zum Wesir oder zum Hofarchitekten. Dabei handelte es sich aber meist um Kriegsgefangene aus Europa und nicht um christliche Untertanen, die in der türkisch-arabischen Welt ansässig waren. Unabhängig davon war eine solche Karriere fast immer notgedrungen mit dem Übertritt zum Islam verbunden.

Vor diesem historischen Hintergrund, der für die Christen in der islamisch-arabischen Welt auch heute noch lebendig ist, ja – sich immer mehr aktualisiert angesichts des all-islamischen Wiedererwachens, sollte man die bitteren Worte Pater Choucris über sein Christsein in islamischer Umgebung verstehen.

Über Jahrhunderte hinweg waren die Christen im heutigen Libanon und in Syrien »Bürger zweiter Klasse«, eine Minderheit, umgeben von einer übergroßen muslimischen Mehrheit. Mal geschützt, mal bedroht, blieben sie doch immer die »Ungläubigen«, die eben nicht gleichberechtigt waren und deren an sich im Koran garantierte Rechte je nach Laune ihrer muslimischen Herrscher und deren politischen Absichten ohne weiteres beschnitten werden konnten. Die Angst, wieder zum »Dhimmi« degradiert zu werden, ist infolgedessen bei den libanesischen Christen tief verwurzelt und hat insbesondere bei vielen Maroniten eine ebenso militante wie radikale Abwehrhaltung gegen alles »Islamische« hervorgebracht, die oft panische Züge annimmt.

Die Einführung einer allgemeinen und direkten Wahl des libanesischen Staatspräsidenten etwa, so theoretisch diese Möglichkeit auch sein mag, empfinden viele Maroniten, jene mit Rom unierten Christen, als eine völlig unannehmbare Bedrohung ihrer politischen Vorrechte, die sie seit Ende des 19. Jahrhunderts vor allem durch den Beistand der kolonialen Schutzmacht Frankreich in immer größerem Maße erlangt haben.

»Die Muslime haben mehrere Frauen und sehr viele Kinder, manchmal bis zu 20, wohingegen die Christen nur mit einer Frau verheiratet sind und keinesfalls eine so zahlreiche Nachkommenschaft aufweisen können«, behauptet die 24jährige Ina, die sich als gläubige Maronitin bezeichnet und nicht verschweigt, daß sie Mitglied der Falangistischen Partei (»Kata'ib«) ist. »Gegenwärtig ist das Staatsoberhaupt im Libanon ein Maronit, und viele andere Schlüsselpositionen in der Armee und der Verwaltung sind mit Maroniten besetzt. Wenn diese Posten auf die Muslime übergingen, unter dem Vorwand, sie seien zahlreicher als wir, so würden die Maroniten sehr schnell das Schicksal der Kopten in Ägypten oder der christlichen Minderheiten in Syrien erleiden und zu ›Bürgern dritter Klasse‹ werden«, versichert eine gleichaltrige Freundin Inas, die als wissenschaftliche Assistentin an der katholischen Universität St. Joseph in Ost-Beirut arbeitet.

»Der Krieg, der seit 1975 im Libanon wütet, hat das Land verdorben. Die religiösen Empfindlichkeiten haben sich in einem Ausmaß verschärft, wie wir es nie für möglich gehalten hätten«, klagt Pater Choucri und schaut sorgenvoll über die Bänke hinweg, die in seiner kleinen Kirche zum Heiligen Franziskus von Assisi aufgereiht sind.

»Das Zusammenleben von Christen und Muslimen ist praktisch unmöglich geworden. Dabei muß man berücksichtigen, daß die Religion hier sehr sentimentale und ergreifende Züge trägt. Natürlich gehen sich die beiden Gemeinschaften auch aus dem Weg, um gegenseitige Verletzungen zu vermeiden. Aber sehen Sie, es gibt andererseits keine absolute Regel, denn – trotz meiner eben gesagten Worte – unterrichten wir in unserer katholischen Schule im Hamra-Distrikt zu 80 Prozent muslimische Kinder gutbürgerlicher Herkunft. Ihre Eltern bevorzugen unsere Schulausbildung und die damit verbundene Erziehung, weil sie einfach höheren Ansprüchen genügt als der Unterricht auf den staatlichen Schulen.«

Wer als Beobachter aus der westlichen Welt mit ihren relativ aufgeklärten politischen Ordnungsstrukturen, die auf dem Prinzip der Trennung von Kirche und Staat basieren, danach fragt, warum viele libanesische Christen fürchten, zu »Bürgern dritter Klasse« zu werden, wenn sie in einem islamischen Staat leben müßten, der hört immer wieder diesen Stoßseufzer:

»›Weltlich‹ –, dies ist ein rein abendländischer Begriff, christliches Gedankengut. Ein Muslim denkt niemals ›weltlich‹, also laizistisch, das heißt, losgelöst von seinem Glauben. Der Islam bleibt immer die Grundlage seines politischen Denkens und Handelns.«

Kann dies eine ausreichende Erklärung für die Angst der Christen im Libanon vor ihren muslimischen Landsleuten sein?

Ist es diese christliche Schreckensvision, eines Tages im »muslimischen Meer« unterzugehen, die besonders die Maroniten spätestens seit dem ersten Bürgerkriegsjahr 1975 oft so militant, so aggressiv, so uneinsichtig, so überheblich, so kompromißlos gegen die Muslime im Libanon hat vorgehen lassen?

Ist dieses Gefühl der Maroniten, mit dem Rücken zur Wand zu stehen und aus reinem Selbsterhaltungswillen zum Angriff gegen den bedrohlich erstarkten »Feind« übergehen zu müssen, der Grund oder zumindest eine der Ursachen für die libanesische Tragödie?

Sehen wir, wie die libanesischen Christen selbst, ihre intellektuellen Freunde und Erzieher versuchen, den muslimisch-christlichen Gegensatz in diesem Land einzuordnen.

Jesuitenpater Jean Ducruet, Rektor der katholischen Universität St. Joseph in Ost-Beirut, repräsentiert mit seiner Sicht die Dinge gewiß die Meinung von sehr vielen Christen im Libanon: »Was diese Furcht erklärt, ist die Erkenntnis, daß keine islamische Macht jemals einen Christen als vollgültigen und gleichberechtigten Staatsbürger behandeln würde. Hinzu kommt, daß ein laizistischer, also weltlicher Staat für die Muslime nicht existiert, denn der Islam hat niemals das Prinzip einer zivilen Gesellschaft anerkannt. Die religiöse Gemeinschaft ist eine Ordnung in sich. Im Libanon gibt es übrigens keine Zivilehe. Jeder einzelne gehört zu einer bestimmten religiösen Gruppe –, was auch seine persönlichen Überzeugungen sein mögen, ob er nun gläubig ist oder nicht.«

Pater Jean Aucagne, ebenfalls Jesuit und Professor an derselben Universität St. Joseph, fügt betonend hinzu:

»Im Orient ist man ohne Religion praktisch nicht existent. Die Zugehörigkeit zu einer Konfession ist wichtiger als die Anbindung an ein Gebiet, ein Stück Land. Man ist Mitglied einer Gruppe – also Maronit, Sunnit oder Schiit – aufgrund der Tatsache, daß man in einen Stamm hineingeboren wurde, und nicht durch die territoriale Herkunft.

Vor 1976 haben Christen und Muslime in guter Harmonie gelebt. Jetzt gibt es eine Trennung –, eine Trennung, die sich nach all den Massakern durch die Angst vor wechselseitigen Ausschreitungen noch verschärft hat. Das allgemein vorherrschende Gefühl gipfelt darin, daß man dort sein und bleiben muß, wo man zu Hause ist. Das hat zu einer Zerstückelung des Libanon geführt: Die Christen verschanzen sich in ihrem Lager und die Muslime ebenfalls.

Es ist ein Rückschlag, denn die christlich-muslimische Koexistenz hatte einen gegenseitigen Austausch zur Folge und eigene kulturelle Züge entwickelt, die ein soziales Miteinander der beiden Gemeinschaften ermöglichten.

Nichtsdestoweniger unterschieden sich Christen und Muslime weiterhin durch eine voneinander abweichende Weltsicht, die an ihre jeweilige Religion gekoppelt war, durch ihre Auffassung vom Staat und sicher auch durch ihre Haltung gegenüber Sprachen und Kulturen, die bei den Muslimen beeinflußt wurde durch ihre Beziehungen mit den islamischen Ländern und bei den Christen auf ihren Bindungen an die Staaten christlicher Tradition basierten. Der Libanon charakterisiert sich durch diesen Reichtum und diese Gegensätze, die oft sehr fruchtbar und schöpferisch waren. Historisch gesehen, haben diese christlich-muslimischen Spannungen immer nur dann zu Zusammenstößen geführt, wenn ausländische Mächte im Libanon intervenierten, um die eine Gruppe gegen die andere auszuspielen.

Andererseits ist das christlich-muslimische Zusammenleben schwierig geworden aufgrund der unterschiedlichen Strukturen in den Gemeinschaften und vor allem wegen des auseinanderklaffenden Erziehungs- und Ausbildungsniveaus.

Bei den maronitischen Christen gibt es eine sehr breite Mittelschicht, nicht aber bei den Muslimen. Auf seiten der Maroniten ist die Schulbildung hoch entwickelt, weil deren Ursprünge schon auf das Jahr 1830 zurückgehen. In dieser Epoche sind viele katholische Schulen entstanden, ganz besonders in den libanesischen Bergen. Und dies führte bei der maronitischen Bevölkerung zu einer sehr starken kulturellen Verwurzelung. Die Muslime, damals noch in der Minderheit, waren von dieser kulturellen Entwicklung ausgeschlossen. Heute ist dieses Ungleichgewicht noch offensichtlicher als früher. Die muslimische Gesellschaft zeichnet sich durch die Existenz einiger reicher Familien aus. Dazu gesellt sich eine kleine Gruppe von Intellektuellen, die auf den angelsächsisch geprägten Universitäten ausgebildet wurden, und im übrigen haben wir es bei den Muslimen mit einer großen ungebildeten und armen Volksmasse zu tun.«

Zwischen dem »Beirut der Minarette« und dem »Beirut der Kirchtürme« klafft ein tiefer Graben, und es gibt nur wenige Libanesen, die nach zehn Jahren Bürgerkrieg noch daran glauben, daß eine wirklich standfeste Brücke errichtet werden kann, um die verfeindeten Brüder wieder zusammenzuführen.

In Aschrafieh, in Jounieh, in Byblos – in dieser christlichen Enklave von 1000 Quadratkilometern – hat jene, die vor noch nicht allzu langer Zeit das große Wort führten, seit Februar 1984 ein Gefühl der Angst, zuweilen der Panik ergriffen. Der Sieg der schiitisch-drusischen Milizen über die libanesische Armee in West-Beirut hat bei den Christen die seit 1976 praktisch ihren eigenen »Kanton« nördlich von Beirut verwalten, das Trauma provoziert, nun in einem Ghetto zu leben. »Die Hoffnung ist tot«, so klagt man weithin, und dies meint die Hoffnung auf einen libanesischen Staat, in dem die Christen, und unter ihnen vornehmlich die Maroniten, den Ton angeben.

Überall in der Welt, wo eine bestimmte Gruppe Gefahr läuft, ihre privilegierte Stellung zu verlieren oder sie gar schon verloren hat, wird das Publikum von den Betroffenen kaum Freudengesänge erwarten. Aus Sicht der libanesischen Christen – und das gilt inzwischen für ihre übergroße Mehrheit – geht es jedoch um einen viel höheren Einsatz: Für sie steht das politische und soziale Überleben als eigenständige Gemeinschaft in einer sich radikalisierenden muslimischen Umwelt auf dem Spiel. Dort, wo die Christen in der Minderheit sind – wie etwa im überwiegend muslimisch bevölkerten West-Beirut oder in der nordlibanesischen Hafenstadt Tripoli – gab es seit dem Erstarken der muslimischen Kräfte in der Tat Vorkommnisse, die das beschriebene Trauma kräftig genährt haben.

»Tod den Christen«, war im Dezember 1984 in großen schwarzen Lettern an der Außenmauer eines Seminargebäudes der Amerikanischen Universität in West-Beirut zu lesen, und niemand – auch nicht der Rektor dieser einst für ihren liberalen Geist berühmten Einrichtung – wagte es, diese Hetzpropaganda entfernen zu lassen. Das Französisch-Libanesische Gymnasium in Tripoli sah sich zur selben Zeit massiven Druck durch die »Islamische Vereinigungsbewegung« ausgesetzt. Die Vertreter jener radikal-fundamentalistischen Organisation, die, ähnlich wie schiitische Fanatiker im Libanon, die Errichtung eines

»Islamischen Gottesstaates« auf ihre Fahnen geschrieben haben, verlangten von der Schulleitung die Herausgabe der Namenslisten, in denen Elternhaus, Wohnsitz und Religionszugehörigkeit aller Schüler verzeichnet sind. Darüber hinaus mußten sich die Eltern, deren Kinder das Gymnasium besuchen, dazu bereit erklären, eine Art Schutzgeld – jährlich 250 Libanesische Pfund – an die »Islamische Vereinigungsbewegung« zu entrichten. Der Chef dieser paramilitärischen Organisation, der sunnitische Geistliche Scheich Said Chabaan, verstieg sich anläßlich des bevorstehenden Weihnachtsfestes 1984 gar zu der Aufforderung an die Christen, weder Alkohol zu trinken noch dem Glücksspiel zu frönen: »Es gebietet sich, den Weisungen von Christus, dem Sohn Marias, zu folgen. Nun habt Ihr Christen aber die Gewohnheit angenommen, zu Weihnachten und zu Neujahr Wein zu trinken und Euch Glücksspielen hinzugeben. Christus hat nicht getrunken und nicht gespielt; er war rein und verdiente sich sein Brot im Schweiße seines Angesichts, ohne die Menschen zu bestehlen ...«

Selbst ein so gemäßigter muslimischer Religionsführer wie Scheich Hasan Khaled, als Mufti der Republik der höchste geistliche Würdenträger der Sunniten im Libanon, scheint mittlerweile seinen radikalen Kollegen nachzueifern. Am 16. November 1984 erklärte er in der Beiruter Wochenzeitung »Magazine«: »Die Geschichte hat bewiesen, daß es vorzuziehen ist, wenn Christen von Muslimen regiert werden und nicht Christen einer christlichen Regierung unterstehen.«

»Die Freiheit, die wir meinen«
Über das Selbstverständnis der libanesischen Christen

Karim Pakradouni ist ein alter Hase auf der politischen Szene des christlich-falangistischen Libanon, auch wenn er der jüngeren Generation (geb. 1944) angehört und sich infolgedessen in seinem Denken von dem der greisen Christenführer unterscheidet. Seine politische Heimat ist die Falange-Partei, der er schon in den sechziger Jahren als Studentenfunktionär verbunden war, bevor er 1970 ins Politbüro dieser militanten christlichen Sammlungsbewegung gewählt wurde, die sich in ihrer großen Mehrheit aus Maroniten zusammensetzt.

Vor Beginn des Bürgerkriegs 1975 hat er seine Partei mehrfach bei Gesprächen mit Syrien und der PLO repräsentiert. Der praktizierende Rechtsanwalt gehörte später zum persönlichen Beraterkreis des libanesischen Staatspräsidenten Elias Sarkis (1976–82) und wurde 1980 einer der engsten Mitarbeiter von Beschir Djemayyil, dem falangistischen Kommandanten der Vereinigten christlichen Milizen, der 1982 als schon gewählter Nachfolger von Sarkis Opfer eines Bombenanschlags wurde.

Karim Pakradouni ist ein »christlicher Nationalist«, und das hat weniger mit seinem religiösen Bekenntnis zu tun als vielmehr mit seiner Weltanschauung im wahrsten Sinne des Wortes. Was er uns im Sommer 1984 in einem mehrstündigen Gespräch dargelegt hat, ist seine persönliche Meinung über die Wurzeln des libanesischen Konflikts, den er in erster Linie festmacht an dem christlich-muslimischen Gegensatz:

»Ein politisches System, das auf christlichem Gedankengut errichtet ist, läßt Raum für Freiheit und Demokratie. Ist es an islamischen Prinzipien orientiert, so handelt es sich um eine Theokratie, die auf dem Koran basiert. Damit ist der Widerspruch schon gegeben: Freiheit in unserem Sinne gibt es bei den Muslimen nicht – vor allem keine Religionsfreiheit. Denn für den Islam ist die Welt geteilt in ›Friedensland‹ – das Gebiet, das die Muslime beherrschen – und ›Kriegsland‹ – der Bereich, der noch erobert werden muß. Während also die Christen in erster Linie auf demokratische Freiheiten hinarbeiten, streben die Muslime nach dem islamischen Staat oder nach Möglichkeiten der ›Islamisierung‹. Während die Christen einen souveränen, unabhängigen Libanon wollen, ist der Libanon für die Muslime ein Teil der arabischen Welt. In ihrem Sinne gibt es keine ›libanesische Nation‹, sondern nur eine ›arabische Nation‹. Das heißt, der arabische Nationalismus kommt stets vor dem libanesischen Nationalismus. Die Christen haben die Tendenz, sich der westlichen Welt anzunähern, deren Zivilisation anzunehmen. Ich spreche dabei nicht die kulturelle, sondern allein die politische Seite an. In ihrer Kultur sind sie Araber geblieben, aber ihre Politik ist abendländisch. Hier zeigt sich eine gewisse Spaltung, ein Widerspruch im Selbstverständnis der libanesischen Christen.

Die Muslime haben dagegen nur ein einziges Ziel – sie wollen ganz Orientalen bleiben. Im Abendland, in der westlichen Welt, sehen sie eine Kraft, die sie ihrer Wurzeln berauben möchte. Dagegen lehnen sie sich natürlich auf.

Aber der Hauptwiderspruch zwischen Christen und Muslimen hängt – was den Libanon angeht – mit dem ersten Punkt zusammen: Der Frage, ob man einen demokratischen oder islamischen Staat aufbauen möchte.

Der Gegensatz zwischen Christen und Muslimen erklärt sich auch durch die unterschiedliche Lebensart, die anderen Lebensvorstellungen, woraus sich eine voneinander abweichende Sozialordnung entwickelt hat. Darin äußert sich der Konflikt in erster Linie. Er ist nicht angesiedelt im Bereich theologischer Erwägungen, wie etwa: Ist der Prophet Muhammad wichtiger als Jesus Christus oder umgekehrt.

Es hat zu einem bestimmten Zeitpunkt eine Bewegung im Islam gegeben, die den Islam ›verwestlichen‹ oder – besser – ›laisieren‹ wollte. Das war die Phase des arabischen Nationalismus. Diese Bewegung wurde von einer muslimischen Intellektuellenschicht getragen, die in ständigem Kontakt und Gedankenaustausch mit der westlichen Welt stand. Aber schon zu Beginn unseres Jahrhunderts, als die arabische Welt aus der osmanischen Umklammerung freikam, hat es zwei Reaktionen auf den Schock gegeben, der durch die Öffnung gegenüber der westlichen Welt ausgelöst wurde.

Eine muslimische Gruppe war beeindruckt von der Überlegenheit des Westens und trat dafür ein, die westlichen Errungenschaften zu übernehmen und für sich zu nutzen. Der Fortschritt, so glaubten sie, könne nur auf diesem Weg erreicht werden. Sie strebten auch die Gründung eines laizistischen, also weltlichen Staates an. Diese Bewegung hat damals mit dem Slogan ›Es lebe der arabische Nationalismus‹ ihren Anfang genommen.

Auf diese innerarabische, innerislamische Bewegung hat es eine Gegenreaktion gegeben. Die Vertreter der anderen Richtung sagten: Nein, die Imitation des Westens verkrüppelt unsere Wurzeln und beraubt uns unserer Identität. Daraus hat sich die religiös-fundamentalistische Strömung entwickelt. Sobald also die islamische Welt aufatmen konnte – nach der Osmanenzeit, und besonders nach den beiden Weltkriegen – haben diese Bewegungen mehr und mehr Fuß gefaßt. Die Idee des arabischen Nationalismus wurde allerdings, das muß erwähnt werden, größtenteils von Intellektuellen getragen, von denen viele nicht einmal Muslime, sondern Christen waren. Darunter befanden sich wiederum viele Libanesen, die mit dem Konfessionsproblem direkt konfrontiert waren und deshalb ein weltliches System schaffen wollten. Die andere, fundamentalistische Gruppe bestand jedoch auf ihren Ideen und lehnte die Verwestlichung als Unterwerfung unter den Imperialismus ab. Man sah darin eine Unterdrückung der eigenen Werte und die Ursache der Unterentwicklung.

In den sechziger Jahren hat der arabische Nationalismus dann sehr viele Tiefschläge erhalten: Zuerst durch den Tod Nassers, und dann durch die militärische Niederlage der arabischen Staaten gegen Israel. Die Zionisten hatten sehr wohl begriffen, welche Gefahr es für sie bedeuten könnte, sollte der Nationalismus der Araber an Boden gewinnen. Deshalb haben sie alles daran gesetzt, ihn zum Scheitern zu bringen – und sie hatten Erfolg. Damals hat der Aufstieg der ›Fundamentalisten‹ begonnen, die sich mehr und mehr durchzusetzen vermochten – vor allem natürlich nach dem Erfolg der ›Islamischen Revolution‹ im Iran. Jene radikal-muslimischen Führer konnten dann auch mit gutem Gewissen behaupten: Na also, wir haben euch doch schon immer gesagt, daß es keinen arabischen Nationalismus geben darf, denn wir sind eine einzige arabisch-islamische Nation – Punkt.

Sicher – die Moslembrüder, die ja auch Fundamentalisten sind, waren schon lange vorher aktiv. Doch den entscheidenden Impuls hat die fundamentalistische Bewegung eben durch Khomeini und den Aufstieg des Iran erhalten. Das Erwachen der Schiiten hat sich noch zu dem fundamentalistischen Phänomen hinzugesellt.

Die ganze islamische Geschichte hindurch haben Aufstände der Schiiten immer für Unruhe gesorgt. Die Schiiten sind die Außenstehenden, die Rebellen des Islam. Die Sunniten schaffen die Nationen, und die Schiiten lehnen sich von Zeit zu Zeit dagegen auf. Der Islam besteht nun einmal aus dem sunnitischen, bewahrenden Establishment und der brodelnden Minorität, den Schiiten, die mehr Revolutionen als Staaten hervorgebracht haben.

Die Islamisierung der politischen Systeme im Mittleren Osten – und damit auch im Libanon – ist also auf zwei Gründe zurückzuführen: Einmal auf den Niedergang des arabischen Nationalismus, und zum anderen auf das Erwachen der Schiiten.

Die Bereitschaft der libanesischen Muslime zur Islamisierung unseres Landes wird immer offensichtlicher. Betrachten wir doch die libanesischen Schiiten einmal näher: Es gibt vier schiitische Führer und damit vier Hauptströmungen. Alle vier sprechen sich aber einheitlich für die Errichtung eines islamischen Staatswesens im Libanon aus. Sie tun dies nur mit jeweils etwas abgeänderten Argumenten.

Scheich Muhammad Husein Fadlallah sagt klar und deutlich, daß im Libanon ein Islamischer Staat zu errichten und von Mullahs zu führen sei. Was macht man mit den libanesischen Christen? Man muß sie davon überzeugen, daß es in ihrem Interesse liegt, Muslime zu werden.

Der zweite Vertreter ist Husein Musawi, der im Grunde dasselbe denkt wie Fadlallah, allerdings mit dem Unterschied, daß der Massenübertritt der Christen zum Islam mit Gewalt durchzusetzen sei und nicht etwa durch Überzeugungsarbeit. Die dritte Gruppe repräsentiert Scheich Mehdi Schamseddin, der immer sehr ruhig, weise und höflich spricht – und deshalb sehr gemäßigt erscheint. Aber was sagt er rundheraus? ›Wir wollen einen muslimischen Staat – wir fordern die Regierung der Mehrheit‹. Und das bedeutet schließlich nicht mehr und nicht weniger, als daß die Schiitten den Libanon regieren sollen.

Nabih Berri verlangt im Prinzip dasselbe wie Schamseddin, aber er will das libanesische System selbst als Vehikel benutzen: Die Schiiten sollen in die bestehende Ordnung einsteigen, um sie von innen heraus umzuwälzen. Letztlich regt er an, das konfessionelle System abzuschaffen und es durch die ›Demokratie der Zahl‹ zu ersetzen. Denn gegenwärtig ist es ja so, daß das konfessionelle System den Einfluß der Bevölkerungsmehrheit beschränkt.

Der aktuelle Kampf wird von den Muslimen für die Islamisierung des Libanon geführt – gegen die sich natürlich die Christen zur Wehr setzen. Nun also, nach zehn Kriegsjahren und ungeachtet aller äußeren Einflüsse und der Komplexität dieses Krieges, stehen wir vor einer wichtigen, großen Frage: Soll der Libanon eine Islamische Republik werden? Die Schiiten geben auf diese Frage eine deutliche Antwort. Sie lautet ›ja‹. Die Sunniten sagen ›ja, aber‹ – das heißt: Ja, gerne eine Islamische Republik, aber nicht von Schiiten, sondern von uns, den Sunniten, geführt. Selbstverständlich gibt es hierzu nur ein klares ›nein‹ von christlicher Seite.

Bei den Christen sind grundsätzlich zwei Reaktionen auf dieses Problem zu unterscheiden. Manche sagen: Um sich diesem Erstarken der Muslime entgegenzustellen, muß die ›Libanesische Formel‹ von 1943 bestätigt und gefestigt werden. Mit anderen Worten: Sie möchten einige Reformen durchführen, aber das Prinzip der alten konfessionellen Ordnung beibehalten. Andere wieder sagen: Diese Formel von 1943 kann kein ausreichender Damm mehr sein. Ja, das islamische Meer hat den Damm im Grunde schon überflutet. Man muß also einen neuen Damm konstruieren – und das wäre dann die Föderation, das heißt, eine Art Bundesstaat wie in Westdeutschland.

Die Formel von 1943 war tauglich, als die Christen sich mit dem arabischen Nationalismus konfrontriert sahen. In diesem Fall war sie ausreichend, weil sie die staatliche Unabhängigkeit des Libanon sicherte. Denn die Ideologie des arabischen Nationalismus strebte ja eine Vereinigung von Staaten – nicht von Völkern an. Folglich bestand also für den libanesischen Staat die Gefahr, geschluckt zu werden. Gegenüber der Islamisierung, deren Zeugen wir gegenwärtig sind, ist die Formel jedoch ungenügend, da die Islamisierung ja nicht nur den Staat, sondern vor allem die Menschen anspricht. Dagegen kann man sich nur mit dem Prinzip des Föderalismus zur Wehr setzen.

Zwischen diesen beiden christlichen Gruppen – also den Bewahrern der Formel von 1943 und den Föderalisten – finden derzeit Richtungskämpfe statt.

Bereits in den ersten Bürgerkriegsjahren 1975/76 haben die Christen begonnen, mit der Idee vom Föderalismus zu liebäugeln. Zu diesem Zeitpunkt hat es auch schon analysierende Ansätze über die Ursachen des Krieges gegeben. Die Mentoren dieser theoretischen Arbeit waren die Wissenschaftler von Kaslik, die zu dem Ergebnis kamen, daß die 43er Formel unzureichend, und durch eine bundesstaatliche oder kantonale Ordnung zu ersetzen sei. Sie konnten allerdings mit dieser Idee nicht in die Offensive gehen. Denn der damalige Präsident Sarkis kam aus der schehabistischen Schule, er war Reformist und glaubte, eine Lösung durch Umgestaltung der Formel von 1943 finden zu können. Auch Syrien sperrte sich dagegen, das konfessionelle Proporzsystem aufzugeben. Die Diskussion hierüber ist wieder aufgelebt durch Beschir Djemayyil, der das gesamte Regierungsprinzip im Libanon verändern wollte. Angesichts der islamischen Woge, die auf sie zukommt, wird die föderalistische Tendenz bei den Christen nun immer stärker, besonders seit dem Tode Pierre Djemayyils. Denn er war einer der Väter der 43er Formel, dieses sogenannten ›Nationalpakts‹, und verhalf ihr durch sein persönliches Gewicht, durch seine Autorität immer wieder zu Ansehen. Viele Christen mißtrauten längst dieser Ordnung, akzeptierten sie aber weiterhin wegen Pierre Djemayyil, der sie vertrat. Sie waren überzeugt von dem Mann, nicht von der Formel – und folgten ihm.

Auch bei den Muslimen wird die Gruppe der Reformisten, die diese Formel stützen, immer kleiner.

Was die Rolle der Drusen in diesem christlich-islamischen Konflikt betrifft, so muß man zunächst etwas Grundsätzliches sagen. Für die Drusen im Libanon war immer entscheidend, sich mit dem jeweiligen Regime zu arrangieren: Handelte es sich um eine christliche Regierung, so suchte man die Nähe der Christen. Wenn die Muslime das Land reagierten, dann verfuhren die Drusen im umgekehrten Sinne. 1943 waren die Christen, das heißt die Maroniten, noch sehr stark, und die drusische Familie Arslan – die damals führend war – arbeitete eng mit den Christen zusammen. Als die christliche Führung schwächer und schwächer wurde, verstärkte sich bei den Drusen die Tendenz, sich mit dem Islam zu verbinden. Etwas außerhalb dieser Regel steht allerdings Kamal Djumblatt, der über seinen ›Drusismus‹ hinausgewachsen ist. Gegenwärtig streben die Drusen wieder mehr und mehr eine Allianz mit dem Islam an, nicht aber, ohne sich eine weitgefaßte Selbständigkeit in diesem Bündnis zu bewahren. Sie fühlen eben, daß der Islam auf dem Siegespfad ist. Dennoch haben sie ihr eigenes religiöses Konzept beibehalten. Politisch gesehen, sind sie sicherlich nicht für die Abschaffung des Konfessionalismus. Denn würde man ihre Bedeutung an ihrer Bevölkerungszahl messen, so wären die Drusen vielleicht in einer noch schlechteren Position als die Armenier – da der drusische Anteil im Libanon nicht einmal zehn Prozent der Gesamtbevölkerung ausmacht. Deshalb sind sie im Grunde an der Beibehaltung der 43er Formel interessiert.

In einem Islamischen Staat – ja, in jedem Staat, in dem es eine alles beherrschende Religion gibt – würden die Drusen majorisiert werden. Das zeigt sich in Syrien, wo eine kleine drusische Minderheit der muslimischen Mehrheit gegenübersteht, wie auch in Israel, wo die

Drusen von den Juden ausgezählt werden. Deshalb bestehen für die Drusen nur zwei Möglichkeiten: Entweder sie bleiben dem konfessionellen Staat treu, in dem sie als historisch bedeutsames Bevölkerungselement ihren Platz haben – oder sie fordern einen Bundesstaat. In letzterem Fall taucht allerdings das Problem der Allianzen auf, da es durchaus passieren kann, daß verschiedene Verbündete nicht dieselben Ziele verfolgen. Konkret ausgedrückt: Die Drusen haben sich im Libanon mit den Muslimen gegen die Christen vereinigt, sind aber mit den Zielen, die die Muslime verfolgen, nicht ganz einverstanden. Drusenfürst Walid Djumblatt und Schiitenführer Nabih Berri sind derzeit Alliierte gegen den christlichen Präsidenten Amin Djemayyil. Der Druse und der Schiit haben jedoch nicht dieselben Vorstellungen – lediglich denselben Feind. Mit anderen Worten: In Kriegszeiten arbeiten sie zusammen, aber sobald Frieden herrschte, würden sie sich nicht mehr verstehen. In Kriegszeiten geht es nur darum, den Feind zu besiegen; in Friedenszeiten müssen Lösungen gefunden werden. Ich frage mich, ob aus diesem Grund eine neue drusisch-christliche Allianz mittelfristig denkbar ist.

Nun, es gibt verschiedene Entwicklungen, die keine logische Erklärung haben. Historisch gesehen, basiert der Libanon auf einem drusisch-christlichen Einverständnis, wobei ›christlich‹ hier ›maronitisch‹ bedeutet. Erst später tauchte die Notwendigkeit auf, zu einem Einverständnis zwischen Islam und Christentum zu gelangen. Das drusisch-maronitische Zusammenleben hat in der Geschichte des Libanon eine entscheidende Rolle gespielt. Verglichen damit, ist die Formel von 1943 sehr jung. Die Geschichte dieses Zusammenlebens war allerdings sehr wechselhaft. Man bekämpfte sich, man massakrierte sich gegenseitig, und anschließend verständigte man sich dann doch immer wieder, um weiter miteinander zu leben, wie es schon 1860 geschehen ist.

Drusen und Maroniten bekämpfen sich, weil der eine den anderen dominieren will. Da sich beide Gemeinschaften als Minderheiten verstehen, verbünden sie sich, wenn eine dritte Macht sie bedroht. Das ist eine sozial-historische Konstante in unserer Geschichte. Sobald einer von beiden eine Gefahr von außen nahen fühlte, verständigte er sich mit dem anderen. Auch jetzt gibt es zwischen Drusen und Maroniten im Grunde nur einen Konfliktpunkt – es geht um territoriale Machtansprüche. Religion und Ideologie spielen da kaum eine Rolle. In diesem Zusammenhang ist auch der unglückliche Chouf-Krieg im September 1983 einzuordnen. Sobald Drusen und Christen ein fest umrissenes Gebiet für sich allein hätten, könnten sie sehr gut als Nachbarn miteinander leben. Aber gegenwärtig ist eben immer noch die Frage offen, wer beherrscht dieses oder jenes Gebiet. Im Grunde ist das Problem zwischen Drusen und Christen am einfachsten zu regeln – obwohl es die meisten Toten verursacht hat.

Ich muß aber nochmals auf die Wurzeln des libanesischen Konflikts zurückkommen. Für mich persönlich ist dieser Krieg im Libanon ein *Religionskrieg*. Es braucht Mut, um das einzugestehen. Aber es ist unbedingt notwendig, diesen zentralen Punkt zu erkennen, um zu einer Lösung der Krise gelangen zu können.

Betrachten wir die Wurzel des libanesischen Problems genau, so finden wir verschiedene Gemeinschaften, die nicht vereint sind, sich vielmehr gegeneinander abgrenzen und keine Vorstellung von einer gemeinsamen Nation haben. Unsere Gesellschaft teilt sich ja – grob gesagt – in Muslime und Christen. Dies stellt uns vor die Frage: Wollen wir eine christliche oder eine muslimische Nation sein?

Jedermann spricht vom ›libanesischen Nationalstaat‹, den er aber immer nur aus dem Blickwinkel seiner eigenen Religion heraus betrachtet. Wenn man also überhaupt sagen kann, daß es eine primäre Ursache für den Krieg im Libanon gibt, so ist das – für mich – die *Religion*.

Natürlich gesellen sich dem religiösen Phänomen noch andere Ursachen hinzu, die aber von zweitrangiger Bedeutung sind. Diese sekundären Ursachen scheinen uns hin und wieder wichtiger zu sein als die Wurzeln des Problems, also die Religion und damit der christlich-muslimische Gegensatz.

Ohne Zweifel haben äußere Einflüsse und fremde Einmischung im Libanon-Krieg eine bedeutende Rolle gespielt. Das galt und gilt für die Palästinenser, Israel und Syrien gleichermaßen. Dies ist ein Faktor, der der libanesischen Krise eine weitere Dimension verliehen hat – auf regionaler und internationaler Ebene. Natürlich gab und gibt es im Libanon auch soziale und wirtschaftliche Probleme. Doch sie bieten keineswegs eine ausreichende Erklärung für den Ausbruch und die Dauer des Krieges. Für mich sieht die Stufenleiter folgendermaßen aus: An erster Stelle steht der religiöse Gegensatz als innerlibanesisches und auslösendes Moment, daran schließt sich die Intervention von palästinensischer, israelischer und syrischer Seite an und schließlich sind auch noch die sozio-ökonomischen Probleme zu berücksichtigen.«

Arabische Wurzeln und abendländische Verbundenheit
Christliche Gegensätze im Libanon

Wenn vom Selbstverständnis der libanesischen Christen die Rede ist, so gilt es, eine notwendige Unterscheidung zu machen. Verkürzt formuliert, könnte man sagen, im Libanon hat es immer Christen gegeben, die nach Osten schauten, sich zu ihrer orientalisch-arabischen

Identität bekannten, und Christen, die nach Westen schauten, sich dem Abendland und seinen kulturellen Werten verbunden fühlten.

Am deutlichsten zeigt sich diese gegensätzliche Orientierung bei den drei größten christlichen Gemeinschaften: den Maroniten, den Griechisch-Orthodoxen und den Griechisch-Katholischen. Daneben gibt es im Libanon noch rund ein Dutzend kleinerer christlicher Bekenntnisse, wie die Armenisch-Orthodoxen, die Armenisch-Katholischen und die Protestanten, um nur die bedeutendsten zu nennen.

Die zahlenmäßig stärkste Gruppe bilden die Maroniten, die ebenso wie die Griechisch-Katholischen mit dem Heiligen Stuhl in Rom verbunden sind, während die Griechisch-Orthodoxen zur Ostkirche gehören. Die Mehrheit der griechisch-orthodoxen Christen lebte im allgemeinen in den Küstenstädten und in den größeren Dörfern des Inlandes und übte traditionell Händler- und Handwerksberufe aus. Sie gehörten immer zu den Libanesen, die mit am besten ausgebildet und wirtschaftlich am erfolgreichsten waren.

Im Gegensatz zu den Maroniten und den Griechisch-Katholischen, also den mit Rom unierten Christen, bestehen die Griechisch-Orthodoxen im Libanon, wie im gesamten Nahen Osten sehr viel mehr auf ihrem Arabertum. Sie empfinden sich als arabische Christenheit, als nationale Kirche, deren kulturelle Wurzeln in der arabischen Sprache liegen, deren Heimat die arabische Gesellschaft ist. Dementsprechend spielten griechisch-orthodoxe Christen im vergangenen Jahrhundert im Libanon und in Syrien eine bedeutende Rolle bei der Geburt des »arabischen Nationalismus«. Dieses arabische Erwachen war nicht nur von dem Gedanken getragen, die türkische Fremdherrschaft abzuschütteln, sondern jene christlichen Patrioten entwickelten die Idee einer »Syrischen Nation« (Libanon, Syrien und Palästina bildeten im Osmanischen Reich die Provinz Syrien). Diese Nationalität sollte das religiös- und sektengebundene Selbstverständnis überwinden und somit die arabisch sprechenden Muslime Syriens mit den dort beheimateten Christen verbinden. Die Idee jenes weltlichen Nationalismus basierte auf der arabischen Sprache und dem kulturellen Erbe, das alle Bevölkerungsgruppen der Provinz Syrien teilten. Die Christen glaubten, darin die so dringend benötigte Formel für eine christlich-muslimische Kooperation gefunden zu haben, welche in der Gründung eines weltlichen Staates gipfeln sollte, in dem sie gleichberechtigte Partner der Muslime geworden wären, weil nicht mehr die trennende Religion, sondern die gemeinsame Sprache und Kultur das Fundament des Staatsgebäudes gebildet hätten.

Aber der vornehmlich von griechisch-orthodoxen Christen vorgetragene »arabische Nationalismus« gewann bei den Muslimen nur wenig Unterstützung. Als die Führer der »Jungtürkischen Revolution«

1909, nur wenige Jahre vor dem Zusammenbruch des Osmanischen Reiches (1516–1918), eine rigorose Türkifizierungspolitik begannen, fühlten sich die arabischen Muslime von ihren ehemaligen »Brüdern im Islam« hintergangen, und die alte Loyalität gegenüber der Zentralgewalt in Istanbul wich mehr und mehr einem aufbegehrenden muslimisch-arabischen Nationalismus.

Diese Bewegung entsprach insofern den christlichen Ideen, als auch sie die arabische Sprache und Kultur als Basis der Einheit betrachtete. Die Christen in Syrien und Libanon erkannten jedoch sehr bald, daß ihre muslimischen Kollegen zwar in der Theorie den weltlichen Charakter ihrer Zielsetzung betonten, es aber in der Praxis für sie nahezu unmöglich war, den Arabismus vom Islam zu trennen. Dennoch blieben viele griechisch-orthodoxe Christen im Libanon, besonders die Intellektuellen in Beirut, der Idee einer »Großsyrischen Nationalität« bis in die Gegenwart hinein treu, weil sie hofften, auf dieser Grundlage den lokalen Separatismus und den spalterischen Konfessionalismus zu überwinden.

Von daher erklärt sich auch, daß eine ganze Reihe von griechisch-orthodoxen Politikern im Libanon wie in anderen arabischen Ländern auf seiten der »progressiven« panarabisch orientierten Gruppierungen zu finden sind.

Ganz anders verlief die kulturell-geistige und politische Entwicklung bei den Maroniten und dem größten Teil der griechisch-katholischen Gemeinschaft im Libanon. Sie hatten der Formel vom »arabischen Nationalismus«, die Christen und Muslime zu gleichberechtigten Partnern in einem weltlichen Staat machen sollte, von Anfang an wenig Liebe entgegengebracht. Ihr Mißtrauen wuchs, als der »arabische Nationalismus« sich zu einer vornehmlich muslimischen Bewegung entwickelte. Gewiß, auch sie wollten der Türkenherrschaft im Libanon ein Ende machen und in diesem einen Punkt stimmten sie natürlich mit ihren muslimischen Landsleuten überein. Im übrigen aber fürchteten sie, daß die Verwirklichung des eigentlichen Ziels der arabischen Nationalisten eine Situation herbeiführen könnte, der gegenüber sogar eine Fortsetzung des türkischen Regimes vorzuziehen war. Denn die Libanesen genossen im Osmanischen Reich eine relative Unabhängigkeit, die sie auch bewahren wollten. Aus ihrer Sicht gab es keinerlei Garantien, daß in einem »Arabischen Reich« solch eine Autonomie fortbestehen würde. Am Vorabend des endgültigen Zerfalls des Osmanischen Reiches waren die Maroniten und ihre griechisch-katholischen Glaubensbrüder im Libanon nicht bereit, künftig eine weitere Form von muslimischer Oberhoheit zu akzeptieren. Was sie besonders abschreckte, war der Verdacht, daß die arabischen Nationalisten im Namen des weltlichen Arabismus ihre eigene islamische

Dominanz im Libanon viel fester verankern könnten als dies die Türken getan hatten.

Mit anderen Worten: Diese libanesischen Christen verstanden ihr Land als »christliche Insel im muslimischen Meer« und sich selbst definierten vor allem die Maroniten als »christlich-libanesische Nationalisten«, die nach dem Ersten Weltkrieg mit Hilfe ihres traditionellen Schutzherrn Frankreich einen eigenständigen, christlich geprägten Libanon schaffen wollten. Dieser solchermaßen dem »panarabisch-islamischen Joch« entrückte Staat sollte nach der Vorstellung der maronitischen Nationalisten eine Sonderrolle im Nahen Osten spielen: Entsprechend ihrer eigenen engen kulturellen Bindungen an Frankreich und im Hinblick auf ihre wirtschaftlichen Beziehungen zu Europa und Amerika, die die christlich-libanesischen Handelskolonien in Übersee aufgebaut hatten, sollte der Libanon als nahöstliche Drehscheibe für die kulturellen und ökonomischen Einflüsse der westlichen Welt dienen.

Es ist also nicht zu übersehen, daß bereits lange bevor der Libanon in seinen heutigen internationalen Grenzen im Einverständnis der Kolonialmächte Frankreich und Großbritannien »zusammengesetzt« wurde, bei den verschiedenen Religionsgemeinschaften eine völlig entgegengesetzte Auffassung über die Identität und die Bestimmung eines zu schaffenden libanesischen Staates herrschte. Die Mehrheit der Muslime in den Küstenstädten und Randgebieten des Libanon, wie auch viele vom arabisch-syrischen Nationalbewußtsein geprägte griechisch-orthodoxe Intellektuelle in Beirut, strebten 1920 (Frankreich übernahm in diesem Jahr das Völkerbundsmandat für den Libanon) eine Vereinigung mit Syrien an, während die Mehrzahl der Maroniten und viele andere Christen einen christlich dominierten und westlich orientierten Libanon errichten wollten. Demzufolge standen sich extreme politische Zielvorstellungen und Machtansprüche gegenüber, welche die Saat der Bürgerkriegsgewalt in sich trugen, die erst viel später aufgehen sollte.

Die Maroniten

Einer der größten Kirchenväter des Orients, Johannes von Damaskus, erwähnte im 8. Jahrhundert den Begriff »Maroniten« in seinen Schriften zum ersten Mal. Die heutige maronitische Kirche im Libanon geht auf eine Gruppe von Christen aramäischen Ursprungs zurück, die sich im 5. Jahrhundert um den Einsiedler Maron in Mittelsyrien versammelt hatte. Später waren die Maroniten Verfolgungen durch den oströmischen Kaiser Justinian II. ausgesetzt. Als eine große Zahl maronitischer Mönche am Orontes-Fluß von Justinians Leuten hingerichtet und ihr Hauptkloster in der Nähe von Antiochien zerstört wurde, verließen die Maroniten ihr ursprüngliches Siedlungsgebiet und wanderten in die nördlichen Bergregionen des Libanon ab, wodurch sie sich auch der arabisch-islamischen Umarmung entzogen, die nach dem Tode des Propheten Mohammad (632 n. Chr.) die gesamte Region zu umfassen begann. Nach den Angaben des Bischofs Wilhelm von Tyros schlossen sich die Maroniten im Jahr 1182 der Katholischen Kirche in Rom an, blieben aber eine eigenständige Kirchengemeinde, die ihren Patriarchen behielt und ihre eigene Liturgie in altsyrischer Sprache weiter pflegte.

Die Maroniten waren in der Zeit der Kreuzzüge (1096–1254) enge Verbündete der Kreuzritter, mußten jedoch nach der Niederlage ihrer christlichen Alliierten gegen Ende des 13. Jahrhunderts vier Invasionen ihres Territoriums durch die ägyptischen Mamelucken hinnehmen. Aber das wehrhafte Bergbauernvolk überstand diese existenzbedrohende Gefahr, und während der folgenden vier Jahrhunderte dehnten sich die Maroniten immer weiter in Richtung Süden aus und besiedelten Gebiete, wo zuvor nur Schiiten oder Drusen gelebt hatten. Die politische Macht der Maroniten blieb allerdings bis zum 18. Jahrhundert sehr begrenzt, denn sie waren damals noch abhängig von den drusischen Feudalherren, mit deren untergebenen Glaubensbrüdern die Maroniten in den libanesischen Bergen in enger Partnerschaft lebten. Dies änderte sich 1770. Die drusische Vorherrschaft kam zu einem Ende, und folglich konvertierten die Herrscher des »Mont Liban«, die drusischen Emire des Schehab-Clans, zum Christentum und wurden Maroniten.

Dennoch setzte sich die Partnerschaft zwischen den beiden Religionsgemeinschaften bis zur Mitte des vergangenen Jahrhunderts fort, als sie schließlich durch blutige Bürgerkriege auseinanderbrach. Obwohl es in deren Verlauf zu grausamen Massakern an der christlichen Bevölkerung kam (im Frühsommer 1860 wurden von den Drusen in weniger als vier Wochen rund 11000 Christen getötet), konnten die Maroniten nur ein Jahr später ihren Einfluß in den libanesischen Bergen mit Hilfe Frankreichs wieder festigen. Die europäischen Kolonialmächte Rußland, Großbritannien und Österreich hatten nämlich unter Führung der Franzosen den türkischen Sultan in Istanbul unter Androhung militärischer Gewalt dazu gezwungen, den Libanon in eine autonome Provinz des Osmanischen Reiches umzuwandeln. Dies geschah, nachdem die französische Regierung in Paris davon erfahren hatte, daß die Christen auch in Damaskus (9. Juli 1860) von einem aufgebrachten muslimischen Mob an einem einzigen Tag zu Tausenden in ihren eigenen Wohnvierteln massakriert worden waren und der osmanische Gouverneur dabei tatenlos zugesehen hatte. Nicht nur das, seine Truppen hatten sich an dem Gemetzel sogar selbst beteiligt, was die Muslime in Syrien vermuten ließ, die Christen des Reichs seien auf Befehl des türkischen Sultans zu Freiwild erklärt worden. Chronisten berichten aus dieser Zeit, daß in Palästina ganze Christendörfer geschlossen zum Islam übertraten, um so dem drohenden Tod zu entgehen.

Als die Kunde von den blutigen Ereignissen in Damaskus nur wenige Tage später Paris erreichte, entsandte Frankreich sogleich eine Armee mit 7000 Soldaten nach Beirut, die vier Wochen später dort landete und ihre Lager in den Pinienwäldern nahe der Stadt errichtete. Ziel der französischen Intervention war die Schaffung einer politischen Ordnung im Libanon, die den Interessen Frankreichs und seiner »Schutzbefohlenen«, der Maroniten, entsprach. Genau dies wurde mit Errichtung der autonomen Provinz *Mont Liban* erreicht, die formal zwar dem außenpolitisch schwachen Sultan in Istanbul unterstand, in der Praxis jedoch dem Einfluß der europäischen Garantiestaaten mit Frankreich an der Spitze unterlag.

So mußte der Provinzgouverneur zwar ein nicht-libanesischer *katholischer* Osmane sein, der wohl vom Sultan ernannt, aber von den europäischen Großmächten in seinem Amt bestätigt wurde. An der Seite des Gouverneurs (mutesarrif) stand ein Verwaltungsrat, der in seiner Zusammensetzung eine auffallende Ähnlichkeit mit derjenigen des heutigen libanesischen Parlaments aufweist. Denn vier seiner Mitglieder waren Maroniten, drei Drusen, zwei Griechisch-Orthodoxe und jeweils ein Ratsvertreter kam aus der griechisch-katholischen, sunnitischen und schiitischen Gemeinschaft. Damit war das Prinzip des religiösen oder konfessionellen Proporzes geboren, wobei sieben Christen nur fünf Drusen und Muslime gegenüberstanden.

Mit anderen Worten, die Christen majorisierten die Nicht-Christen – und dies war einzigartig angesichts der islamisch-arabischen Übermacht, von der der kleine Libanon umgeben war.

Mit diesem politischen System sollten die verschiedenen religiösen Gemeinschaften auf der Verwaltungsebene voneinander getrennt, doch auch angemessen politisch vertreten werden. Darüber hinaus aber sollte auf diese Weise die Koexistenz der Religionen erleichtert, wenn nicht gar erzwungen werden.

Die selbständige Provinz »Mont Liban« von 1861, die bis zum Ende des Ersten Weltkriegs bestand, war ein Bergstaat ohne Metropole. Denn sie umfaßte nach Norden, Osten und Süden die zentralen libanesischen Gebirgsregionen; die überwiegend muslimisch bewohnten Hafenstädte Beirut, Tripoli und Sidon (Saida) gehörten jedoch nicht dazu. Die Provinz bildete sozusagen den Kern, um den herum 1926 von der Mandatsmacht Frankreich die Libanesische Republik geformt wurde, nachdem man die genannten Städte und die fruchtbare Bekaa-Ebene, die an das heutige Syrien grenzt, dem »Mont Liban« schon 1920 gegen den Willen der Muslime und der vom syrisch-arabischen Nationalbewußtsein geprägten Christen angegliedert hatte. In diesem libanesischen Kernland waren die von Frankreich beschützten Maroniten die wirtschaftlich und politisch dominierende Gemeinschaft.

Einst ein Volk von wehrhaften Bergbauern, die eifersüchtig auf ihre Unabhängigkeit pochten und deren Hauptverbündete bei ihren Konflikten mit den feudalen Großgrundbesitzern die bäuerlich geprägte maronitische Kirche war – verstanden es die Maroniten von nun an, ihre privilegierte Stellung zu behaupten und auch im »Modernen Libanon« nach 1943 in die politische Waagschale zu werfen.

Ohne Zweifel fungierte Frankreich als Steigbügelhalter beim politischen Aufstieg der Maroniten, aber historisch erklärt sich die Wandlung vom sozial relativ primitiv organisierten Bauernvolk zu den »Herren des Landes« gewiß auch durch die Erziehung und Bildung, in deren Genuß die Maroniten in den letzten 150 Jahren gekommen sind. Damals begannen die Jesuiten und andere westlich-katholische Orden starken Einfluß auf ihr kirchliches Leben und damit auf das von der maronitischen Kirche kontrollierte Erziehungswesen zu nehmen. Die Lazaristen und die Jesuiten folgten seinerzeit dem Beispiel der protestantischen amerikanischen Missionare, die sich auf diesem Feld mit Schulgründungen in Beirut und anderswo im Lande die ersten Verdienste erworben hatten.

Bis etwa 1960 blieben die Maroniten auch zahlenmäßig die größte Bevölkerungsgruppe im Libanon. Danach verschob sich das demographische Verhältnis zugunsten der schiitischen und sunnitischen Muslime. Aus naheliegenden politischen Gründen ist im Libanon seit 1932 keine Volkszählung mehr durchgeführt worden, die aus maronitischer Sicht den Führungsanspruch der eigenen Gemeinschaft hätte untergraben können.

Als 1975 der Bürgerkrieg begann, ging man allgemein davon aus, daß die Muslime insgesamt die christlichen Gruppen überflügelt hatten.

»Libanismus« und das Nationalbewußtsein der Maroniten

»Jene Minderheit, die von dem Gefühl besessen ist, eine Minderheit zu sein« –, mit diesen Worten hat Drusenfürst Kamal Djumblatt einmal die Maroniten charakterisiert.

Was sie selbst angeht, so betrachten sich manche unter ihnen als Abkömmlinge der Phönizier – als Wächter der einzigen wirklichen

Demokratie in der Arabischen Welt – oder bezeichnen sich auch als »Wahrer der einzigen christlichen Nation des Orients«.

Die »konservativen« Maroniten betonten und betonen ihre *nicht-arabische* oder ihre *vor-arabische* Abstammung. Ihre geistige und kulturelle Heimat suchen sie in Rom und Paris, nicht aber im arabischen Nahen Osten, obwohl die oft noch bäuerlich geprägte Mentalität der maronitischen Massen, ihre Sitten und Gebräuche, ihre Musik und ihre Sprache arabisiert und orientalisch sind. Hier zeigt sich ein Widerspruch bei den Maroniten, der sie häufig zwischen anspruchsvollem Wunschdenken und gelebter Realität hin- und herreißt. Letzteres erklärt sich, wie uns scheint, aus der Tatsache, daß die Maroniten als christliche Minderheit jahrhundertelang der Gefahr ausgesetzt waren, von den übermächtigen islamischen Nachbarn verschluckt zu werden. Es mußte also ihr Bestreben sein, sich ideologisch von dem »muslimischen Riesen« und seinem Arabismus zu distanzieren. Dazu diente unter anderem ihre Mythologie, in der die 5000 Jahre alte Zivilisation der Phönizier als Grundlage ihrer eigenen Fortentwicklung präsentiert wird.

Die Maroniten haben immer alle Kraft darauf verwendet, ihre Unabhängigkeit zu bewahren. Einer ihrer Patriarchen, Istfan Douaihy, kommentierte dieses Bemühen so: »Die Geschichte der maronitischen Gemeinschaft besteht aus dem fortgesetzten Kampf, ihre nationale und religiöse Identität in einer dominierenden muslimischen Umgebung zu bewahren.«

In der Tat sind sich auch die Maroniten ihrer historischen Vergangenheit seit jeher sehr bewußt und haben die wiederholten Versuche der Byzantiner, der Mamelucken und der osmanischen Türken, sie zu unterwerfen, nicht vergessen. Religiöser und historischer Symbolismus spielen dementsprechend in der maronitischen Gemeinschaft eine bedeutende Rolle.

Ihre Bürgerkriegsmilizen etwa gaben sich teilweise solche Namen wie »Das Holz des Kreuzes«, »Ritter der Heiligen Jungfrau« oder »Jugend des Heiligen Maron«. Ähnlich, wie heute die schiitischen Milizionäre eine Kette mit dem Bild Khomeinis um den Hals tragen, so gingen falangistische Kämpfer oft mit einem Kreuz über der Uniform in die Schlacht.

Für die »christlich-libanesischen Nationalisten« unter den Maroniten bedeutete der von Frankreich geschaffene und beschützte »Grand Liban«, dessen Entstehungsgrund und Hauptnutznießer sie waren, einen Akt der historischen Gerechtigkeit. Die Schaffung dieses christlich dominierten Staates entsprach in ihren Augen der Aufhebung einer muslimischen Belagerung, die im 7. Jahrhundert mit dem Aufstieg des Islam begonnen hatte.

Es gab und gibt aber auch viele andere Maroniten mit einer wesentlich differenzierteren Einstellung gegenüber ihrer arabisch-muslimischen Umgebung. Sie entsprach einer Mischung aus Stolz, Faszination, ehrfürchtiger Scheu und Furcht. Diese Maroniten spürten darüber hinaus das Verlangen, von den Muslimen als das, was sie sind, anerkannt zu werden, wobei sie durchaus den festen Willen hatten, ihre Begabungen und ihre westlichen Beziehungen zum Wohle der arabischen Welt einzusetzen.

Das maronitische Kernland ist oft von atemberaubender Schönheit, aber in weiten Teilen ebenso unwirtlich wie öde, und viele Orte sind nur mit einem Fußmarsch erreichbar. Wer diese Landschaft durchquert, dem fällt nicht allein die übergroße Zahl von Kirchen und Kapellen ins Auge, sondern er ist auch überrascht über das Ausmaß landwirtschaftlicher Nutzung auf diesem schwer bezähmbaren Boden.

Das Leben in den maronitischen Bergen ist immer sehr hart gewesen, und die Priester und Mönche mußten notgedrungen bei der Landarbeit gemeinsam mit den Bauern Hand anlegen. Jene enge, die Existenz sichernde soziale Wechselbeziehung hat das Verhältnis der Maroniten zu ihrer Kirche bis auf den heutigen Tag geprägt. Seit dreizehn Jahrhunderten leben die Maroniten in »ihren Bergen«; dementsprechend tief verwurzelt und ungebrochen sind ihre politischen und kirchlichen Traditionen. Viele unter ihnen betrachten sich mehr oder weniger als ein besonderes Volk. Der Libanon ist ihre ureigene Heimat, die gegen alle fremden Eindringlinge verteidigt werden muß.

Das Gefühl, der Libanon gehöre ihnen mehr als den übrigen Religions- und Volksgemeinschaften, hat in den Augen ihrer Kritiker bei den Maroniten eine Mentalität des Hochmuts, der Intoleranz und der Unduldsamkeit hervorgebracht, die immer dann zum Tragen kommt, wenn die »anderen Libanesen« Forderungen stellen, welche die maronitischen Interessen berühren.

Von den Bindungen der Maroniten an Europa war bereits die Rede, und es verwunderte nicht, daß sie ihr religiöses und kulturelles »Mekka« in Rom und Paris ansiedelten, nachdem sie vor allem durch ihren Klerus im Laufe der Jahrhunderte immer enger an die römisch-katholische Kirche und die abendländische Kultur herangeführt worden waren. Die Religion, der Handel und natürlich die Politik der europäischen Großmacht Frankreich haben die Maroniten zu dem gemacht, was sie heute sind oder gern sein möchten: verwestlichte Orientalen.

Frankreich hat seine schützende Hand über die Christen der Levante seit 1535 (Vertrag zwischen dem osmanischen Sultan Süleiman dem Prächtigen und dem französischen König Franz I.) immer aufmerksam ausgestreckt.

»Umm al-hannoune« – »die nährende Mutter« –, so charakterisierten denn auch die Maroniten ihr Verhältnis zu Frankreich, während die Franzosen selbst ebensowenig einen Hehl daraus machten, wem ihre Mühe galt. Als die französischen Besatzungstruppen 1918 in Beirut eintrafen, erklärte der von Paris entsandte Geschäftsträger unverblümt, der Hauptgrund für die Anwesenheit der Franzosen sei der Schutz ihrer Freunde, der Maroniten.

Der französische Einfluß auf die Maroniten hatte weitreichende Folgen. Die »gute« maronitische Gesellschaft sprach untereinander fast ausschließlich französisch –, ja, beherrschte das Arabische oft nur mühsam. Man nannte seine Söhne Raymond, Pierre oder Philippe und schickte sie in der Regel auf Frankreichs Schulen und Universitäten. Zu welch absurden Erscheinungen diese frankophile Einstellung vieler Maroniten geführt hat, erlebten wir zum wiederholten Male im »Artisanat«, einem Beiruter Geschäft, in dem antike und zeitgenössische Produkte des libanesischen Kunsthandwerks zum Verkauf stehen: Eine nach letztem Pariser Chic gekleidete Dame unterhielt sich mit ihrer Tochter in fließendem Französisch, geriet jedoch ins Stocken und mußte mühsam nach Worten suchen, als sie es mit einer Verkäuferin zu tun hatte, die mit ihr auf arabisch verhandelte.

Die Lebensweise und Attitüde der »Oberen Zehntausend« im Libanon hat etwas Aufgesetztes, manchmal sogar etwas Vulgäres an sich. Wer Geld hat, zeigt dies auch, und zwar überdeutlich. Die Goldketten und Armreifen der Damen können nicht dick genug sein, während die bemittelten Herren der Schöpfung oft glauben, ihre Vornehmheit mit den breitesten amerikanischen Straßenkreuzern unter Beweis stellen zu müssen, die der Markt zu bieten hat. Dementsprechend blasiert und demütigend gegenüber Untergebenen ist denn auch das Verhalten dieser Leute. Aber jene übersteigerte Äußerlichkeit – eine Art pfauenhaftes Angeberverhalten – ist beileibe nicht auf die Maroniten beschränkt, wie es einige »progressiv« denkende Beobachter aus dem westlichen Ausland gerne sehen möchten. Man kann hier getrost alle Libanesen einschließen, ganz gleich, ob sie nun Christen oder Muslime sind. Darüber hinaus fällt auf, daß der »Mann auf der Straße«, ist er einmal zu Geld gekommen, in dieser Hinsicht den schon länger Besitzenden durchaus nacheifert.

Die Libanesen, so gastfreundlich und herzlich sie in ihren eigenen vier Wänden auch sein mögen, sind ein Volk, das sich gerne herzeigt. Ein Umstand, der sie bei ihren arabischen Brüdern nicht gerade beliebt gemacht hat.

In einem Punkt unterscheiden sich viele Maroniten allerdings ganz erheblich von ihren muslimischen Landsleuten: Sie verneinen ihre arabische Herkunft. Statt dessen bezeichnen sie sich als »Libanesen«, als ein mediterranes Volk, dessen Geschichte und Zivilisation Jahrtausende zurückreichen.

Pierre Djemayyil, der Gründer der Falange-Partei, hat dieses maronitische Selbstverständnis einmal so beschrieben: »Die Treue Libanons zu seiner Aufgabe und seinem Erbe ist über die letzten sechstausend Jahre hinweg niemals gebrochen worden!«

Eine solche Denkweise hat bei nicht wenigen Maroniten ein gewisses Überlegenheitsgefühl gegenüber den Arabern und der arabischen Kultur hervorgebracht. Letzteres ist gepaart mit der steifen Behauptung, der Libanon sei im Grunde und seinem Wesen nach ein nicht-arabisches Land.

»Libanon ist eine Seele, ein geistliches Prinzip, betraut mit einer Mission, welche unvereinbar ist mit dem, was die Araber im allgemeinen erstreben«, heißt es in einem Grundsatzpapier der maronitisch dominierten Falange-Partei.

Dieses Glaubensbekenntnis erhellt die ideologische Grundlage, auf der viele Maroniten stehen: Den Libanismus. Er umfaßt die Sehnsucht nach originären, nicht-arabischen Wurzeln der Zivilisation, ein glühendes Nationalbewußtsein für einen christlichen Libanon wie auch das Bestreben, sich mit dem Abendland und seinen Werten zu identifizieren. Während die Feinde der Maroniten das christliche Kernland auf libanesischem Boden verächtlich »Maronistan« nennen, charakterisierte der französische Orientalist Maxime Rodinson den maronitischen Libanon folgendermaßen: »Ein phönizisches Land, hellenisiert, romantisiert, gekreuzt, christlich – alles, was man will, nur kein arabisches Land.«

Vom spanischen Vorbild zum Volkshelden Beschir Djemayyil
Der Weg der christlichen Falange-Partei

Seit Anfang der dreißiger Jahre beschäftigten sich prominente libanesische Christen mit dem Gedanken, eine nationalistische Partei zu gründen, um den Aktivitäten der panarabisch orientierten Muslime und der prosyrischen Nationalisten besser begegnen zu können. Sie wollten eine politische Bewegung organisieren, die sich ganz für einen von Syrien losgelösten Libanon einsetzen sollte, der als eigenständiger Staat in die Unabhängigkeit hineinwachsen würde. Mehrere Versuche, eine solche Partei auf die Beine zu stellen, blieben jedoch erfolglos. Erst im November 1936, als die muslimischen Anhänger der großsyrischen Einheitsidee ihre Provokationen in Beirut auf die Spitze trieben, entschlossen sich die aufgeschreckten Christen in hastiger Eile, eine Jugendorganisation ins Leben zu rufen, die fortan den Namen »Kata'ib« oder »Phalanges Libanaises« führen sollte. Einer der Väter dieser libanesischen Falange, die später zur größten und bestorganisierten Partei des Libanon wurde, war ein junger maronitischer Apotheker namens Pierre Djemayyil, der bis zu seinem Tod im Sommer 1984 die Politik jener maronitischen Sammlungsbewegung entscheidend prägte.

Im Volksmund wie im offiziellen Sprachgebrauch ist seit damals nur von der »Kata'ib« (Falange-Partei) die Rede, obwohl die Falangisten ihre Organisation 1949 in »Sozialdemokratische Partei« umbenannten. Der ursprüngliche Name der Partei wie ihr früher Hang zu paramilitärischem Training, hinterließen in der Öffentlichkeit den Eindruck, es handele sich um eine Kopie der von General Franco geführten spanischen Falange-Bewegung.

Aber die Bindungen der libanesischen »Kata'ib« an den europäischen Faschismus und Nazi-Deutschland waren mehr äußerlicher als inhaltlicher Natur. Was Pierre Djemayyil und seine vier jungen christlichen Mitstreiter bei ihrem Vorhaben 1936 leitete, war eher eine etwas verschwommene Idee von »Disziplin, Selbstdisziplin und staatsbürgerlichem Verantwortungsgefühl«. Ihr Ziel war es, der libanesischen Jugend diese Eigenschaften anzuerziehen, um so ein Fundament für den Aufbau eines modernen, unabhängigen Libanon zu schaffen.

Als Vertreter des libanesischen Fußballbundes war Pierre Djemayyil – selbst sein Leben lang ein begeisterter Sportler – 1936 zur Olympiade nach Berlin gereist, hatte aber auch Spanien und die Tschechoslowakei besucht. Gewiß, die von den Nazis vorexerzierte Disziplin hat ihn damals stark beeindruckt. Als eigentliches Vorbild für die »Kata'ib« diente ihm jedoch die tschechische Jugendbewegung »Sokol«. Letztere war streng nationalistisch ausgerichtet und hatte Sport und körperliche Ertüchtigung auf ihre Fahnen geschrieben, hielt hingegen wenig von politischer und militärischer Indoktrination.

»Wir Levantiner« –, so erinnerte sich Pierre Djemayyil drei Jahrzehnte später, »sind von Natur aus ein individualistisches, unregierbares Volk. Warum also nicht dasselbe Erziehungsprinzip in die Tat umsetzen wie die Tschechen es vermocht haben?«

Wo die Falangisten in ihrer Gründerzeit standen, offenbart Artikel 4 ihrer Statuten, die 1938 formuliert wurden: »Die libanesische Falange ist eine ausschließlich national-libanesische Einrichtung, die keinerlei konfessionelle oder rassistische Züge trägt. Sie lehnt jedes Clan-Denken und die Politik zum Vorteil von Einzelnen ab ...«

Die Beziehungen zwischen der Falange und der damaligen Mandatsmacht Frankreich erinnerten lange Zeit an eine Haßliebe. Zwar forderten die schon zitierten Statuten der Bewegung einen unabhängigen und souveränen Libanon. Dieser Staat sollte aber mit Frankreich »alliiert und freundschaftlich verbunden sein«.

Obwohl in ihrer Mehrheit französisch erzogen und durchaus frankophil eingestellt, gerieten die Falangisten mehrfach mit den französischen Kolonialtruppen aneinander und machten den Franzosen mit Demonstrationen und Streiks das Leben schwer. Der Konflikt ergab sich einfach aus der Tatsache, daß die Falange in ihrem nationalistischen Streben auf der Unabhängigkeit des Libanon bestand. Nachdem dieses Ziel 1943 erreicht war und sich die Falange von einer paramilitärischen Bewegung zu einer politischen Partei entwickelt hatte, normalisierte sich das Verhältnis wieder. Frankreich finanzierte sogar teilweise den Wahlkampf des ersten falangistischen Kandidaten für die Parlamentswahlen im Jahr 1945.

Es klingt überraschend, entspricht aber der historischen Wahrheit: Bis 1960 verfügten die Falangisten über nur einen einzigen Abgeordneten im libanesischen Parlament. Mit anderen Worten: Der politische Erfolg der »Kata'ib« bei der christlichen Bevölkerung ließ lange auf sich warten. Immer dann allerdings, wenn die Falangisten auf die Straße gingen, schnellte die Mitgliederzahl der Partei in die Höhe. 1959, ein Jahr nach den bürgerkriegsähnlichen Zusammenstößen zwischen Christen und panarabisch orientierten Muslimen, wuchs die »Kata'ib« auf 62500 Mitglieder an. 1964 hingegen zählte der Schatzmeister der Partei nur noch 36000 Falangisten. Der nächste Sprung nach oben, auf einen Mitgliederstand von 65000 Personen, erfolgte 1971, nachdem die falangistische Miliz mit Kämpfern der PLO aneinander geraten war.

Was aber muß man sich heute unter einem Falangisten vorstellen? Der Wissenschaftler John Entelis hat in einer Studie über die »Kata'ib« das durchschnittliche Parteimitglied folgendermaßen beschrieben: »Männlich, 24 Jahre alt, ein Maronit, welcher der Partei ein bis fünf Jahre angehört, in den christlichen Bergen wohnt und seine Schulbildung mit dem Abitur abgeschlossen hat. Er stammt aus der unteren Mittelklasse, bleibt politisch inaktiv, außer in nationalen Krisenzeiten oder bei Wahlen, setzt die Partei mit dem Libanon gleich und verherrlicht Pierre Djemayyil.«

Auch wenn die zitierte Untersuchung bereits kurz vor Ausbruch des Bürgerkriegs 1975/76 veröffentlicht wurde, so sind doch die darin gemachten Feststellungen im wesentlichen nach wie vor gültig.

Obwohl als überkonfessionelle Organisation gegründet, die in der Tat einige muslimische Mitglieder in ihren Reihen hat, repräsentiert die Falange zweifellos zu einem großen Teil die maronitische Gemeinschaft, denn ihre Kader sind zu 80 Prozent Maroniten. Dies hängt sicher auch damit zusammen, daß die Falangisten in ihrer Zielsetzung dem maronitischen Wunschbild von einem »libanesischen« Libanon immer am nächsten waren.

Karim Pakradouni, den wir bereits kennengelernt haben, faßt diesen Aspekt so zusammen: »Die Idee von einer libanesischen Nation war und ist deckungsgleich mit den Vorstellungen und Bestrebungen der christlichen Gemeinschaft. Im allgemeinen läßt sich sagen, daß die Christen eher libanesisch als arabisch orientiert sind, während das bei den Muslimen genau umgekehrt ist. Es war deshalb nur natürlich, daß die christliche Gemeinschaft ihren politischen Ausdruck in der Falange-Partei gefunden hat, deren Motto immer dasselbe geblieben ist: Zuerst kommt der Libanon und dann folgen die arabischen Staaten.«

Die libanesische Falange ist oft als rechtsextreme Bewegung charakterisiert worden. Interessant ist in diesem Zusammenhang ein Blick auf das Sozialprogramm der »Kata'ib«, das schon in den vierziger Jahren auf die Bedürfnisse der unteren Mittelschicht zugeschnitten war. 1940 nämlich forderte Pierre Djemayyil die Schaffung eines sozialen Versorgungssystems für Krankheit und Alter, bessere Bezahlung der Arbeiter, Sicherheitsmaßnahmen an industriellen Arbeitsplätzen und die Verbesserung der öffentlichen Hygiene. Er proklamierte eine »nationale Ordnung, begründet auf gegenseitiger Zusammenarbeit und der Beseitigung des Klassenkampfes«.

Zugegeben, diese utopische Sichtweise ist zu einer Zeit formuliert worden, als die Falangisten noch darum bemüht waren, aus ihrer Bewegung eine politische Partei zu formen. Dennoch ist es erwähnenswert, daß die »Kata'ib« Ärzte, Anwälte und andere Fachleute angezogen hat, die sich auf dem Feld der sozialen Dienstleistungen engagieren wollten. Darüber hinaus sollte man nicht verschweigen, daß in den Gebieten, die heute von der falangistischen Miliz »Lebanese Forces« kontrolliert werden, ein progressives Steuersystem sowie ein Gesundheitsdienst existieren, die sogar die Zustimmung der libanesischen Kommunisten gefunden haben.

Fragt man jedoch nach den unverrückbaren ideologischen Schwerpunkten der Falange-Partei, so erschöpft sich die zugespitzte Antwort auf einen einzigen Aspekt: den christlich-libanesischen Nationalismus, den wir bereits unter dem Begriff »Libanismus« näher erläutert haben.

Man kann sagen, die »Kata'ib« ist eine Partei des Status quo, die zwar begrenzten sozialen, wirtschaftlichen und administrativen Reformen gegenüber offen ist, andererseits aber konsequent an einer freien Wirtschaftsordnung festhält und nach wie vor die Verteidigung der christlichen, insbesondere der maronitischen Sonderinteressen im Libanon auf ihre Fahnen geschrieben hat. Daran haben auch ihre militärischen und politischen Niederlagen seit Februar 1984 gegen die muslimisch-drusischen Kräfte nichts geändert. Diese Grundprinzipien immer vor Augen, haben die Falangisten vor dem Bürgerkrieg versucht, bei der Bevölkerung Vertrauen in die Funktionsfähigkeit des

Staates zu erwecken. Sie hofften ein »nationales Staatsbewußtsein« bei den Massen zu schaffen, das als Grundlage für eine dauerhafte – in ihrem Sinne geprägte – nationale Übereinstimmung dienen sollte.

Zu Beginn der sechziger Jahre präsentierte die »Kata'ib« sogar den Vorschlag, den konfessionell bestimmten Charakter der Verwaltung zu ändern, weil man darin ein Hindernis für die Modernisierung des Staates sah.

Parallel zu den politischen Aktivitäten der Falangisten vollzog sich der Aufbau ihrer paramilitärischen Einheiten –, der Parteimiliz. Man wollte gerüstet sein für die mögliche Konfrontation mit revolutionären Elementen, die es darauf anlegten, das System zu stürzen.

Ohne Zweifel war es der militärische Arm der »Kata'ib«, der den Falangisten während der vergangenen zehn Jahre seit Ausbruch des Bürgerkriegs die größte Machtfülle bescherte. Die durchweg jungen Kommandeure der »Lebanese Forces« und ihre politischen Berater haben allerdings der Partei in der jüngsten Vergangenheit so manchen Kummer bereitet. Zuweilen sah es so aus, als wollten sie das Parteiestablishment herausfordern und eine den Grundsatzbeschlüssen des Politbüros zuwiderlaufende Politik verfolgen. Die militanten Kader innerhalb der Miliz lehnten insbesondere die relativ gemäßigte Reformlinie des falangistischen Staatspräsidenten Amin Djemayyil ab, der sich nach dem Zerfall der regulären Armee und dem Abzug der amerikanischen Truppen aus Beirut gezwungen sah, auf Distanz zu Israel zu gehen und mit Unterstützung Syriens eine »Einheitsregierung« zu bilden, in der alle libanesischen Kriegsherren vertreten waren.

Eine Fraktion der in sich gespaltenen Christenmiliz brandmarkte das Kabinett als eine »syrische Marionette« und hielt die Aufkündigung des israelisch-libanesischen Truppenabzugsabkommens vom 17. Mai 1983 für einen folgenschweren strategischen Fehler. Im Februar 1984, kurz nach der Milizenschlacht in West-Beirut, betonte der damalige Oberkommandierende der »Lebanese Forces«, Fadi Frem, der einzige Weg, die syrischen Truppen im Libanon loszuwerden, sei die Zusammenarbeit mit Israel. »Wir, die Lebanese Forces, gemeinsam mit der christlichen Gemeinschaft, sind entschieden gegen eine syrische Oberhand im Libanon und die Einflußnahme der Syrer auf innerlibanesische Angelegenheiten. Dies sind zwei Punkte, zu denen wir stehen. Denn es liegt in unserem nationalen Interesse, an Verträgen festzuhalten, die wir als unabhängiges Land mit einem anderen souveränen Staat, in diesem Fall Israel, geschlossen haben«, so lautete der Kommentar des militärischen Sprechers der christlichen Privatarmee, Fadi Hayek, den wir nur wenige Tage später im Hauptquartier seiner Truppe zu diesem Thema befragten.

Am Ende gelang es jedoch der falangistischen Parteiführung, die »Lebanese Forces« zumindest vorläufig zu disziplinieren und auf das Gebot der Stunde zu verpflichten, das der pragmatisch denkende Präsident Amin Djemayyil ausgegeben hatte: Annäherung an Syrien, um mit dessen Wohlwollen die militärisch und politisch geschwächte Position der Christen wieder zu festigen.

Ein absoluter Meilenstein in der Geschichte der »Lebanese Forces«, der gleichzeitig die Falange-Partei zur militärisch wie politisch absolut dominierenden Kraft im christlichen Libanon machte, war der 7. Juli 1980.

Damals führte Beschir Djemayyil, Kommandant der falangistischen Kampftruppe und Lieblingssohn des Parteigründers Pierre Djemayyil, einen schon lange gehegten Plan aus. In einer gnadenlosen Blitzaktion zerschlug er die Stützpunkte der christlichen »Tiger-Miliz« seines Rivalen Dany Schamun und machte sich in der Folge zum Befehlshaber aller christlichen Privatarmeen, die in den »Lebanese Forces« zusammengefaßt wurden.

Damit hatte Beschir Djemayyil die Voraussetzung geschaffen, um die Vorherrschaft der Falangisten in den meisten Gebieten des christlichen Libanon auf Dauer zu verankern. Konsequent und zielstrebig baute er danach ein wirksames Sicherheitssystem auf, das den von Gewalt und Anarchie heimgesuchten Libanesen wenigstens ein Minimum an Ruhe und Ordnung garantierte.

In den Augen seiner Bürgerkriegsgegner ein Bluthund, war er für seine Anhänger ein Held, ein Führer, dessen Charisma volkstümliche Nähe und Verbundenheit mit den Massen spüren ließ.

Wie man auch immer Beschir Djemayyil charakterisiert hat, fest steht, daß er eine ebenso beeindruckende wie umstrittene Persönlichkeit war. Rettender Engel für die einen und Dämon für die anderen –, in der Person Beschirs kristallisierte sich der ganze Widerspruch des geteilten und zerrissenen Landes.

Schon als Student der Rechtswissenschaft begegnete Beschir seinen Kommilitonen als militanter Maronit. Seine Aggressivität, seine Energie und seine radikalen Überzeugungen, die auf dem maronitischen Nationalismus basierten, machten ihn bald zum Anziehungspunkt für die jüngere Generation unter den Maroniten, die scharenweise in die Falange-Partei eintraten, wodurch die »Kata'ib« zur stärksten christlichen Formation anwuchs.

Nach Ausbruch des Bürgerkriegs übernahm Beschir das Kommando der falangistischen Miliz, und er ist später von seinen Feinden für das ominöse Erscheinungsbild der falangistischen Kämpfer verantwortlich gemacht worden, die eine Zeitlang bei ihren Einsätzen schwarze Tuchmasken trugen. In den muslimischen Kreisen West-

West-Beiruts galt Beschir damals als Mann, dessen Hände über und über mit Blut befleckt waren. Im Gespräch mit einem Journalisten von der »anderen Seite« protestierte er einmal gegen dieses Image mit den Worten: »Ich bin kein Dracula, auch wenn Ihr versucht, mich so darzustellen.«

In seiner Umgebung verbreitete Beschir eine Aura charismatischer Männlichkeit, und es ging die Rede, er benutze noch nicht einmal After-Shave-Lotion, sondern ziehe es vor, sich lediglich mit normaler Seife zu rasieren. Davon abgesehen, aber achteten selbst viele Gegner Beschirs seine für levantinische Verhältnisse außergewöhnlich rigiden Moralvorstellungen und seine Unbestechlichkeit –, eine Eigenschaft, die im Libanon größten Seltenheitswert besitzt.

Beschirs Marschroute war einfach, logisch und bei seinen Anhängern unumstritten: »Stärke durch Einheit«, lautete sein Motto, das er mit List, Überredungskunst und rücksichtsloser Gewalt in die Tat umsetzte, als er die christlichen Milizverbände zur »Vereinigten Streitmacht« der »Libanesischen Front« zusammenschweißte. Letztere ist ein maronitisches Zweckbündnis, das während des Bürgerkriegs 1975 entstand und dessen tragende Säulen seither die Falange und die Nationalliberale Partei des ehemaligen Staatspräsidenten Camille Schamun bilden.

Sich selbst betrachtete Beschir als Architekt einer neuen Ordnung und eines neuen Staates im Libanon, wobei ihm zur Erfüllung dieses Zieles jedes Mittel recht war.

10452 Quadratkilometer, jene fünf Ziffern waren für Beschir Djemayyil magische Zahlen und programmatische Aussage gleichermaßen, denn sie bezeichnen die Flächenausdehnung des Libanon in seinen internationalen Grenzen. Den *vereinten* Libanon hatte Beschir auf seine Fahnen geschrieben und demgemäß wies er jedes Konzept einer Teilung des Landes vehement zurück.

Sein militanter christlicher Nationalismus, sein kompromißloses Eintreten für die Wahrung der »Christlichen Identität« haben ihm den Vorwurf eingetragen, er sei eher ein Spalter als ein Förderer der Einheit des Libanon.

»Wir wollen nicht zu dem werden, was die Kopten in Ägypten sind, nämlich Bürger 2. Klasse«, hat er einmal gesagt, als er mit dem damaligen Staatspräsidenten Sarkis über die christlich-muslimische Versöhnung in seinem Lande sprach.

1977, als man glaubte, der zwei Jahre lange Bürgerkrieg sei beendet, prophezeite Beschir weitere Kämpfe, weil bisher »nichts wirklich gelöst sei«.

In der Tat, nur ein Jahr später stießen die christlichen Milizen mit den syrischen Truppen zusammen, die zuvor den bedrängten Christen gegen die Palästinenser und die links-muslimischen Gruppen zu Hilfe geeilt waren. Nachdem die syrische Armee das christliche Kernland verlassen hatte, kündigte Beschir an, der nächste Schritt sei die »Befreiung Libanons« von allen Fremden, womit er die Palästinenser und auch die Syrer meinte, die ja noch große Teile des Landes im Norden und Osten besetzt hielten. Zu diesem Zweck versprach er die Schaffung einer 40000 Mann starken Streitmacht. Seiner Ansicht nach war es nur eine Frage der Zeit, bis die syrischen Soldaten endgültig den Libanon verlassen würden, deshalb müsse »das Hauptziel sein, die Palästinenser aus dem Libanon zu vertreiben«. Mehrfach forderte er die muslimischen Verbündeten der PLO auf, dieser anti-nationalen Allianz zu entsagen und gemeinsam mit den Falangisten die Befreiungsschlacht gegen die Palästinenser zu schlagen.

Aber Beschir stieß bei den Muslimen West-Beiruts auf taube Ohren. Sie mißtrauten ihm, weil sie sich nicht vorstellen konnten, daß die Falangisten ein christlich-muslimisches Bündnis wirklich ernst meinten. Hinzu kam, daß die libanesischen Sunniten die Palästinenser im Grunde als »natürliche« Verbündete betrachteten, weil sie überwiegend auch dem sunnitischen Glauben angehörten und zudem panarabisch orientiert waren.

Beschir Djemayyils Haß gegen die Palästinenser war tief verwurzelt. Schon als falangistischer Studentenfunktionär, lange vor Beginn des Bürgerkriegs 1975, war er innerlich bereit, den bewaffneten Kampf gegen sie aufzunehmen. Er betrachtete sie als Fremdkörper, als einen Pfahl im libanesischen Fleische, der die Libanesen daran hinderte, untereinander Frieden zu schließen.

Wie er über die Palästinenser dachte, hat er einmal mehr in einer Rede am 18. Juni 1982 klar gemacht, zu einem Zeitpunkt also, als die israelische Invasion des Libanon in vollem Gange war: »Unsere neue Haltung ist es, allen Libanesen Freiheit und Sicherheit zu geben, und zwar ohne jede Diskriminierung. Mit den Syrern und Palästinensern jedoch werden wir anders umgehen. Die Syrer haben ein Land –, sollen sie also dorthin zurückkehren; die Palästinenser besitzen nicht einmal ein anderes Heimatland, deshalb werden wir ihnen einen Platz besorgen – aber außerhalb des Libanon!«

Kurz danach nominierte die Falange-Partei Beschir Djemayyil zum Kandidaten für die Wahl des Staatspräsidenten. Karim Pakradouni, sein damals engster Berater, begründete die Entscheidung der Falangisten folgendermaßen: »In dieser Phase unserer Geschichte braucht der Libanon einen starken Präsidenten, der in der Lage ist, die PLO zu entwaffnen. Deshalb haben wir uns für Beschir entschieden.«

In den Augen seiner Bürgerkriegsgegner indes stieß die Kandidatur Beschir Djemayyils auf einhellige Ablehnung. Den Muslimen – ob konservativ oder links-progressiv – galt er durchweg als Handlanger der Besatzungsmacht Israel, die seit Wochen bereits einen gnadenlosen Belagerungsring um den überwiegend muslimischen Westteil Beiruts gezogen hatte.

Beschir war für sie ein Kandidat, der im »Schatten der israelischen Panzer« auf den Schild gehoben werden sollte. In der Tat ließen die Israelis damals in Beirut für alle Welt sichtbar, nichts unversucht, um die Wahl Beschirs organisatorisch zu ermöglichen.

Hinzu kam, daß die israelische Regierung öffentlich erklärt hatte, ein Mann wie Beschir Djemayyil sei der richtige Staatschef für den Libanon.

Aber es lag nicht allein an diesem Vertrauensbeweis aus Jerusalem, daß die libanesischen Muslime in Beschir kaum den künftigen »Präsidenten aller Libanesen« erkennen konnten. Gewiß, die Falange-Partei hatte noch ein Jahr vor dem Einmarsch der israelischen Truppen am 6. Juni 1982 einer weiteren Zusammenarbeit mit Israel abgeschworen, um die »Nationale Versöhnung« zwischen Christen und Muslimen zu erleichtern. Beschir Djemayyil jedoch hinderte dies nicht daran, sich einige Monate später auf einem israelischen Kriegsschiff vor der Küste von Jounieh mit Israels Verteidigungsminister Ariel Sharon zu treffen, ausgerechnet dem Mann also, der als geistiger Vater des israelischen Libanonfeldzuges zweifelhafte Berühmtheit erlangte.

Beschirs Bindungen zu Israel, die Ministerpräsident Menahim Begin genüßlich in die Welt hinausposaunte, indem er die israelische Militärhilfe für die christlichen Milizen beim Namen nannte –, wie auch die Furcht, er werde nach seiner Wahl die christlich-falangistische Vorherrschaft mit Hilfe seiner Privatarmee zementieren –, dies waren die Gründe, aus denen heraus die muslimischen Führer und die Vereinigte Linke Beschir Djemayyil die Gefolgschaft versagten.

Trotz alledem: Die Wahl fand am 23. August 1982 in der Militärschule in Fayadieh auf den Hügeln oberhalb Beiruts statt, und der neue Präsident des Libanon hieß noch am selben Tage Beschir Djemayyil.

Wer, wie wir, miterleben konnte, wie im Libanon auf »demokratische Weise« der neue Staatschef gewählt wird, kann sich unschwer einen Reim darauf machen, was alles geschehen muß, um dieses Land zu befrieden und zu einen. Es war wie in einem schlechten Film über das Leben und Treiben amerikanischer Mafiabosse.

Straßenkreuzer rasten zur Einfahrt der Versammlungshalle, ein abruptes quietschendes Bremsen und drei, vier schwerbewaffnete Gestalten sprangen heraus, die Maschinenpistole im Anschlag. Es folgten, souverän und in weltmännischer Manier, die Arbeitgeber der Leibwächter: die verschiedenen Mitglieder des libanesischen Parlaments.

62 Abgeordnete, darunter immerhin 12 Schiiten, 5 Sunniten und zwei Drusen gaben dem 34jährigen Anführer der falangistischen Milizen ihre Stimme und machten ihn damit zum jüngsten Staatschef, den der Libanon je hatte.

Es lag nicht allein an dem massiven Druck, den die Falangisten auf viele Parlamentarier ausgeübt hatten, daß Beschir sein Ziel erreichte. Besonders eine Reihe von Schiiten und Drusen stimmte für ihn, weil sie glaubten, es gebe nach der Invasion Israels keine andere Alternative mehr. Die Israelis – und mit ihnen die Falangisten – hatten den Krieg gewonnen, und es erschien sinnlos, sich dieser machtvoll demonstrierten Tatsache zu entziehen.

Darüber hinaus aber waren sie zu der Einsicht gelangt, daß nur eine starke und erbarmungslos entschlossene Führergestalt wie Beschir Djemayyil den Libanon vor dem endgültigen Zusammenbruch zu bewahren vermochte.

Der Libanon – Land des ewigen levantinischen Kompromisses – erlebte an diesem 23. August 1982 eine politische Wende. Mit der Wahl Beschir Djemayyils zum Ersten Mann im Staate war der Kandidat der Herausforderung gekrönt und zugleich ein ureigenes, libanesisches Grundgesetz zu Grabe getragen worden. »Keine Sieger und keine Besiegten«, so lautete nämlich bis dahin die Regel des politischen Ausgleichs des in so viele Lager gespaltenen Libanons. Beschir aber war ein »Sieger« in den Augen der muslimischen und links-progressiven Politiker, denn er hatte mit Hilfe Israels seinen Machtbereich auf Kosten seiner Gegner erheblich erweitern können. Die überschäumende Freude im christlich kontrollierten Ost-Beirut war weder zu übersehen noch zu überhören. In guter libanesischer Tradition ergingen sich die Christen in wilden Feiern auf den Straßen, rasten in laut hupenden Autokorsos durch die Stadt und feuerten auf der Höhe ihrer Begeisterung hemmungslos aus allen verfügbaren Waffen in die Luft.

Im israelisch belagerten West-Beirut hingegen herrschte schweigende Betroffenheit. Gewiß dachten viele unter der muslimischen Bevölkerung so, wie es Drusenfürst Walid Djumblatt nach Bekanntwerden des Wahlergebnisses ausgedrückt hat:

»Dies ist ein schwarzer Tag für den Libanon.«

»Scheich Beschir« indes ließ sich dadurch nicht beirren. Unmittelbar nach seinem Erfolg empfahl er sich seinen Landsleuten als der »Präsident aller Libanesen«. Als vordringlichstes Ziel bezeichnete er die nationale Einheit und die Rückgewinnung der Souveränität durch den Abzug der syrischen, palästinensischen *und* israelischen Truppen. Er wünsche nichts sehnlicher, als die Versöhnung mit den Muslimen und die Sicherheit und Freiheit eines jeden Libanesen. »Unter meiner

Regierung«, so Beschir Djemayyil wörtlich, »ist kein Platz mehr für die Lösung der libanesischen Probleme mit der Waffe in der Hand.«

Einen Tag später empfing Beschir im Garten seines Vaterhauses das Volk – völlig ungewöhnlich für einen Staatschef des Libanon, doch für den Volkstribun Beschir eine Geste, die er sich schuldig zu sein glaubte.

»Das Dorf Bikfaya, in dem die Familie Djemayyil residiert, liegt hoch oben in den maronitischen Bergen.

Als wir uns am frühen Nachmittag auf den Weg machen, sind die Straßen voll mit Autos, die fast ausnahmslos ein Poster des jungenhaften Präsidenten im Heckfenster zeigen. Wir reihen uns ein in diese Kolonne, die zweifellos dasselbe Ziel hat wie wir. In Bikfaya fällt einem sofort ins Auge: die Häuser des Dorfes wirken sehr europäisch, sie erinnern an die Bauweise in den Provinzen Südfrankreichs. Neben der Einfahrt zur Djemayyil-Villa überbrückt ein großer, blätterumrankter Triumphbogen die Straße. In der Mitte ein Konterfei der drei Djemayyils: Vater Pierre mit seinen Söhnen Amin und Beschir, dem neuen Präsidenten. Rechts und links davon die libanesische Flagge und die Fahne der Falangisten.

Wir müssen warten. Im Hof haben sich Hunderte von Libanesen versammelt. Aus allen Teilen des Landes sind sie gekommen – aus Saida im Süden, von der Bekaa-Ebene im Osten und natürlich aus Beirut, der Hauptstadt. Viele Muslime und Drusen sind darunter und sie wollen nichts anderes, als Beschir gratulieren.

Beschir, der Kämpfer und Milizenführer, ist zwar kein Mann aus dem Volk, aber anders als die Präsidenten vor ihm, kennt er nicht nur die reichen Feudalherren und die Oberen Zehntausend –, er hat immer schon Verbindung gehabt mit dem ›Mann auf der Straße‹. Nicht zuletzt deshalb ist Beschir Djemayyil so populär.

Während wir warten, marschieren vier Soldaten der regulären libanesischen Armee vor den Tisch, auf dem das Besucherbuch ausliegt, in das sich jeder eintragen kann. Sie tragen ein 50 Zentimeter hohes rechteckiges Blumengebinde in den Farben des Libanon. Rote, weiße und wieder rote Nelken symbolisieren das Nationalemblem. Aber gleich darauf werden sie übertrumpft, vier Drusen aus dem Chouf, also von der anderen Seite des Gebirges, schleppen ein mannshohes Kunstwerk aus Pflanzen und vielerlei Blumen herbei, das natürlich auch in rot-weiß-roten Farben erstrahlt. Mit ihren dichten schwarzen Schnauzbärten in den kühn geschnittenen Gesichtern erscheinen sie in dieser christlichen Umgebung doch sehr exotisch, zumal sie in den traditionellen schwarzen Pluderhosen ihres Stammes stecken.

Ein Blick nach oben verrät, daß das Anwesen der Djemayyils von Raketentreffern der Bürgerkriegsgegner nicht verschont geblieben ist.

Ein Haus auf der Stirnseite des Hofes zeigt im 3. Stock Einschüsse und ein fehlendes Dach.

Die Menge setzt sich nun in Bewegung. Nirgendwo sind Waffen zu sehen. Beschir hat angeordnet, daß auch die Milizsoldaten der Falange unbewaffnet sein müssen, wenn sie ihn besuchen.

Kleine Mädchen, blühende Frauen, schwarzberockte Priester, Männer im T-Shirt, Geschäftsleute mit ihren schmalen Aufsichtsrattaschen – sie alle gehen auf Beschir Djemayyil zu, drücken ihm die Hand, umarmen und küssen ihn.

Beschir selbst schaut ernst, zuweilen lächelt er, wenn jemand scherzt. Nur, wenn Kinder vor ihm auftauchen, wirkt er gelockert. Er liebkost sie völlig ungekünstelt und nimmt sie auf den Arm.

Der neue Präsident des Libanon scheint eher ein robuster Leistungssportler als der mächtigste Mann dieses Landes. Mittelgroß, mit breitem Brustkorb, hat er so gar nichts Staatsmännisches an sich. Sein Vater steht mit versteinertem Gesicht neben ihm und läßt die Grußbezeugungen wortlos über sich ergehen.

Nach einer halben Stunde verlassen wir die Villa Djemayyil, diesen Ort voller Blumen, Flaggen und ohne alle Waffen. Vielleicht – so denken wir – ist das ein gutes Omen für die Zukunft des Libanon.«

Niemand wird jemals sagen können, ob Beschir Djemayyil Wort gehalten und mit der versprochenen starken Hand die Erneuerung der libanesischen Nation zustandegebracht hätte. Denn am 14. September 1982, noch vor seiner Amtseinführung als Staatspräsident, wurde er getötet. Beschir und mit ihm viele andere starben unter den Trümmern der falangistischen Parteizentrale, die an diesem Nachmittag durch eine gewaltige Bombenexplosion in Schutt und Asche sank.

Auf wessen Konto das minutiös geplante Attentat geht, ist bis heute unklar. Ohne Zweifel bemerkenswert ist, daß die Falangisten weder die Palästinenser noch ihre libanesischen Bürgerkriegsgegner anklagten, die Bombe gelegt zu haben. Selbst Ex-Präsident Suleiman Frandjieh, der öffentlich Rache geschworen hatte, als sein Sohn Toni vier Jahre zuvor von einem falangistischen Kommando niedergemäht worden war, gehörte nicht zu den Hauptverdächtigen.

Manche Maroniten machten die Syrer für Beschirs Tod verantwortlich, aber die meisten zeigten auf die Israelis oder vermuteten, die proisraelische »Sharon-Fraktion« innerhalb der Falange-Partei habe Beschir beseitigt, weil er sich aus dem Zugriff Israels befreien wollte.

Gewiß, Beschir Djemayyil war als Kandidat der Israelis angetreten und hatte jahrelang mit ihnen kollaboriert. Im Verlauf der drei Wochen nach seiner Wahl begann er jedoch, sich von Jerusalem zu distanzieren. Anfang September 1982 traf er mit Begin und Sharon in Nordisrael zusammen, und die israelischen Führer wollten ihn dazu zwingen, einem Friedensvertrag mit Israel zuzustimmen. Beschir Djemayyil aber lehnte ab und entrüstete sich später er sei »behandelt worden wie ein Botenjunge«.

Nur wenige Tage vor seiner Ermordung begann er statt dessen einen Dialog mit den alten Bürgerkriegsgegnern und verkündete, das libanesische Parlament und nicht der Präsident habe über einen Friedensvertrag mit Israel zu entscheiden.

Begin und vor allem Sharon fühlten sich düpiert, und in Beirut erzählte man sich, der ehrgeizige Beschir habe die Israelis lediglich dazu benutzt, die verhaßten Palästinenser loszuwerden und sich selbst zum Präsidenten des Libanon zu machen.

Im Rückblick erscheint diese Version nicht ganz haltlos zu sein, denn Beschir Djemayyil war ein ebenso ehrgeiziger wie entschlossener Mann, und es ist mehr als wahrscheinlich, daß er sich als künftiger Führer eines wiedererstandenen, unabhängigen Libanon sah und nicht als Erfüllungsgehilfe israelischer Politik.

Wie auch immer die Wahrheit aussehen mag, fest steht, daß die einzigen, die einen direkten Vorteil aus der Ermordung Beschir Djemayyils zogen, die Israelis und die fanatischen Palästinenserhasser unter den Falangisten waren.

Nur einen Tag nach dem besagten Bombenanschlag marschierte die israelische Armee in West-Beirut ein und ermöglichte durch ihren Flankenschutz die grausamen Massaker von Sabra und Schatila, wo Hunderte von palästinensischen Frauen, Männern und Kindern von blutrünstigen Falange-Milizionären abgeschlachtet wurden.

Für die Maroniten aber war mit dem Tod von Beschir Djemayyil viel mehr als eine Hoffnung gestorben. Der Traum von einem »schöneren, gerechteren und stärkeren Libanon« war zerstoben – weggewischt wie eine Fata Morgana. Was blieb, war die fast religiöse Verehrung des »Märtyrers Beschir«, an dessen Tod viele in ihrer massenhysterischen Aufwallung tagelang nicht glauben wollten. »Beschir, die Hoffnung – Beschir, der Traum« ist heute noch allgegenwärtig im maronitischen Libanon. Überlebensgroße Standbilder und überall an den Häuserwänden klebende Plakate zeugen davon, daß »Beschir, der Nationalheld« sich tief in die Herzen seiner Glaubensgenossen eingegraben hat.

Selim Abou, ein libanesischer Jesuit, hat ihm ein Buch gewidmet. Es trägt den Titel: »Beschir Djemayyil oder die Seele eines Volkes».

Feudalfürsten, Kriegsherren und Volkstribune

Demokratie auf libanesische Art

Westliche Besucher sprachen vom Libanon gern als der einzigen Demokratie im Mittleren Osten mit freien Wahlen und einer freien Presse. Offensichtlich, so fanden diese Beobachter, die nur an der Oberfläche kratzten, unterschied sich dieser kleine Libanon wohltuend von den diktatorischen Systemen in anderen arabischen Staaten. Sie kehrten anschließend in ihre Welt zurück mit der befriedigenden Überzeugung, daß wenigstens ein arabisches Land sich am Westen ein Beispiel genommen hatte. Hätten sie gründlicher nachgeforscht, so wäre ihnen bald aufgefallen, daß das politische System im Libanon wenig mit den westlichen Demokratien gemein hat.

Es trifft zu, daß es bis 1972 Wahlen gegeben hat und bis auf den heutigen Tag ein Parlament existiert. Doch weder können diese Wahlen als »frei« noch das Parlament als »repräsentativ« bezeichnet werden. Vielmehr wird das politische Leben im Libanon von einem »Notabelnclub« bestimmt, der grundsätzlich konservativ ist – in dem Sinne, daß er in erster Linie die Bewahrung seiner Privilegien vor Augen hat. Diesen »politischen Adel« gibt es in allen Religionsgemeinschaften. Auch, wenn seine Vertreter mitunter schwere Kämpfe gegeneinander ausfechten, so stehen sie doch zusammen, wenn es darum geht, den Aufstieg von Neulingen zu verhindern.

Die bestimmende Figur im politischen System des Libanon ist der »za'im« (Mehrzahl zu'ama) –, was sich etwa mit »Führer« oder »Feudalherr« übersetzen läßt. Ursprünglich war der »za'im« tatsächlich ein Lehensherr mit uneingeschränkter Machtfülle in städtischen oder ländlichen Gebieten. Selbst wenn er persönlich kein öffentliches Amt bekleidete, so kommandierte er doch einige Minister oder Abgeordnete, die ihm verpflichtet waren. Auf seinem eigenen Gebiet aber war er allein der Herr – hier hatte die Staatsmacht keinen Zugriff.

Der »za'im« erbte seine Position von den Vorfahren: die meisten der Namen, die heute die politische Szene des Libanon beherrschen, finden sich bereits auf Parlamentslisten aus dem Jahre 1930 – also dreizehn Jahre vor der libanesischen Unabhängigkeit. Politik ist im Libanon »Familiensache«, und etwa zwanzig Familien drehen sich seit Generationen in diesem Polit-Karussell. Um nur einige Beispiele zu nennen: Die Familie Eddé brachte vier Minister und den letzten Staatspräsidenten vor der Unabhängigkeit hervor. Die Familie Solh kann auf vier Ministerpräsidenten in 25 Jahren zurückblicken. Der jetzige Ministerpräsident Raschid Karame erbte die Machtbasis seines Vaters, auf der er seine politische Karriere aufbauen konnte. Drusenfürst Walid Djumblatt erbte alle Verpflichtungen seines Vaters Kamal – obwohl er bekannterweise an politischen Fragen völlig desinteressiert war.

Als der Libanon 1943 unabhängig wurde, bot sich zum bisher letzten Mal die Möglichkeit, in die erlesene Schicht der »großen Familien« aufzusteigen. Zwei Männer schafften es, weil sie nicht versuchten, das System zu verändern, sondern sich ihm anpaßten: Die maronitischen Christen Pierre Djemayyil und Camille Schamun.

Die traditionelle Unabhängigkeit und Abgeschlossenheit der verschiedenen religiösen Gemeinschaften brachten es mit sich, daß sich die Anhängerschaft eines »za'im« fast ausschließlich aus seinen Glaubensbrüdern rekrutierte. Ebenso konzentrierte sich sein Einfluß auf ein bestimmtes räumliches Gebiet. Raschid Karame beispielsweise war und ist der starke Mann in der nordlibanesischen Hafenstadt Tripoli, hatte aber in Beirut – wenn er nicht gerade Ministerpräsident war – keine Unterstützung. Die Sunniten in der Hauptstadt nämlich betrachteten Saeb Salam als ihren »za'im«. In ihren kleinen Reichen konnten die Feudalfürsten mit allen Mitteln, die ihnen nötig erschienen, ihre Macht aufrechterhalten. Die meisten bauten zu diesem Zweck ihre eigenen Milizen auf, an die sie – ohne dafür verurteilt zu werden – öffentlich Waffen verteilten.

Die genaue Rolle und der Aufgabenbereich des »za'im« konnten von Region zu Region unterschiedlich sein. In den rückständigen, ländlichen Gebieten war das feudalistische Sozialsystem meist noch völlig unangetastet. Hier war der »za'im« der größte Landbesitzer. Aus diesem Grund – und nicht wegen irgendwelcher politischer Programme – waren ihm die Stimmen seiner Gefolgsleute sicher. Als Gegenleistung kümmerte sich der »za'im« um die kleinen Sorgen seiner »Stammesmitglieder«: Er versuchte, für sie Arbeit zu finden, Streitigkeiten zu schlichten, der Regierung Geld für den Ausbau eines Dorfes, den Bau einer Kirche oder Moschee abzuringen und anderes mehr. Sobald er Minister wurde, erwartete man von ihm, daß er sein Gebiet bevorzugt behandelte. Genau das tat Raschid Karame, als er in den sechziger Jahren Ministerpräsident war. Er organisierte in seiner Heimatstadt Tripoli eine gewinnbringende Messe. Daß sich bis heute nichts an diesem Prinzip geändert hat, beweist Walid Djumblatt: Als zuständiger Minister für das Bauwesen hat er zuallererst die Straßen im drusischbeherrschten Chouf-Gebirge erneuern lassen.

Die Position des städtischen »za'im« war etwas schwieriger. Er konnte seine Popularität nicht auf Landbesitz aufbauen, sondern mußte sich etwas einfallen lassen, um die »Straße« mit ihren unterschiedlichen Bedürfnissen unter Kontrolle zu halten. Er brauchte so etwas wie ein »Politikerflair«. So nahm er Zuflucht zu Ideologien, die seiner Klientel ein heimisches Zugehörigkeitsgefühl vermittelten. Sunnitische »zu'ama« zogen dabei mit Vorliebe und viel Erfolg panarabische, nationalistische Ideen – wie den Nasserismus – heran. Ihren Kollegen auf der christlich-maronitischen Seite diente der Kampf für den »libanesischen Nationalismus« – »Libanisme« – zu dem gleichen Zweck.

Die politische Struktur des Libanon und die übergeordnete Bedeutung der Religion räumten politischen Parteien und Programmen praktisch keine Chance ein. Wichtiger als Ideen blieben stets Religion, Stammbaum und Besitz. Bei Allianzen spielte das persönliche Verhältnis zwischen den »zu'ama« eine größere Rolle als eine Übereinstimmung in den politischen Vorstellungen.

Zwar gab und gibt es politische Parteien – wie die Falange-Partei oder die Sozialistische Fortschrittspartei –, die theoretisch allen offenstehen. Doch in der Praxis repräsentieren sie jeweils eine religiöse Gruppe und die Gefolgschaft eines »za'im«.

Das libanesische Wahlsystem stützt zusätzlich diese feudalistische Struktur. Die einzelnen Parlamentssitze sind fest an die religiöse Zugehörigkeit des jeweiligen Abgeordneten gebunden. Es versteht sich von selbst, daß dem »za'im« in seinem Kernland bereits ein Sitz im Parlament sicher ist. Die übrigen Sitze gehen dann an Leute, die er seinen Anhängern empfiehlt. Das bedeutet, daß es für jeden Kandidaten, erstes Gebot ist, sich die Unterstützung eines »za'im« zu sichern. Darüber hinaus muß er jedoch große Summen in seine »Wahlkampagne« investieren, die auch ihr spezielles libanesisches Gesicht hat: Zeitungen müssen bestochen, Stimmen gekauft und Muskelmänner bezahlt werden – falls doch irgendwie eine Opposition aufkeimt. Daraus ergibt sich, daß eine Kandidatur ohne beträchtliches Eigenkapital unmöglich war. Deshalb hat es auch in der Geschichte der Republik Libanon niemals einen Abgeordneten aus der Arbeiterklasse gegeben. Parlamentarier waren in den meisten Fällen entweder Großgrundbesitzer, Bankiers, Rechtsanwälte oder erfolgreiche Kaufleute.

Auf diese Weise wurde im Libanon bis zu den letzten Wahlen 1972 ganz unverhüllt Politik gemacht. Daher ist es verständlich, daß das Parlament in den Augen der Bevölkerung kein hohes Ansehen genießt.

Das Volk fühlte sich nicht repräsentiert und sah doch keinen Ausweg, das System zu durchbrechen. Denn die Großen des Landes hatten vorgebaut und dem Wähler noch einen weiteren Stolperstein in den Weg gelegt: Jeder Libanese konnte nur an seinem Geburtsort wählen. Nehmen wir nun das Beispiel eines Schiiten aus dem Südlibanon, der als Kind nach Beirut gekommen ist, hier blieb und politisch interessiert war. Vielleicht gehörte sein Herz der »Baath-Partei« oder den »Nasseristen«. Doch wenn die Wahlen näherrückten, dann blieb ihm nur die Möglichkeit, in sein Dorf zu fahren und dort einem von zwei konservativen »zu'ama« seine Stimme zu geben.

Das System wirkte sich auch negativ auf das politische Niveau aus. Von ernsthaften politischen Diskussionen konnte nicht die Rede sein. So hatte beispielsweise die Abgeordnetenkammer die Pflicht und das Recht, Gesetzesvorlagen zu prüfen – und falls nötig – zurückzuweisen. Doch wie sah die Praxis aus: Von 384 Gesetzestexten, die der Abgeordnetenkammer zwischen 1950 und 1966 vorgelegt wurden, wies sie nicht einen einzigen zurück.

Die Tatsache, daß der »za'im« immer – auch als Regierungsmitglied – seine Eigeninteressen, seine Einflußzone, seinen Grund und Boden verteidigte, brachte es mit sich, daß libanesische Minister den Löwenanteil ihrer Energie darauf verwendeten, ihre Rivalen wüst zu beschimpfen. Häufig führten diese Streitigkeiten zum Fall einer Regierung; vom Parlament abgewählt wurde dagegen bis heute kein einziges Kabinett – so wenig wirkungsvoll es auch immer sein mochte.

Die »zu'ama« garantierten, daß eine libanesische Regierung niemals souverän oder gar zum Wohle des Staates und damit im Interesse des Volkes funktionieren kann.

Eine andere mächtige Interessengruppe, die schon häufig auf politische Entscheidungen Einfluß genommen hat, bilden die Kaufleute und Bankiers. Auch ihnen ist an einer schwachen, desinteressierten Regierung gelegen: Sie soll sich möglichst wenig in die Wirtschaft einmischen, Zölle und Steuern niedrig halten und die Investitionspolitik den Geschäftsleuten überlassen. Jeder noch so schüchterne Versuch einer Zentralregierung, ein soziales und wirtschaftliches Wachstum in unterentwickelten Gebieten voranzutreiben, wurde von den Wirtschaftsmagnaten unbarmherzig boykottiert. Letzten Endes waren also sie diejenigen, die die Sozialstruktur des Landes kontrollierten.

Vor diesem Hintergrund wird die Unfähigkeit libanesischer Regierungen mehr als verständlich. Kein Wunder, daß die einfachsten Probleme oft unlösbar blieben. Kein Wunder, daß es nicht gelang, regelmäßig Steuern einzuziehen, obwohl der Libanon eine der niedrigsten Steuerraten in der Welt hat. Kein Wunder, daß eine Regierung, die

Klimmzüge machen mußte, um selbst zu überleben, kaum über politische Reformen nachdenken konnte.

Vor dem Bürgerkrieg von 1975/76 war Politik im Libanon oft ein unerfreuliches und schmutziges Geschäft. Aber im großen und ganzen funktionierte alles noch so einigermaßen. Immerhin bestand das politische System fort, auch wenn es nicht effizient und statt dessen korrupt war. Doch zu einem Zeitpunkt, als soziale und politische Reformen dringend notwendig wurden, konnte dieses sich selbst lähmende System seine Aufgabe natürlich nicht bewältigen. Es war gut genug für eine feudalistische Gesellschaftsordnung – aber es paßte nicht mehr in eine Epoche, in der Technologie und Ideologie eine ständige Herausforderung bedeuten.

»Wir sind alle blutgierige Kriegsherren« – Die ungeschminkte Selbstdarstellung des Drusenfürsten Walid Djumblatt

Der Druse Walid Djumblatt ist zweifellos der farbigste unter den Akteuren auf der libanesischen Bühne. In der westlichen Presse hat er wiederholt als Polit-Clown und »Enfant terrible« für Aufsehen gesorgt. Selbst wenn sich die zähen Verhandlungen über die politische Zukunft des Libanon im grauesten Grau festgefahren hatten, wenn alles auf der Stelle trat, konnte man von »Walid Bey« immer noch eine Pointe erwarten. Mal narrte er sein Publikum, mal inszenierte er mit bestechender Beredsamkeit große Auftritte. So zog er beispielsweise während der Lausanner »Versöhnungskonferenz« im März 1984, gefolgt von einem Schwarm Journalisten, durch die Antiquitätengeschäfte der Stadt, um seine wertvolle Waffensammlung zu vervollständigen: Ganz in der Tradition des »blutgierigen Kriegsherrn«, als den er sich selbst bezeichnet hat.

Tatsächlich wohnen zwei Seelen in der Brust des jungen Drusenfürsten Walid Djumblatt. Lange Zeit, nämlich bis 1977, war er vor allem der Sohn seines Vaters – und das war schon eine schwere Bürde. Kamal Djumblatt galt nicht nur seinen drusischen Gefolgsleuten als überragende Politikerpersönlichkeit. Er gründete 1949 die »Sozialistische Fortschrittspartei« und war in den entscheidenden ersten Jahren des Bürgerkriegs, von 1975 bis 1977, der unumstrittene Führer der »Nationalbewegung« – einer Koalition linksgerichteter und muslimischer libanesischer Gruppen.

Darüber hinaus verstand er sich auch als Philosoph und Mystiker. Manche sagen ihm nach, er habe sein Leben lang darunter gelitten, daß er – gemäß der libanesischen Verfassung – als Druse niemals Staatspräsident des Libanon werden konnte. Jedenfalls aber erreichte er, daß die kleine drusische Gemeinschaft zu einem politischen Faktor wurde, mit dem man rechnen mußte.

Bis zu seinem dreißigsten Lebensjahr rebellierte der 1948 geborene Walid Djumblatt gegen die Politikerlaufbahn, die ihm bestimmt war. Doch nach der Ermordung seines Vaters am 16. März 1977 blieb ihm keine Wahl. Getreu der feudalistischen Tradition des Libanon mußte er als einziger Sohn die Nachfolge antreten. Walid Djumblatt erbte an diesem Tag das Amt des Parteichefs der »Sozialistischen Fortschrittspartei«, des Oberhaupts der drusischen Gemeinschaft, den Vorsitz in der »Nationalbewegung« sowie die mit all dem verknüpfte politische Verantwortung, ohne jedoch die Persönlichkeit und das Selbstbewußtsein eines Kamal Djumblatt zu besitzen.

In seiner Eigenschaft als libanesischer Politiker rechnete sich Walid Djumblatt keine großen Überlebenschancen aus: »Mein Vater wurde ermordet und mein Großvater wurde ermordet. Das ist eine Familientradition. Auch der Vater meines Urgroßvaters wurde ermordet – ebenfalls in Erfüllung seiner Pflicht. Wenn Sie den Stammbaum der Djumblatts die vergangenen 300 Jahre zurückverfolgen, werden Sie feststellen, daß nur wenige eines natürlichen Todes starben. Ich mache mir Sorgen um meinen Stamm und meine Kinder. Selbst wenn mir das Leben nicht viel bedeutet – für sie ist es wichtig. Sie erwarten etwas von mir.«

Trotz seiner fatalistischen Grundhaltung und seines mangelnden politischen Interesses wurde Walid Djumblatt zum anerkannten Führer der drusischen Gemeinschaft und zum gesuchten Gesprächspartner für die Beiruter Zentralregierung.

Das Szenario für den Aufstieg des Walid Djumblatt wurde im Herbst 1982 in den Chouf-Bergen oberhalb Beiruts vorbereitet. In dieses Gebiet, das die Drusen als ihre Domäne betrachten, waren damals christliche Milizionäre der Falange-Partei mit Hilfe der israelischen Armee vorgedrungen. Die Falangisten begannen, hier Straßensperren zu errichten und provokativ Kontrollen durchzuführen. Die Drusen fühlten sich durch das anmaßende Verhalten der christlichen Milizionäre immer mehr in ihrer Existenz bedroht. Sie schlossen ihre Reihen und vertrieben die christlichen Eindringlinge schließlich in blutigen Gefechten aus den libanesischen Bergen.

Das drusische Erwachen, das wiedererweckte Bewußtsein für die eigene Geschichte und die beherrschende Rolle, die man einst im Libanon gespielt hatte, brachte eine gestärkte drusische Gemeinschaft hervor. Symbol der stolzen drusischen Identität wurde Walid Djumblatt.

Um seine Gemeinschaft und sich selbst von dem militärischen Druck und der politischen Isolation zu befreien, suchte Walid Djumblatt nach

Verbündeten. Seine Möglichkeiten waren begrenzt, denn die libanesischen Fronten waren bereits festgelegt. Die Falangisten und die christlich dominierte libanesische Zentralregierung unterhielten damals noch enge Kontakte zu Israel und kämpften für die Durchsetzung des israelisch-libanesischen Truppenabzugsabkommens vom 17. Mai 1983.

Djumblatt tat sich mit der innerlibanesischen Opposition zusammen, die von Syrien unterstützt wurde. Er profilierte sich als Mitbegründer der sogenannten »Nationalen Errettungsfront«, der auch der spätere Ministerpräsident Raschid Karame und der ehemalige Staatspräsident Suleiman Frandjieh angehörten. Es bestand kein Zweifel daran, daß die Gründung der »Errettungsfront« auf syrische Anregung zurückging. Die drei Repräsentanten forderten einmütig und kategorisch die Annullierung des Truppenabzugabkommens mit Israel. Doch sobald es um die politische Zukunft des Libanon ging, war erkennbar, daß der »Errettungsfront« kein langes Leben beschieden sein würde: Zu geteilt waren die Meinungen in diesem Punkt. Die »Front« zerfiel später fast unbemerkt, als sich Frandjieh auf sein Maronitentum besann, Djumblatt aber weiterhin unerbittlich den Rücktritt Präsident Djemayyils forderte und den Anspruch der Maroniten auf die Präsidentschaft schlechthin in Frage stellte.

Außenpolitisch steuerte Walid Djumblatt einen Zickzack-Kurs, den viele für gefährlich hielten. Nach der israelischen Invasion des Libanon 1982 ließ er sich – das ist ein offenes Geheimnis – mit israelischen Waffen versorgen. Auch taktisch griffen ihm die Israelis unter die Arme: Ihr überstürzter Rückzug aus dem Chouf-Gebirge im September 1983, mit dem sie die Beiruter Zentralregierung völlig überraschten, verschaffte Djumblatts Miliz einen erheblichen Startvorteil gegenüber den Falangisten und der regulären Armee, um die israelischen Positionen zu übernehmen.

Djumblatt, der oft auf entwaffnende Weise ehrlich ist, machte sich nicht die Mühe, seine Beziehungen zu irgendeinem Staat – auch nicht dem israelischen – zu leugnen:

»Zu der Zeit, als die Israelis den ›Mont Liban‹ besetzt hielten, sind israelische und libanesische Drusen häufig zusammengekommen. Denn natürlich haben noch viele von uns Verwandte in Israel. Diese Menschen stehen weiterhin miteinander in Verbindung, obwohl sie seit 1948 durch die existierenden Grenzen getrennt sind. Aber sie sind eben immer noch Drusen; sie fühlen wie wir. Sie sind auch eingebunden in ihre Umgebung, das heißt, sie sind immer noch Araber, obwohl sie unter israelischer Herrschaft leben müssen. Ich persönlich habe keine Bindungen an Israelis, aber ich hatte welche, als die israelische Armee im ›Mount Liban‹ stand. Ich habe einigen Leuten befohlen, mit den israelischen Drusen, die hierherkamen, zu verhandeln. Letztere hatten damals ein sogenanntes ›drusisches Unterstützungskomitee‹ gegründet. Die Drusen haben in Israel eine ganz gute Position. Das ist eine interessante Lobby für uns.«

Doch die Phase nach der israelischen Invasion von 1982 war für Walid Djumblatt nicht der rechte Zeitpunkt, um seine Beziehungen zum jüdischen Staat weiter auszubauen. Denn die Regierung in Jerusalem paktierte damals mit der libanesischen Zentralgewalt und hoffte auf das Inkrafttreten des israelisch-libanesischen Truppenabzug abkommens. Das libanesische Regime unter Amin Djemayyil indessen versuchte seinen Machtbereich vor allem auf das muslimische West-Beirut und die drusisch beherrschten Chouf-Berge auszudehnen.

Für Walid Djumblatt ergab sich aus dieser Konstellation eine natürliche Allianz mit Syrien. Diese Partnerschaft basierte von Anfang an auf einem absoluten Minimum an gemeinsamen Zielen: So, wie es Amerikaner und Israelis mit Amin Djemayyil vereinbart hatten, sollte der zukünftige Libanon nicht aussehen. Dabei legte Djumblatt mehr Wert darauf, die christlich-maronitische Vorherrschaft in Frage zu stellen, während es den Syrern eher darum ging, den israelischen Einfluß im Libanon zurückzudrängen.

»Wir haben keine Probleme mit den Syrern, überhaupt keine Probleme«, sagte Djumblatt. »Im Gegenteil: Unsere Beziehungen mit Syrien sind ausgezeichnet, und die Syrer verstehen eben auch, daß im Libanon keine Gruppe von der anderen unterworfen werden darf. Diese Theorie überzeugt auch mich. Zu guter Letzt bedeutet sie, daß der Libanon stets die nationalen und strategischen Interessen Syriens mitberücksichtigen muß. Daraus folgt, daß wir einen solchen Fehler wie das 17. Mai-Abkommen mit Israel eigentlich nicht machen sollten. Das ist ein fundamentaler Punkt. Der Libanon sollte nicht das Zentrum einer Verschwörung gegen die syrischen Interessen sein.«

Aus der Allianz mit Syrien und der Gegnerschaft gegenüber der libanesischen Zentralregierung ergab sich auch die Zusammenarbeit mit der schiitischen »Amal«-Organisation Nabih Berris. Beide, Djumblatt und Berri, ergänzten sich nicht nur politisch, sondern auch methodisch und strategisch. Ihre politischen Ziele waren Reformen in großem Ausmaß und eine Säkularisierung des politischen Systems im Libanon. Walid Djumblatt nahm dabei in der Öffentlichkeit stets eine Extremposition ein, die er möglicherweise am nächsten Morgen schon wieder revidierte oder ins Gegenteil verkehrte. So sprach er in Interviews von den Chancen für einen Waffenstillstand – »Vielleicht hält er einen Monat, vielleicht ein Jahr« – um anschließend seinen

Zuhörern zuzurufen: »Macht Eure Sandsäcke fertig. Der Kampf geht weiter.« Den libanesischen Präsidenten Amin Djemayyil nannte er den »Schlächter von Baabda« und forderte ultimativ seinen Rücktritt: »Ich rufe ihn auf, sich vor Gericht für die Verbrechen zu verantworten, die er an dem libanesischen Volk verübt hat. Nichts kann seine Glaubwürdigkeit wieder herstellen. Er hat unsere Leute in den Bergen und in Beirut getötet. Er hat die Armee gegen uns gerichtet. Ich werde keinerlei Zugeständnisse machen, solange sich Amin Djemayyil an der Macht befindet.« Wenige Monate später jedoch wurde Walid Djumblatt Minister, und Amin Djemayyil war immer noch Staatspräsident.

Die flapsigen Äußerungen brachten ihm häufig den Vorwurf ein, verantwortungslos zu sein und unnötige Hetzpolitik zu betreiben. Tatsächlich war Walid Djumblatt im Dickicht des unlösbar erscheinenden Libanon-Konflikts verloren. Seine Hoffnungslosigkeit sprach er – entgegen aller diplomatischen Gepflogenheiten – offen aus:

»Vielleicht haben wir eine Chance. Sagen wir, die Chance, eine Art Waffenruhe zu erreichen. Wenn wir diese Waffenruhe etwas festigen, kann sie einen Monat oder sogar sechs Monate dauern. Wenn wir die Waffenruhe durch einen effizienten Dialog zwischen allen betroffenen Parteien stärken und gleichzeitig eine neue politische Struktur aufbauen, dann gelangen wir vielleicht eines Tages zu dem, was der ›moderne Libanon‹ sein soll. Aber wir müssen diese Waffenruhe schnell, sehr schnell nutzen. Wenn wir das nicht tun, gehört der Libanon der Vergangenheit an. Wir müssen sehr schnell handeln, sonst wird der Libanon untergehen.«

Vor Ort, in seinen Bergen, versuchte Walid Djumblatt praktisch, einen drusischen »Kanton« aufzubauen. Damit tat er es den maronitischen Christen gleich. Es entstanden eine eigene Radiostation und eine drusische Zivilverwaltung. Drusische Milizionäre erhoben von nun an auf den Hauptstraßen Wegzölle von den Autofahrern. Der Plan, einen Seehafen und einen Flugplatz zu bauen, um den Handel zu beleben, konnte indessen nicht verwirklicht werden. Ob Walid Djumblatt im Sinn hatte, seinen Machtbereich bis an die libanesische Küste auszudehnen, als er die schiitischen »Amal«-Milizen bei ihrem Sprung auf West-Beirut unterstützte – darüber scheiden sich die Geister.

Jedenfalls wurde der Drusenfürst sehr bald nach dem Erfolg der vereinigten muslimischen Milizen wieder mit der harten politischen Realität konfrontiert: Seine »Schutzmacht« Syrien machte ihren Frieden mit der Djemayyil-Regierung, nachdem diese das umstrittene israelisch-libanesische Truppenabzugsabkommen annulliert hatte. Djumblatt war gezwungen, sich den politischen Plänen, die die Syrer für den Libanon hatten, unterzuordnen –, wollte er nicht von jedem

Nachschub abgeschnitten sein. Ihm blieb schließlich nichts anderes übrig, als das wenig attraktive Amt des »Ministers für Bauwesen, Transport und Tourismus« anzunehmen. Seine Benennung für dieses bedeutungslose Amt entsprach keineswegs der militärischen Stärke der drusischen Milizionäre – wohl aber der Tatsache, daß seine Gemeinschaft nur etwa 7 bis 10 Prozent der libanesischen Bevölkerung ausmacht. Das sind im günstigsten Fall 320000 Menschen.

Djumblatt reagierte auf seine Weise: Er bezeichnete das libanesische Kabinett als eine »Versammlung von Kriegsherren« und nicht als demokratische Regierung, in der wirklich Politik gemacht werde.

»Der Libanon-Konflikt ist eben kein rein libanesisches Problem. Es gibt so viele andere Strukturen. Deswegen kann der Libanon-Konflikt auch nicht durch die Zuteilung eines Ministeramtes gelöst werden. Es muß eine ganze Reihe von internen und äußeren Voraussetzungen erfüllt sein. Wir werden sehen, was die Zukunft bringt. Rein technisch gesehen, hoffe ich, daß ich eine Mannschaft habe, die mir helfen kann. Denn ich habe keine Ahnung von Administration oder Straßen. Das ist nicht mein Metier. Aus politischer Sicht müssen wir als erstes eine Waffenruhe zustandebringen und können dann anfangen, ruhig zu diskutieren. – Was das Tourismus-Ministerium angeht – das ist ein einziger Quatsch! Was dazu gehörte, ist doch alles weg. Ich weiß nicht, was überhaupt noch übrig ist. Es wird bestimmt nicht der Tourismus sein, der die Krise lösen wird! Natürlich, wenn sie wollen, dann kann ich versuchen, Baalbek zu verkaufen, oder Tyros und Byblos ... mal abwarten. Vielleicht ist es sogar besser, die Monumente, die erhalten sind, zu veräußern, sonst werden sie noch eines Tages durch den Bürgerkrieg oder eine Besatzungsmacht zerstört.«

Seit seiner Ernennung zum Minister äußerte sich Walid Djumblatt kaum noch zur gesamtlibanesischen Politik, sondern vertrat im Kabinett – wie übrigens die meisten seiner Kollegen – fast ausschließlich die Anliegen seiner Gemeinschaft. Ernstgemeinte Programme zur Beendigung der libanesischen Misere kamen von seiner Seite nicht mehr: »Ich bin schließlich nicht der Außenminister. Ich bin jetzt der Minister für Tourismus, Straßen und ›zift‹ (arabisches Wort, das gleichzeitig ›Asphalt‹ und ›Mist‹ bedeutet). Es scheint, als wären Straßen jetzt meine Spezialität, und natürlich der Flughafen – ach, und der Hafen. Ich habe den Hafen ganz vergessen. Den legalen natürlich, weil es doch auch so viele illegale Häfen gibt.«

»Wir Schiiten fordern unser Recht«
Nabih Berris gefährliche Gratwanderung zwischen Laizismus und Fundamentalismus

Der Schiitenführer Nabih Berri ist die große Ausnahme in der libanesischen Politikergarde. Er gehört nicht einer der traditionellen Familien an und entstammt auch nicht dem »politischen Adel«. Seine Familie hat ihr Glück in Westafrika (Sierra Leone) gemacht. Berri selbst wurde 1938 im Distrikt Bint Jbeil im Südlibanon geboren. Sein Jurastudium absolvierte er an der »Libanesischen Universität« in Beirut. Für die Schiiten-Organisation »Amal« (»Hoffnung«) arbeitete er, seit die Bewegung 1974 von Imam Musa Sadr gegründet worden war. Berri fungierte damals als Rechtsberater des Imams im »Hohen Schiitischen Rat«. Nicht lange nach dem spurlosen Verschwinden des umjubelten Imams bei einem Besuch in Libyen 1978 übernahm Nabih Berri die politische Führung der Organisation.

Einen leichten Stand hatte er weder bei seinen eigenen Leuten – den Schiiten – noch auf der politischen Bühne des Libanon im allgemeinen. Als gemäßigter und laizistisch gesinnter Politiker war er vielen seiner schiitischen Glaubensbrüder nicht geheuer, die seit dem Erfolg der islamisch-schiitischen Revolution in Iran mehr Gewicht auf die religiösen Ziele ihrer Bewegung legten. Daher mußte sich Berri seine Autorität von Anfang an mit religiösen Würdenträgern teilen. Während sich der höchste schiitische Geistliche im Libanon, Scheich Muhammed Schamseddin, in jüngster Zeit etwas kooperativer gegenüber Berri verhielt, wurde die Zusammenarbeit mit den Vertretern der radikal-schiitischen Strömungen bald unmöglich. Diese Scheichs betrachteten ohne Einschränkung Ayatollah Khomeini als ihr geistliches Oberhaupt, und Khomeini wiederum spricht allen weltlichen Politikern das Recht ab, für die schiitische Gemeinde zu sprechen. So kam es, daß Nabih Berri im Verlauf des Jahres 1983 eine Spaltung in seiner Organisation hinnehmen mußte. Diejenigen, die mit seiner »weltlichen Kompromißpolitik« unzufrieden waren, fanden sich in neu gebildeten militanten Gruppen zusammen. Hierzu gehören beispielsweise die »Partei Gottes« (»Hizbullah«) oder die »Islamische Hoffnung« (»Amal Islami«).

Die etablierten libanesischen Politiker nahmen den Schiitenführer Nabih Berri lange Zeit überhaupt nicht ernst. Entsprechend der untergeordneten Bedeutung, die man seiner gesamten Religionsgemeinschaft – den schiitischen Muslimen – beimaß, ignorierte man auch den »Emporkömmling« Nabih Berri. Außerdem gab es nach wie vor Politiker aus großbürgerlichen schiitischen Familien, mit denen sich bequemer verhandeln ließ.

Noch anläßlich der ersten libanesischen »Versöhnungskonferenz« in Genf, im November 1983, stand Nabih Berri mehr oder weniger am Rande des Konferenzgeschehens.

Das änderte sich schlagartig, als die vereinigten muslimischen Milizen – in ihrer übergroßen Mehrzahl »Amal«-Kämpfer – am 6. Februar 1984 die Macht in West-Beirut übernahmen und somit an ihrer militärischen und politischen Stärke kein Zweifel mehr erlaubt war. Nun war Nabih Berri der Mann der Stunde. Die West-Beiruter Bevölkerung setzte auf ihn, wenn es um die Sicherheit auf den Straßen und die Disziplin der Milizionäre ging. Die Christen und die libanesische Regierung mit ihnen atmeten erleichtert auf, da es Nabih Berri zu sein schien, mit dem sie es in Zukunft zu tun haben würden, wenn es um die schiitische Frage ging. Zuvor hatten nämlich Einsichtige unter den Christen das Damoklesschwert über sich hängen sehen, daß einer der militanten Schiitenführer – wie etwa der Khomeini-Anhänger Husein Musawi in Baalbek – die Mehrheit der Schiiten hinter sich scharen könnte. Zu Hoffnungen, daß man eine zufriedenstellende Einigung erreichen würde, hatte Berri allen Anlaß gegeben. Vor der Machtübernahme seiner Milizen in West-Beirut hatte er wiederholt die Hand zum Dialog mit der christlichen Seite ausgestreckt:

»Ich wende mich an meine Brüder, die Maroniten. Ich möchte ihre Befürchtungen zerstreuen und sage deshalb: Es gibt keinen Unterschied zwischen einem entrechteten Maroniten und einem entrechteten Schiiten. Die Libanesen stehen am Kreuzweg und haben keine andere Wahl, als den Weg des innerlibanesischen Dialogs zu beschreiten. Alle Möglichkeiten müssen ausgeschöpft werden, um diesen Dialog zu einem Erfolg zu machen. Es gibt keinen anderen Weg. Die Methode, die wir seit 1975 anwenden, ist der Bürgerkrieg – und der führt nirgendwohin. Wir sagen, wir sind ›nicht optimistisch‹ – wir würden es niemals wagen zu behaupten, wir seien pessimistisch. Wir sagen, daß der Weg des Dialogs sehr schwierig und kompliziert ist, aber er ist nicht unmöglich. Es ist die Pflicht der Libanesen und besonders der libanesischen Staatsgewalt, diesen Weg durch verschiedene Kontaktgespräche zu erleichtern – sogar, wenn sie dabei Zugeständnisse hinsichtlich des Protokolls machen müssen. Der Staat kann sich schließlich nicht wie eine Einzelperson benehmen. Der Staat ist eine Institution und muß eine unterstützende Funktion wahrnehmen. Er muß mit allen Mitteln nach Einigungsmöglichkeiten suchen. Also nochmal: Ich sage nicht, daß ich pessimistisch bin. Ich sage nur, ich bin nicht optimistisch. Der Libanon ist faktisch geteilt. Aber dieser Teilung steht der überwältigende Wunsch der Bevölkerung zur Wiedervereinigung gegenüber. Wie aber kann der Libanon wiedervereinigt werden? Ich gebe Ihnen ein einfaches Beispiel: Wenn zwei Brüder die im selben

Haus leben, Streit haben – wie kann man dann Harmonie und Solidarität zwischen ihnen wiederherstellen? Indem man sie nochmals in den Boxring schickt? Indem man einen von ihnen den anderen niederschießen läßt? Wie also? Die Antwort lautet: Die Eltern müssen die beiden Brüder wieder versöhnen. Sie müssen mit ihnen sprechen, bis sich die beiden küssen, umarmen und sich in wesentlichen Dingen vertragen, damit die gesamte Familie ihr normales Leben wieder aufnehmen kann. Wenn man aber zuläßt, daß erneut ein Kampf zwischen ihnen stattfindet, dann ist es vielleicht später nicht einmal mehr den Eltern möglich, sie wieder an denselben Tisch zu bringen. Irgendwann bleibt dann nichts anderes mehr übrig, als die Onkel und Vettern hinzuzuziehen. Später wird die ganze Familie herbeigerufen, der ganze Stamm sogar. Und dann können sich die Dinge so negativ entwickeln, daß der anfängliche Streit zur großen Auseinandersetzung zwischen der Familie und dem Stamm wird. Die Versöhnung wird immer schwieriger, wenn nicht unmöglich. Dieses Beispiel gibt exakt die Situation der Libanesen wieder.«

Nabih Berri formulierte im Namen seiner schiitischen Gemeinschaft drei wesentliche Voraussetzungen, die erfüllt sein müßten, bevor an die Beilegung der Krise zu denken sei. Es sind dies: Eine Umstrukturierung der nationalen Armee, umfassende politische Reformen und die Befreiung des vornehmlich schiitisch bewohnten Südlibanon von der israelischen Besatzung.

Was die politischen Reformen betrifft, so war Berri seit jeher ein entschiedener Gegner der sogenannten »libanesischen Formel«, auf der das politische System des Libanon basiert: In dieser »libanesischen Formel« – dem ungeschriebenen »Nationalpakt« von 1943 – war der Konfessionalismus in das Fundament des libanesischen Staatsgebäudes fest eingemauert. Alle politischen und administrativen Ämter werden danach den einzelnen Religionsgemeinschaften entsprechend ihrer jeweiligen Zahlenstärke zugesprochen. Diese Formel, an der vor allem maronitische Christen – wie Pierre Djemayyil – aber auch sunnitische Muslime – wie Saeb Salam oder Selim al-Hoss – festhielten, war für Berri und seine Anhänger nicht mehr zeitgemäß:

»Niemand kann sagen, es gäbe eine Formel, die uns alle eint. Es gibt vielmehr eine ganze Anzahl von Formeln. Ich kann es nicht akzeptieren, daß mir eine bestimmte Formel aufgezwungen wird, und diejenigen, die das versuchen, sind im Unrecht. Die Formel muß das Ergebnis eines Dialogs zwischen allen Parteien sein, die davon betroffen sind. Ich werde eine bestimmte Vorstellung mitbringen, und andere haben ihre eigenen Vorstellungen. Am Ende des Dialogs können wir uns vielleicht auf eine dieser Vorstellungen einigen – oder wir formulieren eine ganz neue. Einem Dialog muß man sich doch nähern mit der

Bereitschaft, die Probleme zu diskutieren, – und nicht nur, um eine schon bestehende Formel zu besprechen. Mit anderen Worten: Ich habe schon mehrere Male öffentlich betont, daß die 43er Formel für mich nicht mehr existiert – sie ist tot. Es mag traditionell gesinnte Leute geben, die sie gern behalten möchten. Aber wir haben schon seit langem immer wieder gesagt: Diese Formel hat eindeutig versagt. Brauchen wir mehr Beweise als die kriegerischen Auseinandersetzungen von 1958, 1973 und 1975? Und immer noch ist es nicht zu Ende. Während der letzten 40 Jahre hat diese Formel den Libanon dreimal zerstört. Also müssen wir bei unserer Versöhnungskonferenz mit der Überzeugung antreten, daß wir einen neuen Libanon zu schaffen haben – den Libanon der Zukunft. Schließlich ist eine Formel nicht der Koran oder die Bibel, die man nicht mehr verändern kann. Wie wir eine neue Formel finden können? Ich komme jedenfalls nicht daher und sage: Nabih Berri präsentiert die Formel von ›Amal‹ – friß sie oder stirb! Nein, das wäre kein Dialog. Es kann eben keiner die 43er Formel oder eine andere den Dialogteilnehmern aufzwingen. Es gibt jetzt neue Ideen. Die müssen auf den Tisch gelegt werden.«

Berri, der die zahlenmäßig größte Religionsgemeinschaft im Libanon vertritt, strebte nicht etwa – wie man hätte erwarten können – eine Übertragung der christlich-maronitischen Privilegien auf die Schiiten an. Er plädierte statt dessen für eine »Säkularisierung« des politischen Systems. Damit wären theoretisch alle Ämter für alle Libanesen offen gewesen – unabhängig von ihrer jeweiligen Religionszugehörigkeit.

»Wir brauchen hier natürlich Beurteilungskriterien. Man kann sich zum Beispiel nach Begabung und Leistung richten. Haben Sie sich je die Namenslisten der Universitätsabsolventen angesehen? Haben Sie gezählt, wie viele von ihnen Schiiten, Sunniten oder Christen sind? Bestimmt nicht. Und wenn Ihr Bruder durchs Examen fällt, dann geben Sie doch nicht dem Staat die Schuld und sagen, Ihr Bruder sei aus konfessionellen Gründen durchgefallen. Wenn wir uns diesen Grundsatz alle zu eigen machten, dann würden die Posten entsprechend der Begabung vergeben. So könnten die Libanesen allmählich eine Beziehung zu ihrem Staat, einen Patriotismus, entwickeln. Die engen Bindungen an die Religionsgemeinschaft würden sich lockern, und endlich hätten wir einen neuen Libanon geschaffen, in dem die alten Empfindlichkeiten keine Rolle mehr spielten.

Aber wenn manche darauf bestehen – was Gott verhüten möge –, daß dieses Land ein Land mit verschiedenen Religionsgemeinschaften bleibt, und die Posten wie bisher verteilt werden, dann haben wir uns eben damit abzufinden. In diesem Fall jedoch muß dieses Kriterium auch gerecht angewandt werden: Warum sollen die Schiiten denn nicht dieselben Rechte haben wie die Maroniten? Wie soll ich denn einen Schiiten davon überzeugen, daß das gerecht ist, da die Maroniten uns zahlenmäßig keinesfalls überlegen sind. Hinzu kommt, daß die schiitischen Wohngebiete ohnehin vernachlässigt sind. Wenn wir uns an der Größe der Gemeinschaft orientieren, dann könnten die Schiiten sogar mehr Rechte als die Maroniten fordern. Aber wir fragen ja gar nicht nach mehr, wir fordern nur Gleichheit.«

Doch für Nabih Berri und die Schiiten des Libanon war das Tor, das zu durchschreiten war, um zu einem geeinten Libanon zu gelangen, die Befreiung des Südlibanon von der israelischen Besatzung. Mit der gemeinsamen Forderung an die israelische Regierung, ihre Armee aus dem Süden abzuziehen, sollten alle Libanesen ihre Ernsthaftigkeit und ihren Patriotismus unter Beweis stellen:

»Momentan tragen die Schiiten die schwerste Last, denn sie sind im Südlibanon die Bevölkerungsmehrheit. Deshalb sind sie auch so stolz: Nicht, weil sie allein ihre Interessen vertreten, sondern die Interessen aller Libanesen hochhalten. Diese Angelegenheit geht den ganzen Libanon an, aber trotzdem ist das allgemeine Klima gegen uns. Sehen Sie, wir befinden uns heute im zehnten Kriegsjahr. Der Krieg hat uns dazu gebracht, daß wir alle den Konflikt aus der Perspektive einer Rinderherde – oder soll ich besser ›Schafherde‹ sagen? – betrachten. Es ist mir unangenehm, solch ein Bild zu gebrauchen. Aber man kann auf diese Weise gut Menschen beschreiben, die wie eine Herde Schafe grasen. Und wenn der Metzger kommt, eines von ihnen herausgreift und schlachtet, dann frißt das danebenstehende Schaf ruhig weiter, als wäre nichts geschehen – als wäre es davon nicht betroffen. Unser Land war einer ähnlichen Politik unterworfen: In allen Regionen wurden wir als Schafe herausgepickt. Das ist so seit 1975. – Israel muß den Südlibanon verlassen. Ich glaube zuversichtlich, daß sich Israel nicht im Libanon halten kann, sofern alle Libanesen geschlossen zusammenstehen. Die Südlibanesen weigern sich, unter der Besatzung zu leben. Sie brauchen für ihre konsequente Haltung viel Unterstützung – und zwar die Unterstützung aller Libanesen. Und wen das noch nicht überzeugt, der soll doch an den wirtschaftlichen Aspekt denken. Wir Libanesen sind ja bekannt für unsere Wirtschaftskraft. Wenn der Libanon auf Dauer geteilt würde, so hätte er seine Wirtschaftskraft verloren. Denn kein Kanton wäre wirtschaftlich unabhängig. Öl haben wir nicht, und bei Handel und Industrie sind wir aufeinander angewiesen.

Das Leid, das dem Süden angetan wird, betrifft ein Drittel des Libanon! Ich sehe den Libanon als Person an. Eine unversehrte Person mit einem Kopf, einer Brust, zwei Armen und zwei Beinen. Wenn man etwas davon abschneidet, so bleibt der Rest als Krüppel zurück und wird immer eine Krücke benötigen.«

Bei seinen eigenen Leuten schnellte Nabih Berris Popularität kometengleich in die Höhe, nachdem er als wahrer Superminister der »Regierung der nationalen Einheit« beigetreten war.

Zuerst hatte man für ihn das Amt des Justiz- und Energieministers vorgesehen. Doch dieser Posten konnte Berri nicht befriedigen: Seine untergeordnete Bedeutung entsprach keineswegs mehr der tatsächlichen Stärke der »Amal«-Bewegung. Auch hätte Berri sich schwergetan, seinen Anhängern zu erklären, warum er sich mit diesem relativ einflußlosen Portefeuille begnügte, wo sie doch hofften, durch ihn etwas für ihre Gemeinschaft zu erreichen. Nabih Berri setzte sich schließlich durch und erzwang von den anderen Bürgerkriegsparteien Kompromisse zu seinen Gunsten. Seine Kabinettskollegen mußten einsehen, daß ohne die bereitwillige Mitarbeit des Schiitenführers die neue Regierung kaum funktionstüchtiger sein würde als ein Auto ohne Motor. So bekam Berri schließlich, was er verlangte: Er wurde zusätzlich zum »Staatsminister für den Südlibanon und den Wiederaufbau« ernannt. Beide Positionen nutzte er zunächst recht publikumswirksam im Blick auf seine schiitischen Landsleute. Das Problem des israelisch besetzten Südlibanon war ohnehin längst zum ersten Thema der schiitischen Propaganda geworden und hatte eine wahre Volksbewegung ins Leben gerufen. Auch der Wiederaufbau betraf die Schiiten in ganz besonderem Maße: Nabih Berri konnte sich im Auftrag des libanesischen Staates um die furchtbar zerstörten Süd-Beiruter Vororte kümmern, in denen – auf westlicher Seite – vorwiegend schiitische Familien leben – darunter viele Flüchtlinge aus dem Süden.

Damit hatte Nabih Berri den Höhepunkt seiner Beliebtheit erreicht. Als schlagender Beweis dafür diente ihm die Tatsache, daß sein Porträt neben dem des verehrten Imams Musa Sadr in West-Beirut auftauchte und sein Bild von vielen schiitischen Muslimen um den Hals getragen wurde.

Doch die Welle der Begeisterung, die Nabih Berri in luftige Höhen gerissen hatte, ebbte schnell wieder ab. Berris Einsatz für den Südlibanon war unumgänglich gewesen – doch gleichzeitig ein gefährlicher Stolperstein. Je weniger sich die Regierungsmitglieder auf eine gemeinsame Gangart hinsichtlich des besetzten Südens einigen konnten, je länger in den Kabinettssitzungen lediglich um Tagesordnungen gestritten wurde, je häufiger sich zeigte, daß auch Anträge bei den Vereinten Nationen zu keinem Ergebnis führten – desto mehr Boden verlor der gemäßigte Politiker Nabih Berri an die Radikalen aus den eigenen Reihen.

Bald waren wieder die religiösen Fundamentalisten auf dem Vormarsch, für die der Rechtsanwalt Nabih Berri selbstverständlich kein Leitbild sein konnte.

Zwar blieb seine Organisation (»Amal« = »Hoffnung«) nach wie vor die Sammlungsbewegung der Schiiten, doch verlor sie immer mehr Anhänger an die militanten schiitischen Gruppen.

Der Zeitpunkt kam, zu dem Nabih Berri nicht mehr in der Lage war, für alle Schiiten sprechen zu können. Mehr und mehr glitt ihm auch die Kontrolle über die Milizionäre in West-Beirut aus den Händen. Nabih Berris Politikerkarriere erinnert ein wenig an die Erfahrungen eines Zauberlehrlings: Nachdem er die Besen gerufen und ihnen den Auftrag zur Säuberung erteilt hat, fehlt ihm das magische Wort, um die hilfreichen Geister wieder an ihren Platz zurückzuschicken.

»Ich kann nicht glauben, daß uns die Amerikaner im Stich lassen«
Pierre Djemayyil, Galionsfigur der christlichen Falange

Pierre Djemayyil wurde 1905 in dem kleinen libanesischen Bergdörfchen Bikfaya geboren. Schon kurz nach seiner Geburt überwarf sich seine Familie mit der damaligen Besatzungsmacht, den Osmanen, und mußte ins Exil nach Ägypten fliehen. Möglicherweise haben die Erfahrungen seiner Kindheit im Ausland Pierre Djemayyil dazu bewegt, stets die Idee der Heimat und des Vaterlandes – arabisch »alwatan« – in den Mittelpunkt seines Denkens zu stellen.

Sicher ist jedoch, daß eine Europareise, die ihn 1936 nach Spanien, Deutschland und in die Tschechoslowakei führte, entscheidenden Einfluß auf ihn ausgeübt hat. Pierre Djemayyil war überwältigt von dem Bild, das ihm Franco-Spanien und Hitler-Deutschland boten: »Ich war starr vor Bewunderung, als mir diese perfekte, ganze und geeinte Nation vorgeführt wurde« – so gab er später seinen Eindruck von den Olympischen Spielen in Berlin wieder. Dieses Selbstbewußtsein, diese Disziplin und Energie mußten auch dem libanesischen Volk eingepflanzt werden können, dachte sich Pierre Djemayyil und gründete nur kurz nach seiner Heimreise eine Jugendorganisation, aus der später die libanesische Falange-Partei, die »Kata'ib«, hervorging. Die angeblich enge Verbindung der »Kata'ib«-Partei zu den faschistischen Bewegungen Europas trug Djemayyil und seinen Gefolgsleuten sehr bald den Vorwurf ein, selbst eine faschistoide Ideologie zu vertreten. Besonders der offen zur Schau getragene Enthusiasmus für paramilitärisches Training ließ viele einen aggressiven Expansionsdrang der neuen Parei befürchten. Allerdings war »Scheich Pierre« – wie ihn seine Anhänger ehrfürchtig nannten – nicht der Mann, der ein politisches Programm formt und ihm zum Durchbruch verhilft. Seine

Persönlichkeit war weniger analytisch als vielmehr emotional geprägt. Pierre Djemayyil galt weniger als politischer Denker denn als Galions- und Integrationsfigur. Eine gründliche Kenntnis über die Ziele der faschistischen Bewegungen in Europa hat er sich nie angeeignet, ihre inhaltliche Substanz nie verstanden. Statt dessen gab ihm das äußere Erscheinungsbild des Faschismus – so, wie er ihn erlebt hatte – eine Vision ein: Er wollte der jungen libanesischen Generation solch einen Rahmen für die Entwicklung einer Solidargemeinschaft, der Vorstufe zur »Nation«, geben.

Bis ins hohe Alter hatte Pierre Djemayyil nie sehr viel zum politischen Begriff des »Staates« zu sagen. Doch er kam bei allen Gelegenheiten immer wieder eindringlich auf die Idee vom »Heimatland« zu sprechen – ganz im Sinne des Emblems seiner Partei: Eine dreigeteilte Zeder, deren einzelne Segmente für jeweils einen zentralen Wertbegriff stehen – »Gott, Familie, Vaterland«.

Die blutige Geschichte des Libanon seit seiner Unabhängigkeit 1943 und besonders seit Ausbruch des Bürgerkriegs 1975 schloß die Ränge der »Kata'ib« und verhärtete den politischen Kurs der Partei. »Scheich Pierre« wurde zum Symbol christlich-maronitischer Standhaftigkeit. Die »Falange« mit ihrem militärischen Flügel, den »Lebanese Forces«, entwickelte sich zur wohl bestorganisierten politisch-militärischen Sammelbewegung des Landes.

Der Tod Pierre Djemayyils im August 1984 war ein doppelter Verlust für den Libanon. Ganz wie er es sich wahrscheinlich gewünscht hätte, mußten sich Christen und Muslime gleichermaßen zugestehen, daß mit dem Hinscheiden Scheich Pierres nun eine Persönlichkeit fehlte, die in dieser kritischen Phase des Libanon fast unersetzbar war.

Er hinterließ ein Vakuum bei den christlichen Falangisten, die sich schwer taten, einen Nachfolger für ihn zu finden. Denn alle politischen Talente konnten nicht ersetzen, was Pierre Djemayyil besaß: Das Charisma eines Mannes, der bei der Geburt des Libanon mitgeholfen hatte. Dieser Respekt, den ihm vor allem seine christlich-maronitischen Glaubensbrüder entgegenbrachten, erlaubte ihm nicht nur immer wieder vehement seine geliebte »libanesische Formel« zu verteidigen. Er verlieh ihm auch die nötige Autorität, politische Schwenker zu machen und Fehler einzugestehen. So konnte er mit derselben Überzeugung die »israelische Lösung« für den Libanon gutheißen, mit der er später den Weg an der Seite Syriens beschritt. Seinem Ansehen schadete das nicht. Sein Einfluß war oft eine unverzichtbare Stütze für seinen Sohn, den Staatspräsidenten Amin Djemayyil, um die radikalen Geister in den eigenen Reihen zu bändigen, die dem Reformkurs des Präsidenten zugunsten einer größeren Machtbeteiligung der Muslime mißtrauten. Besonders die junge Führungsgruppe der falangistischen

Milizen, die den Syrern jede Vermittlungsrolle im Libanon absprachen und statt dessen eine enge Bindung an Israel suchten, hat Pierre Djemayyil immer wieder zur Ordnung rufen können.

Aber auch für die gemäßigten Muslime kam der Tod Djemayyils zu einem sehr ungünstigen Zeitpunkt. Sie hatten ihm eine Schlüsselrolle auf christlicher Seite zugedacht.

Er sollte helfen, die für die Rettung des libanesischen Einheitsstaates so wichtigen Reformen auf den Weg zu bringen, über die die Regierung gerade an seinem Todestag – und noch mit seiner Mitwirkung – Übereinstimmung erzielt hatte.

Die libanesischen Zeitungen ließen sich zu entsprechenden blumenreichen Nachrufen hinreißen: »Pierre Djemayyil hat uns verlassen. Und doch wird er im Vaterlandsbewußtsein weiterleben« – »Wie eine starke Eiche starb er aufrecht« – »Pierre Djemayyil – im Dienste des Libanon bis zum letzten Atemzug« – »Scheich Pierre ist in die Unsterblichkeit eingegangen« – so oder ähnlich lauteten die Schlagzeilen.

Kein Zweifel, Pierre Djemayyil war ein glühender libanesischer Patriot. Doch hatte er mit dem »Arabertum« recht wenig im Sinn. Das offenbarte sich schon allein darin, daß er Zeit seines Lebens ungern und nie ganz perfekt arabisch sprach. Er bevorzugte die französische Sprache, und vor allem die muslimischen Libanesen attackierten ihn in diesem Punkt. Sie wollten nicht an den Patriotismus eines Mannes glauben, der nicht einmal die Landessprache beherrschte. Tatsächlich war Pierre Djemayyils Auffassung von »Patriotismus« eine ganz besondere. Sie orientierte sich an seiner eigenwilligen Sicht des Libanon. Zwar gab er zögernd zu, daß der Libanon Teil der arabischen Welt sei. Was das Land aber seiner Meinung nach so blühend gemacht hatte, war die lange Vorherrschaft der maronitischen Christen: Denn sie hatten dem Libanon die Kultur und die Zivilisation des Westens vermittelt. Abgesehen davon gingen die Wurzeln des Libanon, so »Scheich Pierre«, weniger auf die islamischen Araber als vielmehr auf das Handelsvolk der Phönizier zurück.

Dennoch ließ Pierre Djemayyil keine Gelegenheit verstreichen, um sich an Rettungsversuchen für den libanesischen Staat zu beteiligen – auch wenn diese Versuche unter einem Stern standen, den er nicht für günstig hielt. In seinem Todesjahr 1984 trat er in die sogenannte »Regierung der nationalen Einheit« unter dem sunnitischen Ministerpräsidenten Raschid Karame ein. Ohne seine Mitwirkung wäre dieses Kabinett wohl niemals zustande gekommen. Wie auch seine acht Mit-Minister – gleichzeitig die politischen Führer der verschiedenen Religionsgemeinschaften – war Pierre Djemayyil eine der Säulen des ehrgeizigen Planes, den Libanon neu aufzubauen.

Pierre Djemayyil hatte ein romantisches Verständnis von seinem Heimatland. Für ihn war der Libanon einzigartig unter der Sonne – ein Land, in dem jeder zu Hause sein konnte.

Als wir ihn das letzte Mal besuchten, im Februar 1984, lag das Land wieder einmal in Scherben: Die amerikanischen Soldaten waren gerade dabei, Beirut zu verlassen, nachdem in West-Beirut die muslimischen Milizen die Macht an sich gerissen hatten.

Djemayyils Büro lag direkt an der berüchtigten »Grünen Linie«, die Ost- und West-Beirut trennte und an der über Jahre hinweg immer wieder schwere Kämpfe aufflammten. Doch Pierre Djemayyil war nicht gewichen. Diszipliniert und kerzengerade saß er da – zwischen der Flagge der Republik Libanon und dem »Kata'ib«-Emblem. Bei den Granateneinschlägen in allernächster Nähe unterbrach er nicht einmal seine Rede. Das Zimmer war angefüllt von Familienbildern. Die meisten zeigten seine beiden Söhne: Beschir, den Märtyrer auf den Stufen zur Präsidentschaft, und Amin, der ihn ersetzte. Aber, und das war programmatisch, der uniformierte Beschir nahm stets den Bildvordergrund ein – vergleichbar, so sagt man, mit seinem Platz im Herzen des Vaters.

»Scheich Pierre« oder der »Ra'is« – wie es in arabischen Goldlettern auf seiner Bürotür stand – bestand darauf, zunächst das »richtige Gesprächsklima« zu schaffen:

»Unser Kampf ist sicherlich ein Kampf für die Unabhängigkeit, für unsere Souveränität. Und auch für eine Zivilisation, denn dieser kleine Libanon ist zwar geographisch eines der kleinsten Länder der Welt, doch ist er eine große Nation, in dem, was er repräsentiert.

Amerika und der Westen stellen eine christliche Zivilisation dar, die arabische Welt eine muslimische, die kommunistischen Länder eine atheistische und Israel eine jüdische. Einzig im Libanon kann sich jeder heimisch fühlen. Denn für dieses Gefühl ist nicht die Identitätskarte ausschlaggebend, sondern ein innerliches, unbewußtes Zugehörigkeitsgefühl. Wird sich beispielsweise ein Muslim, der die Staatsangehörigkeit einer der westlichen Demokratien besitzt, zu Hause fühlen? Ich antworte Ihnen: Nein – Und ein Christ, der in einem arabischen Land lebt? ich antworte Ihnen: Nein. – Und ein Muslim, der in Israel lebt – fühlt er sich vielleicht wie ein Jude? Ich antworte Ihnen: Nein. – Oder ein Gläubiger in der kommunistischen Welt? Ist er dort zu Hause? Ich antworte Ihnen: Nein.

Anders ist es im Libanon. Das ist das Besondere an der libanesischen Zivilisation, für die wir derzeit kämpfen. Wir versuchen sie zu retten, ohne zu wissen, ob es uns gelingen wird. Unglücklicherweise haben diejenigen, die die ›libanesische Formel‹ verstanden haben und die uns unterstützen wollten, nun damit begonnen, sich zurückzuziehen. Ob wir allein in der Lage sind, unsere Formel zu retten, weiß ich nicht. Aber glauben Sie mir: Wenn es nicht gelingen sollte, dann wäre das ein großer Verlust für die Christen, die Muslime, die Juden, die Araber – für alle. Und auch ein großer Verlust für die Zivilisation. Daher appelliere ich bei dieser Gelegenheit an die zivilisierte Welt, unsere ›Formel‹ zu retten! Wir versuchen, intern zu einer Einigung zu gelangen. Doch unser Problem ist, daß dieses Land fast ganz besetzt ist – nicht nur von einer Macht, sondern von vieren oder fünfen. Drei Viertel des libanesischen Territoriums sind okkupiert. Von Palästinensern, Syrern, Libyern, Iranern – und nun auch von Israelis. Infolge der Auseinandersetzungen zwischen den Arabern und Israel haben die Palästinenser in der ganzen Welt Zuflucht gesucht und besonders im Libanon. Statt von hier aus den Versuch zu unternehmen, ihr Land zurückzuerobern, haben sie im Libanon eine fünfte Kolonne gebildet –, und das hat uns dahin geführt, wo wir heute stehen. Den größten Dienst, den man uns erweisen kann, ist, uns von allen Besatzern zu befreien. Denn von den Besatzern hilft uns keiner, für die ›libanesische Formel‹ zu arbeiten, die ich vorhin erklärt habe.«

Mit dieser »libanesischen Formel« war Pierre Djemayyil wie kein anderer verbunden. Sie stand ihm als hehres Leitbild vor Augen. Es fiel ihm schwer einzusehen, daß die Verhältnisse in seinem Land nicht mehr so waren wie 1943, als der »Nationalpakt« und mit ihm das »religiöse Proporzsystem« ausgehandelt worden waren. Seine Sicht der Dinge war nicht frei von Schwarzweißmalerei: Dem Ansturm der »zerstörerischen Kräfte« im Libanon standen die »zivilisierten Gruppen« gegenüber, die wiederum von der »zivilisierten, freien Welt« unterstützt wurden. Diese »westliche Zivilisation« sah er in seinem letzten Lebensjahr vor allem in den Vereinigten Staaten verkörpert. Daher setzte er auch große Hoffnungen auf deren Rolle im Libanon-Konflikt. Auch noch nachdem das israelisch-libanesische Truppenabzugsabkommen an der innerlibanesischen Opposition und Syrien gescheitert war, glaubte Pierre Djemayil fest daran, daß die Amerikaner einen Weg aus der Misere finden würden:

»Vor der Unterzeichnung des Abkommens hatten wir alles genau studiert. Und schließlich waren die Amerikaner ein indirekter Partner dabei. Sie haben uns versichert, daß die Syrer später kein Problem mehr wären –, sie würden das Land schon verlassen. Vergessen Sie nicht, in welcher Situation wir waren, als wir mit Israel verhandelten. Die Israelis sind die stärkste Militärmacht in der Region, wir sind die schwächste. Deshalb haben wir darauf bestanden, daß die Amerikaner miteinbezogen werden. Um so mehr erstaunt mich die Haltung, die die Amerikaner jetzt einnehmen. Vor allem – ich möchte sagen – vom

Standpunkt der Loyalität aus. Denn der amerikanische Außenminister George Shultz hatte uns garantiert, daß die Syrer zum Abzug aus dem Libanon bereit seien. Er sagte: ›Ihr könnt unterzeichnen, die Syrer sind einverstanden.‹ Ich kann es nicht glauben, daß die Amerikaner ihre Unterstützung für die libanesische Regierung aufgegeben haben. Ich glaube nicht, daß eine loyale ehrliche und zivilisierte Nation wie Amerika einen solchen Akt begehen kann. Wenn sich die Amerikaner nicht so für das 17. Mai-Abkommen ins Zeug gelegt hätten, hätten wir das wahrscheinlich gar nicht unterzeichnet, aber wir haben unsere Karten mit den amerikanischen zusammengeworfen. Schließlich mußten wir uns damals auch zwischen den USA und der UdSSR entscheiden. Wir haben uns für die USA entschieden. Denn erstens hat Amerika viel Einfluß auf Israel, und außerdem steht uns das demokratische System der Amerikaner näher.«

Pierre Djemayyil konnte sich niemals zu der Einsicht durchringen, daß sich der Libanon-Konflikt auf verschiedenen Ebenen abspielt. Soziale Mißstände, eine ungleiche politische Machtverteilung und ein Erstarken des religiösen Bewußtseins schienen ihm keine ausreichenden Gründe für einen Bürgerkrieg zu sein. Letzten Endes war sein unerschütterlicher Glaube an die Einigkeit des libanesischen Volkes auch die Grundvoraussetzung für das Fortbestehen der »libanesischen Formel«, die ihm so am Herzen lag.

Um so bereitwilliger nahm er den Gedanken auf, daß der Streit und der Haß von außen in die libanesische Nation hereingetragen worden waren:

»Ich kann Ihnen versichern: wenn man uns, die Libanesen, endlich allein läßt, werden wir uns innerhalb von 24 Stunden verständigt haben. Sowohl Christen als auch Muslime wollen die ›libanesische Formel‹ retten. Nur die Fremden wollen diese Formel nicht und streben vielleicht sogar an, daß der Libanon von der Landkarte verschwindet. Der Libanon hat keine Bodenschätze und kein Öl. Dennoch ist es uns gelungen, in diesem Land eine der reichsten und vielseitigsten Wirtschaften des Mittleren Ostens aufzubauen. Darüber hinaus haben wir mit unserer Formel des Zusammenlebens einen Beitrag zur Zivilisation geleistet. Es hat immer viele Neider gegeben, die den Libanon vernichten wollten. Der Krieg im Libanon ist kein libanesischer Krieg. Er ist kein Krieg unter Libanesen – zwischen der ›Falange‹-Partei, ›Amal‹ und der ›Sozialistischen Fortschrittspartei‹. Jedenfalls nicht im engeren Sinn des Wortes. Es ist ein Krieg zwischen der Sowjetunion und den Vereinigten Staaten hinter dem Schleier der libanesischen Differenzen. Es ist ein Krieg zwischen USA und UdSSR auf libanesischem Boden. Es ist ein Krieg der Supermächte.«

Pierre Djemayyils Beerdigung wurde, wie die Zeitungen stolz und hoffnungsvoll berichteten, zum größten Treffen zwischen Christen und Muslimen seit Ausbruch des Bürgerkriegs. Doch man hätte es besser wissen sollen: Was ein Jahrzehnt Bürgerkrieg, das Leiden von Hunderttausenden, unzählige Morde und Entführungen angerichtet hatten, konnte der Tod eines einzelnen Mannes nicht zu einem guten Ende führen. Kaum war Pierre Djemayyil begraben, da brachen schwere Artillerieduelle los, und das christliche Ost-Beirut wurde von den drusischen Bergen aus mit einem Bombenteppich belegt. Die Waffenstillstandskommission mußte sich wieder einmal an ihre nicht endenwollende Arbeit begeben.

Man hat Pierre Djemayyil mit den »Zedern des Libanon« verglichen. Doch dazu muß gesagt werden, daß die berühmten Zedern heutzutage auch nicht mehr so aufrecht stehen wie früher. Vor allem haben sie zahlenmäßig stark abgenommen. Der Libanon von heute ist eben nicht mehr das, was er war, als Pierre Djemayyil und seine Gesinnungsgenossen 1943 die »libanesische Formel« entwarfen.

»Nichts ist dauerhafter als ein Provisorium« Der zehnte Auftrag für Raschid Karame

Der Mann, der im April 1984 die schwierige Aufgabe übernahm, die libanesischen Kriegsherren wieder zu versöhnen, gehört zur politischen und religiösen Aristokratie der libanesischen Sunniten. Bereits sein Vater war neben seiner Tätigkeit als religiöser Richter in Tripoli Parlamentspräsident und 1945 Ministerpräsident.

Raschid Karame, am 30. Dezember 1921 im Nordlibanon geboren, praktizierte nach einem juristischen Studium in Kairo von 1948 bis 1951 als Rechtsanwalt in der nordlibanesischen Hafenstadt Tripoli. Dann begann seine steile politische Karriere.

Nur wenige Monate nach seiner Wahl zum Parlamentsabgeordneten 1951 wurde er zum Justizminister ernannt – ein Amt, das er nur knapp ein Jahr ausübte, weil er sich 1952 der innerlibanesischen Opposition gegen den damaligen Staatspräsidenten Khoury anschloß.

Doch schon 1955 kehrte Karame auf die politische Bühne zurück: Mit nur 33 Jahren wurde er der jüngste Ministerpräsident in der Geschichte des Libanon. In dem Zeitraum zwischen 1955 bis zum Ende des ersten Bürgerkriegs 1976 bekleidete er dieses Amt insgesamt neunmal.

Obwohl Karame als konservativ gilt, stand er im politischen Spektrum des Libanon stets links von der Mitte. Schon Ende der fünfziger Jahre war er Parteigänger der panarabischen Nationalisten, die Gamal Abdel Nasser zu ihrer Galionsfigur erkoren hatten. Folglich stützte er auch die Politik des »Reformpräsidenten« Fuad Schehab (1958–64), der eine Modernisierung des politischen Systems für unerläßlich hielt und eine lockere Zusammenarbeit mit Nassers Ägypten anstrebte.

Auch unter Shehabs Nachfolger blieb Karame – mit kurzen Unterbrechungen – Ministerpräsident. Er demissionierte, als der Bürgerkrieg seine ersten Schatten vorauswarf: Dies war 1969, als eine propalästinensische Demonstration libanesischer Linksgruppen von der Armee blutig auseinandergerissen wurde. Der Rücktritt Karames beschwor damals eine Regierungskrise herauf. Im ersten Bürgerkriegsjahr 1975 wurde er dann ins Amt zurückgerufen, weil man ihm – ähnlich wie 1984 als Kandidaten der »muslimischen Linken« die größten Erfolgschancen zur Beilegung der Krise einräumte. Doch Karame scheiterte: Viele warfen ihm später vor, daß seine damalige Weigerung, die nationale Armee gegen die palästinensischen Kampfverbände einzusetzen, den Libanon erst in sein großes Dilemma gestürzt habe. 1976 schied Karame zum bisher letzten Mal aus dem Amt des Ministerpräsidenten. 1979 verließ er Beirut und widmete sich fortan der Lokalpolitik in seiner Heimatstadt Tripoli.

Als Raschid Karame 1984 zum zehnten Mal in Amt und Würden eingeführt wurde, war er nicht nur der erklärte Favorit der syrischen Regierung. Er selbst stimmte darüber hinaus inhaltlich mit den wesentlichsten Forderungen der muslimischen Opposition überein, ohne sich jedoch als bewaffneter Rebell zu gebärden. Gemeinsam mit Drusenfürst Walid Djumblatt und dem Ex-Staatspräsidenten Suleiman Frandjieh gehörte er der oppositionellen »Nationalen Errettungsfront« an, die sich massiv gegen die pro-israelische Politik der libanesischen Zentralregierung unter Amin Djemayyil wandte.

Karame machte die Allianz mit Israel und das daraus resultierende israelisch-libanesische Truppenabzugsabkommen für die erneute Eskalation der Gewalt in Beirut im Sommer 1983 veranwortlich:

»Die Zuspitzung der Situation ist das Ergebnis der Entscheidung des Regimes, das Abkommen mit Israel zu unterzeichnen. Das war ein gefährlicher Meilenstein im Leben unserer Nation. Wir haben immer vor dieser Politik gewarnt – aber vergeblich. Ich möchte daran erinnern, daß wir ihnen ganz klar gesagt haben, daß wir uns auf jeden Fall massiv gegen das Abkommen zu Wehr setzen werden. Da mußten wir uns ständig dieselbe Frage anhören: Was gibt es für eine Alternative? – als ob sie eine glänzende nationalistische Möglichheit gewählt hätten.

Später hat die Regierung dann nach Sündenböcken für ihre Entscheidung gesucht. Genauso hat sie sich hinsichtlich der Beschlüsse verhalten, die auf der ›Versöhnungskonferenz‹ in Genf (November

1983) gefaßt worden waren. Wir hatten uns über verschiedene Punkte geeinigt, wie etwa die arabische Identität des Libanon, die Annullierung des Abkommens und umfassende innere Reformen. Kaum waren wir nach Hause zurückgekehrt, da war Genf bereits wieder vergessen. Der Präsident unserer Republik war in Genf beauftragt worden, über unsere Beschlüsse mit ausländischen Regierungen – vor allem mit Präsident Reagan – zu verhandeln. Was dabei herauskam, war das Gegenteil von dem, was wir beschlossen hatten.

Dasselbe Schema wiederholte sich noch einmal mit dem Sicherheitsplan. Ich erinnere daran, daß wir uns in Genf mit der Staatsgewalt auf die Bedingungen für den Sicherheitsplan geeinigt hatten. Aber nach unserer Rückkehr nach Beirut tauchten plötzlich von ihrer Seite neue Forderungen auf. Als Präsident Amin Djemayyill anläßlich seiner USA-Reise in Rom Zwischenstation machte, trafen sich Khaled Djumblatt und Marwan Hamadeh (zwei Vertreter der drusischen Opposition) mit ihm. Sie gewannen den enttäuschenden Eindruck, daß der Präsident inzwischen eine entscheidende Kehrtwendung gemacht hatte. Anschließend schaukelte der Sicherheitsplan zwischen Annahme und Ablehnung hin und her. Wenn wir uns bemühten zu verstehen warum, kamen wir immer wieder zu dem Ergebnis, daß die Christen alles für sich behalten wollten. Das wurde offensichtlich nach Djemayyils Gespräch mit Präsident Reagan. Der forderte nämlich, die libanesische Regierung solle ihre Kontrolle auf alle Gebiete ausdehnen, die nicht von fremden Truppen besetzt waren. Mit anderen Worten: Sie sollten West-Beirut, den Chouf undsoweiter übernehmen. Danach sollten erst wieder Versöhnungsgespräche geführt und eine ›Regierung der nationalen Einheit‹ gebildet werden. Das alles beweist doch, daß sie mit Hilfe der regulären Armee ihre Vorherrschaft im Libanon absichern wollten. Jetzt sehen Sie, wie tief der Libanon gesunken ist, weil die Falangisten so ungeheuer ›clever‹ sein wollten.«

Trotz dieser harschen Kritik an der Djemayyil-Regierung blieb Raschid Karame mit seiner an sich verbindlichen Art der Kandidat für das Amt des Ministerpäsidenten, der auch der christlichen Politikergarde akzeptabel erschien.

Ganz in der Tradition orientalischer Weisheit antwortete Karame auf die provokative Frage, ob er denn einer Regierung vorstehen wolle, die nach menschlichem Ermessen doch nur provisorisch sein könne: »Warum nicht? Jedermann weiß doch, daß nichts dauerhafter ist als ein Provisorium.«

Nichtsdestoweniger bemühte er sich, die Risiken für ein Scheitern dieses Provisoriums zu verringern. Bevor er nach langem Zögern seine Nominierung akzeptierte, mußte ein ausbaufähiger Grundkonsens aller Bürgerkriegsparteien gefunden werden. Damals verkündete Karame stolz: »Nun gibt es eine reale Chance zur Rettung des Landes und die Hoffnung, daß wir den Libanon doch noch in einen sicheren Hafen einlaufen lassen.«

Die Aufgabe, vor der Raschid Karame im April 1984 stand, war nicht nur deshalb schwer zu bewältigen, weil die Kluft zwischen den Bürgerkriegsparteien unüberbrückbar groß zu sein schien. Auch in Karames politischer Vergangenheit lag eine Belastung für die neue Regierung: In den siebziger Jahren nämlich – noch vor Ausbruch des Bürgerkriegs 1975 – gab es in Beirut laute Rufe nach einer »Verfassungsrevolution«. Der damalige Ministerpräsident Raschid Karame hatte diese Forderungen als zu »extremistisch« zurückgewiesen. 1984 aber waren eben diese Forderungen nach politischen Reformen zugunsten der Muslime, einschließlich einer Verfassungsänderung, zum Herzstück des Regierungsprogramms geworden. Der Mann, der die Verantwortung dafür übernommen hatte, es durchzusetzen, hieß wiederum Raschid Karame.

Den zehnten Auftrag zur Regierungsbildung, den Karame 1984 erhielt, sahen durchaus nicht alle als ein gutes Omen. Das Argument, Karame sei immerhin ein erfahrener Politiker und insofern genau der richtige Mann für die schwere Zeit, die sicher kommen würde, überzeugte nicht ganz. Viele Libanesen sahen zunächst den negativen Aspekt in der Wahl Karames: Er war ein Clanführer wie seine Kabinettskollegen. Gemeinsam würden sie zur Rettung ihrer elitären Stellung – jenseits aller religiösen Gegensätze – antreten. Erst dann, wenn noch Zeit und Energie übrigblieben, würden sie sich der »Rettung der libanesischen Nation« zuwenden. Karame mußte es sich gefallen lassen, als Gaukler verhöhnt zu werden, der nur ein neues Kostüm überstreifte, aber im Grunde der alte geblieben war: »Wenn wir in Hollywood wären, könnte der Titel eines neuen Films lauten ›Die Rückkehr des Karame‹, ›Karame schlägt zurück‹, ›Karame der Retter‹ oder ›Die Rache des Karame‹. Der Effendi ist wieder da mit seinen alten Reden und neuen Hoffnungen. Aber wir sind hier im Libanon und nicht in Hollywood. Die Filme aus der Traumfabrik mit ihren phantastischen Szenarios sind grauer Alltag, verglichen mit dem, was wir hier erleben. In Hollywood versuchen sie, die Phantasie zur Wirklichkeit zu machen. Im Libanon ist die Realität phantastisch.«

Doch Raschid Karame ließ sich durch diese Unkenrufe nicht entmutigen. Er konzentrierte sich nun weitgehend darauf, die libanesische Öffentlichkeit immer wieder für die mangelnde Effizienz seines Kabinetts um Verständnis zu bitten:

»Unschuldige Menschen mußten bei jedem Gewaltausbruch sterben. Seit zehn Jahren ist die Lage äußerst explosiv. Ich weiß nicht, ob es

Leute gibt, die gehofft haben, daß uns die Bildung dieser Regierung allein schon aus dem blutigen Kreislauf befreit? Aber wir brauchen Zeit, um Vereinbarungen und Maßnahmen zu treffen, die uns aus der gegenwärtigen Misere heraushelfen. Es ist unvernünftig, vorauszusetzen, daß alles in wenigen Wochen erledigt sein kann. Das ist schlicht unmöglich. Andererseits muß jedem klar sein, daß es hier Kräfte gibt, denen die Verbesserung der Lage ungelegen kommt. Eine von ihnen ist sicher Israel, das versucht, neue militärische Auseinandersetzungen zu schüren. Man betrachte nur die Stellungnahmen von Shamir, Arens und anderen in Jerusalem, die sagen, das Karame-Kabinett sei nicht in der Lage, die Sicherheit in Beirut zu gewährleisten. Wie also würde es erst im Südlibanon versagen? Ja, einige haben böse Absichten. Aber es gibt noch andere Parteien. Waffen gelangen aus allen Himmelsrichtungen nach Beirut. Alle, die sich gegen uns verschwören, haben keinerlei Probleme, Waffen zu bekommen. Vor allem durch die illegalen Häfen werden Waffen eingeschleust. Wir geben ja zu, daß wir momentan die Situation nicht kontrollieren können. Deshalb warten wir ja darauf, unsere Beschlüsse in die Tat umzusetzen und auch die Armee wieder aufzubauen.«

Doch die Aufgabenbereiche, vor denen die Karame-Regierung stand, waren zu umfassend und – was sich lähmend auswirkte – viel zu eng miteinander verknüft. Die verschiedenen Problemkreise – wie innere Sicherheit, außenpolitische Orientierung, wirtschaftlicher Niedergang, soziale Nöte, Zerfall der Armee und Aufsplitterung des Landes in mehrere Einflußzonen – ließen sich nicht voneinander lösen und getrennt in Angriff nehmen.

Auf einen Nenner gebracht, es hatte sich hier ein Kreislauf ohne Ende etabliert: Die Eigendynamik der Probleme führte immer wieder zu Verletzungen der Waffenruhe. Bevor die Kanonen aber nicht schwiegen, konnten die »Kriegsherren« im Kabinett nicht konstruktiv an einer Lösung arbeiten. Dieses Dilemma gestand auch Raschid Karame ein. Dennoch setzte er unermüdlich auf eine baldige Stabilisierung der Sicherheitslage:

»Natürlich – wir müssen alle Probleme auf einmal angehen, denn sie sind alle gleichgewichtig, und die Bevölkerung erwartet Taten. Wir müssen mit der Arbeit für die Befreiung des Libanon, die Sicherheit, die Wirtschaft, den Wiederaufbau und die politischen Reformen beginnen, damit die Leute spüren, daß der Staat seine Rolle wieder ernst nimmt. Wir stehen unter enormen Druck. Vor allem muß die Armee wieder funktionstüchtig werden. Sie muß neu aufgebaut und rehabilitiert werden, damit das Vertrauen in sie zurückkehrt. Daher sind Änderungen in der Struktur, in der Gesetzes- und Verteidigungspolitik unausweichlich. Dabei muß immer der nationale Gedanke im Mittelpunkt stehen. Erst dann kann die Armee ihre Aufgabe erfüllen: Die Befreiung des Südlibanon, der West-Bekaa und Raschayyas von dem israelischen Feind. Danach kann sich die Armee auf die zentrale Rolle konzentrieren, interne Sicherheitsfunktionen erfüllen, und wir können das Land im Innern befriedigen. Bevor das nicht geschehen ist, können wir uns keinen anderen Themen zuwenden.«

»Ein Tisch voller Feinde«
Die Regierung der sogenannten »nationalen Einheit«

Der sunnitische Ministerpräsident des Libanon, Raschid Karame, hat seine »Regierung der nationalen Einheit« als ein Abenteuer bezeichnet, in dem sich die »historische und letzte Chance zur Rettung des Libanon« biete. Dem muß hinzugefügt werden, daß der neuen Regierung auch nur ein »historischer Rahmen« zur Verfügung steht, in dessen eng gesteckten Grenzen sich »historische Führergestalten« oft wie die Sucher im Dunkeln bewegen. Denn seit Bestehen der Republik Libanon ist es noch keiner Zentralregierung gelungen, das Schicksal ihres Landes von den Interessen der großen Nachbarn zu lösen. Die Tatsache, daß die Einheitsregierung heute am Ende eines politischen Irrlaufs zwischen »israelischer« und »syrischer Lösung« steht, spricht in diesem Zusammenhang für sich.

Der Bildung des Kabinetts Karame gingen zwei libanesische »Versöhnungskonferenzen« voraus – die erste Anfang November 1983 in Genf und die zweite im März 1984 in Lausanne. Beide Treffen konnten nicht im Libanon abgehalten werden, weil man im ganzen Land keinen Ort ausfindig machen konnte, an dem sich alle Beteiligten ihres Lebens sicher fühlten. Dennoch hoffte man das eine wie das andere Mal, die verfeindeten Brüder würden sich am Verhandlungstisch zusammenraufen. Viel Anlaß zur Zuversicht gab es freilich nicht. Dem stand eine »libanesische Wahrheit« im Weg, der sich alle Beteiligten nur zu bewußt waren: »Im Libanon kann es niemals Sieger und Besiegte geben.« Mit anderen Worten: Jede Gruppierung ist zu schwach, um zu regieren, und zu stark, um sich zu unterwerfen.

Das Wissen um diese Tatsache bestimmte denn auch von Anfang an den Verhandlungsverlauf, lähmte die Kompromißbereitschaft und gestattete bestenfalls faule Kompromisse, die dann in der Praxis sehr schnell als solche entlarvt wurden. Ehrlich gemeinten Veränderungsvorschlägen standen dabei oft nicht nur die undurchsichtigen Machtverhältnisse und Zielvorstellungen im Weg, sondern auch eine wenig wohlwollende Verhandlungsmentalität, die ein libanesischer Politiker so beschrieb: »Wenn Du in einer starken Position bist, ist es nicht ratsam zu verhandeln, denn Du bist ohnehin im Vorteil. Wenn Du schwach bist, solltest Du nicht verhandeln, denn dabei kannst Du nur verlieren.«

Die Versöhnungskonferenzen von Genf und Lausanne hatten mehr als nur den Namen gemeinsam. Es waren nicht nur dieselben Männer, die hier ihre Vorstellungen vom »Libanon der Zukunft« präsentierten. Beide Male wurden die Konferenzen in hastiger Eile organisiert, nachdem neue blutige Gefechte den Rufen nach einem Ende des Bürgerkriegs eine stärkere Brisanz verliehen hatten: Das Treffen von Genf folgte unmittelbar auf die schweren Auseinandersetzungen zwischen christlichen Falangisten und drusischen Milizionären im sogenannten »Chouf-Krieg«, aus dem die Drusen als Sieger hervorgingen. In Lausanne traf man sich, nachdem die vereinigten muslimischen Kampfverbände die Macht in West-Beirut an sich gerissen hatten und die libanesische Zentralregierung nicht mehr hoffen konnte, das von ihr kontrollierte Gebiet mit Hilfe der regulären Armee zu vergrößern.

Die Genfer Versöhnungskonferenz der Libanesen stand ganz im Schatten des israelisch-libanesischen Truppenabzugsabkommens und der damit verbundenen amerikanischen Unterstützung für die Politik des christlichen Präsidenten Amin Djemayyil. Weder die innerlibanesische Opposition noch die Syrer, die auch schon in Genf einen Beobachterstatus hatten, waren zu konstruktiven Diskussionen bereit, solange dieser »Schandfleck« nicht aus der Welt geschafft war. Einige Tage gelang es damals, sich mit Gesprächen über die Tagesordnung und andere nebensächliche Details aufzuhalten, um so das Leben der Konferenz künstlich zu verlängern. Doch kaum kam man auf das heikle Thema der Beziehungen zu Israel zu sprechen, da platzte die Konferenz. Die libanesischen Kriegsherren fuhren nach Beirut zurück mit »weniger als einem Erfolg und etwas mehr als gar nichts«, wie es ein Delegationsmitglied formulierte.

Als man sich ein halbes Jahr später, im März 1984, in Lausanne wiedersah, lagen sechs schwere Monate hinter den Libanesen, die nicht nur die Machtverhältnisse im Lande verkehrt, sondern auch die gesamtpolitische Ausrichtung des Libanon verändert hatten.

Die christlich gelenkte Staatsmacht war durch den Sturmlauf der drusisch-schiitischen Milizen in arge Bedrängnis geraten, und der maronitische Präsident Amin Djemayyil sah sich nach dem Zerfall der regulären Armee nicht nur militärisch geschwächt –, sondern seine Schutzmacht, die USA, hatte ihn darüber hinaus durch den Abzug der US-Marines seinem politischen Schicksal überlassen.

Dennoch war Amin Djemayyil unter der Last der Ereignisse nicht zusammengebrochen. Er hatte, bevor er nach Lausanne reiste, lediglich sein neues – amerikanisches Paar Schuhe, das ihn überall drückte und zwickte, gegen die alten eingelaufenen Stiefel eingetauscht: Mit anderen Worten – er war reumütig in die Arme seines »besten Feindes«, nämlich Syriens, zurückgekehrt, nachdem er zuvor den Vertrag mit Israel aufgekündigt hatte.

Damit stand bereits vor Konferenzbeginn fest, daß Amin Djemayyil Lausanne nicht als totaler Verlierer verlassen würde – auch wenn seine schärfsten Widersacher, Drusenfürst Walid Djumblatt und Schiitenführer Nabih Berri, noch oft seinen Rücktritt fordern sollten. Dafür sorgte ein Mann, der zwar nur »Beobachter« der Konferenz war, in Wahrheit aber alle Karten in Händen hielt: Der Syrer Abdelhalim Khaddam, der kurz zuvor vom Außenminister zum Vizepräsidenten seines Landes aufgestiegen war. Ein Erfolg der Lausanner Konferenz war ebenso eine Prestigefrage für Khaddam selbst wie auch für seine Regierung. Damaskus mußte beweisen, daß es fähig war, Frieden zu vermitteln, wo Israel und Amerika versagt hatten. Khaddam sprach die Entschlossenheit seiner Regierung offen aus: »Wir werden hier nicht ohne Vereinbarung weggehen. Selbst wenn wir hier drei Monate bleiben müßten – wir sind dazu bereit. Wir wollen um jeden Preis eine Versöhnung im Libanon erreichen.«

Doch wer nun erwartet hatte, daß der syrische Vizepremier Khaddam die Lösung auf den Tisch legen würde, so, wie der Zauberkünstler einen Hasen aus dem Zylinder zieht, der wurde enttäuscht. Nach wie vor waren die Positionen der libanesischen Kriegsherren zu entgegengesetzt, um eine gemeinsame politische, soziale und administrative Reform-Plattform erarbeiten zu können.

»Auf den ersten Blick sind die Vorstellungen unvereinbar. Aber da es sich hier um eine große Feilscherei handelt, fordert man eben das Maximum und gibt sich nachher mit dem Minimum zufrieden. Bedauerlich für diejenigen in Beirut und im Gebirge, die sich von diesem Treffen echte Reformen versprechen«, skizzierte ein Kenner der Verhältnisse die Perspektiven der Konferenz.

Man war an den Genfer See gekommen, um den »neuen Libanon« zu entwerfen und das Land auf möglichst stabile Füße zu stellen. Doch schon in der Frage, welche innerstaatliche Form dieser Libanon haben sollte, prallten die Gesprächspartner unversöhnlich aufeinander. Die christliche Koalition »Libanesische Front«, vertreten durch Camille Schamun, den großen alten Mann der christlichen Bourgeoisie und Vorsitzenden der »Nationalliberalen Partei«, forderte eine Radikalkur: Der Libanon sollte ein föderalistischer Staat werden mit innenpolitisch unabhängigen Verwaltungs-Kantonen für die größten Religionsgemeinschaften des Landes. Die Hauptstadt Beirut aber sollte einen neutralen Status erhalten.

Dieser Vorschlag war für fast alle anderen Konferenzteilnehmer unannehmbar. Die Schiiten konnten ihn nicht akzeptieren, weil ein Ende der israelischen Besatzung in ihrem traditionellen Siedlungsgebiet, ihrem »Kanton« im Süd-Libanon, nicht absehbar war. Selbst nach einem möglichen Abzug der israelischen Armee würden sie die verstärkte Fürsorge und Unterstützung der Zentralregierung benötigen, um die soziale und wirtschaftliche Infrastruktur des Südens auszubauen.

Die Sunniten standen der vorgeschlagenen Bildung von Kantonen ratlos gegenüber. Sie repräsentierten seit altersher die Handelsbourgeoisie im Libanon und bewohnen vorzugweise die Küstenstädte. Über einen geschlossenen Siedlungsraum, den man in einen Kanton umwandeln könnte, verfügen sie nicht. Auch die Möglichkeit, sich ein bestimmtes Einflußgebiet militärisch zu erkämpfen, war nicht sehr vielversprechend, da die Sunniten in Beirut keine ernstzunehmende Miliz besaßen.

Die Syrer zeigten kein Interesse daran, sich in Zukunft statt mit einer mit mehreren »libanesischen Regierungen« verständigen zu müssen, und glaubten ohnehin nicht daran, daß eine Kantonalisierung allein den Frieden im Libanon garantieren würde.

Die Drusen wiederum hatten die vergangenen Monate am besten genutzt, um sich auf eine kantonale Lösung vorzubereiten, denn sie hatten in ihrem Herrschaftsbereich bereits eine zivile Selbstverwaltung eingerichtet. Der Krieg und die wechselseitigen Massaker hatten die meisten nicht-drusischen Einwohner der Chouf-Berge dazu veranlaßt, zu fliehen. Man konnte also von einem drusischen »Kanton« sprechen. Dennoch wies Drusenfürst Walid Djumblatt die Idee vom föderalistischen Libanon zurück und erklärte sich mit seinem schiitischen Oppositionskollegen Nabih Berri solidarisch. Die Loyalität zum noch benötigten Kampfgefährten mag dabei ebenso eine Rolle gespielt haben wie der »sanfte Druck« von syrischer Seite. Möglicherweise war sich Walid Djumblatt aber auch nicht ganz sicher, ob sein »Drusistan« ohne den Rest des Libanon lebensfähig sein würde.

Die Ablehnungsfront gegen die Umwandlung des Libanon in eine Art Bundesrepublik bestand somit darauf, daß der Libanon eine Einheit bleiben – oder besser – werden sollte.

Walid Djumblatt und Nabih Berri, die Sieger von West-Beirut, präsentierten darüber hinaus einen ganzen Katalog ehrgeiziger Forderungen, die zum größten Teil unerfüllt blieben: Die Einrichtung eines Senats als Zweiter Kammer, welche die Regierungsgewalt überwachen sollte; die Wahl des Staatspräsidenten durch das Parlament, in dem die Muslime gleichberechtigt mit den Christen vertreten sein sollten; das Ende der Vorherrschaft einer Partei – nämlich der christlich-maronitischen »Kata'ib«-Partei – durch die Verteilung der Regierungs- und Verwaltungsämter nach Befähigung und nicht nach Religionszugehörigkeit.

Am Ende der Konferenz einigte man sich auf ein lauwarmes Kommuniqué, das eher eine Absichtserklärung als ein Programm darstellte. Dieses Papier offenbarte unverkennbar das Scheitern auch dieser »Versöhnungskonferenz«. Den breitesten Raum widmete man den Danksagungen an den syrischen und saudischen Beobachter sowie an die Schweizer Kantonalbehörden, die als Gastgeber fungiert hatten. Um das Ergebnis nicht gar zu mager erscheinen zu lassen, hatte man noch einen Punkt in das Kommuniqué aufgenommen, über den man schon zu Beginn einig gewesen war: Die Aufforderung an die Piratensender der Milizen, künftig jegliche Hetzpropaganda zu unterlassen. Darüber hinaus zeigte man sich entschlossen, den Waffenstillstand »stabil und definitiv« zu machen und setzte deshalb ein Sicherheitskomitee unter Vorsitz des Staatspräsidenten ein. Damit blieb praktisch die gesamte Libanon-Problematik offen und wurde vertagt. Ein neues Gremium, der sogenannte »Verfassungsrat«, sollte sich künftig dieser schweren Aufgabe widmen. In den Pflichtenkatalog des »Verfassungsrates« fielen somit alle offenen konfliktträchtigen Fragen, die das enge Geflecht von sozialen, politischen und administrativen Reformen betreffen.

Im Grunde konnten die christlichen Politiker zufrieden nach Beirut zurückkehren. Sie hatten vorerst die Basis für ihre bevorzugte Stellung im Staate nicht schmälern müssen. Drusen und Schiiten indessen war es nicht gelungen, ihre jüngsten militärischen Erfolge in politisches Kapital umzumünzen.

Kurz nach der Heimkehr der libanesischen Kriegsherren aus Lausanne wurde auf dieser zerbrechlichen Grundlage die »Regierung der nationalen Einheit« ins Leben gerufen. In zähen Verhandlungen, die über Wochen in der syrischen Hauptstadt Damaskus andauerten, hatten sich alle Bürgerkriegsgegner darauf geeinigt, die neue Regierung auf möglichst viele Füße zu stellen. Insgesamt 26 Ministerposten sollten an die Vertreter der verschiedenen Religionsgemeinschaften vergeben werden. Dabei waren fünf sogenannte »Staatsministerien« ohne eigenen Geschäftsbereich für die Milizenführer vorgesehen. Ohne Zweifel wollte man mit dieser Kabinettsstruktur alle politischen Rivalen in eine Mitverantwortung für den gesamten Staat einbinden.

Doch das Endprodukt hatte dann mit der ursprünglichen Planung nicht mehr viel gemeinsam. Völlig unerwartet präsentierte Raschid Karame dem libanesischen Volk die Namensliste einer nur zehnköpfigen Ministerrunde, die er in einem Marathongespräch unter vier Augen mit Präsident Djemayyil zusammengebastelt hatte. Karame sah sich angesichts der Verschlechterung der militärischen Gesamtsituation zur Eile gezwungen: »Die delikate Lage duldet keinen Aufschub mehr. Daher haben der Präsident der Republik und ich diese Kabinettsliste zusammengestellt, ohne die Minister, die wir nominiert haben, vorher zu konsultieren.«

Nach ihrem Amtsantritt wandte sich die so überraschend aus der Taufe gehobene libanesische »Einheitsregierung« der Frage der inneren Sicherheit zu. Erst nachdem eine Waffenruhe eingetreten war, konnte und wollte man sich mit den dringlichen Hauptproblemen des Landes beschäftigen: Dem Wiederaufbau der Armee, der Befreiung des Südlibanon, politischen Reformen und der Verbesserung der katastrophalen Wirtschaftslage. So verabschiedete diese Runde aus greisen Vätern des Bürgerkriegs und selbsternannten Feldherrn libanesischer Privatarmeen einen Sicherheitsplan, der die Bevölkerung innerhalb kürzester Frist von ihrem Trauma erlösen und das Land wieder vereinen sollte. Vordringlichste Aufgabe war dabei die Entflechtung der kämpfenden Parteien entlang der »Grünen Linie« –, die sich vom Beiruter Hafen bis hoch in die Chouf-Berge hinzieht. Zu diesem Zweck wurden die schweren Waffen der verschiedenen Milizen – Haubitzen, Raketenwerfer und Stalinorgeln – in besonderen Depots eingemottet. Für den »Fall der Fälle« behielten die Kriegsherren jedoch den Zugriff zu diesen Waffen, auch wenn die reichhaltigen Arsenale von französischen Beobachtern und Teilen der regulären Armee überwacht wurden.

Die Säuberung Beiruts von schwerem Kriegsgerät machte auch die Wiederöffnung von Hafen und Flughafen möglich, die die Libanesen von dem ungeheuren psychologischen Druck des Eingeschlossenseins befreite. Doch schon die Modalitäten für die Benutzung des Flughafens durch alle Libanesen zeigten deutlich, wie zerbrechlich der Sicherheitsplan war. Denn die christlichen Führer sahen die körperliche Unversehrtheit ihrer reisewilligen Glaubensbrüder nur dann gewährleistet, wenn diese mit Armeehubschraubern oder im gesicherten Konvoi zum Flughafen transportiert werden würden, der auf muslimischem Gebiet liegt und dessen Zufahrtsstraßen im Machtbereich schiitischer Milizen verlaufen.

Bei aufmerksamem Studium wies der Sicherheitsplan eine ganze Reihe von Schwachstellen auf. Das größte Problem bestand darin, daß ein gemischt-konfessioneller sechsköpfiger Militärrat mit seiner Durchführung betraut wurde und dazu eine Armee herangezogen werden sollte, die es faktisch nicht mehr gibt. Nach jahrelanger Schattenexistenz seit Ausbruch des Bürgerkrieges 1975 und dem kurzen Aufflackern eines neuen Selbstbewußtseins 1982/83 zerbrach sie Anfang 1984 erneut an den religiösen Gegensätzen. Seither haben sich die einzelnen Brigaden entweder zu rein christlichen oder rein muslimischen Einheiten ausgedünnt und stehen zudem unter dem Einfluß der verschiedenen Milizen. Bei diesen Soldaten wieder das Gefühl für ein tragfähiges christlich-muslimisches Miteinander zu wecken, scheint eine unlösbare Aufgabe zu sein – zumal es eine Solidarität unter den Religionsgemeinschaften auch in anderen Bereichen nicht gibt.

Die libanesische Bevölkerung indessen bemühte sich eifrig, an den Erfolg des Sicherheitsplans zu glauben. Ein politischer Kommentator in Beirut beschrieb die Gemütsverfassung seiner Landsleute nach einem Jahrzehnt Bürgerkrieg mit folgenden Worten:

»Die ganze Sache basiert zunächst auf einer gehörigen Portion an Glauben, und erst dann beginnen die Dinge sich zu entwickeln. Das Wichtige ist der Anstoß. Warum sollte schließlich eine Sicherheit, die relativ selten ist, nicht der Anstoß zu etwas Besserem sein? Die relative Sicherheit kann zu einer umfassenden Sicherheit werden. Dann kann sich die Sicherheit auf die Berge und andere Gebiete ausdehnen. Ist das alles nur ein Traum? Die Schlacht von Stalingrad war anfangs auch nur ein Traum. Aber die Überzeugung, daß der Fall von Stalingrad gleichbedeutend mit dem Fall Rußlands sein würde, versetzte die Russen in die Lage, Waffen über die vereiste Wolga zu schaffen. Es war ihr Glaube, der sie befähigte, auf dem Wasser zu gehen. Und damit war die Niederlage von Hitlers Wehrmacht eingeleitet. Stalingrad war der Anstoß. – General Montgomery gewann die Schlacht von Alamein gegen Feldmarschall Rommel. Auch dieser Sieg war ein Traum, als die Konfrontation zwischen den Alliierten und dem Wüstenfuchs begann. Doch dann erreichte man die Befreiung Tunesiens, und der Schneeball wurde zur Lawine. Die ganze Angelegenheit ist eine Sache des Glaubens. Dann müssen natürlich ernstgemeinte Bemühungen einsetzen, um die Situation zu befrieden. Die Libanesen müssen langfristig arbeiten. Sie müssen den Willen haben, den Weg zu finden.«

Aber die libanesische »Einheitsregierung« kam in ihrem Bemühen zur Befriedung der Nation keinen Schritt weiter. Die Sicherheitslage blieb nach wie wie instabil, und es erforderte immer wieder den ganzen Einsatz, um ein erneutes Abrutschen in die Katastrophe zu verhindern. Konkrete Ergebnisse hatte man nicht vorzuweisen: Die »Verfassungskommission«, die die politischen Reformen erarbeiten sollte, konnte keine Vorschläge unterbreiten. Die soziale Problematik hatte sich eher verschlimmert, denn die Wirtschaft des Landes war weitgehend lahmgelegt und die libanesische Währung entwertete sich immer mehr. Was den besetzten Südlibanon betraf, so hatten weder Protestnoten an die Vereinten Nationen noch Rufe nach einer amerikanischen Vermittlung einen Fortschritt gebracht. Gefangen zwischen Damaskus und Jerusalem, mußten die Libanesen wohl oder übel abwarten, zu welchen Zugeständnissen die Besatzungsmacht Israel aus wohlverstandenem Eigeninteresse bereit war.

Unterdessen verwalteten sich die libanesischen »Minister« weitgehend selbst. Kabinettssitzungen fanden häufig gar nicht oder nur mit eingeschränkter Besetzung statt. Besonders Drusenfürst Walid Djumblatt tat sich schwer, den Sitzungen beizuwohnen: Er fühlte seine persönliche Sicherheit bedroht.

Mißerfolge, Beschimpfungen und Rücktrittsdrohungen waren an der Tagesordnung, und mehr und mehr verfestigte sich das ursprüngliche Bild: Die libanesische Einheitsregierung war und blieb ein Tisch, an dem nur Feinde saßen.

Die Nachbarn greifen ein

Was hat Beirut mit Palästina zu tun?

Als die Palästinenser noch Staat im Staate waren

Ein Land Palästina gibt es nicht. Das 1920 gebildete britische Völkerbundsmandat, das diesen Namen trug, sollte 1948 in einen jüdischen (Israel) und einen arabischen Staat (Palästina) aufgeteilt werden. So war es im Jahr zuvor von den Vereinten Nationen in New York mit Zustimmung der USA und der Sowjetunion beschlossen worden.

Dazu aber ist es nie gekommen, sondern zum Krieg zwischen Israel und den arabischen Nachbarstaaten. Er machte rund 800000 Palästinenser zu heimatlosen Flüchtlingen.

In den Libanon flohen 1948 etwa 140000 Palästinenser. Einige kamen per Schiff aus Jaffa oder Haifa, die allermeisten von ihnen aber stammten aus Galiläa und machten sich zu Fuß auf den Weg über die libanesische Grenze. Viele von ihnen trugen nur einige Habseligkeiten und die Schlüssel zu ihren Häusern bei sich, weil sie glaubten, bald wieder in ihre Heimat zurückkehren zu können, welche Seite auch immer den Krieg gewinnen würde.

Zu Tausenden kampierten sie zunächst nur wenige Kilometer von ihrer gewohnten Umgebung entfernt. Als jedoch feststand, daß es kein Zurück mehr für sie gab, beschloß die Regierung in Beirut, die palästinensischen Flüchtlinge über das ganze Land zu verteilen.

Nach und nach entstanden 17 Lager, in denen die Palästinenser mehr als notdürftig untergebracht wurden. Dies geschah mit Unterstützung der eigens hierfür von den Vereinten Nationen ins Leben gerufenen Hilfsorganisation UNRWA, die bis heute in den Lagern Schulen unterhält und sich um die medizinische Versorgung kümmert.

Man kann getrost sagen, daß die übergroße Mehrheit der heimatvertriebenen Palästinenser, denen es nicht gelang, im Laufe der Jahrzehnte aus dem Lagerghetto auszubrechen, unter schlechten, oft menschenunwürdigen Bedingungen ihr Leben fristet.

Obwohl offiziell von den Regierungen ihrer Gastländer willkommen geheißen, mußten sie bald feststellen, daß sie bei der einheimischen

Bevölkerung alles andere als beliebt waren. Dieses galt in besonderem Maße für den Libanon, wo viele Christen die Palästinenser allein deshalb ablehnten, weil sie meist Sunniten waren und somit als »natürliche« Verbündete der libanesischen Muslime betrachtet wurden. Aus christlicher Sicht drohte die palästinensische Anwesenheit das demographische Gleichgewicht im Libanon zugunsten der Muslime zu verändern.

Während die Palästinenser in Jordanien Bürgerrechte erwarben und in Syrien in die Armee oder den Staatsdienst eintreten konnten, blieb ihnen im Libanon ein solcher Weg versperrt.

Gewiß, einige Flüchtlinge von 1948 hatten libanesische Verwandte und konnten mit deren Hilfe ein neues Leben beginnen. Sie erhielten eine gute Ausbildung auf teuren Privatschulen und nicht selten brachten sie es zum Akademiker oder Ingenieur. Mit diesem Rüstzeug wanderten manche nach Amerika aus oder gingen in die aufstrebenden Ölmonarchien am Arabischen Golf, um dort ihr Glück zu machen.

Die meisten Palästinenser in den Flüchtlingslagern mußten jedoch das Schicksal von »Staatenlosen« ertragen, denen die Behörden oft die für bestimmte Jobs erforderliche Arbeitsgenehmigung versagten. Folglich waren sie eine leichte Beute für gewissenlose Arbeitgeber, oft Bauunternehmer, die sie als Tagelöhner völlig unterbezahlten.

Wie fast immer im Libanon, hat die Medaille aber nicht nur eine rostige, sondern auch ein blank polierte Seite.

Denn von allen arabischen Hauptstädten entwickelte sich Beirut andererseits zu dem Ort, wo die Palästinenser am erfolgreichsten agierten. Einer beträchtlichen Anzahl von ihnen gelang es, die libanesische Staatsangehörigkeit zu ergattern und dies gilt vor allem für diejenigen, die christlichen Glaubens waren. Aus ihren Reihen gingen erfolgreiche Bankiers, Geschäftsleute und Professoren hervor. Im Laufe der Jahre wurde Beirut so etwas wie das intellektuelle Zentrum des »Palästinensischen Widerstands«. Das Institut für Palästinensische Studien hatte hier ebenso seinen Sitz wie später das Palästinensische Forschungszentrum.

Nach dem »Schwarzen September« 1970, in dem die Beduinentruppen des jordanischen Königs Husein die Guerillas sowie die politische Führung der PLO aus dem Lande jagten, schlugen Yassir Arafat und seine Kollegen von den verschiedenen Befreiungsfronten ihr Quartier in Beirut auf.

Damit war Beirut endgültig zur palästinensischen »Ersatzhauptstadt« geworden. Fünf Jahre später (1975) lebten nach Angaben des »Palästinensischen Nationalfonds« mehr als 300000 Palästinenser im Libanon, ein rundes Drittel von ihnen in den Lagern, die über das ganze Land verteilt waren.

Lange zuvor, und zwar kurz nach Ende des »Sechs-Tage-Kriegs« (1967), in dessen Verlauf Israel mit dem Gazastreifen und der jordanischen Westbank den Rest von »Palästina« besetzte, hatten palästinensische Kommandos damit begonnen, vom Südlibanon aus ihre Guerillaaktivitäten gegen israelische Ziele zu intensivieren. Die libanesische Regierung befand sich infolgedessen in einer Zwangslage. Einerseits fürchtete sie die harten israelischen Vergeltungsschläge auf libanesischem Territorium, andererseits sah sie sich außerstande, den Bewegungsspielraum der palästinensischen Untergrundkämpfer wirksam zu begrenzen. Dies hätte zweifellos nicht nur einen Sturm der Entrüstung in der radikalen Fraktion der »Arabischen Nationalisten« im Libanon hervorgerufen, sondern auch die harsche Kritik der arabischen Bruderländer provoziert.

»Mitgefangen – mitgehangen«, so lautete fortan das Motto, welches das libanesisch-palästinensische Verhältnis im Hinblick auf den Konflikt mit Israel bestimmte. Wie begründet die bösen Vorahnungen der Libanesen waren, erwies sich schon Ende 1968: Israelische Spezialeinheiten landeten per Helikopter auf dem Internationalen Flughafen von Beirut und jagten 13 Verkehrsmaschinen der libanesischen Luftfahrtgesellschaft MEA in die Luft.

Nach dieser spektakulären Aktion hegte niemand im Lande mehr einen Zweifel daran, daß die wenig zimperlichen Israelis im »Ernstfall« noch ganz andere Zerstörungsmechanismen in Gang setzen würden. Zu Recht, wie der »Litani-Feldzug« 1978 und die sogenannte »Operation Frieden für Galiläa« 1982 später erweisen sollten.

Was der libanesischen Regierung damals noch mehr Sorgen machte, waren die negativen Folgen, welche die palästinensischen Aktionen auf die ohnehin gespannten Beziehungen zwischen Maroniten und panarabisch orientierten Muslimen fast zwangsläufig haben mußten. Die arabischen Nationalisten steuerten offen auf Konfrontationskurs. Für sie war »Palästina« eine Sache, die jeden aufrechten Araber anging. Ohne Wenn und Aber forderten sie deshalb die uneingeschränkte Operationsfreiheit für die palästinensischen Kommandos. Die Maroniten hingegen mochten sich nicht mit den Palästinensern solidarisch erklären, im Gegenteil, sie kritisierten, daß die Guerillas libanesisches Land vereinnahmten und damit die Souveränität des Staates verletzten. In der Tat kontrollierten die Palästinenser im Südostlibanon ein Gebiet, das man bald »Fatah-Land« zu nennen begann, weil die Verbände von Yassir Arafats Organisation »al-Fatah« dort überall Stützpunkte errichtet hatten.

Jedem palästinensischen Angriff auf die Siedlungen in Nordisrael folgte ein Gegenschlag der israelischen Armee, der nicht nur die »Fedayin« (die »Opferbereiten Kämpfer«) traf, sondern immer häufiger auch die Existenz von Tausenden südlibanesischer Dorfbewohner bedrohte.

Für viele der meist schiitischen Familien wurde das Leben in ihrer Heimat so im Laufe der Zeit unerträglich, und es setzte eine wahre Landflucht ein. Auf der Suche nach einer neuen Bleibe zogen die Schiiten mit Sack und Pack nach Beirut und ließen sich am Stadtrand nieder, wo nach und nach ein riesiger Elendsgürtel entstand.

Die Maroniten und an ihrer Spitze die Falange-Partei verwiesen zu Recht darauf, daß der kleine und militärisch schwache Libanon es bisher vermieden hatte, im arabisch-israelischen Konflikt aktiv Partei zu ergreifen. Um Schlimmeres zu verhüten, so forderten die Christen, müsse die libanesische Armee die palästinensischen Kommandos an die Kandare nehmen. Die Regierung in Beirut saß in der Klemme, und es kam, wie es kommen mußte. Man beschloß einen halbherzigen Einsatz der regulären Truppen gegen die Guerillas, weil man fürchtete, die panarabisch orientierten Elemente in der Armee könnten aus Sympathie mit den Palästinensern den Befehl verweigern, und die Armee würde anschließend auseinanderfallen.

Die direkte Folge dieser Entscheidung waren Massendemonstrationen gegen die Regierung, die in Saida (Sidon) von der Armee blutig niedergeschlagen wurden.

In Beirut wie in Tripoli kam es zu Kämpfen zwischen regulären Truppen und Palästinensern, die bis November 1969 sporadisch immer wieder aufflammten.

Der Bürgerkrieg warf seine Schatten voraus. Das so empfindliche Modell christlich-muslimischer Koexistenz drohte an der »Palästina-Frage« zu zerbrechen. Der sunnitische Ministerpräsident Raschid Karame hatte sein Amt niedergelegt, weil er eine antipalästinensische Politik nicht mitverantworten wollte. Die Regierung blieb bis Ende des Jahres handlungsunfähig, da sich in dieser Situation niemand bereitfand, den heiklen Posten zu übernehmen.

Das christlich dominierte Regime in Beirut sah sich in die Zange genommen. Zu dem Druck von der Straße gesellte sich die Kritik der arabischen »Bruderstaaten«, die eine Beschränkung der palästinensischen Guerillaaktivitäten im Libanon als »anti-arabische Politik« geißelten. Ausgerechnet Syrien und Ägypten ergingen sich in diesen doppelzüngigen Tiraden und empfahlen den Libanesen den Kampf um Palästina als »heilige Pflicht« eines jeden arabischen Bürgers. Dies muß vor dem Hintergrund beurteilt werden, daß von einer völligen Operationsfreiheit der Palästinenser weder in Kairo noch in Damaskus die Rede sein konnte. Im Gegenteil, die Guerilla-Kommandos unterstanden in beiden Ländern der strengen Kontrolle durch die nationale Armee. Einen vorläufigen Ausweg aus der libanesischen Sackgasse eröffnete das »Abkommen von Kairo« (November 1969), in dem die militärische Präsenz der Palästinenser auf libanesischem Boden festgeschrieben wurde. Zum Entsetzen der Maroniten erklärte sich die Beiruter Regierung in dieser Vereinbarung sogar bereit, den »Fedayin« ihre selbstgestellte Aufgabe »zu erleichtern«. Damit nicht genug, hatten die Libanesen ein Papier unterschrieben, das nicht nur die palästinensischen Flüchtlingslager praktisch zum Hoheitsgebiet der PLO machte, sondern auch bestätigte, daß der »bewaffnete Kampf der Palästinenser im Interesse des Libanon liege«.

Damit war den Palästinensern die Möglichkeit eröffnet, im Libanon einen »Staat im Staate« zu errichten.

Die Feindschaft der Maroniten

Abgesehen davon, daß das »Abkommen von Kairo« eine deutliche Einladung an die Israelis darstellte, künftig ihre gesteigerte Aufmerksamkeit dem Libanon zu widmen, stieß es bei den Maroniten von Beginn an auf völlige Ablehnung. Wie sie und viele andere Christen über die Palästinenser dachten, erläutert im Rückblick der falangistische Politiker Karim Pakradouni:

»Selbstverständlich – die bloße Existenz von Palästinensern im Libanon ist bereits ein großes Problem. Denn die Palästinenser haben viele Konflikte mit sich gebracht: den Nahost-Konflikt, die Auseinandersetzung mit Israel sowie arabische Widersprüche, die unter den Palästinensern selbst eine Rolle spielen. In dem Moment, als die palästinensischen Organisationen sich hier niederließen, wurde der Libanon, ob er wollte oder nicht, zur Partei im israelisch-arabischen Konflikt einerseits und in innerarabischen Konflikten andererseits. Das war also an sich schon schwierig genug. Aber an dieser Stelle muß ich mich doch fragen: Welche Bedeutung und welche Rolle hatte man denn der palästinensischen Präsenz von Beginn an zugedacht?

Die Palästinenser haben sich ohne Zögern mit den Muslimen liiert. Die Muslime indessen haben die Palästinenser nicht etwa akzeptiert, weil sie die ›palästinensische Sache‹ stützen wollten. Nein: Sie haben die Palästinenser willkommen geheißen als eine ›islamische Armee‹, mit deren Hilfe man die libanesische Armee ausschalten könnte, die als christenfreundlich galt.

Natürlich gab es einige Ideologen – die gibt es immer –, denen es um die Palästina-Frage ging. Doch die Mehrzahl der muslimischen Führer sah in den Palästinensern eine Kraft, die die ›libanesische Formel‹ aus den Angeln heben konnte, und zwar zugunsten der Muslime. Da schließe ich auch Leute wie Kamal Djumblatt ein.

Deshalb haben auch die Christen so ablehnend auf die Palästinenser reagiert. Nicht etwa, weil sie im Prinzip gegen die palästinensische Sache eingestellt waren, sondern weil ihnen klar wurde, daß die Palästinenser im libanesischen Gleichgewicht ein gefährliches Element darstellten, das sich gegen die Christen wenden würde.

Später sind die Beurteilungen dann noch aus anderen Gründen auseinandergedriftet, vor allem nach dem Abkommen von Kairo 1969. Aber zu Beginn drehte sich die Diskussion allein um die Tatsache, daß sich libanesische Muslime mit anderen Muslimen verbunden hatten, und damit die muslimische Bevölkerung des Libanon gestärkt wurde. So und nicht anders ist dieses Phänomen von den libanesischen Christen verstanden worden.«

Die bewaffnete Macht der Palästinenser veranlaßte die Maroniten, nun ihrerseits aufzurüsten. Große Mengen Waffen und Munition fanden ihren Weg in das christliche Bergland, wo Ausbildungslager entstanden, in denen junge Maroniten zu Milizionären gemacht werden sollten. Auf den Staat, dies hatte das Kairoer Abkommen bewiesen, war kein Verlaß. Was blieb, so dachten die Maroniten, war allein die eigene Stärke.

Die maronitischen Christen glaubten sich durch die Palästinenser in ihren politischen und gesellschaftlichen Privilegien bedroht, die sie um jeden Preis gegen die schnell wachsenden muslimischen Bevölkerungsmassen verteidigen wollten. Sie sahen in den palästinensischen Widerstandsgruppen nicht nur aus religiösen Gründen die »natürlichen« Verbündeten der libanesischen Muslime, sondern fürchteten sie auch als Anziehungspunkt aller radikalen, linksorientierten Elemente im Lande. Letztere, daran bestand für die Maroniten kein Zweifel, hatten den revolutionären Kampf auf ihre Fahnen geschrieben mit dem Ziel, das bestehende System zu stürzen.

Die Vormachtstellung der Maroniten stand also auf dem Spiel, und die Gefahr war umso größer, als die bisher schwache politische Linke nun in den starken Armen von PLO-Chef Yassir Arafat gelandet war.

Die Allianz zwischen Arafat und Kamal Djumblatt, dem Führer der »Nationalbewegung«, einer eher chaotischen Vereinigung von Kommunisten, Nasseristen und Baathisten, geriet den Maroniten zu einer Zelle der Kommunistischen Internationale.

»Wir sehen uns einem Komplott der Kommunisten, ja der gesamten internationalen Linken gegenüber«, so warnte der Falangistenführer Pierre Djemayyil denn auch mehrfach seine christlichen Glaubensbrüder vor der Koalition zwischen Palästinensern und militanten arabischen Nationalisten.

Die palästinensischen Herren im libanesischen Haus

»Wir beherrschten den Libanon. Wir waren ein Staat, doch jetzt sind wir ohne Schutz und haben nicht einmal mehr ein Büro in Beirut.

Jene, die den Libanon kennen, wissen um seine konfessionelle Struktur, seine Kultur und seinen politischen Hintergrund. Deshalb sehen sie ein, daß er unmöglich zum ›Hanoi der Palästinensischen Revolution‹ werden kann. Als wir Jordanien verlassen mußten (1970/71), kamen wir nicht auf Einladung der Regierung. Wir gingen damals nicht in den Libanon, weil er arabischer oder forschrittlicher war als andere arabische Länder. Nein, wir versammelten uns im Libanon, weil er einen ›Garten ohne Zaun‹ darstellte.

Jene 13 Jahre, die wir im Libanon verbrachten, sind das Beste, was uns je widerfahren ist. Aber wir sind ein Opfer unserer Illusionen geworden. Beirut war die arabische Hauptstadt, die uns am meisten liebte, um uns dann umso tiefer zu hassen.«

Palästinensische Selbstkritik, vorgetragen von Schafik al-Hout, einem Mann, der es wissen muß, denn er ist seit 20 Jahren der offizielle Vertreter der Palästinensischen Befreiungsorganisation (PLO) in Beirut.

Kein Zeifel, die Palästinenser benahmen sich im Libanon nicht wie wohlerzogene Gäste, sondern eher wie die Herren im Hause – und dies zuweilen in recht rüder Form.

Die Guerillas, oft halbwüchsig im Räuberzivil oder erwachsen und in ordentlicher Uniform, ließen die Libanesen ihre bewaffnete Kraft spüren. Die militärische Potenz der Palästinenser blieb beileibe nicht auf die Flüchtlingslager beschränkt. Im Gegenteil, nicht selten mußte sich beispielsweise ein libanesischer Armeeoffizier an willkürlich errichteten Straßensperren in Beirut von waffenstarrenden Buben unverschämte Fragen nach seiner Identität gefallen lassen. Damit nicht genug, die radikalen Fraktionen innerhalb der PLO, auf die Yassir Arafat nur bedingt Einfluß ausübte, verstanden sich als revolutionäre Elite, die ihre Erfahrungen im Untergrundkampf an die verschiedensten Terrorgruppen aus aller Welt bereitwillig weitergab.

Von einer Achtung der libanesischen Souveränität konnte keine Rede sein. Das Abkommen von Kairo existierte für viele »Fedayin« nur auf dem Papier.

Selbstherrliche, anmaßende, das Recht mißachtende Übergriffe der Palästinenser waren zwar nicht an der Tagesordnung, doch sie bildeten auch keine Ausnahme.

»Mein Mann ist 1978 bei der Explosion einer Autobombe in Beirut ums Leben gekommen. Da meine Familie aus Nabatiye (Südlibanon) stammt, wollte ich ihn auch dort beerdigen lassen. Ich nahm die Kinder und überführte die Leiche meines Mannes per Taxe in unser Heimatdorf. Drei Tage später kehrten wir nach Beirut zurück.

Als ich die Tür zu meiner Wohnung aufschließen wollte, bemerkte ich sofort, daß der Schlüssel nicht mehr paßte. Noch in diesem Moment riß man von innen die Tür auf, und vor mir stand ein bewaffneter Mann, der mich feindselig musterte. ›Was fällt dir ein, in ein fremdes Haus einzudringen‹, schnautzte er mich an und schlug mir die Tür vor der Nase zu. Später erfuhr ich, daß ein palästinensischer Milizoffizier meine Wohung ›requiriert‹ hatte. Diese Leute, diese Palästinenser erlaubten mir noch nicht einmal, meine Kleider und die Teppiche abzuholen.« –

Soweit die bitteren Erinnerungen von Fatmeh Haruz, einer schiitischen Hausfrau, die in unserem Gespräch im Sommer 1983 kein gutes Haar an den Palästinensern ließ.

So wie Fatmeh dachten viele Libanesen, besonders im Süden des Landes, wo man die israelischen Soldaten 1982 sogar zunächst als »Befreier« begrüßte, weil »die Palästinenser uns nicht mehr beherrschen, uns keine Wohnungen mehr wegnehmen dürfen, und wir jetzt selbst bestimmen können, was wir tun wollen.«

Trotz des oft anmaßenden Verhaltens der »bewaffneten palästinensischen Macht« waren die organisierten Palästinenser natürlich keinesfalls nur eine Bande von »Dieben, Mördern und Kommunisten«, wie fanatische Maroniten sie kurz vor Ausbruch des Bürgerkriegs gern darstellten.

Sie verstanden sich als Freiheitskämpfer, als »palästinensische Nationalisten«, deren Mentalität durch ihre politischen Ziele geprägt war. Die Rückgewinnung des »Heimatlandes Palästina« und die »Palästinensische Revolution« bedeuteten ihnen alles. Im Namen ihrer heiligen Sache und des Panarabismus stand für sie fest, daß alle arabischen Staaten, besonders aber jene, die an Israel grenzten, diesen Kampf zu unterstützen hatten. Mit anderen Worten, auch der Libanon sollte seinen Teil zur Befreiung Palästinas beitragen und den hierfür erforderlichen Preis zahlen.

Aus Sicht der palästinensischen Kommandogruppen besaßen militärische Aktionen gegen Israel oberste Priorität, und diesem Gebot mußte notfalls das so zerbrechliche religiös-politische Gleichgewicht des Libanon geopfert werden.

Nach ihrer Vertreibung aus Jordanien und angesichts der Beschränkungen, die den Guerillas in Ägypten und Syrien auferlegt waren, verwundert es nicht, daß sie in Versuchung gerieten, das ohnehin schwache libanesische Staatsgebäude ins Wanken zu bringen, um der »Palästinensischen Revolution« zu dienen.

Das Abkommen von Kairo betrachteten sie als Ausdruck eines unveräußerlichen Hoheitsrechts auf libanesischem Boden, das – wenn möglich – zu erweitern war.

Die palästinensischen Führer wußten zudem durchaus um die Faszination, welche die »Fedayin« jene »opferbereiten Märtyrer«, auf die muslimischen Massen und die radikalen Kräfte im Libanon ausübten.

Diesen politischen Humus wollten die Palästinenser für ihre Zwecke nutzen. Der palästinensische Politikwissenschaftler Walid Khalidi hat dies so ausgedrückt: »Da die Wasser der muslimischen Linken danach riefen, der palästinensische Fisch möge in sie eintauchen, ließ dieser sich nicht lange bitten.«

Allerdings gilt es hier eine Unterscheidung zu machen.

Yassir Arafat, wohl wissend, daß auch die Palästinenser in die libanesischen Falltüren geraten konnten, versuchte im Prinzip, zu allen libanesischen Fraktionen Beziehungen zu entwickeln. Er scheiterte in diesem Bemühen vor allem deshalb, weil er die religiös-politischen Verhältnisse im Libanon falsch einschätzte und außerdem dem Druck der radikalen PLO-Führer wie auch der libanesischen Linken nachgeben mußte. Denn die marxistisch orientierten Palästinenser machten keinen Hehl daraus, daß ihre Sympathien allein den verarmten Massen und der Idee eines entkonfessionalisierten Staates gehörten. Ihr Ziel war eine Veränderung der politischen Landkarte des Libanon.

Abu Iyad, der Geheimdienstchef der PLO, hat sich zur »innenpolitischen« Rolle der Palästinenser im libanesischen Verwirrspiel sehr freimütig geäußert. In seinen Erinnerungen schreibt er:

»Die rechtsgerichteten christlichen Parteien im Libanon verachten uns und verfolgen ein gemeines Ziel. Jahrelang haben wir versucht, den Dialog mit ihnen aufrechtzuerhalten und für beide Seiten eine Verständnisgrundlage zu schaffen. Doch leider waren alle unsere Bemühungen vergeblich. Und es ist nicht wahr, wenn sie behaupten, daß wir uns mit der moslemischen Bevölkerung des Libanon und der Linken verbünden wollen. Dieser Vorwurf ist im übrigen auch völlig absurd, denn wir können nicht gleichzeitig fanatische Moslems und Progressisten sein. Die Wahrheit ist, daß wir versucht haben, für keine der verschiedenen Bevölkerungsgruppen im Libanon Partei zu ergreifen. Hierfür gibt es zwei Gründe: Erstens liegt es in unserem eigenen Interesse, zu der ganzen Bevölkerung gute Beziehungen zu unterhalten, und zweitens ist die palästinensische Befreiungsbewegung grundsätzlich konfessionell nicht gebunden. Es ist allgemein bekannt, daß die Palästinenser nie vom Virus des Konfessionalismus infiziert waren und daher nie einen Unterschied zwischen Christen und Moslems gemacht haben. Die Tatsache, daß einige der bekanntesten Führer der palästinensischen Widerstandsbewegung wie beispielsweise Georges Habasch und Najef Hawatmeh Christen sind, beweist, daß Diskriminierung uns völlig fremd ist. Wiederholt haben wir den Führern der christlichen Rechtsparteien unsere tieferen Beweggründe auseinandergesetzt. Wir sind palästinensische Nationalisten, wir fühlen uns verfolgt und haben Angst und wir schämen uns auch nicht, unsere Furcht und unsere Ängste einzugestehen. Der von den Maroniten gestützte und gelenkte libanesische Staat hat uns eingeschüchtert. Deshalb wollten wir uns mit den christlichen Parteien, von denen die Macht ausgeht, verständigen. Diese haben uns jedoch zurückgewiesen. Wenn wir heute den Moslems, der moslemischen Rechten, die von Männern wie Saeb Salam und Rachid Karame vertreten wird, nahestehen, so deshalb, weil wir von dieser Seite nichts zu befürchten haben. Denn aus wahltaktischen, aber auch aus politischen Erwägungen, sei es auf lokaler oder regionaler Ebene ist die moslemische Rechte gezwungen, unsere Befreiungsbewegung zu unterstützen. Dasselbe gilt für die Linke, die aus ähnlichen Gründen nichts gegen uns unternehmen wird. Der Sozialistenführer Kamal Dschumblatt war damals, als er den Posten des Innenministers innehatte, weit schärfer gegen uns vorgegangen, als die christlichen Führer es jemals getan haben. Von ihm wußten wir aber daß er nie so weit gehen würde, uns einen Dolch in den Rücken zu stoßen.«

Der Bürgerkrieg

Am 13. April 1975 nimmt der falangistische Parteichef Pierre Djemayyil an der Einweihung einer Kirche in Ain al-Roummaneh, einem christlichen Vorort Beiruts, teil.

Während der Zeremonie eröffnen Unbekannte aus einem vorbeifahrenden Auto das Feuer. Der Leibwächter Djemayyils und zwei weitere Personen sinken tödlich getroffen zu Boden.

Nur wenig später überfallen maronitische Milizionäre, ebenfalls in Ain al-Roummaneh, einen Autobus und ermorden 28 Passagiere, fast alles Palästinenser. Der libanesische Bürgerkrieg hatte begonnen.

Überall im Land brachen Kämpfe aus, in denen sich die maronitischen Privatarmeen den linksmuslimischen Milizen und den Palästinensern gegenübersahen.

18 lange Monate sollte diese erste Runde eines schmutzigen Bruderkriegs dauern, dessen Ende heute, zehn Jahre später, immer noch nicht ereicht ist.

- Christen massakrierten Palästinenser
- Palästinenser massakrierten Christen
- Libanesen massakrierten Libanesen.

Beirut, die »Perle des Nahen Ostens«, versank im Blut.

Otto G., ein Schweizer, der im »alten« Libanon sein Glück machte, erinnert sich:

»Ab 1974 hat es schon unsichere Zeiten gegeben. Auseinandersetzungen oder Tage, an denen man nicht durch die Stadt fahren konnte, weil sie sich dort bekämpft haben. Aber das ist immer wieder vorbeigegangen. Es ist dann wieder Ruhe eingetreten, und das Geschäft blühte. Beirut war ja damals voller Touristen, die dann zu uns gekommen sind; aus den großen Hotels, dem ›Phoenicia‹, dem ›Holiday Inn‹ und dem ›St. Georges‹. Besonders die Amerikaner, die lieben ja diesen Stil. Wir hatten auch sehr interessante Gäste, also Diplomaten, Bankiers oder Geschäftsleute. Wir führten ja auch ein Top-Lokal. Ich hatte beispielsweise einen Mann, dessen einzige Aufgabe es war, ›Rösti‹ zu machen. Rösti gebraten und Sauerkraut gewärmt hat er, das war seine Arbeit. Mit der Metzgerei zusammen beschäftigte ich zeitweise 30 Angestellte. Das muß man natürlich nicht so sehen wie in Deutschland oder der Schweiz. Hier braucht man halt ein bißchen mehr Leute – so im Verhältnis. Sogar einen Gärtner hatte ich. Im Sommer haben wir im Garten serviert, und im Winter, nach dem ersten großen Regen, sind wir nach drinnen gezogen. Die Speisekarte war ganz dem europäischen Geschmack angepaßt – also, diese Wurstgerichte und dann natürlich viel Käsefondue. Manchmal haben wir bis zu 20 Käsefondues oder Fondues ›Bourguignonnes‹ verkauft. Das war damals neu für die Leute hier. Dann auch Spätzle und Wildspezialitäten und natürlich die Fischsuppe. Wenn ich auf dem Markt einen Hai fand, habe ich immer die Flossen und den Kopf gekauft und Fischsuppe gekocht.

Beirut war ein Betrieb, gell. Da kamen Touristen mit dem Schiff. Es gab Kreuzfahrten, und auch Linienschiffe legten regelmäßig an. Sie brachten Expreßgüter aus Europa. Also, wenn man etwas bestellt hatte, und das wurde in Triest oder Genua verladen, dann hatte man die Ware nach 6 Tagen in Beirut. Es war natürlich ein bißchen teuer. Die normale Fracht hat drei Wochen gebraucht, manchmal vier, je nachdem. Deshalb besaßen wir auch große Lagerräume, weil man nie wußte, wie lange es dauert, bis wieder etwas geliefert wird. Nachher ist mir ja durch die großen Lagerräume viel Schaden entstanden.

Also, es kam zu Auseinandersetzungen. Eine der Milizen, die Falangisten, hatten ganz in unserer Nähe so ein kasernenartiges Parteilokal, ein Hauptquartier, eröffnet. Das war beim ›Holiday Inn‹. Sie haben sich lange gehalten in diesen Hotels, sich lange verteidigt. Und dann, ich glaube, im Februar 1976, wurde das eingenommen. Für uns war es schlecht, wenn es zu Kämpfen kam, denn wir waren ja mitten drin. Ganz genau weiß ich auch nicht, wer jetzt die Hotels erobert hat, aber es waren die Linksmilizen. Jedenfalls, mir haben sie bei dieser Aktion das Haus angezündet.

Ich hatte das Restaurant kurz vorher verlassen. Es waren noch Leute bei mir gewesen: Ein Österreicher, der hat den Kurier abgeholt am Flughafen. Da war es schon prekär, gell. Dann war noch eine Engländerin da und zwei deutsche Monteure. Die haben bei mir gegessen und nicht weit gewohnt. Sie waren ziemlich couragiert, diese Leute, und wollten ihre Arbeit unbedingt noch fertig machen. Ich bin am Abend mit dieser Engländerin nach West-Beirut gefahren, um sie nach Hause zu bringen. Nachher war's zu spät – ich konnte nicht mehr zurück. Da waren schon Kämpfe; das heißt, ich konnte beim ›Pheonicia‹ nicht mehr über die Kreuzung, da lagen schon Tote auf der Straße.

Das Haus ist verbrannt mit allem, was drin war. Evakuieren konnte ich es nicht mehr. Ich habe das vorher gespürt. In der letzten Zeit habe ich natürlich auch an der Bar nicht mehr kassiert – die haben gesoffen, ohne zu bezahlen. Auch das Lager ist ausgeraubt worden: etwa 1 000 Flaschen Schweizer Wein. Öl, eine Riesenmenge Öl, wertvolles Öl. Dann Schnaps, Schweizer Kirsch und der Pflümli. Deutsche Konserven – Sauerkraut.

14 Tage später konnte ich zum Restaurant zurück. Das war im Februar 1976. Ich habe mir ein Papier holen lassen von irgendeinem Chef einer ›Konkurrenzmiliz‹, und ein Offizier von denen ist mit mir gekommen. Ein Palästinenser. Viel war nicht mehr zu sehen. Das war nur noch ein Haufen Steine. Das Haus ist zusammengebrochen – alles Holz – die Decken waren alle aus Holz, dann natürlich das Gebälk für das Dach. Ich hatte im Garten sechs große Gasflaschen stehen. Die haben sie dann wohl reingetragen, aufgemacht und angezündet. Ja, das war Zerstörungswut nach dem Motto: Hier hat einer von diesen gewohnt, von den ›anderen‹. Man hat mir auch erzählt, daß während der Aktion solche Schlagworte gerufen wurden – so mit ›Kapitalismus‹ usw.

Ich bin damals dort geblieben wie der Kapitän, der sein Schiff nicht verlassen will. Ich habe immer noch die Hoffnung gehabt, daß sie durchkommen, wenn ich dort bin, daß ich vielleicht verhandeln kann. Aber, weil ich die Engländerin nach Hause gebracht habe, war es nicht mehr möglich.

Ja, ab November 1975 habe ich in dem Restaurant mit meinem Hund geschlafen.

Ich war bewaffnet bis an die Zähne. Dazumal habe ich noch gedacht, mit Waffen kann man etwas ausrichten. Das stimmt natürlich nicht: Mit Waffen kann nur ein trainierter Mann etwas erreichen. Ich habe wohl Granaten geworfen und auch geschossen bei der Armee. Aber man muß da im Training sein, denn wenn da plötzlich drei Kerle vor einem stehen mit der Kalaschnikov, das macht so einen Eindruck, daß man sich kaum mehr bewegen kann.

Ja, wer konnte damals nicht weg? Arme Leute – die konnten es sich nicht leisten an einen anderen Platz zu fahren. Manche älteren Leute blieben dort – aus Fatalismus. Viele Leute haben gedacht, das geht vorbei, wie ich auch.

Besonders dazumal, als wir diese Riesenmenge Fleisch bestellt haben, 1975. Kurz davor kam es wieder mal zu einer Ruhe. Sie haben sich wieder verbrüdert, es wurden Blumen verteilt, sie haben sich sogar geküßt.

Es hat an Fleisch gefehlt, und ich wußte von einer großen Menge erstklassigem Fleisch, das in Larnaka auf Zypern in einem Kühlhaus lag. Wir haben das zu zweit gekauft, für über eine Million Deutsche Mark. Wir haben es also dann bestellt, und es ist angekommen. Ich habe das Schiff sogar gesehen, ich hatte ja einen Überblick von meiner Wohnung über den Hafen. Ich habe schon gedacht, das geht gut, weil es ruhig war, gell. Die haben es ausgeladen, und da ist der Teufel losgegangen. Der Reeder hat noch mit mir telefoniert: Es ist auf dem Kai und wird in die Kühlräume gebracht. Die sind da irgendwo in Hafennähe. Und dann ist eben der Wirbel losgegangen, niemand konnte in die Hafen hinein. Also ist das ganze Fleisch verfault, zugrundegegangen. Das hat sich zersetzt in der glühenden Hitze. Später, für mich viel zu spät, als wieder Ruhe war, haben sie das Fleisch mit Bulldozern ins Meer hinausgestoßen. Die Kisten mit den Aufschriften haben wir noch mit eigenen Augen gesehen. Das Fleisch war natürlich vorher bezahlt, und das Geld war weg. Über eine Million Mark verloren. Solche Geschäfte konntest du halt damals nur direkt abwickeln.

Was wir nicht verloren haben, das sind die Transportkosten, aber die waren im Verhältnis zu der Ware gering. Später, als die Kämpfe wieder aufgeflammt waren, haben wir dann noch eine Rakete bekommen. Dabei sind andere Lagebestände draufgegangen, die im Kühlraum waren, zum Beispiel Krevetten und vielleicht an die 20000 Schnecken.

Als wir wieder dorthin konnten, war alles ausgebrannt. Jemand hat wohl einen Brand gelegt, weil das so gestunken hat dort. Die Häuser nebenan waren sehr schwer getroffen worden, zum Teil zusammengefallen. Nur mein Haus stand noch, aber eben ausgebrannt. Doch es war immer noch nicht alles verbrannt, und es kam tatsächlich wieder eine Periode, in der wir die Bude erneut aufgemacht haben. Das Restfleisch haben wir mit Masken vor dem Gesicht beseitigt, und ich hatte tagelang noch den Gestank von Aas in der Nase.

Also, wieder einen neuen Frigo gekauft. In die Schweiz gefahren und mit drei Wagen Material für die Metzgerei zurückgekommen. Kaum waren wir hier unten, sind wir nochmals hochgefahren und haben die Autos wieder beladen mit allem möglichen, was man so braucht zum

Arbeiten. Und so war das wieder installiert und es gab wieder eine Phase, in der wir ein paar Monate gearbeitet haben.

Dann wurde das Viertel von den Syrern besetzt. Die machten dort ihr Hauptquartier auf. Von meinem Material konnte ich wiederum fast nichts wegnehmen. Das ist alles so schnell gegangen. Die haben plötzlich Minenwerfer vor meiner Bude aufgestellt, um nach drüben zu schießen. Ja, allgemeine Schußrichtung: Ost-Beirut, und die anderen haben dann zurückgeschossen, und so ist es wieder losgegangen. Damit war nach dem Restaurant auch die Metzgerei verloren, nur 200 Meter voneinander entfernt. Das Haus steht aber jetzt noch, also theoretisch könnte man sie wieder in Betrieb nehmen.

Nach der Einnahme unseres Viertels sind die Milizen weiter vorgerückt, und es hat sich allmählich eine Front gebildet, sagen wir rund 300 Meter vor der jetzigen ›Grünen Linie‹.

Und dann wurde es schlimm: Zwei Deutsche, die dann noch kamen, die waren in Stalingrad gewesen und die haben mir gesagt: Du, wir haben also viel erlebt in Stalingrad und natürlich größere Brocken abbekommen. Aber solche Mengen an Munition und die Schießerei Tag und Nacht, das übertrifft alles.

Es wurde viel geschossen – mit Kalaschnikov – nicht eigentlich gekämpft. Die Linien waren ziemlich weit auseinander. Dann begann die gegenseitige Geiselnahme nach Identitätskarte. Die Geiseln wurden auf der einen Seite getötet, und dann haben die anderen Geiseln genommen und sie auch getötet, und so hat sich das Ganze immer mehr gesteigert.

Angefangen hat es so: An einem Sonntagabend ging ich in der Nähe der großen Hotels eine Zeitung kaufen. Nebenan war eine Bar. Da haben vor allem Amerikaner verkehrt, auch Deutsche. Und da kommt plötzlich ein Japaner herein und sagt in der Aufregung in einem komischen Englisch: Da ist eine Mörderei passiert, droben in einem Stadtviertel. Es wäre besser, wenn man nach Hause ginge, denn das könnte zu einer Explosion führen.

Was war geschehen? Die Palästinenser sind mit einem Auto mehrere Male um eine Kirche herumgefahren, in der gerade eine Feier stattfand, und haben auf die Anwesenden geschossen. Später haben die Maroniten im selben Viertel einen Autobus überfallen. Es hat viele Tote gegeben, ich glaube über 20.

Auf dem Heimweg bin ich noch an einer anderen Bar vorbeigegangen, die einer Österreicherin gehörte. Und da haben Journalisten verkehrt, unter anderem Mitarbeiter von einer amerikanischen Nachrichtenagentur, von AP, und auch andere Kollegen. Die waren natürlich immer sehr gut informiert. Ich komm da rein und die saßen an der Bar. Ich habe gesagt: Du, Harry, ich habe da folgendes vernommen, jetzt probier mal, ob du durchkommst und ob das stimmt. Wenn ja, dann alle sofort verschwinden und ihr – an die Arbeit.

Und dann hat er telefoniert, schnell seine Sachen zusammengeschmissen und gerufen – »Schließt den Laden ab und geht nach Hause« – und ist ab wie die Feuerwehr. Um 12 Uhr nachts haben die Souks gebrannt im Zentrum, wo der Place des Canons ist, also der »Bourdsch«, wie man sagt. Das war ein Riesenfeuer. Die meisten Läden haben Armeniern gehört. Es ist schwer zu sagen, wer sie angezündet hat, aber in ihrer Euphorie haben die alle dann noch zusätzlich geschossen, und so hat sich das gesteigert, gesteigert und gesteigert.

Und schon hatten wir Quartiere: Dort waren die Christen und hier die Moslems. Ich konnte noch nach Hause, weil es dort noch neutral war. Es war ein gemischtes Gebiet, auch Orthodoxe haben da gewohnt, die sich ja immer ein bißchen rausgehalten haben, dann auch Armenier und Kurden. Die kannten mich ja alle, so daß ich immer noch ohne Gefahr nach Hause gehen konnte. Andere Viertel waren bereits hermetisch abgeriegelt. Dann gab es wieder x Perioden mit einem Waffenstillstand, eben auch eine Zeit – da haben sie sich geküßt – die ... die Schießer da. Der längste Waffenstillstand hat einmal 14 Tage gedauert.

Warum das immer wieder angefangen hat? Das ist ganz einfach. Ein typisches Beispiel: Bei uns in der Straße hat einer von den Milizionären gehört, daß sein Bruder erschossen worden ist. Am Morgen, als er das vernimmt, da holt er seine Kalaschnikov und schießt alle Geschäfte, die Moslems gehören, zusammen. Also, nachdem er die Läden zerstört hatte, sind natürlich die anderen hergegangen und haben auf der anderen Seite etwas zerstört, und schon waren wieder Kämpfe ausgebrochen.

Keine Rede von großer Politik.

Nein, nein, das ist erst ein kleines Feuerle und dann die große Explosion.

Die Falangisten waren halt militärisch zu schwach, aber sie waren die besseren Kämpfer, behielten mehr den Überblick, waren auch intelligenter. Ich habe mit Ärzten oder Advokaten gesprochen, die dabei waren und die ab und zu in mein Restaurant gekommen sind. Die anderen waren in der Überzahl aber locker organisiert, bis sich eine kompakte Gruppe der Armee zu den Palästinensern geschlagen hat. Und ich glaube, mit dieser Gruppe haben sie dann das ›Holiday Inn‹ einnehmen können. Die libanesischen Muslime haben sich dann ihren Glaubensbrüdern, Palästinensern, zugesellt. Und muslimische Offiziere auf der christlichen Seite sind dann eben übergelaufen, und zwar mit allem Material, das sie zur Verfügung hatten. Die hatten ja zum Schluß

Panzer und Kanonen auf beiden Seiten, die Armee ist richtig auseinandergeflogen. Die waren so schwerfällig.

Ja, bei der einen Schießerei in der Nähe meiner Wohnung, da hat mir vielleicht ein kurioser Umstand das Leben gerettet. Die Engländerin nämlich, die ich noch nach Hause gebracht habe, hat an dem Abend für mich Spaghetti gekocht, so daß ich mich verspätet habe. Und als ich an der Linie ankam, da war sie schon abgeriegelt. Auf dem Boden habe ich eine halb verkohlte Frauenleiche liegen sehen, neben ihr ein toter Mann. Beide lagen unter Steinen, und ich wußte, wer in diesem Haus wohnte. Ich war überzeugt: Das ist diese ältere Ungarin und der andere, das ist der Mann, der hier die Zigaretten verkauft.

Auf meinem Rückweg in die Stadt habe ich dann eben diese Frau getroffen, und sie rief: Ich habe schon gedacht, Sie liegen unter den Trümmern Ihres Restaurants – und ich hatte ja dasselbe von ihr gedacht.

Es sind ja viele umgekommen da unten, bei der Schießerei und auch bei Raubmorden. Die haben ja all die kostbaren Teppiche aus den Häusern geholt.

Und dann gab es natürlich überall Heckenschützen. Wenn man durch die Straßen gegangen ist, wußte man schon ungefähr, wo ihre Schießscharten waren, umd man vermied diese Wege. Sie saßen meist auf den Dächern der hohen Häuser. Wir wußten zwar dazumal, wo sie sich aufhielten, aber mit ihrem Zielfernrohr konnten sie schon einiges machen.

So wurde ein guter Bekannter von mir getroffen. Der ist irgendwann ausgeklinkt, hat sich aus einem Bettlaken eine weiße Fahne gemacht in der Nacht. Der wollte damit an die Linie gehen, um mit den Leuten dort zu verhandeln, damit sie endlich aufhören zu schießen. Und dabei hat's ihn erwischt. Der war schwer verwundet. Sie haben ihm noch ein Bein amputiert und so weiter, und nachher ist er doch gestorben.

Über meine finanziellen Verluste darf ich gar nicht nachdenken. Wenn ich daran denke, dann wäre es mir mehr wert, noch die Souvenirs zu haben, die sich im Restaurant befanden. Ich hatte eine Vitrine mit Souvenirs, die mir Kunden gebracht hatten: ein Zwiebelmännchen, eine Puppe aus Norwegen, zwei wunderschöne alte Alphörner und eine Armbrust. Auch viele Diplome aus der Zeit, als ich noch in der Schweiz gearbeitet habe.

Tja, die Frage, warum ich nicht zurückgegangen bin in die Schweiz ... Es hat ja immer wieder Unruhen gegeben, die auch wieder vorbeigegangen sind. Das zweite Mal, als ich mein jetziges Lokal aufgemacht habe, da sind die großen Banken zurückgekommen und die Fluggesellschaften. Man konnte wieder über die ›Grüne Linie‹ fahren. Die Syrer haben den Westteil der Stadt übernommen.

Dieses Lokal hier habe ich Ende 1977 eröffnet. Jetzt habe ich schon so lange gewartet, da kann ich auch noch weiter warten.

Ich wollte vor 12 Jahren einmal weggehen, denn schon damals haben wir gespürt, daß hier irgendetwas passiert. Aber es waren hier keine Käufer mehr da. In normalen Zeiten ist so ein Restaurant etwa 1 Million libanesische Pfund wert. Ich glaube kaum, daß ich es jetzt für 300000 loswerden könnte.

Ost-Beirut wäre eine Alternative gewesen. Aber ich bin damals nicht in den Osten gegangen, denn hier sind ja alle Botschaften und Banken und auch meine Freunde. Es war auch damals noch ziemlich fad auf der anderen Seite. In Aschrafiye war ich mein Lebtag noch nicht gewesen. Aber auch auf der Westseite, in der Hamra-Gegend, haben wir kaum verkehrt. Unser Viertel war unten in der Altstadt, und von dort aus sind wir dann manchmal in die Berge gefahren.

Früher gab es ja in dem Sinne keine ›Hamra‹, da war ja nichts los. Nur Kakteen, Kartoffelacker und Zelte der Beduinen. Es gab nur einen kleinen Trampelpfad, den man noch nicht einmal mit dem Fahrrad benutzen konnte. Überhaupt – Fahrräder gab es ja auch nicht. Eine Frau am Steuer, das war undenkbar. Oder, eine Frau am frühen Abend allein auf der Straße, das gab's auch nicht. Die Hamra ist eigentlich entstanden, nachdem König Farouk von Ägypten abgedankt hatte. Die meisten Bankiers sind damals aus Kairo hierher gekommen und haben in Hochhäuser investiert.

Und so ist der riesige Betonbunker entstanden. Das höchste Haus Anfang der fünfziger Jahre war das Hotel ›St. Georges‹ mit sieben Etagen.

Nach Beirut kam man damals nicht mit dem Flugzeug, sondern mit dem Schiff in neun Tagen von Genua aus. Das war so ein Schiff – halb Frachter, halb Passagierdampfer. Es dampfte über Kairo und Port Said nach Beirut. Und wenn man näher herankam, dann sah man die Stadt vor sich liegen, mit lauter roten Ziegeldächern, grünen Gärten, Zypressen, Palmen und die Bürgerpaläste mit ihren Säulen.

Während des Krieges haben wir Europäer eine ganze Reihe von Ausweisen gebraucht. Nur mußte man aufpassen, daß man nicht an der falschen Stelle den falschen Ausweis herauszog.

Die Milizionäre an den Straßensperren trugen meist schwarze Masken über dem Gesicht.

Ich kann nicht sagen, daß ich bereue, ich mache mir nur Vorwürfe, daß ich nicht konsequent gehandelt habe. Andererseits, wenn ich kein Risiko eingegangen wäre, dann hätte ich heute noch mein winziges erstes Restaurant. Viele sind groß geworden, weil sie etwas riskiert haben. Mir ist es nicht gelungen durch diesen Bürgerkrieg, aber nicht durch einen großen Fehler.

Dennoch ist der Libanon für mich immer noch attraktiv, die Leute sind halt nett. Wenn ich so durch die Straßen gehe, dann treffe ich morgens zuerst den Taxichauffeur, denn momentan habe ich keinen Wagen, aus Angst, daß er mir gestohlen wird. Der begrüßt mich dann, und wenn ich aussteige, dann kommt der Zeitungsverkäufer, der mich mit Namen anredet. Genauso der Straßenfeger und der Polizist, und dem sage ich: Du, mach dem Auto da mal keinen Bußzettel, der nimmt den Wagen gleich weg. Komm schnell bei mir einen Kaffee trinken. Dann kommt der herauf und trinkt seinen Kaffee.

Natürlich frage ich mich auch, ob überhaupt jemals Frieden in West-Beirut einkehrt.

Das Problem sind die Waffen. Gelingt es jemandem, diese schweren Waffen einzuziehen ... aber, wenn einer der führenden Politiker ermordet wird, die Möglichkeit besteht ja, dann geht der Teufel wieder los, ganz bestimmt – egal, welcher von ihnen es ist.

Ja, das ist jetzt die große Gefahr. Und die Waffen einsammeln, das konnten nicht einmal die Israelis. Die haben hier denselben Fehler gemacht wie die Deutschen in Rußland. Sind sehr weit hineingerollt, und nachher hatten sie nicht die Fähigkeit, das alles zu halten. Die Stoßtrupps mit den Panzern, die sind ja teilweise 100 Kilometer am Tag vorgerückt. Und dann? Zu wenig Soldaten, um das zu halten

Ja, ich war auch hier während der israelischen Bombardierungen, und das war schon manchmal grausam.

Aber längst nicht so schlimm wie der 6. Februar 1984, als die überall hineingeschossen haben. Überall Granaten, so ungefähr. Ein Franzose, der mitgezählt hat, hat mir gesagt, 430 Einschläge hätte es in dieser einen Nacht gegeben.

Und die meisten davon in Ras Beirut, in einem Radius, der kaum größer ist als 300 Meter. Ich war hier drin, in der Ecke da. Das ganze Treppenhaus war voller Leute. Man kann nicht beschreiben, wie das ist. Das war schon das Verrückteste, was ich erlebt habe, der 6. Februar – außer vielleicht dem letzten Pfingstmontag. Da sind wir von Syrien über Ost-Beirut reingekommen und vor uns, hinter uns und neben uns – überall Granaten. Wir mußten aus ganz bestimmten Gründen unbedingt durchkommen. Die Leute, die mit mir waren, konnten nicht im Osten bleiben. Also sind wir mit Vollgas da hinein, die Straße war ja offen. Zum Glück war der Fahrer ein Kenner. Der ist dann sofort in kleine Gassen eingebogen. Wir hatten natürlich davon im Radio gehört und haben gedacht, das sei die übliche Schießerei. Keiner hat gedacht, daß es dieses Ausmaß annimmt. Schon in Jounieh sind die ersten Granaten eingeschlagen. Am Übergang zwischen Ost- und West-Beirut standen große Gruppen von Kameraleuten und Journalisten, versteckt unter den halbfertigen Neubauten.

Na ja, wir sind durchgekommen. Aber das war knapp, ganz knapp. Man kann nicht wiedergeben, wie es einem da zumute ist. Man denkt nur noch daran, nicht getroffen zu werden.

Und in der Nacht vom 6. Februar – also, ich bin kein Schnapstrinker – aber da habe ich eineinhalb Flaschen Rum getrunken. Ich habe die ganze Nacht gestanden, aber nichts vom Alkohol gespürt.«

Ein Krieg mit vielen Gesichtern

Von Beginn an hatte der libanesische Krieg viele Gesichter.

Gewiß, für die militanten Maroniten unter Führung der Falange-Partei waren die Palästinenser die Ursache allen Übels und mußten demnach bis aufs Messer bekämpft werden.

Aber entsprach dieser Standpunkt der Wirklichkeit? Wohl kaum. Denn im Libanon brodelte es, lange bevor die bewaffnete Präsenz der Palästinenser begann, das zerbrechliche Gleichgewicht zwischen Christen und Muslimen zu stören.

Schon 1958 – damals gab es keine PLO-Kommandos im Lande – kam es zur ersten großen Krise zwischen dem maronitisch gelenkten Regime unter Präsident Camille Schamun und den panarabisch orientierten muslimischen Massen. Letztere, inzwischen zahlenmäßig stark angewachsenen und frustriert durch ihre schlechten Lebensverhältnisse, forderten einen größeren Anteil am libanesischen Kuchen. Gamal Abdel Nasser, das Idol der erwachenden arabischen Völker, hatte zweifellos entscheidenden Anteil an dieser Entwicklung, weil seine flammenden Parolen auch im Libanon ihre Wirkung nicht verfehlten. Nasser war ihr Held, der mit seinem Charisma ihr Selbstbewußtsein stärkte und sie in die Revolte gegen den maronitischen Staatschef Schamun trieb.

Schamun, übrigens auch 1975 einer der maronitischen Scharfmacher, tat seinerseits alles, um die Situation anzuheizen. Er mißachtete die sozialen und wirtschaftlichen Anliegen der Muslime und versuchte zudem, den Libanon fest an den Westen zu binden.

Schamun ging sogar so weit, US-Präsident Eisenhower um die Entsendung amerikanischer Truppen zu bitten, weil er seinen Stuhl in Gefahr sah.

Als die Ledernacken im Juli 1958 in Beirut an Land gingen, war jedoch das Gröbste bereits überstanden: Die weise, um Ausgleich bemühte Haltung des maronitischen Armeechefs General Schehab hatte eine Katastrophe verhindert. Schehabs Weigerung, seine Soldaten auf die eigenen Landsleute zu hetzen, brachte ihm das Präsidentenamt ein. Er war entschlossen, einen neuen Weg zu gehen, um eine weitere Verschärfung der sozialen Gegensätze zu verhindern.

Aber General Schehabs Reformpolitik scheiterte letztlich am Widerstand der libanesischen Clanchefs und Feudalherren, deren Macht er brechen wollte, um grundlegende politische und soziale Reformen durchzusetzen.

»Les Fromagistes« – die »Käseesser«, wie Schehab die christlichen und muslimischen Oligarchen abschätzig nannte, fanden sich am Ende zu einer großen Koalition zusammen und es gelang ihnen, den »Systemveränderer« Schehab zu entmachten.

Das Scheitern der Reformpolitik des Generals sowie des »Schehabismus« seiner Gefolgsleute vertiefte die sozialen und politischen Kluften. Das libanesische Staatsschiff steuerte, schon stark angeschlagen, in den frühen siebziger Jahren immer tiefer in die große Krise hinein. Das Fundament geriet bedrohlich ins Wanken, jedoch nicht allein wegen der wachsenden Spannungen zwischen Christen und Muslimen, sondern auch aufgrund der Widersprüche innerhalb der großen Religionsgemeinschaften.

Die Besitzenden wollten ihre priviligierte Stellung bewahren, und die Habenichtse forderten ihr doppeltes Recht: bessere wirtschaftliche Bedingungen und mehr politische Macht.

Hier kehren wir an den Anfangspunkt zurück. Die militärische Präsenz der Palästinenser war nicht die Wurzel des libanesischen Übels, sondern sie beschleunigte einen bereits laufenden Prozeß und brachte ihn früher zur Explosion, als dies ohne sie der Fall gewesen wäre.

Angesichts der Spannungen innerhalb der libanesischen Gesellschaft sowie der Turbulenzen in der gesamten Region bewegte sich der Libanon auf die Katastrophe zu – mit oder ohne Palästinenser.

Es ist sicher falsch, die libanesische Tragödie von Beginn an als Bürgerkrieg im engeren Sinne zu werten. Was sich 1975/76 im Libanon abspielte, war vielmehr *auch* ein Bürgerkrieg. Eine Vielzahl von ineinandergreifenden Elementen bestimmten Charakter und Verlauf dieses Krieges, der für die kämpfenden Parteien und Fraktionen ein jeweils anderes Gesicht hatte.

Jenseits der arabischen und internationalen Dimension ergab sich daraus folgendes Bild:

Die militanten Maroniten wollten die Palästinenser ausschalten, weil sie durch jene »ihren Staat« bedroht sahen.

Die Palästinenser betrachteten die Maroniten als ihre Feinde, weil sie ihnen den Libanon als Machtbasis, als »Konfrontationsland« gegen Israel, wieder entreißen wollten.

Die libanesische Linke schließlich benutzte die Palästinenser als bewaffneten Arm, um das verhaßte System zu stürzen, das die wirtschaftlichen und politischen Vorrechte der Maroniten zementierte.

Bei den Palästinensern gilt es allerdings zu unterscheiden. Die »sozialistischen« Gruppen strebten nicht nur die Befreiung Palästinas an, sondern sie hatten eine sozialistische arabische Welt im Visier. Für sie führte der Weg nach Jerusalem über ein sozialistisches Kairo, Amman, Damaskus *und* Beirut. Folglich entsprach ihre Interessenlage weitgehend den Zielen der libanesischen Linken.

Yassir Arafat hingegen, der mit »al-Fatah« die größte und stärkste Organisation der Palästinenser führte, war nicht an einem regelrechten Umsturz im Libanon interessiert. Ihm schwebte lediglich eine weitgehende Schwächung des libanesischen Staates vor, um ungestört von hier aus gegen Israel operieren zu können.

Deshalb schickte Arafat seine Truppen auch anfangs nicht in die Schlacht gegen die christlichen Milizen. Dies änderte sich erst, als die Maroniten die palästinensischen Flüchtlingslager in Ost-Beirut angriffen und Hunderte von Zivilisten massakrierten.

Die radikale palästinensische »Ablehnungsfront«, unterstützt von Libyen, Irak und Algerien, schürte indessen den libanesischen Konflikt von Beginn an und weigerte sich rundheraus, Arafats zurückhaltender Linie zu folgen.

Diese »Falken« in der PLO hielten Arafat entgegen, die Falangisten und ihre maronitischen Verbündeten seien entschlossen, mit Hilfe Israels und der USA den palästinensischen Widerstand zu zerschlagen. Deshalb sei es die Pflicht eines jeden Palästinensers, an der Seite der libanesischen Linken zu kämpfen.

Was die »Ablehnungsfront« aber in erster Linie dazu veranlaßte, Öl in das libanesische Feuer zu gießen, war der Gedanke, um jeden Preis eine *politische Lösung* des arabisch-israelischen Konflikts zu verhindern, die damals erste Konturen am nahöstlichen Horizont zeigte.

Ohne die radikalen PLO-Kommandos hätte die schwache libanesische Linke militärisch gegen die Maroniten nichts ausrichten können. Andererseits provozierten die christlichen Privatarmeen mit der Blokkade der Palästinenserlager das massive Eingreifen Arafats, dessen Fatah-Kämpfer die Hauptstreitmacht der PLO darstellten. Damit war eine Entwicklung eingeleitet, die das Gleichgewicht der militärischen Kräfte radikal zum Nachteil der Maroniten veränderte.

Die Falangisten und ihre Alliierten hatten sich zuvor schon einmal verrechnet, als sie ihre Artillerie im historischen Stadtkern Beiruts postierten und die Geschäftsviertel im Westen beschossen. Nach vier Tagen irrwitziger Bombardierungen lagen die traditionellen Souks in Schutt und Asche.

Dieses militärisch völlig sinnlose Unternehmen sollte der libanesischen Linken demonstrieren, daß man entschlossen war, das Äußerste zu wagen, um den »maronitischen Staat« zu retten.

Die Zerstörung des »alten Beirut« provozierte einen Gegenangriff der palästinensisch-libanesischen Milizen auf die christlichen Positionen in dem einstmals so schicken Hoteldistrikt an der Uferpromenade, in dessen Verlauf die Christen fast alle ihre Stellungen in West-Beirut aufgeben mußten.

Je länger der Krieg dauerte, desto deutlicher entwickelte er Züge eines Religionskriegs. Viel schlimmer als der Mißbrauch religiöser Symbole, große Holzkreuze auf der Uniform der Falangisten und Koranverse auf den Panzerwagen ihrer Gegner, war die »religiöse Sippenhaft«, die alle Seiten praktizierten. Hunderte, wahrscheinlich Tausende von unbeteiligten Bürgern wurden verschleppt und kalt dahingemordet, nur weil in ihrem Personalausweis die falsche Religion eingetragen war. Zu dieser schmutzigen Methode griffen alle Kriegsparteien, weil sie sich hierdurch eine Mobilisierung der schweigenden Mehrheit der muslimischen und christlichen Massen versprachen.

Die nackte Angst, von den Milizen der »anderen« Religionsgruppe massakriert zu werden, trieb viele Libanesen in die Flucht, und auf diese Weise entstanden konfessionell »gereinigte« Gebiete. Durch jene Zwangsumsiedlungen schafften sich die Maroniten einen regelrechten Christenstaat, während das von der PLO kontrollierte West-Beirut seinen gemischt religiösen Charakter bewahrte, denn dort behielten rund 200000 Christen ihren Wohnsitz bei.

Syrien greift ein

Im Frühling 1976 sah Drusenfürst Kamal Djumblatt ein »Rendezvous mit der Geschichte« in greifbare Nähe gerückt. Djumblatt, Führer der libanesischen Linken und Verbündeter Yassir Arafats, glaubte einen »totalen militärischen Sieg« über die geschwächten maronitischen Milizen vor sich, dem die »totale Revolution« im Libanon auf dem Fuß folgen werde.

Nichts aber schreckte den großen Nachbarn Syrien mehr als die Vorstellung, Djumblatts historische Wünsche könnten tatsächlich in Erfüllung gehen.

Gewiß, Syrien hatte bis zu diesem Zeitpunkt die libanesische Linke und Arafats »al-Fatah« massiv mit Waffen, Munition und Lebensmitteln unterstützt. Aber diese Hilfe aus Damaskus war nur geflossen, um einen militärischen Sieg der Christen auszuschließen.

Denn aus syrischer Sicht durfte es im libanesischen Krieg weder einen absoluten Sieger noch einen zugrundegerichteten Verlierer geben. Folglich schlüpften die Syrer von Beginn des Konflikts an in die Rolle des Vermittlers, um einen Kompromiß zu erreichen, der den eigenen Interessen entsprach.

Syriens Ziel war es, das Gleichgewicht zwischen Christen und Muslimen wiederherzustellen und darüber hinaus den Palästinensern eine zwar dennoch garantierte aber begrenzte Aktionsfreiheit zu erhalten.

Damit wollte Damaskus zwei Fliegen mit einer Klappe schlagen. Israel sollte vom Südlibanon aus durch die PLO-Kommandos weiter unter Druck gesetzt und der Einfluß Syriens auf den Gang der Dinge im Libanon gestärkt werden.

Ende 1975 beschlich die Syrer ein doppelter Alptraum: Sie fürchteten, die Maroniten könnten das Nachbarland endgültig teilen und einen maronitischen Kleinstaat errichten oder die libanesische Linke würde mit Hilfe der Palästinenser einen Sieg an allen Fronten davontragen und anschließend ein radikales Regime im Libanon etablieren. Beide Möglichkeiten waren aus Damaszener Sicht mit einer Katastrophe gleichzusetzen.

Ein Ministaat der Maroniten mußte den Syrern ein Dorn im Auge sein, weil er einem maronitischen »Israel« gleichkam und zudem Spaltungstendenzen bei den religiösen Minderheiten in Syrien selbst ermutigen würde.

An einem linksradikalen libanesischen Regime unter dem Einfluß der PLO konnte den Syrern ebensowenig gelegen sein. Ein solcher Staat vor der eigenen Haustür war für Damaskus aus mehreren Gründen gefährlich. Zunächst stellte er geradezu eine Einladung an Israel dar, in den Libanon einzumarschieren und den Süden des Landes zu annektieren, und darüber hinaus hätte er auch eine unliebsame innerarabische Konkurrenz heraufbeschworen. Syrien konnte im Libanon keinesfalls einen Brückenkopf seines Erzfeindes Irak dulden, der mit Hilfe der palästinensischen Falken entstanden wäre. Außerdem gefiel es den syrischen Machthabern ganz und gar nicht, daß in Beirut ein Regime sitzen sollte, daß den Sowjets als mögliche Alternative zu Damaskus erscheinen könnte.

Völlig unerträglich war der syrischen Regierung schließlich der Gedanke, von libanesisch-palästinensischen Heißspornen in einen Krieg mit Israel hineingezogen zu werden, dessen Ort und Zeitpunkt außerhalb der syrischen Entscheidung lagen.

Vor diesem Hintergrund bemühten sich die syrischen Führer redlich, den libanesischen Krieg durch einen Kompromiß zu beenden.

Im Februar 1976 gelang es ihnen, die Maroniten zu politischen Zugeständnissen zugunsten der Muslime zu bewegen.

Künftig sollte das Parlament zu gleichen Teilen mit Christen und Muslimen besetzt sein und der sunnitische Ministerpräsident nicht mehr vom maronitischen Staatschef ernannt, sondern vom Parlament gewählt werden.

Mit anderen Worten, das »libanesische Modell« erfuhr bescheidene Verbesserungen, aber im Grunde blieb alles beim alten, denn an der Vormachtstellung der Maroniten hatte man nicht gerüttelt.

Mit dieser halbherzigen Lösung aber wollte sich die libanesische Linke unter Führung des Drusenfürsten Kamal Djumblatt nicht abspeisen lassen. Kurz davor, den Krieg mit Hilfe der Palästinenser zu gewinnen, weigerte sich Djumblatt, den »syrischen Friedenszug« zu besteigen.

Statt dessen gab er die Parole aus, weiter zu kämpfen, bis die Maroniten endgültig geschlagen waren.

PLO-Chef Yassir Arafat erkannte wohl die heraufziehende Gefahr, vermochte jedoch nicht, Djumblatt von seinem hochmütigen Konfrontationskurs gegen Syrien abzubringen.

Im Grunde ein vorsichtiger Taktiker, ließ sich Arafat von Djumblatt und den palästinensischen Falken die Initiative entreißen und schlitterte so wider besseres Wissen in die militärische Auseinandersetzung mit Syrien, die für ihn mit einer bitteren Niederlage enden sollte!

Als die Maroniten in der Folge sogar in ihrem Kernland immer mehr in Bedrängnis gerieten, entschloß sich Syrien zu handeln.

Am 1. Juni 1976 marschierte die syrische Armee in den Libanon ein, und ein Schrei der Entrüstung ging durch die arabische Welt. Während die Maroniten die Syrer als Retter in höchster Not begrüßten, wurden sie von Arafat als Henker des palästinensischen Widerstandes gebrandmarkt. Der Irak schickte warnend Truppen an die syrische Grenze, Ägypten beantragte eine Krisensitzung der arabischen Außenminister, und Libyens Ministerpräsident Jalloud reiste nach Damaskus, um zwischen Arafat und der syrischen Regierung zu vermitteln.

Mit einem zweifelhaften Lob aus Washington versehen, mußte sich Syriens Staatschef Hafiz al-Assad von seinem Waffenlieferanten Breschnew öffentlichen Tadel und die Aufforderung gefallen lassen, die syrischen Soldaten unverzüglich zurückzuziehen.

Assad hatte sich zwischen alle Stühle gesetzt und eine völlige Umkehrung der arabischen Allianzen bewirkt, die allerdings nicht von langer Dauer sein sollte.

Die Maroniten, seit jeher dem panarabisch orientierten Syrien gegenüber mißtrauisch, freuten sich nun über den unerwarteten Verbündeten. Ägypten, das anfangs eher mit den libanesischen Christen sympathisiert hatte, sah jetzt in Arafat wieder einen Freund, weil er zu Syriens Feind geworden war. Und dies, obwohl Arafat den ägyptischen Präsidenten Sadat einen »Verräter« geschimpft hatte, als dieser das von Henry Kissinger vermittelte Sinai-Abkommen mit Israel unterzeichnete. Großmütig schaute Sadat nun über diese Beleidigung hinweg und griff dem PLO-Chef auch militärisch unter die Arme.

Man benutzte sich gegenseitig. Ägypten wollte Syrien eine Lektion erteilen, weil es die Truppenentflechtung auf dem Sinai scharf verurteilt hatte, und Arafat brauchte Hilfe, um sich der syrischen Übermacht im Libanon zu erwehren.

Der syrische Einmarsch verursachte noch andere innerarabische Turbulenzen, die sich auf der libanesischen Szene niederschlugen. Das geschilderte Beispiel soll jedoch genügen, um zu verdeutlichen, daß im Libanon nicht nur ein Bruderkrieg mit vielen Gesichtern, sondern auch ein Stellvertreterkrieg der entzweiten arabischen Staaten geführt wurde.

Syrien setzt sich durch

Die Palästinenser zögerten nur kurz und entschlossen sich dann, den Syrern massiven Widerstand zu leisten. Damit waren die schon lange bestehenden Spannungen zwischen der PLO und Damaskus in einen offenen Konflikt umgeschlagen. Arafat fürchtete, bei einer Niederlage in die syrische Abhängigkeit zu geraten. Er mobilisierte deshalb alle verfügbaren militärischen Kräfte und versuchte zudem, Syrien in der Arabischen Liga zu isolieren. Erfolglos, wie sich am Ende heraustellte.

Am 14. November 1976 rückten 6000 syrische Soldaten mit 200 Panzern in Beirut ein und besetzten die gesamte libanesische Hauptstadt.

Sie kamen als »Arabische Abschreckungstruppe«, ausgestattet mit einem Mandat, den libanesischen Krieg zu beenden.

So hatte es zuvor die Arabische Gipfelkonferenz in Kairo beschlossen und damit nachträglich akzeptiert, daß von den arabischen Staaten allein Syrien den Schlüssel zur Lösung der libanesischen Krise in den Händen hält.

Aber der syrische Sieg von damals präsentiert sich im Rückblick als ein negativer Erfolg, jedenfalls für die Libanesen.

Damaskus verhinderte Djumblatts »Rendevous mit der Geschichte« ebenso wie den maronitischen Kleinstaat und verwies auch die Palästinenser in ihre Schranken. Kurz, Syrien demonstrierte seine rücksichtslose Kraft, alles zu vereiteln, was es *nicht* wollte. Den Beweis, konstruktiv an einem neuen Libanon bauen zu können, ist es dagegen bis heute schuldig geblieben. Willentlich oder unwillentlich, diese Frage ließ die syrische Sphinx in Person des Hafiz al-Assad bisher unbeantwortet.

Die zweite Flucht des Chefs
Yassir Arafat in der nordlibanesischen Stadt Tripoli

Tripoli, 14. November 1983

»Lange, bevor man die Außenbezirke von Tripoli erreicht, verdunkelt sich der Himmel über der Küstenstraße und dem Meer, schwarze Rauchschwaden verdichten sich zu drohenden Wolkenbänken. Seit vierzehn Tagen steigen diese schmutzigen Ölwolken von den in Brand geschossenen Tanks der Raffinerie auf, die in der Nähe des Palästinenserlagers Baddawi liegt, das gestern in die Hände der von Syrien unterstützten PLO-Rebellen unter Oberst Abu Musa gefallen ist.

Palästinenser töten Palästinenser – auf libanesischem Boden.

Das einstmals so saubere und grüne Tripoli ist zu einem großen Dreckhaufen geworden. Abfall und Müll säumen die Straßenränder. Herrenlose Kühe grasen auf den Grünstreifen. Alle Geschäfte sind geschlossen, die Straßen menschenleer und die meisten Häuser verriegelt. Ihre Bewohner verbergen sich hinter Jalousien und Fensterläden, als ob dies Schutz böte gegen Kugeln und Granaten. Viele Tausende – man spricht von rund 60000 Tripolitanern – haben ihre Stadt aus Angst vor den Kämpfen verlassen.

Arafat und sein Stab halten sich im Stadtviertel Zahriye auf. Als wir dort eintreffen, räumen seine Gefolgsleute gerade eine Schule aus, um ein provisorisches Pressebüro einzurichten. Dutzende von Kameraleuten und Fotografen umlangern das Eckhaus in der Hoffnung, ›Abu Ammar‹, so lautet Arafats Kampfname, werde vorbeischauen und seine unverdrossene Siegespose präsentieren. Doch Arafat bleibt in seinem schwerbewachten Unterschlupf, wo er sich die Klagen der örtlichen Politiker und Religionsführer anhören muß, die ihn zum Verlassen der Stadt drängen, um die Bevölkerung Tripolis vor einem Blutbad zu bewahren. Der PLO-Chef – Vater der Palästinensischen Revolution für die einen und deren Verräter für die anderen – will aber nur gehen, wenn bestimmte Bedingungen erfüllt werden. Arafat verlangt die Entsendung arabischer Beobachter sowie den Rückzug der syrischen Armee und seiner feindlichen Brüder, die den Ring um Tripoli fest geschlossen haben.

Die Stadt ist umzingelt wie damals Beirut, als die israelische Armee zur Vertreibung der PLO aus der libanesischen Hauptstadt ansetzte.

Vieles erinnert an das Beirut von 1982. Die halbfertigen Neubauten sind von den Guerillas besetzt, in den Garagen stehen die kleinen Lastwagen mit den Luftabwehrgeschützen, und in den unteren Stockwerken haben sich Kämpfer hinter Sandsäcken verschanzt.

Die Straßen sind fast nur noch von Arafats Fedayin und den jungen Burschen der örtlichen Milizen bevölkert.

Die größte unter ihnen ist die »Islamische Einheitsbewegung«, geführt von dem militanten Scheich Said Schabaan. Diese sunnitischen Eiferer haben sich mit Arafat verbündet und sind ›wild entschlossen‹, an seiner Seite zu kämpfen, wenn die Syrer die Stadt angreifen sollten.

Tripoli 1983, das Beirut von 1982. Dieser Vergleich drängt sich überall auf. Ein großer Unterschied jedoch besteht. Dieses Mal sind es Palästinenser und andere arabische Brüder, die Arafat bedrängen, nicht aber der israelische Feind.«

Tripoli, 20. Dezember 1983

»Über sich einen schützenden Luftschirm französischer Jagdbomber und auf See eskortiert von Kriegsschiffen der französischen Marine, so sind PLO-Chef Yassir Arafat und seine 4000 Kämpfer heute aus Tripoli, dem Ort ihrer letzten Niederlage, davongefahren.

Sie fuhren wahrlich mit fliegenden Fahnen, denn Arafats Schiff, das zweite von insgesamt fünf griechischen Passagierdampfern, war mit riesigen palästinensischen Flaggen, die im Fahrtwind hin- und herflatterten, und überlebensgroßen Bildern des Vorsitzenden der PLO geschmückt.

Aber dieser zweite palästinensische Exodus aus einer libanesischen Stadt hat wenig gemein mit dem triumphalen Abzug aus Beirut im Sommer 1982.

Damals verließen Yassir Arafat und 11000 seiner Kämpfer die libanesische Hauptstadt mit der stolzen Gewißheit, dem israelischen Feind in der direkten Konfrontation widerstanden zu haben, und sie sahen sich in ihrem Selbstverständnis als Vorkämpfer der gesamtarabischen Sache bestätigt. Dabei spielte es keine Rolle, daß sie im Grunde eine militärische Niederlage erlitten hatten, denn sic nahmen einen politischen Sieg mit auf den Weg, den sie auszubauen hofften.

Diesmal aber gab es keine Freudenschüsse, die Sympathisanten der Palästinenser abfeuerten, keinen großen Abschiedsbahnhof wie in West-Beirut.

Yassir Arafat, der »Terrorist Nr. 1«, wie ihn die Israelis nennen, mußte sich wegen der israelischen Angriffsdrohungen mit eingezogenem Kopf davonmachen, so, wie Jerusalem es sich gewünscht hatte.

Nichts zeigt das traurige Scheitern aller Hoffnungen der PLO deutlicher als diese Umstände von Arafats Flucht aus Tripoli.«

Ob man die tripolitanischen Ereignisse als einen Meilenstein im unaufhaltsamen Abstieg des Yassir Arafat betrachtet oder sie als Chance für einen Neubeginn wertet, fest steht, daß die palästinensische Politik über mehr als ein Jahrzehnt hinweg fest mit dem Namen Yassir Arafats verbunden ist.

Als die PLO 1964 ins Leben gerufen wurde, standen die arabischen Staaten als Ziehväter an ihrer Wiege. Sie hatten damals die lobenswerte Absicht, den Palästinensern eine eigene Organisation zu geben, in der sie ihre Interessen vertreten sahen. Erst nach der demütigenden Niederlage der arabischen Armeen gegen Israel im »Sechs-Tage-Krieg« von 1967, verbunden mit weiteren Gebietsverlusten, wuchs bei vielen Palästinensern die Überzeugung, daß eine Rückgewinnung Palästinas nur durch einen Partisanenkrieg zu erreichen sei.

Arafat nutzte als Führer der »Fatah« die Gunst der Stunde und mobilisierte in feurigen Reden die palästinensischen und arabischen Massen zum »bewaffneten Kampf« gegen den »zionistischen Feind«, der den arabischen Nationalstolz so empfindlich getroffen hatte.

Die Losung »Wir sehen uns wieder in Jerusalem« wurde zum schlagkräftigen Propagandabegriff in der arabischen Welt.

Als Arafat 1969 den Vorsitz übernahm, entwickelte sich die PLO mehr und mehr zu einem eigenständigen politischen, militärischen und wirtschaftlichen Gebilde, das weitgehend von Saudi-Arabien finanziert wurde.

Doch militärische Rückschläge und interne Richtungskämpfe verhinderten, daß man, sei es militärisch oder diplomatisch, einer Lösung des Palästinenserproblems näher kam.

Darüber hinaus haben auch wiederholte Interventionen verschiedener arabischer Staaten – zuletzt Syriens – die PLO im Innern geschwächt. Dahinter stand und steht zweifellos die Absicht, die revolutionäre Kraft der organisierten Palästinenser nicht außer Kontrolle geraten zu lassen.

Den Staaten der Dritten Welt und des Ostblocks galt die PLO bald als die nationale Befreiungsbewegung schlechthin, während der Westen und Israel sie als Quelle des internationalen Terrorismus bezeichneten. Über einen langen Zeitraum hinweg gaben ihnen die Ereignisse recht: Die PLO übernahm die Verantwortung für Kommando-Aktionen verschiedenster Art, Bombenanschläge und Flugzeugentführungen.

Doch gleichzeitig begann Yassir Arafat auch in der westlichen Welt für die Anerkennung seiner Organisation zu arbeiten. Als er 1974 vor die Vollversammlung der Vereinten Nationen trat, demonstrierte er seinen Willen zum Frieden: »Ich bin gekommen mit einem Olivenzweig in der einen und dem Gewehr eines Freiheitskämpfers in der anderen Hand. Zwingt mich nicht, den Olivenzweig fallen zu lassen.«

Damals hatte die PLO ihr Zentrum bereits in der libanesischen Hauptstadt Beirut und war dabei, hier eine straffe politische und militärische Basis zu errichten, schon mißtrauisch beäugt von dem aufstrebenden, ehrgeizigen Regime in Damaskus.

Die Palästinenser waren es auch, die der Koalition muslimischer Milizen im libanesischen Bürgerkrieg 1975/76 die nötige militärische Schlagkraft verliehen.

Im Nachkriegs-Beirut arrangierten sie sich weitgehend mit den Syrern, nahmen aber im Westteil der Stadt eine zentrale Machtposition ein, bis diese durch die israelische Invasion 1982 gebrochen wurde, und sie zum Abzug gezwungen waren.

Arafats Zustimmung zur Evakuierung der 11000 palästinensischen Kämpfer aus Beirut verbreiterte die Kluft zwischen Gemäßigten und Radikalen innerhalb der PLO. Immer heftiger wurden die Vorwürfe gegen Arafats »diplomatische Kompromißpolitik«, immer häufiger die Rufe nach der Intensivierung des bewaffneten Kampfes als einzigem Mittel zur Durchsetzung des palästinensischen Selbstbestimmungsrechts.

Nur ein Jahr später führten diese Gegensätze zu dem absurdtragischen Bruderkrieg, der über Wochen in der nordlibanesischen Stadt Tripoli ausgetragen wurde. Palästinenser in aller Welt mußten ohnmächtig und ungläubig zusehen, wie sich die verfeindeten Brüder blutige Gefechte lieferten, wie palästinensische Flüchtlingslager von PLO-Rebellen unter Feuer genommen wurden. Man schien die »Befreiung Palästinas« vergessen zu haben.

Die libanesische Phase ihrer Geschichte, die so vielversprechend begann, hat die PLO gespalten, ihrer Unabhängigkeit beraubt und sie noch weiter von Palästina entfernt.

Yassir Arafat, dieses fleischgewordene Symbol der »Palästinensischen Revolution«, Volkstribun und gewiefter Polit-Taktiker im Irrgarten arabischer Machtstrukturen, hat das libanesische Debakel bekanntlich überdauert.

Im August 1984 ließ er es sich nicht nehmen, den Libanesen von Tunis aus diese Botschaft zu übermitteln:

»Ihr besitzt ein Paradies auf Erden. Verspielt es nicht! Dies kommt von einem Mann, der sein Paradies verloren hat: Jerusalem.«

»Es entstand eine Wüste und ihr nanntet es Frieden«
Israel im Libanon

Abu Risch, der freundliche Spion in Lumpen

Er war zu Hause in den Straßen von Ras Beirut. Das ist dort, wo sich die »Nase« von Beirut ins Meer schiebt, und wo auf einem strategisch wichtigen Plateau abwechselnd palästinensische Guerilleros und Soldaten einer syrischen Spezialeinheit ihre Zelte aufgeschlagen hatten.

Man sagt, früher sei sein Revier eher das Stadtviertel Zokak el-Blat gewesen, das unmittelbar an die »Grüne Linie« und den Hafen der libanesischen Hauptstadt angrenzt. Doch etwa ein Jahr vor der israelischen Invasion im Sommer 1982 war er in das damals noch vornehmere Ras Beirut, ans Meer, »umgezogen«.

Er sah aus wie eine Mischung aus Clochard und Zirkusartist. Seine Kleidung bestand aus phantasievoll zusammengestellten Lumpen, und auf dem Kopf trug er einen enormen Schlapphut mit einer noch größeren Feder. Nach ihr hatte er auch seinen Spitznamen erhalten: »Abu Risch« oder »Vater der Feder«.

Wer er war und woher er kam, wußte niemand zu sagen.

Weil er das Arabische mit kleinen Fehlern sprach, glaubten viele, er sei Armenier. Andere wieder hatten sich auch schon auf Deutsch, Englisch oder Französisch mit ihm unterhalten. Er selbst brabbelte unaufhörlich in einem babylonischen Sprachengewirr vor sich hin und gab auch hin und wieder Anekdoten über seine Identität preis, die sich allerdings immer widersprachen. Er sei aus Deutschland, aus Jugoslawien – ein Ingenieur, Architekt oder Lehrer.

Manchmal machte er auch programmatische Aussagen, doch das merkten die Beirutis erst später. So fegte er die hoffnungslos verdreckten Straßen und schimpfte laut: »Ich muß Beirut säubern.«

Schließlich war man sich einig: »Abu Risch« war ein Verrückter, ein Ausgeflippter, der aus dem Nirgendwo kam und sich die Stadt zum Leben ausgesucht hatte, die seinem Geisteszustand am meisten entsprach: Beirut.

»Abu Risch« gab sich niemals dem Müßiggang hin, sondern war ständig auf der Suche nach einer Beschäftigung. Am liebsten fegte und putzte er. Vorzugsweise postierte er sich dort, wo es was zu sehen gab: Er säuberte den Bürgersteig vor dem Parteibüro der Nasseristen, der syrischen oder irakischen Nationalisten, er wusch die Autos von PLO-Funktionären, wenn sie zu einer Sitzung zusammentrafen; und wenn er dann nach getaner Arbeit seinen bärtigen Kopf mit dem Schlapphut ins Sitzungszimmer steckte, so störte das keinen. Man steckte dem Verrückten etwas Geld zu, und »Abu Risch« lächelte verschmitzt.

Sehr gern schaute er auch den Aktivitäten der syrischen Soldaten zu, wenn sie auf dem oben erwähnten Plateau über den Boden robbten oder ihre Geschütze in Feuerstellung brachten. Dann lehnte er sich genüßlich über die Brüstung der Straßenbegrenzung, winkte den Syrern unter ihm zu und feuerte sie an.

Als die Israelis 1982 bis an die Stadtgrenze Beiruts vordrangen und die Belagerung der Stadt sich über viele Wochen hinzog, hatten vor allem Ras Beirut und der etwas höher gelegene Stadtteil Manara schwer unter den Bombardierungen gelitten.

Da ein großer Teil der Bevölkerung damals vor den Luftangriffen gewichen war, fiel es zunächst niemandem auf, daß »Abu Risch« verschwunden war. Schließlich vermutete man, daß er, der kein Dach über dem Kopf hatte und sich nicht schützen konnte, bei einem der Angriffe ums Leben gekommen war.

Später drangen die Israelis nach West-Beirut selbst vor. Zuerst kamen die Panzer, die den Weg freischossen, dann die Patrouillenwagen und zum Schluß die Jeeps mit den Offizieren. Einer der Offiziere kam so manchem Beiruti bekannt vor: Es war ein glattrasierter hutloser »Abu Risch«, der über Jahre hinweg im »Dienste seines Landes« als verrückter Lump in West-Beirut gelebt hatte, und nun die Stadt in- und auswendig kannte.

Von David Ben Gurion zu Ariel Sharon
Israels aggressive Verteidigungspolitik

Anfang 1954 fand ein interessanter Briefwechsel zwischen Politikern der israelischen Führungsspitze statt, dessen Inhalt Licht auf die Hintergründe der israelischen Invasionen des Libanon wirft.

Der erste Ministerpräsident Israels, David Ben Gurion, legte in einem Schreiben an seinen Nachfolger, Moshe Sharett, dar, wie das nördliche Nachbarland in die politischen Interessen Israels eingebunden werden könnte.

Zusammengefaßt vertrat Ben Gurion folgende These: Der Libanon war das schwächste Glied in der Kette der feindlichen »Arabischen

Liga«. Die maronitischen Christen bildeten früher die Bevölkerungsmehrheit in den historischen Grenzen Libanons (d.h. des »Mont Liban«), und die Schaffung eines christlichen Staates in jenen Grenzen war daher nur »natürlich« und würde sicher infolgedessen auch die Unterstützung von Katholiken und Protestanten in der ganzen Welt gewinnen.

Obwohl man dieses Ziel vielleicht in Phasen der inneren Stabilität nicht würde erreichen können, war es doch durchaus in Zeiten von »Wirren, Revolution und Bürgerkrieg« realisierbar. Dennoch könnte im Libanon niemals ein Christenstaat »ohne unsere Initiative und unsere bereitwillige Unterstützung« entstehen. Daher sollte dies »unser erstes Anliegen, oder wenigstens eines der wichtigsten Ziele unserer Außenpolitik« sein. Keine Mühe, Zeit oder Mittel sollten nach Meinung Ben Gurions gescheut werden. Alles, was eine radikale Veränderung im Libanon herbeiführen könnte, müsse getan werden. Israelische Arabisten sollten für diese Aufgabe mobilisiert werden und finanzielle Hürden dürften kein Hindernis sein, selbst, wenn dies bedeutete, daß man »Dollars aus dem Fenster wirft«.

Der damalige israelische Regierungschef Sharett gab in seiner Antwort zu bedenken, daß es schwierig sei, sich in die innenpolitische Entwicklung eines Landes hineinzudrängen, wenn nicht bereits im Land selbst eine Bewegung existierte, die dasselbe Ziel vor Augen hatte. Auch seien die Christen keineswegs geeint und viele von ihnen würden eine maronitische Vorherrschaft in einem Christenstaat nicht akzeptieren.

Sharett hatte recht. Zwar waren sich die Libanesen in den fünfziger Jahren alles andere als einig, doch es gab zwischen Christen und Muslimen keine klar abgesteckten Fronten, und in dem Gewirr von politischen Konzepten und Ideologien bestand durchaus die vage Hoffnung, daß sich die Libanesen zu einer Nation zusammenraufen könnten.

Das hatte sich 1982 grundlegend geändert. Der Libanon befand sich im siebten Bürgerkriegsjahr, die Palästinenser hatten sich im Süden eingegraben und in West-Beirut quasi einen »Staat im Staate« errichtet; die Syrer hielten seit 1976 den Ostlibanon besetzt und hatten ebenfalls Armee-Einheiten im Westteil der libanesischen Hauptstadt stationiert.

Unterdessen hatten sich die christlich-maronitischen »Lebanese Forces« in den vergangenen Jahren mehr und mehr an Israel angelehnt – heimlich zwar, doch im Grunde wußte jedermann im Libanon Bescheid, und man munkelte schon lange, daß die Privatarmee der Falange-Partei ihre Kämpfer in israelische Trainings- und Ausbildungslager schickte.

Im ersten Jahr des libanesischen Bürgerkriegs (1975) intensivierte der damalige israelische Oppositionspolitiker Menahim Begin seine Kontakte zu der libanesischen Falange. Zunächst im Verborgenen, dann immer offener versorgte Israel seinen Verbündeten mit Waffen und technologischem Know-how. Obwohl die Maroniten nur die drittgrößte Religionsgemeinschaft im Libanon bilden, war diese Investition nicht vertan. Denn gemäß der libanesischen Verfassung steht immer ein maronitischer Präsident an der Spitze der Republik Libanon. Trotz der israelischen Hilfestellung gelang es den Christen jedoch nicht, die Kontrolle über das ganze Land zu gewinnen. Diesem Ziel standen damals die starken palästinensischen Kampfverbände in Beirut selbst und im Südlibanon im Weg.

Der charismatische Kommandant der »Lebanese Forces«, Beschir Djemayyil, prophezeite Ende 1981 die große Wende: »Es werden hier bald die Dinge passieren, die die Landkarte des Libanon verändern« – ein Ausspruch, den man damals noch, ein halbes Jahr vor dem Einmarsch der Israelis, in den Bereich der üblichen Propagandasprüche einordnete.

Tatsächlich hatten sich die Israelis spätestens 1981 wieder auf das ursprüngliche Konzept besonnen, das David Ben Gurion schon viele Jahre zuvor entworfen hatte, nämlich als »Helfer in der Not« für die libanesische Christenheit aufzutreten und auf diesem Wege direkten Einfluß auf die libanesische Politik zu gewinnen.

Chaim Herzog, gegenwärtig Staatspräsident Israels, beschreibt in einem Buch über die arabisch-israelischen Kriege, wie die Israelis ihren libanesischen Verbündeten, den Falangisten, 1981 zu Hilfe eilten:

»Ende April 1981 griffen die Syrer christliche Positionen auf dem Berg Sanin an, bekannt als ›Franzosenzimmer‹. Diese strategische Position wurde durch Artillerie von Zahle und dem Hafen von Jounieh aus gestützt, der Hauptstadt der falangistisch-christlichen Enklave nördlich von Beirut.

Als die Syrer im ›Franzosenzimmer‹ und im ›Mont Liban‹ auf heftigen Widerstand stießen, flogen sie vom 25. bis 27. April 1981 schwere Angriffe mit Kampfhubschraubern. Der Abschuß von Helikopterraketen blindlings in die christlichen Gebirgspositionen hinein brachte die Christen in Bedrängnis und in die Gefahr, von der syrischen Armee überrannt zu werden.

In ihrer großen Verzweiflung flehten die Falangisten Israel um Hilfe an und erklärten, die libanesisch-christliche Gemeinschaft würde abgeschlachtet und ausradiert, wenn man sie nicht vor den Syrern schütze. Ministerpräsident Begin befahl daraufhin der israelischen Luftwaffe, die Christen zu unterstützen, da diese sich in der Gefahr befanden, einen ›Holocaust‹ zu erleiden.

Aus israelischer Sicht bedeutete die Bedrohung, die Christen auszuradieren, daß die Syrer – vier Jahre nach ihrer Intervention im Libanon – zum ersten Mal die ›Rote Linie‹ mit Israel überschritten hatten.«

Manche behaupten, der große Kriegszug gegen den Libanon und die PLO in Beirut habe eigentlich schon damals beginnen sollen. Auszuschließen ist dies nicht, denn die meisten Beweggründe, die die israelische Regierung später zu der Invasion bewogen, existierten ebenso schon im Jahre 1981. Vor allem kristallisierten sich damals die internen Probleme der Begin-Regierung heraus, die nicht unwesentlich dazu beitrugen, daß die israelische Führungsspitze beschloß, auf der Suche nach einem militärpolitischen Erfolg den Kampf gegen die PLO-Kommandos zu reaktivieren.

Im Frühjahr 1981 nämlich standen Neuwahlen vor der Tür. Begins Likud-Partei aber sah sich in der Klemme, denn sie war gefährlich in der Wählergunst gesunken. Dies schien die Quittung der Bevölkerung für Mißwirtschaft, Korruption und die hohe Inflationsrate zu sein. In Übereinstimmung mit dem harten Kurs seiner Partei und gestützt von engen Mitarbeitern, wie dem General Ariel Sharon, entschied Begin, daß die Imageaufbesserung am ehesten durch eine militante antiarabische und antipalästinensische Politik zu ereichen sei.

Im Libanon rechnete man seit dem Litani-Feldzug 1978, dem Regierungsantritt Begins und dem israelischen Eingreifen zugunsten der falangistischen »Lebanese Forces« 1981 im Grunde ständig mit weiteren militärischen Aktionen der Israelis. Aber niemand vermochte sich das Ausmaß vorzustellen, in dem sie dann im Juni 1982 wirklich erfolgen sollten.

Die Operation »Frieden für Galiläa«

Das Jahr 1982 begann mit verstärkten israelischen Aufklärungsflügen über dem Südlibanon und Beirut. Immer paarweise durchbrachen die israelischen Jäger die Schallmauer, und mehr aus Pflichtbewußtsein denn aus Überzeugung sandte ihnen die palästinensische Artillerie hin und wieder eine Boden-Luft-Rakete nach.

Der libanesische Winter mit Dauerregen und schweren, dunkelgrauen Wolkenbänken zog sich in diesem Jahr unverhältnismäßig lange, bis Ende März, hin. Kein gutes Flugwetter also.

Kaum hatte sich der Himmel aufgeklärt, da fuhr Anfang April eine israelische Militärpatrouille auf eine Mine, nachdem der Konvoi illegal die Grenze zum Libanon passiert hatte. Ein israelischer Soldat wurde getötet. Bei der nun fälligen »Strafaktion« setzten die Israelis im Südlibanon ihre Luftwaffe ein und hinterließen 35 Tote.

Die dort stationierten PLO-Verbände, die sich sonst oft keine große Zurückhaltung auferlegten, wußten offensichtlich, was die Stunde geschlagen hatte. Um jede Provokation zu vermeiden, blieben ihre Waffen diesmal stumm.

Doch schon Anfang Mai kehrten die israelischen Kampfflugzeuge zurück und belegten palästinensische Stellungen im Südlibanon mit einem Bombenteppich. Dieses Mal feuerten die PLO-Kämpfer einige Katyushas nach Nord-Galiläa, aber der Zufall wollte es, daß ihr Gegenschlag keine Menschleben forderte.

Niemand weiß zu sagen, wie lange diese zermürbenden Scharmützel noch hätten andauern müssen, wenn nicht am anderen Ende der Welt ein Ereignis eingetreten wäre, das den Israelis den willkommenen Anlaß gab, ihre Kriegsmaschinerie in Gang zu setzen.

Am 3. Juni 1982 verließ der israelische Botschafter in Großbritannien, Shlomo Argov, kurz vor Mitternacht das Dorchester-Hotel in London. Er hatte ein langes Abendessen mit Kollegen hinter sich, war übermüdet und achtete nicht auf die beiden jungen Männer, die am Rande des Hyde-Parks herumschlenderten. Nur wenige Minuten später lag der Botschafter, von mehreren Kugeln lebensgefährlich verletzt, auf der Straße. Er kämpfte noch um sein Leben, als im Libanon die Todesrate unter den Zivilisten bereits in die Hunderte ging. Wenige Tage später begann Israel seinen bisher längsten Nahost-Krieg.

Chaim Herzog beschrieb das so:

»Am 6. Juni um 11 Uhr überquerte ein großes israelisches Militäraufgebot die libanesische Grenze und begann mit der Operation ›Frieden für Galiläa‹. Die israelische Regierung erklärte, Zweck der Operation sei es, das Gebiet nördlich der libanesischen Grenze von allen feindlichen Elementen zu säubern, und zwar bis zu einer Entfernung, die garantiert, daß die israelischen Städte und Dörfer entlang der Grenze nicht mehr gefährdet waren. Mit anderen Worten, die Operation mußte ein Gebiet von bis zu 40 Kilometern (25 Meilen) Tiefe nördlich der israelischen Grenze umfassen.«

Ähnlich wie Chaim Herzog es darlegt, vermuteten auch die Libanesen, daß es sich um ein räumlich und zeitlich begrenztes Unternehmen der Israelis handelte, das mit dem »Litani-Feldzug« von 1978 zu vergleichen war.

Damals, am 15. März 1978, waren rund 25000 israelische Soldaten in den Südlibanon einmarschiert. Mit massiver Luftunterstützung konnten sie die etwa 2000 PLO-Kämpfer entlang der Küste vor sich hertreiben, bis sie einen »Sicherheitsgürtel« von rund zehn Kilometern unter ihre Kontrolle gebracht hatten. Obwohl dieser »Korridor« zu Beginn als das Ziel der Kampagne bezeichnet worden war, drang die israelische Armee in den folgenden Tagen noch weiter ins Landesinnere vor, bis sie das ganze Gebiet südlich des Litani-Flusses besetzt hielt.

Nur drei Wochen später verabschiedete der UN-Sicherheitsrat zwei Resolutionen, deren barscher Ton die israelische Regierung überrascht haben mag. Die erste forderte, daß »Israel umgehend alle militärischen Aktionen auf libanesischem Boden beendet und sich vom gesamten libanesischen Territorium zurückzieht«. Die zweite Resolution rief nach einer speziellen UN-Truppe für den Südlibanon, »um den Rückzug der israelischen Soldaten sicherzustellen, Frieden und Sicherheit zu gewährleisten und der libanesischen Regierung dabei zu helfen, ihre Autorität in der Region wiederherzustellen«. So entstanden die UNIFIL-Einheiten (United Nations Interim Forces in Lebanon), die zu Beginn ihres Mandats 4000 Soldaten aus mehreren Ländern umfaßten.

Tatsächlich verließen die israelischen Truppen den Libanon wieder, bis auf den erwähnten »Sicherheitsgürtel«, der dem Kommando von Major Saad Haddad übergeben wurde, einem Deserteur der libanesischen Armee, der bis zu seinem Tode im Januar 1984 eine von Israel finanzierte und ausgebildete Miliz befehligte.

Als äußerer Anlaß für den Litani-Feldzug diente ein palästinensischer Terroranschlag in Israel. Diese israelische Strafaktion gegen die PLO-Kommandos kam für die Libanesen zu einem höchst ungünstigen Zeitpunkt. Denn in Beirut schien ein Ende des Bürgerkriegs in greifbare Nähe gerückt zu sein. Nur wenige Monate zuvor hatte nämlich das zwischen Syrien, Libanon und der PLO ausgehandelte »Abkommen von Chtaura« einen vorsichtigen Friedensprozeß in Gang gesetzt. Die PLO hatte dabei weitreichende Zugeständnisse gemacht. Sie wollte auf die Stationierung schwerer Waffen im Beiruter Stadtgebiet verzichten und ihre Guerillaverbände aus dem südlibanesischen Grenzgebiet abziehen, wo anschließend die libanesische Armee einrücken sollte.

Doch die israelische Invasion machte alle Bemühungen um eine Normalisierung sofort wieder zunichte.

Die Souveränität des libanesischen Staates, das war nun klar erkennbar, blieb nicht nur durch die Präsenz der PLO eingeschränkt, sondern auch der israelische Vasall Saad Haddad erkannte sie nicht an. Als die libanesische Armee dennoch einen schüchternen Versuch unternahm, in den Südlibanon vorzudringen, vertrieb er sie mit Kanonendonner und machte auch vor den Stellungen der UNIFIL-Soldaten nicht halt. Das von ihm kontrollierte Gebiet nannte er fortan den »Freien Libanon«.

Die israelische Regierung hatte aus dem Litani-Feldzug taktische Erkenntnisse gezogen, die sie bei der »Operation Frieden für Galiläa« vier Jahre später nutzte.

Um sich so lange wie möglich in diesem Feldzug die Sympathie der Weltöffentlichkeit zu erhalten, befolgten die Israelis zwei propagandistische Grundregeln: Sie warteten einen Zwischenfall ab – das Attentat auf ihren Botschafter in London –, um zu beweisen, daß die palästinensischen Terroristen von ihrem Tun nicht abließen. Außerdem versuchte man in Jerusalem das Bild vom Defensivkrieg gegen einen hochgerüsteten palästinensischen Feind aufrecht zu erhalten, der die israelische Armee zwang, immer tiefer auf libanesischem Gebiet vorzudringen. Doch die Version von der notwendigen »Verfolgungstaktik«, mit der man die PLO-Guerillas immer weiter vor sich her gen Norden treiben mußte, ist nicht überzeugend. Denn als die israelische Armee nur vier Tage nach Beginn der Invasion die ersten Landeversuche an der Beiruter Küste unternahm, gab es hinter ihr im Süden noch wildkämpfende Widerstandsnester, die erst Wochen später durch grausame Luftangriffe zum Schweigen gebracht werden konnten. Vielmehr war West-Beirut von Anfang an das Hauptziel der israelischen Militärstrategen, um das militärische Rückgrat der PLO nachhaltig zu brechen und auch ihrer politischen Infrastruktur einen vernichtenden Schlag zu versetzen. Ersteres ist mittelfristig gelungen. Was die politische Überlebensfähigkeit der PLO angeht, so hat die israelische Regierung wohl die Wendigkeit eines Yassir Arafat unterschätzt.

Das Ausmaß dieser ehrgeizigen Operation erfaßte nicht nur eine verzweifelte libanesische, sondern auch die verwirrte israelische Öffentlichkeit erst Wochen später.

Am 30. Juni 1982 teilt der Architekt des Libanon-Krieges, Ariel Sharon, dem israelischen Parlament die Entscheidung seiner Regierung mit, daß »die PLO aufhören muß, zu existieren«.

Damit nicht genug: Die israelische Armee, die auf drei Achsen in Richtigung Norden vorstieß, sollte bis an die Straße Beirut-Damaskus gelangen und die im Ostlibanon stationierten syrischen Soldaten vertreiben. Anschließend sollte mit israelischer Hilfe in einem »befreiten Libanon« ein neues, falangistisches Regime errichtet werden.

Dieser Plan barg für die Libanesen eine besonders schmerzhafte Komponente in sich und zerstörte den Rest des noch vorhandenen Zusammengehörigkeitsgefühls nachhaltiger, als dies sieben Jahre Bürgerkrieg vermocht hatten.

Die Bevölkerung im vorwiegend muslimischen West-Beirut und im Südlibanon mußte nämlich erkennen, daß die Falken unter ihren christlichen Landsleuten es in Kauf nahmen, daß sie in diesem mörderischen Krieg zu Opfern wurden.

Nicht vergessen sind die Bilder, die damals um die Welt gingen und das »süße Leben« am Strand des christlichen Jounieh zeigten, während die »anderen« Libanesen in West-Beirut um ihr Leben zitterten.

Mit welch schockierender Gleichgültigkeit man teilweise in Ost-Beirut dem Krieg im Westsektor der libanesischen Haupstadt begegnete, haben wir persönlich erlebt.

»In einer Kampfpause machten wir uns zu Fuß auf den Weg ins christliche Ost-Beirut, um unsere inzwischen ungültige Aufenthaltsgenehmigung verlängern zu lassen. Die Büros der zuständigen Behörde liegen direkt an der ›Grünen Linie‹, und man konnte hin und wieder das Grollen der Artillerie hören, deren Geschosse für die Stadtviertel bestimmt waren, in denen sich palästinensische Stellungen befanden. Die Funktionäre, die uns gegenübersaßen, waren guter Dinge. Sie gaben uns zu verstehen, daß es Zeit sei, ›drüben einmal aufzuräumen‹. Vor dem Ministerium kreuzten israelische Jeeps unseren Weg, in den Bars und Restaurants genossen israelische Offiziere und Journalisten die Köstlichkeiten des Libanon, und dazwischen mischten sich libanesische Sympathisanten mit hebräisch beschrifteten T-Shirts.«

Die seit fast einem Monat in West-Beirut eingeschlossenen Menschen spürten unterdessen das Ende ihrer Kraft, und noch standen ihnen zwei Belagerungsmonate und die schwersten Bombardierungen bevor.

»›Aussteigen‹, schnauzt der Milizsoldat der christlichen Falangisten, nachdem er das Pressepapier seiner Partei geprüft hat. Ein kurzer Blick in den Kofferraum genügt, und in Sekundenschnelle ist das Trinkwasser, das frische Gemüse und ein großer Packen arabischen Fladenbrotes am Straßenrand gelandet. Den Kanister Benzin übersieht er. Wenn auch ohne diese dringend von den Bewohnern West-Beiruts benötigten Lebensmittel – wir dürfen passieren.

Auf der anderen Seite des Kontrollpunkts, nur etwa hundert Meter entfernt, stehen die Syrer, aber nicht nur sie, fast alle Milizen der Vereinigten Linken, teilweise im Kampfanzügen, oft aber auch in T-Shirt und Jeans, beteiligen sich an dem vergeblichen Versuch, das Verkehrschaos zu regeln. Völlig ineinandergekeilt stecken die Autos stundenlang fest, weil vom Westen die Flüchtlinge kommen und vom Osten die Leute, die nach dem letzten Bombeninferno in ihren Wohnungen nach dem Rechten sehen wollen.

Fast kommt es zu einem Schußwechsel zwischen einem PLO-Mann und einem Kämpfer der schiitischen ›Amal‹-Miliz, weil sie sich nicht einigen können, wen man zuerst durchlassen solle. Nervosität greift um sich. Beim letzten bewaffneten Kontrolleur angekommen, greift der ins Auto und langt nach der arabischen Zeitung von Zuhair, unserem libanesischen Fahrer.

Wir sind in West-Beirut und fahren durch das vornehmlich von Schiiten bewohnte Viertel direkt an der ›Grünen Linie‹. Es ist fast völlig verlassen, eine Geisterstadt. Viele Häuser weisen Kampfspuren auf und haben dicke, gähnende schwarze Lächer in den Außenwänden. Wir passieren den Park am Hippodrom, wo sich vor kurzem noch wetteifrige Beirutis beim Pferderennen vergnügten. Hier wurde vor zwei Tagen besonders heftig gekämpft. Über 90 Prozent der Pinien sind nur noch schwarze Stümpfe. Die einstige Residenz des französischen Botschafters wird ihrem Zweck nicht mehr dienen können. Sie hat alle Pracht einer Villa verloren.

Auf dem Weg zum Presse- und Informationsbüro der PLO an der arabischen Universität kommen wir immer wieder durch bewohnte Viertel, die fast unbeschädigt sind. In diesem Teil Beiruts bestätigt sich, daß die Israelis sich mit ihren Bombardierungen auf die Stellungen der Palästinenser und ihrer Verbündeten konzentriert haben.

Dennoch, das Gesicht West-Beiruts hat sich innerhalb weniger Wochen verändert. Ganze Gebäudekomplexe liegen in Schutt und Asche, die Straßen sind teilweise kleine Kraterlandschaften. Was früher Autos waren, sind jetzt nur noch Klumpen aus Blech.

PLO-Sprecher Mahmoud Labadi hat sein Büro immer noch da, wo wir ihn schon im Frühjahr getroffen haben. Er steht mitten auf der Kreuzung an der Arabischen Universität – umgeben von Trümmerhaufen – und sagt ›Hello‹. Mehr nicht, und wendet sich ab. Sein Assistent führt uns in das völlig durcheinandergeratene Büro und meint ›Wir sind bereit, abzuziehen.‹ ›Und Sie persönlich?‹ fragen wir zurück. ›Ich bleibe, was auch passiert‹, lautet die Antwort.

Auf den Straßen laufen Kinder und Frauen mit Eimern voll Wasser umher, denn das Pumpsystem funktioniert nicht, und auch Elektrizität gibt es nicht. Frisches Gemüse ist zur Luxusware geworden und kostet, wenn man es überhaupt bekommt, pro Kilo mindestens 20 libanesische Pfund. Für Brot stehen die Leute im Morgengrauen stundenlang Schlange. Ein Kämpfer der libanesischen ›Kommunistischen Partei‹ sagt uns freundlich: ›Wir kämpfen bis zum Schluß‹, und führt uns in einen Hinterhof. Eine rundliche Schiitenmutter lacht, klatscht in die Hände und weist auf den Generator. Für sie ist das Wasser kein Problem – aber sonst, sagt sie, sonst sei es schrecklich.

Auf der Hamra, der Hauptgeschäftsstraße West-Beiruts, ist kaum etwas zerstört. Inzwischen haben sich hier in den großen Bürohäusern palästinensische Flüchtlingsfamilien niedergelassen. Ihre Wäsche flattert auf den Balkonen.

›Hamdulillah, hamdulillah, bumm, bumm‹, sagt der kleine schmächtige Mann mit Tränen in den Augen in seiner Wohnung nahe der Küstenstraße in Ras Beirut, um uns klarzumachen, wie sein Haus am Tag zuvor während der zehnstündigen Bombenangriffe gezittert hat. Zwölf Treffer bekam das Haus, sagt er – aber keine Verwundeten.«

Wer einen Zufluchtsort hatte, der verließ den Westteil der libanesischen Hauptstadt. In den Nachmittagsstunden, in denen man vor Luftgangriffen sicher sein konnte, machten sich die Menschen in Autokarawanen mit dem nötigsten Gepäck auf zum »Museumsübergang«, um irgendwo im friedlichen Osten oder in den Bergen unterzuschlüpfen.

Zu Beginn der Belagerung lebten über 500000 Menschen in West-Beirut, etwa drei Prozent davon waren Kämpfer. Mit zunehmender Verschlechterung der Lebenssituation verließ etwa ein Drittel der Einwohner die Stadt.

Zurück blieben die Mittellosen, diejenigen, die aus politischen Gründen nicht in den christlichen Libanon reisen konnten, einige wenige aus Überzeugung, und natürlich die Palästinenser.

Umso zynischer empfanden die Eingeschlossenen die Texte der Flugblätter, welche die Israelis in regelmäßigen Abständen vom Himmel regnen ließen. Darauf war zu lesen, daß die Zivilbevölkerung die Stadt umgehend verlassen solle, bevor sie in Schutt und Asche gelegt würde, um den »palästinensischen Terroristen« nicht die Möglichkeit zu geben, sich hinter ihrem Rücken zu verstecken. Diese Praxis verfolgten die Israelis im Verlauf des ganzen Krieges, weil, so ein Sprecher der israelischen Botschaft in London, »die israelische Verteidigungsarmee mit maximaler Behutsamkeit operiert hat, um zu garantieren, daß der Zivilbevölkerung kein Leid geschieht!«

Allerdings muß man die israelischen Autoritäten dann zumindest im Falle der südlibanesischen Hafenstadt Saida (Sidon) eines Versäumnisses anklagen. Saida hatte nämlich zu Kriegsbeginn bereits anderthalb Bombentage hinter sich, *bevor* jene Flugblätter abgeworfen wurden. Im palästinensischen Flüchtlingslager Ain al-Hilwe unterbrachen die Kampfflugzeuge ihren Angriff nicht einmal, um der Bevölkerung die Gelegenheit zu geben, die Flugblätter vom Boden aufzuklauben. »Flieht um euer Leben«, war darauf zu lesen, wie sich später herausstellte.

Der israelische Generalstab setzte in diesem Krieg alle Waffengattungen und alle Waffentypen ein. Im dicht besiedelten West-Beirut fielen täglich Phosphor-, Vakuum- und Splitterbomben. Die grausamste dieser Waffen war zweifellos die Cluster- oder Splitterbombe: Ein Kanister, der je nach Typ bis zu 650 kleinere Bomben enthält, die bei der Explosion ein Gebiet bis zu 4600 Quadratmeter abdecken können. Bereits im Litani-Feldzug 1978 hatte Israel diese in den USA hergestellten Bomben eingesetzt. Das hatte anschließend die amerikanische Regierung dazu veranlaßt, ein Abkommen mit Israel abzuschließen. Danach sollten diese Bomben nur noch abgeworfen werden, wenn Israel »von zwei oder mehreren arabischen Staaten angegriffen werde«, und auch dann nur zu »Verteidigungszwecken«. Sharon selbst fällte die Entscheidung für den Einsatz der Splitterbomben in West-Beirut mit der Begründung, schließlich kämpfe auch Syrien an der Seite der PLO.

Ein furchtbarer Tod war denen beschieden, die Opfer einer Phosphorbombe wurden. Das Phosphor verursacht einen unaufhaltsamen Schwelbrand, dem nur mit einer sofortigen Amputation des betreffenden Körpergliedes beizukommen ist. Diese Möglichkeit entfällt natürlich, wenn die Verletzung sich am Rücken, am Bauch oder am Kopf befindet. Eine Ärztin beschrieb, in welchem Zustand die Leichen zweier Kinder waren, die von einer Phosphorbombe getötet worden waren: »Ich mußte die leblosen Kinder in Wasserkübel legen, weil sie immer noch brannten. Als ich sie eine halbe Stunde später wieder herauszog, glühten sie immer noch. Selbst in der Leichenhalle schmorten sie weiter vor sich hin.«

An den Übergängen nach Ost-Beirut und an den Ausfallstraßen gen Süden und Osten waren israelische Panzer in Stellung gegangen: Die Luftwaffe lud ihre tödliche Fracht zweimal täglich ab – in den frühen Morgenstunden und am Nachmittag, wenn die Sonne sich gedreht hatte; im libanesischen Verteidigungsministerium in Yarze lag einer israelischen Kommandozentrale ganz Beirut zu Füßen. Von hier ergingen die Anweisungen an die israelische Kriegsmarine, deren Schiffe weit vor der libanesischen Küste lagen.

Als man am Ende der Belagerung die Opfer zählte, ergaben sich erschreckende Zahlen. In den ersten vierzehn Tagen des Krieges wurden 14000 Menschen getötet und 20000 verwundet. Nach offiziellen libanesischen Statistiken wuchs die Anzahl der Opfer bis August 1982 auf 18000 Tote und 30000 Verwundete, davon waren 90 Prozent Zivilisten.

Abgesehen von den Verlusten an Menschenleben, hat das »Hochkommissariat der Vereinten Nationen für Flüchtlingsfragen« (UNHCR) die Kriegsschäden wie folgt angeführt: Allein in Saida wurden 1000 Häuser völlig zerstört und weitere 1500 schwer beschädigt. In den beiden südlibanesischen Städten Saida und Tyros waren neben Privathäusern auch 27 Schulen und 13 Krankenhäuser Ziele schwerer Bombenangriffe. Diese Ziffern umfassen allerdings nicht die Zerstörungen in den Palästinenserlagern, von denen es allein in Saida zwei große gibt. Hier war Ende 1982, davon haben wir uns selbst überzeugen können, praktisch kein Haus mehr bewohnbar, ja, die stabilsten, noch stehenden Mauern erreichten kaum die Höhe von einem Meter!

Für den israelischen Ministerpräsidenten Begin waren all dieses Leid und die Zerstörung dennoch nicht verwerflich, sondern ein notwendiges Übel auf seinem Kreuzzug gegen das Böse: »Ich fühle mich als

Ministerpräsident ermächtigt, eine Armee anzuweisen, Berlin überall entgegenzutreten – auch unter unschuldigen Zivilisten – überall, wo sich Hitler und seine Henker in einem Bunker tief unter der Erdoberfläche verborgen halten.«

Israelische Zeitungen warfen ihrem Regierungschef in dieser Phase vor, er habe das Trauma des Warschauer Ghettos noch immer nicht abgeschüttelt und bekämpfe es, wo er es zu finden glaube. Doch Begin erreichte dieser Tadel nicht. Er sah sich vielmehr als Hüter einer biblischen Ordnung und bediente sich eines sattsam bekannten Vokabulars, in dem Begriffe wie »Auskämmung« und »Endlösung« in der Palästinenser-Frage keine Seltenheit waren, nur um allen eventuellen Angriffen mit der These vorzubeugen: »Niemand kann uns Ethik und Achtung des menschlichen Lebens predigen.«

Zu diesem Zeitpunkt hofften auch viele Libanesen, daß die USA, die »Schutzmacht« der Israelis, dem libanesischen Alptraum ein Ende bereiten würden. Hätten sie die Vorgänge hinter den Kulissen gekannt, so wären sie gewiß realistischer gewesen.

Ohne Zweifel wußte die amerikanische Regierung von dem Aufmarsch israelischer Kampfverbände an der libanesischen Grenze, der der Invasion unmittelbar vorausging. Wenn auch die verbleibende Frist denkbar kurz war, so hätte sie doch ausgereicht, um den Israelis Einhalt zu gebieten. Wie zögernd und verspätet die Reagan-Administration auf die Pläne Israels reagierte, war am Morgen des 7. Juni 1982 in der »New York Times« zu lesen, als die Invasion bereits in vollem Gange war:

»Um 7 Uhr früh Ortszeit (am 6. Juni), nachdem also die Entscheidung, mit der Invasion zu beginnen, bereits gefallen war, wurde Begin ein Brief von Präsident Reagan überreicht, der allerdings schon sechs Stunden zuvor in Jerusalem eingetroffen war. Ein israelischer Sprecher erklärte, die US-Botschaft habe versucht, den Regierungschef während der Nacht zu erreichen, Begin sei aber nicht anzutreffen gewesen.«

Am 10. Juni 1982 fügte dieselbe Zeitung erklärend hinzu: »Als Israel in den Libanon einmarschierte und mit den Bombardierungen begann, war der zuständige Mann im US-Außenministerium für den Nahen Osten und Südasien, Nicholas Veliotes, in Urlaub. Der Nahost-Spezialist im Nationalen Sicherheitsrat, Geoffrey Kemp, war auch nicht da. So kam es, daß Präsident Reagans Botschaft mit Verspätung eintraf ... am Tag der Invasion. Das war die amerikanische Führung. Kein Wunder, daß Israel die amerikanische Sicht der Dinge mit einer Gleichgültigkeit behandelt, die an Verachtung grenzt.«

Doch die israelische Regierung hatte sich bei ihrer Libanon-Planung keineswegs auf eine mögliche amerikanische Nachlässigkeit verlassen, sondern sich an höherer Stelle abgesichert.

Der damalige amerikanische Außenminister Alexander Haig nämlich hatte in mehreren Gesprächen mit Menahim Begin und Ariel Sharon erkennen lassen, daß ihm die Idee einer großangelegten israelischen »Strafaktion« gegen die PLO in West-Beirut durchaus nicht mißfiel. Hinter einer solchen Operation sah er die Chance für »Amerikas großen Moment im Mittleren Osten« hervorlugen.

Abgesehen von derart patriotischen Gedanken, die vielleicht mit ausschlaggebend waren, war Alexander Haig ein ehrgeiziger Mann, der immer mit einem Auge auf den amerikanischen Präsidentensessel schielte und hoffte, ihm durch einen außenpolitischen Erfolg ein gutes Stück näherzurücken. Auch ein persönliches Moment mag eine Rolle gespielt haben, denn Alexander Haig gehörte zu den wenigen Politikern in der amerikanischen Führungsspitze, die ein herzliches Verhältnis zu Israels Ministerpräsidenten Begin hatten.

Selbst der zurückhaltende Begin sprach begeistert von seinem ersten Treffen mit Haig:

»Als wir uns in Israel das erste Mal trafen (im Juli 1974), saßen wir am selben Tisch und unterhielten uns über drei Studen hinweg fast ununterbrochen. Damals erkannte ich, daß Mister Haig ein großer Patriot ist, ein Mann, der die Freiheit liebt, ein Mann, der die Freiheit immer verteidigen wird. Als er Außenminister der Vereinigten Staaten wurde, entwickelte sich zwischen uns eine sehr herzliche Beziehung. Israel hat keinen besseren Freund in den USA oder in irgendeinem anderen Land.«

Wie tief Alexander Haig in die Vorgeschichte des Krieges von 1982 verwickelt war, kam nie ans Tageslicht. Doch es muß als sicher angenommen werden, daß der amerikanische Außenminister grundsätzlich von konkreten Plänen der israelischen Regierung wußte, »irgendwann einmal« in den Libanon einzumarschieren. Im positivsten Fall bestand der amerikanische Anteil der Invasion im Stillhalten: Präsident Reagan gab kein »Grünes Licht« und Außenminister Haig winkte nicht mit dem »Roten Licht«. Es ist bis heute unklar, ob die amerikanische Regierung mehr darüber schockiert war, daß ihre mögliche Mitverantwortung für den Libanon-Krieg in der Weltpresse offen diskutiert wurde, oder darüber, daß Haig so enge Kontakte zu der israelischen Regierung unterhielt.

Jedenfalls mußte Alexander Haig seinen Posten nur drei Wochen nach Beginn des Libanon-Feldzugs räumen und wurde wenig später durch Shultz ersetzt.

Unterdessen ging in Beirut selbst der zermürbende Kleinkampf ums tägliche Überleben weiter. Während der ersten Wochen der Belagerung hatten die Israelis den Verkehr zwischen dem Ost- und Westteil der libanesischen Hauptstadt noch nicht unterbrochen.

Am 3. Juli 1982 jedoch begann die Blockade West-Beiruts im mittelalterlichen Sinn des Wortes. Die Bewohner wurden vom Lebensmittelnachschub, der Elektrizitäts- und Wasserversorgung abgeschnitten: Man plante offensichtlich, sie auszuhungern. Der Belagerungsring war eine knappe Woche später fast zugezogen. Am selben Tag trat ein Waffenstillstand zwischen Israel und Syrien in Kraft, so daß sich die Energie der israelischen Armee nun ganz auf die militärische Auseinandersetzung mit der PLO konzentrieren konnte.

Die Zuspitzung der Lage in West-Beirut hatte zwei direkte Konsequenzen – im Libanon selbst und ebenso in Israel.

In der eingeschlossenen Stadt wuchs die Welle der Sympathie für die Palästinenser proportional zu der sich steigernden Zerstörungskraft der israelischen Angriffe. Vor der Invasion waren die PLO-Kommandos in West-Beirut alles andere als beliebt gewesen. Man empfand sie als Eindringlinge und fremde Herren, die willkürlich ihre Macht mißbrauchten. Libanesische Milizen waren in regelmäßigen Abständen mit PLO-Einheiten aneinandergeraten, und man hatte sich blutige Straßengefechte geliefert. Das schien nun, angesichts der bedrohlichen Präsenz eines gemeinsamen Feindes vor den Toren der Stadt, vorläufig vergessen.

Besonders die Milizionäre der schiitischen »Amal«-Organisation leisteten gemeinsam mit den palästinensischen Kämpfern heftigen Widerstand an den Straßenübergängen zwischen Ost- und West-Beirut. Die Israelis versuchten mehrere Male, mit Panzereinheiten in Richtung Innenstadt vorzustoßen, doch sie scheiterten an der verzweifelten Gegenwehr der vereinten Milizen. Unter den schiitischen Milizionären befanden sich viele, die aus dem Südlibanon vor der israelischen Invasionsarmee nach Beirut geflüchtet waren.

Vor allem aber die Südlibanesen besaßen allen Grund, den Palästinensern zu grollen. Denn einerseits hatten deren militärische Aktivitäten häufig verheerende israelische Gegenschläge provoziert, und andererseits hatten sich die PLO-Kommandos keineswegs vor Schikanen an der südlibanesischen Landbevölkerung zurückgehalten. Doch das, was nun in Beirut passierte, machte diese Rivalitäten vergessen: »Um Ihnen die Wahrheit zu sagen, ich bin nicht begeistert von den Palästinensern. Aber wenn der Libanon mit Krieg überzogen wird, dann kämpfe ich, wenn es sein muß, an der Seite des Teufels«, sagte uns ein blutjunger libanesischer Milizionär in fließendem Französisch.

In Israel geschah unterdessen etwas Unglaubliches und für die israelischen Kriegsherren Begin und Sharon gewiß Beängstigendes. Zum ersten Mal in der 34jährigen Geschichte Israels – nach vier Nahost-Kriegen – erhob sich in der Bevölkerung massiver Protest gegen einen Feldzug, der nicht mehr mit dem israelischen Selbstverständnis zu vereinbaren war: Dies, so argumentierten viele Israelis, war kein notwendiger Akt zur Selbstverteidigung, sondern ein »imperialistischer Aggressionskrieg«.

»Ist es unser Schicksal«, so fragte der Vater eines in »Beaufort« (Südlibanon) gefallenen israelischen Soldaten am 1. Juli 1982 in der Zeitung »Hamischmar«, »mit dem Schwert zu leben? Ein Schwert, befleckt mit dem Blut von Kleinkindern? Ist nicht endlich die Stunde gekommen, mit dem Schießen aufzuhören und mit dem Verhandeln zu beginnen? Warum sollen wir keinen gerechten Kompromiß mit dem palästinensischen Volk abschließen?«

Ein 30jähriger Reservist aus Nord-Galiläa, Fallschirmspringer in der israelischen Armee, setzte sich mit dem beliebten Argument seiner Regierung auseinander, man müsse »den Anfängen wehren«, und somit sei es vertretbar, die Waffen geichermaßen gegen palästinensische Männer, Frauen und Kinder zu richten, weil sie alle »potentielle Terroristen« seien.

»Jeder Palästinenser ist laut Definition der israelischen Armee ein ›Terrorist‹. Es ist unangenehm, diesen Vergleich anzustellen ... aber wenn wir uns Israel vor dem 48er Krieg genauer anschauen, so waren alle Leute in den Kibbuzim im Grunde Mitglieder der Haganah« (nach dem Ersten Weltkrieg in Palästina gegründete militärische Schutzorganisation der Juden, die nach 1948 zur Keimzelle der israelischen Armee wurde).

Der israelische Journalist Jacob Timermann hat in seinem poetischen Buch »Der längste Krieg – Israel im Libanon« die Trauer vieler Israelis über die Invasion des Libanon beschrieben. Noch während des Krieges reiste er in den Südlibanon und fand sich inmitten der Trümmer der alten Kulturstädte Saida und Tyrus wieder:

»Ich betrachte die Ruinen und rufe mir alles, was ich über menschliche Wesen weiß, ins Gedächtnis zurück. Ich versuche mir vorzustellen, wie sie darum gerungen haben, die Nacht im Feuerhagel zu überleben. Wie haben sich ihre Schreie angehört, wie sahen ihre Tränen aus? Mein Blick läuft an den hohen Fenstern entlang, die wie leere Augenhöhlen wirken. Ich stelle mir die Gesichter der Mütter vor, die ihre Kinder von den brennenden Häusern wegzerren. Vielleicht rannten sie diese Treppen dort hinunter, die nun verschwunden sind. Oder schleppten sie Decken und Matratzen mit sich? Ich frage mich, was ich getan hätte, wenn ich in einem dieser ausgebrannten Zimmer gewesen wäre. Ich suche mir eins aus, dessen Vorhänge wie durch ein Wunder hängengeblieben sind – und dort drin bin ich mit meiner Familie. Wir müssen uns schnell entscheiden, ob wir zusammen fliehen oder uns trennen wollen; und wie wir uns trennen und wohin wir gehen werden.

Der chilenische Dichter Pablo Neruda besuchte einmal Machu Picho, die Totenstadt in Peru. Während er durch die stillen Steinstraßen wanderte, durch tote Fenster in Zimmer spähte, in denen seit Jahrhunderten niemand mehr lebte, versuchte er sich das gesellschaftliche Leben der verschwundenen Bewohner auszumalen – ihre Arbeit, ihre Gefühle. ›Stein auf Stein‹, schrieb er, ›wo war der Mensch?‹

Ein Haus in Trümmern, der Schuttberg, der einst ein Gebäude war, die zerschmetterte Straße, die einst mit Obstabfällen übersät war, Fenster, die einst von Blumen geschmückt wurden – sie alle brauchen Menschen. Zwischen den Ruinen von Tyros und Saida brauchte ich einen Menschen, um alles zu verstehen.«

Auf beeindruckende Weise beschreibt Timermann den Alptraum vieler Israelis, sich in einem nicht endenwollenden Krieg zu befinden: »Ich gehe im Park mit meinem Enkel spazieren und ein Nachbar fragt mich nach seinem Alter. Zwei? Dann kommt er 1999 an die Reihe.«

Viel Aufmerksamkeit zog der Protest aktiver und hochverdienter israelischer Soldaten auf sich, wie des Colonel Eli Geva, der den Angriff auf Saida als verantwortlicher Offizier kommandiert hatte und der Ende Juli 1982 um seine Dienstentpflichtung bat: »Ich habe nicht den Mut, verwaisten Elten ins Gesicht zu schauen und ihnen mitzuteilen, daß ihr Sohn in einer Operation gefallen ist, die wir meiner Meinung nach auch hätten umgehen können.«

An den Stadtgrenzen von Beirut hatte sich die Kriegsmaschine der Israelis festgefahren. Sollte die israelische Armeeführung schon damals den Plan gehabt haben, Beirut einzunehmen, so ist sie wohl vor allem durch zwei Überlegungen davon abgehalten worden, ihr Vorhaben in die Tat umzusetzen.

Die anhaltende massive Gegenwahr der eingeschlossenen PLO-Kämpfer und ihrer Verbündeten ließ befürchten, daß die »Israelische Verteidigungsarmee – Tsahal« in blutige Straßenkämpfe auf fremdem Terrain verwickelt und hohe Verluste erleiden würde. Und die israelische Luftwaffe wäre von dem Moment an, da sich israelische Einheiten selbst in der Stadt befanden, nur noch begrenzt einsetzbar gewesen.

Abgesehen davon, ließ offenbar auch die Geduld der Amerikaner nach, die israelische Aggression gegen Beirut weiterhin zu tolerieren. Nach jeder Bombennacht nahm der Wortlaut der Telefonate und Telegramme zwischen Washington und Jerusalem an Schärfe zu: Der von Israel inszenierte fünfte Nahost-Krieg bedeutete für die Beziehungen zum großen Verbündeten USA eine schwere Zerreißprobe.

Da also die Wahrscheinlichkeit einer militärischen Lösung der »Schlacht um Beirut« mehr und mehr zu entschwinden schien, suchte man nach Mitteln und Wegen, um der Belagerung der libanesischen Hauptstadt durch politische Verhandlungen ein Ende zu setzen.

Zu diesem Zweck holte die amerikanische Regierung den nahosterfahrenen Philip Habib aus dem wohlverdienten Ruhestand; seine Aufgabe sollte es sein, eine Vereinbarung zwischen Israel und der PLO zu vermitteln, die den Abzug der palästinensischen Kämpfer aus West-Beirut ermöglichte.

Zwei aufreibende Reisemonate brauchte Philip Habid, bis die Beiruter Bevölkerung endlich von ihrem Alptraum erlöst werden konnte. Bei seiner Mission stieß der Amerikaner nicht nur auf Schwierigkeiten von seiten Israels und der PLO: Jerusalem zögerte, ob man den Feind überhaupt aus der Falle entweichen lassen dürfe, und Arafat war ängstlich darauf bedacht, nicht das Gesicht zu verlieren.

Wenig Gegenliebe spürte Habib vor allem bei seiner Suche nach einem Exilort für die eingeschlossenen PLO-Kommandos. Die arabischen Brüder der Palästinenser zeigten eine peinliche Zurückhaltung, jene, die sie aus der Ferne so lautstark unterstützt hatten, in ihren Grenzen willkommen zu heißen. Der Grund dafür lag auf der Hand: Die wenigsten arabischen Regierungen glaubten sich stark genug, um die revolutionäre Unruhe und die geübte militärische Kraft der palästinensischen Armada auffangen zu können.

Endlich, am 10. August 1982, einigte man sich über die Modalitäten des palästinensischen Exodus aus West-Beirut: Rund 11000 PLO-Kämpfer sollten gemeinsam mit ihrem Chef Yassir Arafat die libanesische Hauptstadt per Schiff oder auf dem Landweg verlassen, und auf acht arabische Staaten – von Algerien bis zum Südjemen – verteilt werden.

Ihr Abzug sollte von französischen und amerikanischen Einheiten einer sogenannten »Friedenstruppe« überwacht werden, die anschließend auch die Sicherheit der zurückbleibenden palästinensischen Zivilbevölkerung garantieren sollten.

Als ob man sich nochmals warnend in Erinnerung bringen wollte, bescherte die israelische Luftwaffe den Beirutis nur zwei Tage später die schwersten Bombardierungen seit Beginn des Krieges.

Dann aber wurde die Stadt von einer merkwürdigen Aufbruchstimmung erfüllt. Überall im Hamra-Distrikt quollen die Geschäfte über von Koffern und Reisetaschen aller Arten und Größen. Die geschäftstüchtigen Libanesen hatten ihre Lagerräume geplündert, um die Palästinenser mit dem nötigen Rüstzeug für ihre lange Reise zu versorgen.

In den frühen Morgenstunden des 21. August 1982 war es soweit: Die französischen Friedenssoldaten erreichten den Hafen von Beirut. Unterdessen sammelten sich die PLO-Kämpfer im Sportstadion nahe der Arabischen Universität. Zuerst fanden sich Soldaten der »Badr-Brigade« von der »Palästinensischen Befreiungsarmee« ein, die aus Jordanien in den Libanon gekommen waren und nun dorthin zurückkehrten. Ihnen schlossen sich Kämpfer der irakisch kontrollierten »Arabischen Befreiungsfront« und »Fatah«-Mitglieder mit jordanischen Pässen an.

Frauen und Kinder begleiteten die Fedayin durch die ganze Stadt bis hinunter zum Hafen. Sie sangen patriotische Lieder und versuchten, die Scheidenden mit der palästinensischen Flagge zu schmücken. Die Kämpfer küßten ihre Frauen und Kinder, bevor sie auf Transporter der libanesischen Armee stiegen. Kurz darauf begann ein ohrenbetäubendes Spektakel, das die Straßen der Stadt erzittern ließ: Mit trotzig triumphierender Miene ließen die »Helden von Beirut« ein letztes Mal ihre Waffen sprechen. In rhythmischer Folge donnerten die Kalaschnikovs ihre verzweifelte Botschaft in die Luft, bis auch der letzte PLO-Kämpfer seinen Abschied genommen hatte.

Kurz nach der Evakuierung der palästinensischen Guerillas machten sich auch die französischen und amerikanischen Soldaten wieder auf den Heimweg. Dies veranlaßte den libanesischen Ministerpräsidenten Schafiq al-Wazzan zu der Bemerkung, die »Friedenstruppen« hätten ihre Pflicht nur halb erfüllt:

»Es sieht so aus, als sei der Zweck ihres Kommens allein die Evakuierung der PLO gewesen. Aber es gab noch einen anderen Anlaß: den Schutz für die Zivilbevölkerung und die palästinensischen Flüchtlinge.«

Wazzan sollte in seiner Skepsis auf grausame Weise bestätigt werden. Wären nämlich Franzosen und Amerikaner in Beirut geblieben, so hätten sie vermutlich eines der schlimmsten Massaker in der libanesischen Geschichte verhindern können.

Entgegen allen Hoffnungen, brachte der Abzug der PLO-Kommandos der geplagten Zivilbevölkerung West-Beiruts nicht den ersehnten Frieden.

Zunächst schlug der Optimus hohe Wellen und der Wille zum gemeinsamen Neubeginn war groß genug, daß selbst viele Muslime die Wahl ihres neuen Präsidenten hinnahmen: Immerhin war Beschir Djemayyil zum Zeitpunkt seiner Wahl am 23. August 1982 noch Kommandant der christlichen Falange-Milizen, galt als einer der Falken seiner Bewegung und als Kollaborateur Israels. Dennoch waren die meisten bereit, unter seiner Führung einen neuen Versuch zu wagen. Doch dazu sollte es nicht mehr kommen. Nur drei Wochen nach seiner Wahl wurde Beschir Djemayyil mit vielen seiner Gesinnungsgenossen durch eine gewaltige Explosion, die das Hauptquartier seiner Partei zum Einsturz brachte, getötet.

Schon in den frühen Morgenstunden des folgenden Tages begann die israelische Armee ihren Einmarsch ins muslimische West-Beirut. Unterstützt von der Luftwaffe und der Kriegsmarine, arbeiteten sich Artillerieverbände mit schweren Panzern auf drei Achsen ins Stadtzentrum vor. Sie trafen nur auf geringe Gegenwehr einiger Milizen und hatten die Stadt nach zwei Tagen unter Kontrolle.

Doch während noch die staunenden Beirutis die israelischen Soldaten auf der »Corniche«, ihrer berühmten Küstenstraße, begutachteten, war bereits, ohne daß sie davon wußten, ein anderes Viertel ihrer Stadt zum Schauplatz des Schreckens geworden.

In den Beiruter Palästinenserlagern Sabra und Schatila richteten zur gleichen Zeit unbekannte uniformierte Mörder ein schreckliches Blutbad unter der Zivilbevölkerung an. Drei Tage wüteten die Täter, die ausschließlich mit dem Willen zum Töten eingedrungen waren, und ermordeten auf bestialische Weise mindestens 800 Menschen, die meisten von ihnen Frauen, Kinder und alte Männer. Während die Mörder immer tiefer in die Lager vordrangen, arbeiteten an anderen Stellen bereits Bulldozer daran, die Spuren der Verbrechen zu beseitigen. Ganze Häuserreihen wurden zusammen mit den Körpern der Massakrierten eingeebnet.

Das Massaker dauerte drei Tage, ohne daß man sich die Mühe machte, die ungewöhnlichen Vorgänge in den Lagern vor der Außenwelt zu verbergen. Nachts stiegen Leuchtraketen auf, und in den umliegenden Vierteln war deutlich das Geknatter von Maschinenpistolen zu hören. Da jedoch die israelische Armee in der Nachbarschaft der Lager Stellung bezogen und besonders vom Dach der angrenzenden kuwaitischen Botschaft einen guten Überblick hatte, bemühten sich die Beirutis nicht, die Herkunft der Schießereien aufzuklären.

Als die Meuchelmörder schließlich den Tatort verließen, boten sich den Betrachtern grausame Szenen: Überall lagen aufgeblähte und verstümmelte Leichen, und zwei Massengräber waren nur notdürftig zugeschüttet worden.

Ein Sanitäter kommentierte: »Als einzige Methode, die Zahl der Opfer herauszufinden, bleibt nur, die Lebenden zu zählen, denn es ist unmöglich, alle Toten zu finden.«

Sabra und Schatila sind von der UNRWA (United Nations Relief and Works Agency) betreute Flüchtlingslager, in denen ursprünglich Palästinenser, die 1948–1950 ihre Heimat verlassen mußten, Aufnahme fanden. Die von den Vereinten Nationen garantierten, relativ guten Lebensbedingungen in den Lagern zogen jedoch bald andere Hilfesuchende an: Schiiten aus dem Südlibanon, Kurden und syrische Gelegenheitsarbeiter. Daher war die Einwohnerzahl von einst 5000 auf rund 20000 Menschen zum Zeitpunkt der Massaker angewachsen.

Als der Massenmord in seinem ganzen Ausmaß bekannt wurde, schaute die Weltöffentlichkeit erneut mit Abscheu auf den Libanon, und so manch einer deutete anklagend auf die Israelis und die libanesische Armee, die beide in unmittelbarer Nähe der Flüchtlingslager in Stellung gelegen hatten.

Sehr bald waren die Täter bekannt und sie machten aus ihrer Verantwortung kaum einen Hehl. Die Mörder befanden sich in den Reihen der christlichen Milizen »Lebanese Forces«. Man schätzt, daß rund 1 000 von ihnen »im Schichtdienst« an dem Gemetzel teilgenommen hatten, und die Ermordung ihres Führers Beschir Djemayyil nur das auslösende Moment für eine längst geplante Greueltat war.

»Hohe israelische Offiziere planten bereits einige Monate zuvor, eine Truppe aus christlichen Milizionären zusammenzustellen, die in die Palästinenserlager eindrigen sollten, sobald der israelische Belagerungsring um West-Beirut zugezogen sei«, schrieb am 4. Oktober 1982 das amerikanische »Time«-Magazin, das sich zwei Jahre später mit dem ehemaligen israelischen Verteidigungsminister Ariel Sharon in dieser Frage vor Gericht auseinandersetzen mußte.

Die »New York Times« stellte am 1. Oktober fest: »Der Plan, christliche Milizionäre in die Lager zu schicken, war schon lange vorher zwischen israelischen und christlichen Offizieren erörtert worden, er wurde also im Grunde vor der Ermordung Beschir Djemayyils gefaßt.«

Wie dem auch sei, es ist jedenfalls ausgeschlossen, daß die israelische Armee nicht erkannte, was nur rund hundert Meter von ihren Stellungen entfernt geschah. Die israelische Tageszeitung »Ha-Aretz« berichtete am 23. September, daß zwei israelische Soldaten ihrem Offizier bereits am Donnerstag abend (am zweiten Tag des Massakers) berichteten, es käme ihnen so vor, als würden im Lager Menschen massakriert, worauf ihnen ihr Vorgesetzter entgegnete: »Es ist alles in Ordnung. Regt euch nicht auf.«

Die Greueltaten von Sabra und Schatila riefen in der arabischen Welt wie auch in Israel selbst die Erinnerung an ein anderes Massaker wach: Im April 1948, kurz vor der Gründung des Staates Israel, unternahm ein Rollkommando der jüdischen Widerstandsorganisation »Irgun Zvai Leumi« einen Angriff auf das palästinensische Dorf Deir Yassin in der Nähe von Jerusalem. Sie fanden fast nur Frauen und Kinder vor, ermordeten 254 von ihnen und stopften die Leichen in einen Brunnen.

Der Anführer des »Irgun« hieß damals Menahim Begin, der in seinen Memoiren dieses Ereignis als einen »Sieg« betrachtet, weil es eine hysterische Massenflucht der palästinensischen Bevölkerung im ganzen Land auslöste.

Ein ähnliches Ziel, so unterstellten viele Beobachter, verfolgte man auch mit dem Massaker in Sabra und Schatila. Das mag vielleicht für die politisch Verantwortlichen und die Organisatoren zutreffen, doch die Täter selbst wurden von lange genährten Rachemotiven geleitet. Höchstwahrscheinlich stammte die Mehrzahl der Meuchelmörder aus der christlichen Stadt Damour südlich Beiruts.

Damour war 1976 von palästinensischen Kämpfern gestürmt und viele Einwohner niedergemetzelt worden. Auch diese Morde waren wiederum eine Reaktion auf Massaker, die ein halbes Jahr zuvor an Palästinensern im Ost-Beiruter Stadtteil Karantina verübt worden waren – ein schauriges Beispiel für den Teufelskreis von rachsüchtiger Gewalt im Libanon.

Nach anfänglichem Zögern reagierte der isreaelische Staat souverän und verantwortungsbewußt. Die Hintergründe der Massenmorde in Sabra und Schatila sollten schonungslos untersucht und bekannt gemacht werden. Zu diesem Zweck wurde die »Kahan-Kommission« berufen, die in ihrem Abschlußbericht weder Ministerpräsident Menahim Begin, noch Verteidigungsminister Ariel Sharon von einer moralischen Verantwortung freisprach:

». . . Es hätte vorausgesehen werden können, daß die Gefahr eines Massakers bestand, sobald die Falangisten die Lager betraten, ohne daß vorbeugende Maßnahmen getroffen wurden. Wir können daher die Antwort des Ministerpräsidenten, er sei sich einer solchen Gefahr nicht bewußt gewesen, nicht akzeptieren. Nach seinen eigenen Worten sagte er dem Generalstabschef in der Nacht vom 14. auf den 15. September, die israelische Armee solle in West-Beirut einrücken, ›um die Muslime vor der Rache der Falangisten zu schützen‹. Er durfte voraussetzen, daß sich die Falangisten nach dem Tode ihres verehrten Führers Beschir Djemayyil an den Terroristen rächen würden. Der Ministerpräsident wußte von den Massakern, die im Libanon im Verlauf des Bürgerkriegs verübt worden sind, und von dem Haß der Falangisten gegenüber den Palästinensern, die sie für alle Mißstände in ihrem Land verantwortlich machten . . . Nach der Ermordung Beschir Djemayyils brauchte es keine prophetischen Gaben, um die konkrete Gefahr eines Massakers zu erkennen. Diese Gefahr hätte jedem klar sein müssen, der sich mit der Situation beschäftigt hat, und besonders dem Verteidigungsminister, der an allen Vorgängen, die den Krieg betrafen, beteiligt war. Seine Verstrickung in den Krieg war tief und seine Beziehungen zu den Falangisten waren ununterbrochen gut.«

Damit war dieser Teil der libanesischen Tragödie aus Sicht der Israelis beendet. Der nächste Akt sollte sich für sie im Südlibanon abspielen.

Die israelische Armee zog sich aus West-Beirut zurück und wurde abgelöst von einer multinationalen Friedenstruppe. Amin Djemayyil, der nun anstelle seines ermordeten Bruders Beschir das Amt des Staatspräsidenten übernahm, hatte sich eine bittere Erkenntnis zu Herzen genommen: Die libanesischen Behörden waren nicht in der Lage, die Sicherheit der Zivilbevölkerung zu garantieren. Deshalb rief er Soldaten aus vier Ländern, den USA, Frankreich, Italien und Großbritannien, ins Land, deren festumrissene Aufgabe es war, die verbliebenen palästinensischen Zivilisten vor Übergriffen zu schützen und seiner wackligen Regierung *moralischen* Rückhalt zu verleihen. Das war der Beginn einer neuen Beiruter Leidensgeschichte: die der internationalen »Friedensschützer«.

Jerusalem umarmt Beirut
Der gescheiterte Versuch, ein zweites »Camp David« zu schaffen

Nach Ende der Kampfhandlungen schien es zunächst, als habe Israel seine Kriegsziele erreicht. Der libanesische Widerstand gegen die Maroniten war zusammengebrochen, falangistische Milizionäre hatten sich auf dem Rücken der israelischen Armee in weiten Teilen des Landes festgesetzt, und auf dem Präsidentenstuhl saß mit Amin Djemayyil ein Mann der israelfreundlichen Falange-Partei.

Was also stand Begins Absicht noch entgegen, im Libanon eine »neue Ordnung« zu errichten, welche die Herrschaft der Falangisten zementierte und aus Beirut einen engen Verbündeten Jerusalems machte?

So überraschend es klingen mag, aber auf der libanesischen Bühne konnte von einem Happy-End nach israelischem Geschmack keine Rede sein. Nichts war im Grunde endgültig entschieden. Gewiß man registrierte eine Machtverschiebung zugunsten Israels, aber sie war nur vorläufiger Natur. Denn weder war der Krieg vorbei, noch die Libanesen miteinander versöhnt und vor allem Syrien nur scheinbar geschlagen.

Das sollte sich bald erweisen. Damaskus durchkreuzte letztendlich nicht nur die israelischen Pläne, sondern zwang auch Amin Djemayyil, den »Architekten eines geeinten Libanon«, zurück an die syrische Leine.

Als gemäßigt denkender Falangist schien Amin bei seinem Amtsantritt entschlossen, den Weg der christlich-muslimischen Versöhnung zu beschreiten. Seine durchaus flexible Haltung gegenüber den alten Bürgerkriegsgegnern hatte auch viele Drusen und Muslime bewogen, ihn zum Staatschef zu wählen. Man traute ihm zu, der Präsident des Friedens und der nationalen Einheit zu werden.

Von Beginn an stand Amin Djemayyil unter starkem Druck der radikalen Kräfte in seiner eigenen Partei. Die militant-fanatischen Maroniten nannten ihn in den ersten Monaten seiner Amtszeit »Muhammad Amin« und spotteten so herablassend über seine muslimfreundliche Einstellung.

Kein Zweifel, Amin Djemayyil genoß im Herbst 1982 die Sympathie weiter Teile der nichtchristlichen Bevölkerung, und er versuchte in der Tat, einen mittleren Kurs zu steuern, der die tiefen Gräben zwischen Muslimen und Christen zuschütten sollte.

Dementsprechend entzog er sich auch dem Verlangen der falangistischen »Falken«, die in einem Friedensvertrag mit Israel die maronitische Vormachtstellung im Libanon am ehesten gesichert sahen.

Amin Djemayyil setzte nicht auf Jerusalem, sondern auf Washington – eine folgenschwere Wahl, wie wir später noch sehen werden.

Die Amerikaner, so glaubte Amin, würden den libanesischen Sumpf schon austrocknen und das dreigeteilte Land nicht nur von den israelischen Besatzern, sondern auch von der syrischen Armee sowie den Rebellenverbänden der PLO befreien.

Als sich Amin Djemayyil wenige Wochen nach seinem Einzug in den Präsidentenpalast daran machte, einen diplomatischen Ausweg aus der libanesischen Tragödie zu suchen, kontrollierte seine Armee nicht mehr als den Großraum Beirut.

Anders ausgedrückt, der Libanon war praktisch in den Händen Israels und Syriens. Die israelischen Truppen hielten den Süden und Südwesten besetzt, während die syrischen Soldaten im Norden und Osten standen.

Hilfesuchend wandte sich der libanesische Präsident an die USA, die daraufhin ihre Nahost-Botschafter auf eine wochenlange Pendelreise zwischen Jerusalem und Beirut schickten.

Die Libanesen drängten auf einen Abzug der israelischen Armee und waren bereit, dafür gewisse Sicherheitsvorkehrungen entlang der gemeinsamen Grenze anzubieten.

Die Israelis jedoch verspürten keinerlei Drang, den libanesischen Wünschen so ohne weiteres nachzukommen. Sie wollten, wie General Sharon es ausdrückte, ein »politisches Bündnis nach einem vollen Frieden«. Mit anderen Worten, Jerusalem dachte an eine »Normalisierung der Beziehungen« zwischen beiden Ländern – am liebsten auf der Grundlage eines umfassenden Friedensvertrages. Sollte dies nicht möglich sein, so argumentierte die Regierung Begin gegenüber den amerikanischen Unterhändlern, müsse ein Abkommen her, das zwar formal nicht den Namen eines Friedensvertrages trage, ihm inhaltlich aber entspreche. Sharon, der Vater des Libanon-Feldzugs, verlangte zudem israelische Militärstützpunkte im Südlibanon und stellte gleichzeitig die Forderung, der Süden solle dem Befehl des libanesischen Dissidentenmajors Saad Haddad unterstehen, dessen Miliz von Israel finanziert und ausgerüstet wurde.

Diese israelischen Bedingungen konnte und wollte Amin Djemayyil nicht akzeptieren.

Er beharrte statt dessen darauf, daß die Israelis nur *ein* berechtigtes Interesse geltend machen dürften, nämlich, niemals wieder von libanesischem Boden aus angegriffen zu werden.

Angesichts dieser Gegensätze blieben die Vermittlungsbemühungen der Amerikaner lange Zeit ergebnislos. Selbst als man sich im Januar 1983 an den Verhandlungstisch setzte, änderte sich über Monate hinweg nichts an der festgefahrenen Situation. Schließlich nahm US-Außenminister Shultz die Sache persönlich in die Hand. Er reiste in den Nahen Osten, und nach einer hektischen Beratungsserie mit israelischen und arabischen Führern gelang es ihm, Beirut und Jerusalem am 17. Mai zur Unterzeichnung eines Vertrages zu bewegen, der den Rückzug der israelischen Truppen aus dem Libanon bewerkstelligen sollte.

Dieses »Truppenabzugsabkommen« orientierte sich in Form und Inhalt an dem 1979 geschlossenen ägyptisch-israelischen Friedensvertrag, entsprach aber nicht den erwähnten Maximalforderungen von General Sharon. Es beendete den Kriegszustand zwischen dem Libanon und Israel, enthielt de facto eine Anerkennung des israelischen Staates und schrieb außerdem die Anwesenheit israelischer Militärs im Südlibanon fest. Sogenannte Überwachungseinheiten, bestehend aus israelischen, amerikanischen und libanesischen Offizieren, sollten den Süden kontrollieren und hätten auch militärgerichtliche Befugnisse hinsichtlich der Einhaltung von Sicherheitsbestimmungen besessen.

Ohne Zweifel trug der Vertrag vom 17. Mai 1983 Züge eines Friedensdiktats zu Lasten des Libanon, denn bei den Sicherheitsvereinbarungen wurden Pflichten und Beschränkungen allein der libanesischen Seite auferlegt.

Politisch viel brisanter aber waren die Artikel 6, 7 und 9 des Abkommens, die den Libanon praktisch verpflichteten, seine Mitgliedschaft in der »Arabischen Liga« aufzukündigen.

Dennoch hätten es die meisten Libanesen wohl gerne gesehen, wenn der Vertrag vom 17. Mai tatsächlich angewendet worden wäre, denn man sah darin eine Chance, mit und durch Amerika endlich den ersehnten Frieden zu erlangen.

Doch die »Pax Americana« im Libanon scheiterte am Widerstand Syriens, dessen Interessen Washington übergehen zu können glaubte.

Von Anfang an war vorauszusehen, daß Damaskus das israelisch-libanesische Abkommen nicht hinnehmen würde. Denn es bevorteilte ausschließlich die USA, Israel sowie die prowestliche Regierung Amin Djemayyils und war darauf angelegt, den syrischen Einfluß im Lande auf ein Minimum zu reduzieren.

Kein Wunder also, daß Syrien sich völlig taub stellte, als Jerusalem darauf bestand, die eigene Armee nur dann heimzuholen, wenn gleichzeitig die 40000 syrischen Soldaten abzogen.

Kurz nach Unterzeichnung des Mai-Vertrages formierte sich mit Unterstützung Syriens die »Nationale Errettungsfront«, eine libanesische Oppositionsgruppe unter Führung des Drusenfürsten Walid Djumblatt, der den ehemaligen Staatspräsidenten Suleiman Frandjieh und den mehrfachen Ministerpräsidenten Raschid Karame als Bundesgenossen gewann.

Diese Front hatte drei erklärte Ziele: Das Abkommen mit Israel mußte vom Tisch, das Regime Amin Djemayyils sollte in die Knie gezwungen und der zentralen Rolle Amerikas ein Ende gemacht werden.

Kein Zweifel, Djumblatt und seine Mitstreiter waren bei ihrem Unternehmen auf die massive Hilfe aus Damaskus angewiesen. Auf innerlibanesischer Bühne aber zählte, daß sie eine ständig wachsende Zahl von Landsleuten vertraten, die Amin Djemayyil vorwarfen, sich dem übermächtigen Einfluß der Falangisten zu beugen, deren anmaßendes Verhalten gegenüber der muslimischen Bevölkerung keine Grenze zu kennen schien.

Auch die schiitischen Massen in den südlichen Vorstädten Beiruts hatten inzwischen ihr Vertrauen in den christlichen Präsidenten verloren, der offenbar nicht die Macht besaß, den radikalen Flügel in der Falange-Partei zu bändigen.

Diese »falangistischen Falken« wollten »ihren Sieg« grenzenlos auskosten und den libanesischen Staatsapparat allein beherrschen.

Amin Djemayyil steckte in der Klemme. Obwohl selbst Falangist, war er ernsthaft bestrebt, die Versöhnung mit den Muslimen voranzutreiben, sah sich aber von den eigenen fanatischen Glaubensgenossen daran gehindert. Letztere weigerten sich unverblümt, ihre Milizen zu entwaffnen und verfügten somit über ein wirksames Druckmittel gegen Amin, der seinerseits den Libanesen mit dem Aufbau der regulären Armee das so dringend benötigte »nationale Symbol« bescheren wollte.

Der Unmut der Muslime erhielt erstmalig Nahrung, als sich die Israelis aus West-Beirut zurückzogen und die libanesische Armee einmarschierte, um die Stadt zu »säubern«. Sie tat dies mit ungewohntem Nachdruck und ergriff Hunderte von muslimischen Männern, deren »politische Vergangenheit«, in wenig zimperlichen Verhören überprüft wurde.

Nichts dergleichen geschah in den christlichen kontrollierten Gebieten, weil Amin Djemayyil die Konfrontation mit den christlichen Milizen fürchtete. Später schickte der Präsident dann einige Armee-Einheiten nach Ost-Beirut, die sich jedoch nur dort postierten, wo sie keinen Widerstand zu erwarten hatten.

Mit fortschreitender »Falangisierung« von Staat und Armee fühlten sich die Muslime und Drusen als »Bürger zweiter Klasse« eingestuft, und nicht selten wurden sie in den Amtsstuben der Verwaltung auch so behandelt.

Was die Schiiten nach dem 6. Februar 1984 versuchten, nämlich die Amerikanische Universität von Beirut zu »islamisieren«, hatten ihnen die Falangisten ein knappes Jahr zuvor auf ihre Weise vorexerziert. Amin Djemayyil intervenierte persönlich beim Präsidenten der liberalen Hochschule und bedeutete ihm, die universitären Einrichtungen seien zu »libanisieren«. Wie in anderen Bereichen forderten die Falangisten auch hier Schlüsselpositionen und schreckten nicht davor zurück, die Universitätsleitung und die Studenten massiv unter Druck zu setzen. Die »falangisierten« Behörden machten nicht einmal Halt vor drei altgedienten Professoren, denen sie eine neue Aufenthaltsgenehmigung verweigerten, weil sie palästinensischen Ursprungs waren.

Im Verlaufe des Jahres 1983 zeigte sich immer deutlicher, daß die militanten Maroniten nichts gelernt hatten. Hochmütig und arrogant trugen sie eine militärische Stärke zur Schau, die sie in Wahrheit gar nicht besaßen. In Verkennung der Tatsache, daß nicht sie, sondern die Israelis eine Schlacht gewonnen hatten, machten sie sich überall im Lande breit, wo israelische Panzer einen schützenden Schatten spendeten. Sie drangen in das Chouf-Gebirge ein und schikanierten dort die drusische Bevölkerung ebenso wie im Südlibanon die Muslime und palästinensische Flüchtlinge.

Es war nicht zu übersehen, daß sie alles daran setzten, um Amin Djemayyils Politik des Ausgleichs zu torpedieren. Ähnlich wie 1975, überschätzten sich die Falangisten maßlos und marschierten mit blinder Überheblichkeit geradewegs in die Niederlage.

Als die Israelis im Morgengrauen des 4. September 1983 ohne Absprache mit der Beiruter Regierung in wenigen Stunden ihre Stellungen in den Chouf-Bergen räumten, war der Ausbruch einer neuen blutigen Schlacht im libanesischen Bürgerkrieg vorprogrammiert.

Samir Geagea, einer der erfahrenen Kommandeure der christlichen Milizen, hat im Juli 1984 zu den Hintergründen und den Folgen des »Chouf-Kriegs« ausführlich Stellung genommen:

»Ich zweifle daran, daß die Regierung genaue Informationen darüber besaß, was in den Bergen vor sich ging. Der Staat wußte weder, was die Drusen oder die Christen in dieser Angelegenheit beabsichtigten, noch war ihm klar, was Israel im Schilde führte. Ebensowenig kannte man in diesen Kreisen die Grenzen des amerikanischen Drucks auf die Israelis und hatte zudem keine Ahnung von den Beziehungen zwischen Syrien und den Drusen sowie zwischen Israel und den Drusen...

Israel hat die Christen im ›Krieg der Berge‹ zu einem Zeitpunkt im Stich gelassen, als Damaskus den Drusen jede erdenkliche Hilfe zukommen ließ.

Vor dem israelischen Libanon-Feldzug (Juni 1982) hatten im Chouf die Drusen das Sagen. Als die israelische Armee dort einmarschierte, zogen die Christen daraus den Schluß, sie hätten gewonnen, und begannen dementsprechend zu handeln. Sie glaubten, im Libanon wie in der gesamten Region habe sich das Gleichgewicht der Kräfte zu ihren Gunsten verschoben.

Unabhängig von meiner persönlichen Meinung haben die Ereignisse gezeigt, daß dieses Verhalten auf einer irrtümlichen Annahme beruhte, weil es falsch war, den israelischen Sieg auch als einen christlichen Sieg zu betrachten. In der Praxis nämlich sah es so aus, daß die Israelis nur daran dachten, ihre eigenen Erfolge im Libanon auszuschlachten und sich zuallerletzt um das Schicksal der Christen in den Bergen zu sorgen.

Was die Syrer angeht, so sahen sie im libanesischen Regime einen Feind, nachdem Beirut unter amerikanischer Schirmherrschaft ein Abkommen mit Israel geschlossen hatte.

Israel betrachtete die Regierung ebenfalls mißtrauisch, denn Jerusalem war ja darauf aus, ohne die Amerikaner einen Vertrag mit dem Libanon zu schließen, der weit über das bisher Erreichte hinausging.

Die Dinge entwickelten sich in diese Richtung, bis wir an den Punkt gelangten, an dem Syrien das Djemayyil-Regime stürzen und Israel es dazu zwingen wollte nach Jerusalem zu kommen, um dort direkte Verhandlungen aufzunehmen.

Schließlich kam der Augenblick, in dem beide, Israel und Syrien, auf das drusische Gewehr angewiesen waren. Damaskus tat sein Bestes und lieferte den Drusen Waffen und Munition, während Jerusalem diese Hilfeleistungen so leicht wie möglich machte.

Die Stunde Null rückte näher, Israel zog seine Truppen aus den Bergen ab und die Drusen begannen ihren Sturm gegen das Regime...«

Kein Zweifel, ohne die Anwesenheit der Israelis hätte es keinen »Chouf-Krieg« gegeben, und die relativ harmonische christlich-drusische Koexistenz in einer der schönsten Regionen des Landes wäre nicht durch wechselseitige Massaker an Hunderten oder gar Tausenden wehrloser Menschen zerstört worden.

Es war die Besatzungsmacht Israel, die den falangistischen Milizen den Weg in den Chouf und in die Bergstadt Alay ebnete und ihnen erlaubte, die dortigen Kasernen der libanesischen Armee zu benutzen.

Israel ließ es geschehen, daß unter seinen Augen die Falangisten drusische Nachbargebiete beschossen und einen ebenso schmutzigen wie zermürbenden Kleinkrieg vom Zaune brachen, in dem Geiselnahmen und die Verminung von Feldern und Wegen an der Tagesordnung waren.

Kein Wunder, daß sich die Drusen durch das anmaßende Auftreten der Falangisten in ihrer Existenz bedroht sahen und fürchteten, aus ihrem angestammten Siedlungsraum vertrieben zu werden. Als sich die Israelis enttäuscht von den ewig nur nehmenden, aber niemals wirklich gebenden Falangisten abwandten, sah Drusenfürst Walid Djumblatt seine Chance gekommen. Schon in den Monaten vor Ausbruch des »Krieges der Berge« hatte sich eine Zusammenarbeit zwischen ihm und Israel entwickelt. Hierbei spielte zweifellos eine entscheidende Rolle, daß Jerusalem die Mißhandlung der drusischen Bevölkerung im Chouf nur mit gemischten Gefühlen hinnahm. Der Grund hierfür liegt auf der Hand: In Israel selbst gibt es eine drusische Minderheit von rund 50000 Menschen deren Bindungen an die libanesischen Verwandten traditionell sehr eng sind. Viele dieser Drusen dienten zudem in der israelischen Armee und haben auch den Libanon-Feldzug mitgemacht.

Für Djumblatt ging es um das Überleben seiner Gemeinschaft. Als die Israelis ihm Hilfe in Form von Waffenlieferungen anboten, sperrte er sich nicht und versprach als Gegenleistung, die Kommandos der PLO aus seinem Machtbereich fernzuhalten.

So kam es, daß israelisch bewaffnete Falangisten und israelisch bewaffnete Drusen im Chouf fast ein Jahr lang aufeinander einschlugen und nur dann von der israelischen Armee gezügelt wurden, wenn die Gefahr bestand, daß die Situation den Israelis aus den Händen glitt.

Niemand hätte im September 1983 erwartet, daß Djumblatt und seine Drusen ihre Chance so erfolgreich nutzen würden. Kaum hatten die Israelis ihre Zelte im Chouf abgebrochen, da entbrannten grausame und blutige Kämpfe in den Bergen, und innerhalb weniger Tage vertrieben die Drusen die oft ortsfremden Falangisten aus fast der ganzen Region.

Mit den christlichen Milizen flohen ihre unschuldigen maronitischen Glaubensbrüder, die aus Angst, massakriert zu werden, Haus und Hof zurückließen und deren Dörfer von den im Blutrausch voraneilenden Drusen arg zugerichtet wurden.

Mehr als hundert christliche Dörfer blieben nach der Massenflucht entvölkert zurück, und gegen Ende der Kampfhandlungen zählte man über 150000 Christen, die ihre Heimat verloren hatten.

Viele dieser Bauernfamilien lebten seit Jahrhunderten in den karstigen Tälern des Chouf und mußten nun Unterschlupf in Deir al-Qamar suchen, der alten maronitischen Hauptstadt des »Mont Liban«, die noch monatelang von den Drusen belagert wurde.

Wirkliche Koexistenz, so hörte man vor der Tragödie aus dem Mund einiger falangistischer Scharfmacher, könne es in den Bergen nur dann geben, wenn »die Christen einen entscheidenden Sieg über die Drusen davontragen, um die vielen drusischen Siege über die Maroniten in der Vergangenheit auszugleichen«.

Hochmut und Selbstüberschätzung der Falangisten bescherten den Maroniten statt dessen ein ähnliches Schicksal, wie es 1860 ihre Vorfahren erleiden mußten. Der »Krieg der Berge« machte aus dem Chouf praktisch einen »drusischen Kanton«.

Den Preis für diese Neuordnung zahlten nicht allein die Christen mit ihrem Blut und ihrem Eigentum. Auch die Drusen blieben nicht ungeschoren, besonders dann, als die libanesische Armee in die Kämpfe eingriff und verschiedene drusische Dörfer in Kraterlandschaften verwandelte.

Amin Djemayyil hatte den Einsatz seiner Truppen an der Seite der Falange-Milizen im Vertrauen auf die amerikanische Schutzmacht befohlen und damit begründet, man kämpfe nicht gegen libanesische Landsleute, sondern gegen die Syrer und die Palästinenser.

In Wahrheit war der Bürgerkrieg heftiger denn je entflammt.

Gewiß, ohne die massive Hilfe Syriens, dessen Artillerie den Drusen zuweilen kräftig unter die Arme griff, wäre der militärische Gang der Dinge vielleicht anders verlaufen. Doch nichts konnte darüber hinwegtäuschen, daß hier Libanesen gegen Libanesen standen, die einander um der Macht im Staate willen töteten.

Die drusisch-schiitische Opposition gegen das Regime Djemayyil besorgte zweifellos auch das Geschäft der Syrer, die um jeden Preis das libanesisch-israelische Abkommen zu Fall bringen wollten.

In diesem Sinne fungierten die libanesischen Regimegegner als syrisches Werkzeug, waren aber keineswegs Wachs in den syrischen Händen, sondern handelten aus dem ureigenen Interesse, die Vorherrschaft der Falangisten in ihrem Lande zu brechen.

Der Süden bezahlt die Zeche
Praktiken der israelischen Besatzungspolitik im Südlibanon

Name: Muhammad Faris. Alter: 8 Jahre. Adresse: Kamed al-Lauz, West-Bekaa (unter israelischer Besatzung). Schulbildung: 3 Jahre Grundschule. Gegenwärtige Situation: Wird wegen Schußverletzungen, die ihm von israelischen Soldaten beigebracht wurden, im

Krankenhaus der Amerikanischen Universität in West-Beirut behandelt. Er befindet sich auf dem Weg der Besserung.

Mohammed Faris beteiligte sich gemeinsam mit Freunden und Verwandten an einer Demonstration in seinem Heimatort Kamed al-Lauz am 6. Juni 1983.

Die Dorfbewohner wollten damit am ersten Jahrestag der israelischen Invasion gegen die andauernde israelische Präsenz und die Praktiken der Besatzungspolitik protestieren.

Frage: Warum hast du an dieser Demonstration teilgenommen?

Antwort: Weil die Israelis zwei Tage zuvor unseren Schuldirektor verhaftet haben – und auch, weil es der erste Jahrestag der Invasion war.

Frage: Wie begann die Demonstration?

Antwort: Wir versammelten uns alle auf dem Dorfplatz. Es waren viele Leute da. Die Frauen trugen schwarze Flaggen und die libanesische Fahne, auch Photos von Präsident Amin Djemayyil. Wir fingen an, Parolen zu rufen.

Frage: Was für Parolen?

Antwort: »Oh, Begin, du bist nicht einer von uns. Nimm deine Truppen und hau ab« oder »Keine Juden, keine Besatzung, keine Zusammenarbeit mit den Zionisten.« Ich habe die anderen Parolen vergessen.

Frage: Wie viele Menschen nahmen an der Demonstration teil?

Antwort: Ungefähr zweitausend. Es waren nur Frauen und Kinder. Manche Kinder waren sogar jünger als ich.

Frage: Und wann kamen die Israelis?

Antwort: Nachdem wir vom Dorfplatz die Hauptstraße hinaufmarschiert waren und das Ende dieser Straße erreicht hatten. Die israelischen Soldaten kamen mit Panzern, und ein großer Panzer stoppte direkt vor uns. Wir blieben alle zusammen und riefen weiter unsere Parolen. Da begannen die Israelis, Tränengasbomben zu werfen. Wir hoben sie auf und schmissen sie zurück. Wir hatten keine Angst. Dann gaben sie einige Schüsse aus den Panzern ab, und wir warfen Steine auf sie. Ich sah, wie einer meiner Klassenkameraden auf einen israelischen Panzer zurannte. Er packte die Kanone mit beiden Händen, steckte seinen Kopf hinein und rief: Schieß doch, schieß doch. – Die israelischen Soldaten begannen, die Kanone hin und her zu drehen.

Frage: Wie bist du dann verletzt worden?

Antwort: Nachdem sie das Feuer auf uns eröffnet hatten. Ich versuchte, wegzurennen und mich in den Feldern zu verstecken. Aber sie schossen hinter mir her und trafen mich in den Bauch. Zwei junge Männer aus meinem Dorf kamen und brachten mich mit dem Auto ins Krankenhaus.

Frage: Wirst du wieder an Demonstrationen teilnehmen?

Antwort: Ja, solange bis die Israelis aus meinem Dorf verschwunden sind. Ich bin noch nicht erwachsen und kann nicht gegen sie kämpfen. Aber wenn ich älter bin, werde ich das tun.

Frage: Warum?

Antwort: Weil ich die Israelis nicht mag. Ich hasse sie und will, daß sie unseren Schuldirektor wieder freilassen, weil ich den sehr lieb habe.

Muhammad wurde nach seiner Verwundung zunächst für eine Notoperation in ein Krankenhaus im Südlibanon gebracht. Dort erhielt er auch die nötigen Bluttransfusionen. Anschließend brachte man ihn nach Beirut, wo ihm in einer zweiten Operation eine Niere und die Gallenblase entfernt wurden.

Als die israelische Armee am 6. Juni 1982 in den Libanon einmarschierte, traf sie im Süden des Landes fast ausschließlich auf bewaffneten Widerstand der dort stationierten PLO-Einheiten. Mit ihrer überlegenen Kriegsmaschinerie konnten die israelischen Soldaten die PLO-Kommandos aufreiben. Tausende palästinensischer und libanesischer Zivilisten mußten den Vormarsch der Israelis mit dem Leben bezahlen. Während sich die überlebenden palästinensischen Kämpfer in Richtung West-Beirut zurückzogen, begannen die Israelis mit Massenverhaftungen im Südlibanon.

Allein im Monat Juni, dem ersten Kriegsmonat, wurden rund 14000 Männer im Süden gefangengenommen und in das berüchtigte Lager »Ansar« auf der Straße zwischen Tyros und Nabatiye transportiert. Bei ihren Verhaftungsaktionen verließen sich die Israelis weitgehend auf die Angaben von örtlichen Kollaborateuren und Denunzianten.

In der südlibanesischen Hafenstadt Saida wurde die gesamte männliche Bevölkerung wie eine Hammelherde zusammengetrieben und mehreren vermummten Gestalten präsentiert, die über ihr Schicksal entscheiden sollten.

Ein ehemaliger Gefangener in »Ansar« beschrieb später diese Zeremonie, in deren Verlauf der Inhaftierte weder über die »Anklage« informiert wurde, noch seine »Ankläger« kennenlernte:

»Am Abend schafften die israelischen Soldaten einen Tisch und zwei Stühle herbei und ordneten einige Obstkisten wie einen Wandschirm an. Dieser trennte die Gefangenen und die Maskierten, die hinter den Obstkisten standen. Wir wurden aufgefordert, uns den Obstkisten zuzuwenden. Danach mußten wir wieder zu unserem ursprünglichen Standort zurückkehren und sahen uns nun zwei Offizieren gegenüber, die an einem Tisch saßen und vor sich einige Papiere und Bleistifte liegen hatten. Wir sahen die Gestalt des maskierten Mannes hinter den Obstkisten und warteten ab, was passieren würde.

Einer der israelischen Offiziere trat auf uns zu. Wir wurden angewiesen, einzeln zu den Obstkisten hinüberzugehen und uns den Vermummten zu zeigen. Wir begannen vorzutreten, während ein Offizier das Bindeglied zwischen dem Vermummten und den beiden Offizieren am Tisch bildete. Denjenigen, dem das Glück winkte und auf den der Vermummte nicht deutete, schickte man sofort zum Tisch zurück. Er mußte sich dann neben das Haupttor setzen, was bedeutete, daß er mit seiner Freilassung rechnen konnte.

Wer jedoch denunziert wurde, dem schrieb man eine hebräische Bemerkung aufs Hemd; am Tisch erhielt er einen kleinen Zettel. Dann schickte man ihn innerhalb des von den Obstkisten eingezäunten Bereichs, was bedeutete, daß er abtransportiert werden sollte.

Schließlich kam die Reihe an mich: die Kontrolle des ersten und die des zweiten Vermummten; dann erhielt ich einen Zettel am Offizierstisch und durfte mich zum Haupttor begeben.

Der Abtransport der Denunzierten begann sofort. Wir anderen konnten es kaum erwarten, bis die Nacht hereinbrach – eine Nacht wie die anderen zuvor, kalt und feucht. Am nächsten Morgen erhoben wir uns, noch klamm von der Kälte, und warteten geduldig darauf, daß man uns das Haupttor öffnen würde.

Eine Gruppe Israelis kam, als wir noch von unserer nahe bevorstehenden Freiheit träumten, wählte einige von uns aus, forderte uns die Zettel wieder ab, die wir am Vortag erhalten hatten, bedeutete uns, zu dem Platz mit den Obstkisten zu gehen!

Eben noch hatten wir die Rückkehr in unsere Dörfer vor Augen gehabt, und was würde nun geschehen?

Die Stunden vergingen und wir verständigten uns nur flüsternd, weil das Sprechen verboten war. Einmal kam ein libanesischer Polizist herein und wählte nach Gesprächen mit den israelischen Offizieren drei aus unserer Mitte aus. Sie verließen mit ihm das Camp, und wir erfuhren, daß sie seine Verwandten waren und er sich für sie eingesetzt hatte. Viel später öffnete sich das Tor von neuem, und die Autobusse fuhren ein. Alle Augen und Gedanken wandten sich ihnen zu. Wir mußten unser Unterhemd ausziehen, das als Augenbinde diente. Unsere Hände wurden auf dem Rücken zusammengebunden. Einer nach dem anderen stiegen wir in die Busse.

Nach langer Fahrt erreichten wir unser Ziel: Nahariya in Israel, von dem ich bis dahin nur gewußt hatte, daß es an der Küste liegt. Aber mein Nachbar erzählte mir, daß wir uns in Nahariya befanden.

Um den Bus herum standen viele Soldaten, und einige hatten dicke Knüppel in den Händen. Man forderte uns auf auszusteigen. Kaum hatte einer den Boden erreicht, da prasselten auch schon die Knüppel auf ihn nieder. Wir wurden rennend in die ›Gruppe‹ (al-Djura) hineingetrieben. Das Lager befand sich in einer mit weißem Staub bedeckten Bodensenke. Es war in vier Bereiche unterteilt: es gab einen Wachturm, der immer besetzt war, ein Zelt mit einem Nylonvorhang für die Vermummten und einen Schlafplatz.

Toiletten gab es nicht. Statt dessen wurde im Vordergrund ein großer Eimer aufgestellt, und dort verrichtete man seine Bedürfnisse vor den Augen der Gefangenen und Soldaten. Viele von uns waren voller Scham, wenn ihnen dieser Gang bevorstand, und oft führte diese Angst zu chronischer Verstopfung. Zum Abendessen erhielten wir das uns schon bekannte Mahl: eine Tomate und ein Stück Brot. Wir wurden aufgefordert, schnell einzuschlafen und uns nicht zu bewegen.

Dann kamen einige Soldaten mit vier Schäferhunden, hetzten sie gegen uns und hielten sie im letzten Moment zurück. Die Angstschreie und das wütende Gekläffe der Hunde schwollen im Verlauf der Nacht immer mehr an...«

Nach diesen umfangreichen und konsequenten Säuberungsaktionen fiel der Südlibanon den Israelis im Sommer 1982 fast wie eine überreife Frucht in den Schoß.

Kurzfristig hatte die einheimische, vorwiegend schiitische Bevölkerung des Südens die Israelis sogar als »Befreier vom palästinensischen Joch« gepriesen. Aber die unkluge Besatzungspolitik der israelischen Armee verkehrte die anfänglich abwartend-wohlwollenden Gefühle bald in blanken Haß und begünstigte die Herausbildung einer entschlossenen Widerstandsbewegung, die selbst in der israelisch besetzten Westbank ihresgleichen sucht.

Nazih Bizri, prominenter libanesischer Parlamentsabgeordneter aus Saida, erklärte uns den Unterschied zwischen der palästinensischen und der israelischen Besatzung des Südlibanon so:

»In der palästinensischen Ära war die soziale und politische Lage schlecht. Auch an Sicherheit mangelte es. Aber wir konnten wenigstens wirtschaftlich aktiv sein und den Kontakt zu allen Teilen des Libanon halten. Deswegen betrachteten wir die Palästinenser nicht direkt als unsere Feinde. Aber die Israelis sind unsere Feinde, denn sie haben konkrete Ziele in unserem Land. Teil ihres Planes ist es, den Süden auszubluten, ihn verarmen zu sehen. Dann wird die einheimische Bevölkerung ihr Land verlassen müssen, um anderswo Arbeit zu suchen, und die israelische Kolonisation kann problemlos einsetzen. Wir kämpfen hier heute um unser Leben; wir haben Angst vor der Annexion.«

Am 21. September 1982 erklärte sich die »Nationale Libanesische Widerstandsfront« zum ersten Mal für ein anti-israelisches Attentat verantwortlich. Damals standen die israelischen Soldaten noch mitten in West-Beirut, und ihre Stellungen boten ein vergleichsweise leichtes Ziel. Solange ihr Aufenthalt im Westteil der libanesischen Hauptstadt dauerte, verging kaum ein Tag, an dem sie nicht beschossen oder mit Handgranaten beworfen wurden.

Damals definierte sich die »Widerstandsfront« selbst als »der Wille eines Volkes, das dazu gezwungen ist, sein Land zu befreien und seine Würde wiederzuerlangen. Sie repräsentiert die wahre nationale Einheit, weil sie aus verschiedensten Gruppen besteht und weder eine Partei noch eine bestimmte Organisation ist. Die ›Front‹ ist jeder Augenblick und jeder Platz im Libanon, eine Bewegung, geboren aus allen Parteien und politischen Gruppen mit den unterschiedlichsten Zielen und Ausrichtungen. Aber hier sind sie vereint in dem einen Anliegen: das besetzte libanesische Land zu verteidigen, die Gefahren der Besatzung zurückzudrängen und ihr ein Ende zu bereiten.«

Knapp zwei Jahre später war der Südlibanon, wohin sich die israelische Armee zurückgezogen hatte, zum gefährlichen Morast für die stärkste Militärmacht im Nahen Osten geworden. Eine aktive und entschlossene Widerstandsbewegung führte durchschnittlich zwei Anschläge pro Tag gegen die israelischen Besatzer aus. Diese Mobilisierung schien nach und nach die gesamte Bevölkerung zu erfassen und konnte auch durch immer brutaler werdende Strafaktionen der Israelis nicht mehr eingedämmt werden. Im Gegenteil: Die Repressalien schienen die Gegenwehr noch anzuheizen. Ganze Dörfer traten in Streik, rafften sich auf zu Demonstrationen, bei denen Frauen und Kinder in vorderster Linie marschierten und die israelischen Panzer mit Steinen bewarfen. Schossen die Israelis in die Menge, so erreichten sie damit nur, daß sich am folgenden Tag die Zahl der Anschläge gegen sie erhöhte und ein anderes Dorf auf die Barrikaden ging.

Allein im Laufe des August 1984 zählte man 74 Attentate auf israelische Soldaten oder ihre Verbündeten von der »Südlibanesischen Armee«.

Seitdem die Widerstandsbewegung im Südlibanon mit ihren Aktivitäten begonnen hat, gehen weit mehr als 1000 Einzelaktionen auf ihr Konto. Dieser Widerstand stützt sich keineswegs auf eine homogene Gruppe, sondern umfaßt viele kleine Zellen und auch spontane Einzeltäter. Das ist der Hintergrund, weshalb es den Israelis nicht gelungen ist, den Widerstandsring zu sprengen oder im voraus geplante Anschläge zu vereiteln. Selbst die Verhaftung einzelner, in die Planung verwickelter Personen half da nicht viel weiter, denn die Mitstreiter der »Front« kennen sich untereinander nicht. Die Attentäter operieren so geschickt, daß sie im Verlauf dieser zwei Jahre kaum mehr als 30 Leute verloren haben.

Ihr Erfolg beruht zweifellos auch auf dem Rückhalt, den sie zunehmend in der Bevölkerung genießen. Eine Tatsache, die den Israelis wiederum die Rechtfertigung liefert, immer wieder im Anschluß an die Anschläge halbe Dörfer niederzuwalzen und willkürliche Massenverhaftungen vorzunehmen.

Im Herbst 1984 präsentierten sich drei junge Männer einem libanesischen Reporterteam als aktive Widerständler im Südlibanon und gaben Auskunft über ihren Kampf und die Bedingungen, unter denen sie operieren:

»Die Widerstandsfront wurde nach dem Auszug der PLO aus West-Beirut zunächst von drei linksgerichteten politischen Gruppen gebildet. Eine zentrale Organisation gibt es nicht, sondern nur verschiedene Geheimzellen, deren Mitglieder sich nicht einmal untereinander kennen. Daher ist es schwierig, uns zu unterwandern. Wir arbeiten in Drei-Mann-Einheiten. Immer nur diese drei Brüder kennen sich. Dies bedeutet, daß die israelischen Soldaten nicht mehr als drei von uns auf einmal entdecken können. Wir haben die Wahl eines Anführers abgelehnt, weil die Möglichkeit besteht, daß er zum Verräter wird. Unsere Widerstandsfront ist die ganz natürliche Antwort auf die israelische Besatzung. Wir betrachten uns als das einzige heile Glied am libanesischen Körper, der kurz davor steht, zusammenzubrechen. Wir richten unsere Angriffe gegen die Israelis und alle, die mit ihnen zusammenarbeiten. Wenn wir uns Israel nicht entgegenstellen, dann können wir es auch nicht bekämpfen. Wenn nicht endlich alle Libanesen ohne Ausnahme eine geeinte Position beziehen, dann sage ich: Wir sind ein Volk, das es nicht verdient hat, zu leben!«

Ein anderer Befragter mit dem Kampfnamen »Sadeq« erklärte, daß es für einen Einheimischen problemlos sei, hinter die israelischen Linien zu schlüpfen: »Als Libanese kenne ich die Geographie des Landes. Es gibt viele kleine Straßen, von denen die Israelis nichts wissen. Wir bemühen uns, bei jeder Aktion neue Wege zu finden. Das ist unsere Spezialität. Unser Ziel ist es, so viele israelische Soldaten wie möglich zu töten oder zu verwunden. Der Südlibanon soll für die israelischen Familien zum ›Tal der Tränen‹ werden.«

Zum Teil, so gesteht Sadeq, hat die »Front« auch Munition und Sprengstoff übernommen, die von den Palästinensern zurückgelassen wurden.

Die »Front« hat wiederholt von der libanesischen Regierung gefordert, offiziell anerkannt und auch finanziell unterstützt zu werden. Dies wurde vor allem aktuell, als Beirut einseitig das Truppenabzugsabkommen mit Israel annullierte und anschließend nachdrücklich einen bedingungslosen Rückzug der israelischen Armee forderte.

Zwar wurde die Widerstandsbewegung im Süden zunächst nicht »legalisiert«. Doch man schuf ein Ministeramt für die »Belange des besetzten Südlibanon«, das dem Schiitenführer Nabih Berri übertragen wurde.

Am 6. Februar 1985 kündigte Berri schließlich an, daß die Mitglieder der »Front« künftig Gehälter, Waffen und Sprengstoff aus dem Etat seines Ministeriums erhalten werden.

Bis zu diesem Tag hatten die aktiven Rebellen in der Front das Verhalten der Regierung als halbherzig kritisiert: »Wenn der libanesische Staat nicht fähig ist, sich mit den Aktivitäten und Zielen der Front solidarisch zu erklären, so hat er im Grunde schon auf seine souveränen Rechte verzichtet«, erklärte einer ihrer Sprecher und fuhr fort: »Wir konzentrieren uns auf psychologische Turbulenzen in den Reihen des Feindes. Wir wollen seine Bewegungen stören und seine Stabilität untergraben. Die Überraschungsaktionen haben schon Früchte getragen, wobei nicht nur die Zahl der Opfer eine Rolle spielt, sondern vor allem die Tatsache, daß der Geist der Angst dauernd gegenwärtig ist – wo immer sich der Feind auch befindet.

Wir können stolz behaupten, daß unsere Aktivitäten einen Mythos zerstört haben, mit dem sich der Feind umgeben hat. Die Israelis haben einen neuen Libanesen kennengelernt und erfahren müssen, daß sie den Stachel der nationalistischen Standhaftigkeit des Volkes mit ihrer Militärmaschinerie nicht abbrechen können.«

Ein anderer Widerstandskämpfer deutete an, daß sich so mancher Südlibanese auf seinen Kampf gegen die israelische Besatzungsmacht gut vorbereitet hat: »Wir haben Wege gefunden, um die ausgeklügelten elektronischen Sicherheitsmaßnahmen zu umgehen. Die meisten Kenntnisse haben wir von einem Aufenthalt bei der Polisario in der Westsahara mitgebracht. Dort haben wir gelernt, wie man reguläre Truppen bekämpfen muß. Die wichtigste Lektion besteht darin, daß Soldaten, die sich in ihren Festungen sicher und geschützt fühlen, sofort demoralisiert werden und zusammenbrechen, sobald eine Bresche geschlagen ist.«

Die Radikalisierung der vornehmlich schiitischen Bevölkerung des Libanon ist zweifellos auf einen erstaunlichen Mangel an Feingefühl auf der israelischen Seite zurückzuführen. Statt sich nach dem Abzug der PLO-Kommandos die erleichterten Schiiten zu Partnern zu machen, gestattete die israelische Armee der verhaßten Miliz des Major Saad Haddad und seines Nachfolgers Antoine Lahd jede Art von Übergriffen auf Leben und Eigentum der Bevölkerung. So zogen die Söldner der sogenannten »Südlibanesischen Armee« mordend und plündernd durchs Land.

Die zunehmenden Aktivitäten der Widerstandsbewegung hatten eine Brutalisierung der israelischen Gegenschläge zur Folge. Massenverhaftungen und Großrazzien waren keine Seltenheit, ganze Dörfer wurden umstellt und tagelang von der Außenwelt abgeschnitten, Häuser einzelner Verdächtiger dem Erdboden gleichgemacht. Besonders empfindlich reagierte die Bevölkerung auf die Verhaftung religiöser Würdenträger, die zweifellos eine Schlüsselposition beim Aufstand des Volkes gegen Israel einnahmen. In den Moscheen waren die Wände dekoriert mit Photos der »schiitischen Märtyrer«, die in einer anti-israelischen Aktion ums Leben gekommen waren.

Zwischenfälle, wie das Vordringen einer israelischen Militärpatrouille ins Zentrum von Nabatiye, als dort gerade die Prozessionen zur Feier des höchsten schiitischen Gedenktages »Aschura« in vollem Gange waren, sind niemals vergessen worden.

Der israelische Griff um den Südlibanon zog sich fester zu, als die libanesische Zentralregierung im März 1984 das Truppenabzugsabkommen mit Israel annullierte. Nun wurde der Süden praktisch vom übrigen Land abgeriegelt. Nur noch ein Übergang auf der kleinen Bergstraße von Bater nach Jezzine bildete die Brücke zwischen Süden und Norden. Wann sie passierbar war, bestimmten allein die Israelis – und darüber entschieden sie höchst willkürlich.

Diese Maßnahme brachte den Südlibanon an den Rand des wirtschaftlichen Ruins. Die vornehmlich bäuerliche Bevölkerung konnte ihre Erzeugnisse nicht mehr exportieren und war im Südlibanon selbst einer wachsenden Konkurrenz von billigeren israelischen Produkten ausgesetzt. Mittelständische Geschäftsleute machten über Monate keinerlei Umsatz mehr, weil es nichts zu verkaufen gab.

Das wichtigste Handelsgut des Südlibanon sind landwirtschaftliche Produkte. Da aber die LKWs mit der leicht verderblichen Ware tagelang an den israelischen Kontrollpunkten Schlange stehen mußten, wurde die Ausfuhr von Obst und Gemüse praktisch lahmgelegt.

Ein Bauer, der dennoch weiterhin seine Plantagen in Sichtweite der israelischen Grenze versorgt, sagte uns: »Wir sind jetzt gezwungen, unsere Produkte im Südlibanon zu Schleuderpreisen zu verkaufen, die uns kaputt machen. Wir bieten z. B. hier ein Kilo Tomaten für ein halbes libanesisches Pfund an, während sie in Beirut drei Pfund kosten. Die Bauern des Südens sind zu harten Rivalen geworden und graben sich gegenseitig das Wasser ab.«

In den besetzten Städten gab es Umschlagplätze, wo ganze Wagenladungen mit preiswertem israelischen Obst und Gemüse auf libanesische Transporter umgeladen wurden. Denn viele Händler waren dazu übergegangen, die israelischen Waren zu verkaufen – allerdings nur aus Kisten, auf denen zu lesen stand: »Libanesisches Erzeugnis«.

Der libanesische Gouverneur des Südlibanon, längst aus seinem Büro von der israelischen Besatzungsmacht vertrieben, faßte die unglückliche Situation so zusammen: »Die ökonomische Lage ist sehr schlecht. Das muß auf eine Reihe von Faktoren zurückgeführt werden, zu denen die Schließung der Zufahrtsstraßen zum Süden gehört. Dadurch sind die Handelsaktivitäten abgewürgt und der Export von landwirtschaftlichen Produkten aus dem Süden verhindert worden. Davon abgesehen hat Israel den lokalen libanesischen Markt mit eigenen Produkten überschwemmt und die libanesische Industrie und Landwirtschaft somit gezwungen, in einen unlauteren Wettbewerb einzutreten.«

Neben den wirtschaftlichen Engpässen führte die israelische Besatzungspolitik zu menschlichen Härten, die dem Haß noch entscheidende Impulse gaben. Die willkürliche Schließung der Übergänge in den Süden zerriß ganze Familien für Monate und brachte unvorstellbare Schikanen und Erniedrigungen mit sich.

Reisende in den Süden waren oft gezwungen, Tage und Nächte an der israelischen Kontrollstation zu verbringen, ohne darüber informiert zu werden, ob und wann man ihnen die Heimreise gestatten werde. Die Glücklichen, denen der »kleine Grenzübertritt« schließlich genehmigt wurde, mußten sich erst einer entwürdigenden und umständlichen Prozedur unterziehen. Jedes Gepäckstück wurde minutiös und ohne Eile nach Waffen und Sprengstoff durchsucht. Nach Tagen des Wartens in stechender Sonne oder heftigem Regen mußten die Fußgänger anschließend noch einen Kilometer weit ins israelisch kontrollierte Gebiet hineinmarschieren – auf einem engen Trampelpfad, der von beiden Seiten mit Stacheldrahtrollen begrenzt war, balancierten sie Taschen, Koffer, Bündel und Plastiksäcke und kamen sich vor wie Flüchtlinge im eigenen Land.

Viele der Wartenden schlüpften nachts in benachbarten Dörfern unter oder schliefen unter einem Baum. Als wir uns an Ort und Stelle umsahen, erklärte uns ein Libanese, er warte nun schon drei Tage auf seine Chance: »Schaut euch das an. Wir, die Libanesen, liegen hier wie Kühe auf der Straße, und die Israelis sitzen da oben und blicken auf uns herab. Was gibt ihnen dazu das Recht?«

Plötzlich schreckten die Israelis auf. Einige unter ihnen, die mit nacktem Oberkörper in der Sonne gelegen hatten, warfen sich ihre Militärjacken über und setzten die Helme auf. Sie schienen plötzlich auf der Hut zu sein. Ein Soldat meinte, es sei ein »Ernstfall« eingetreten. Sechs der israelischen Soldaten sprangen in bereitstehende zivile Fahrzeuge – alle mit libanesischen Nummernschildern – und rasten einen Hügel hinauf, auf dessen Höhe sich ein weiterer Kontrollpunkt befand.

Erst zwei Stunden später kam einer von ihnen zurück: »Geht alle nach Hause«, sagte er der wartenden Menschenmenge, »keiner kommt heute mehr in den Süden. Die Straße ist geschlossen. Ich weiß nicht wie lange; vielleicht bis morgen. Also, das Beste ist, ihr geht heim.«

Die meisten Fußgänger folgten wortlos seinem Rat. Viele Autobesitzer blieben in ihren Wagen und hofften auf mehr Glück am nächsten Tag.

Der Israeli teilte dem Publikum schließlich noch den Anlaß für die Aufregung mit: »Es hat einen Raketenangriff auf eine israelische Stellung gegeben. Keiner ist verwundet.«

Terror und Angst sowie die ständig spürbare Gegenwart der Widerstandsbewegung sitzen auch – das darf man nicht vergessen – den israelischen Soldaten im Nacken.

David Greenwald, 19jähriger israelischer Rekrut, schilderte, wie ihm zumute ist, wenn er eine Straße in Saida hinunterläuft: »Ich habe keine Zeit, über meine Furcht nachzudenken, während ich laufe. Aber sobald ich in mein Zelt zurückgekehrt bin und etwas Musik höre, wird mir klar, wie groß meine Angst war. Solange ich meine Muskeln nicht entspannen kann, erkenne ich nicht, wie verkrampft sie die ganze Zeit über sind.«

Wasser: Der Stoff aus dem der Friede ist?

Die langfristige Sorge der Libanesen um das Schicksal des israelisch besetzten Südens wird noch durch einen ganz besonderen Aspekt genährt. Der Südlibanon besitzt etwas im Überfluß, was den Israelis fehlt, nämlich Wasser.

Schon zu Beginn unseres Jahrhunderts, lange vor Gründung des israelischen Staates also, hatten die Führer der zionistischen Bewegung die Bedeutung der Wasserfrage erkannt. Dies geht aus einem Schreiben Chaim Weizmanns hervor, das der Vater des modernen Israel im Jahre 1919 an den damaligen britischen Premierminister Lloyd George richtete: »Die gesamte wirtschaftliche Zukunft Palästinas hängt von seinem Wasser, den Bewässerungssystemen und der Elektrizität ab. Dieses Wasser muß zum größten Teil vom Fuß des Berges Hermon, den Quellen des Jordan und dem Litani kommen.«

Mitte der siebziger Jahre erreichte Israel mit rund 1,7 Milliarden Kubikmetern den Höhepunkt seiner Wasserproduktion. Vergleicht man diese Zahl mit dem Wasserverbrauch im Lande, so stellt man fest, daß schon Ende desselben Jahrzehnts 90 bis 95 Prozent der maximalen Produktionskapazität an Wasser genutzt wurden. Zwischen 1948 und 1977 stieg die Wassernachfrage von 350 Millionen auf 1,65 Milliarden Kubikmeter.

Die Landgewinne im Sechs-Tage-Krieg von 1967 versetzten Israel nicht nur in die Lage, die Nebenflüsse des Jordan für die eigene Wassergewinnung auszubeuten, sondern auch die reichhaltigen Wasserquellen am Fuß des Berges Hermon – am Rand der annektierten syrischen Golanhöhen – für seine Zwecke zu nutzen.

Damit hatte man ein einigermaßen beruhigendes Polster für die kommenden Jahre geschaffen, in denen nach israelischen Statistiken ein Anwachsen des Wasserkonsums um rund 700 Millionen Kubikmeter zu erwarten sein sollte. In den Berechnungen, die zu diesem Ergebnis führten, war bereits die Annahme miteinbezogen, eine Million Israelis als Neusiedler in den besetzten Gebieten versorgen zu müssen.

Natürlich hat man in Israel versucht, das Wasserproblem mit den derzeit zur Verfügung stehenden Mitteln zu lösen. In relativ kleinem Ausmaß wurde mit dem Recycling von gebrauchtem Wasser begonnen. Doch diese Methode erwies sich als zu kostspielig, um sie entscheidend ausbauen zu können. Die Landwirtschaft wird jährlich mit rund 100 Millionen Kubikmetern organisch verschmutzten Brackwassers versorgt. Darüber hinaus hat man eine langfristige Reihe von Experimenten gestartet, mit der man – aufgrund einer ausgefeilten und aufwendigen Technologie – vom Kondenswasser der Wolkengebilde profitieren will: Das Abregnen der Wolken soll dirigiert und insgesamt eine »feuchtere Atmosphäre« über landwirtschaftlichen Gebieten geschaffen werden. Diese Methode der Nutzwassergewinnung befindet sich allerdings noch im Anfangsstudium.

Vielversprechender schien eine andere Spielart der Wasserproduktion zu sein: In Eilat am Roten Meer hat man mit Hilfe der Amerikaner eine Entsalzungsanlage für Meerwasser installiert. Doch schon bald erkannte man, daß das Wasser aus Eilat den israelischen Staat mindestens das Doppelte von dem kosten würde, was man bei einer der anderen Alternativen aufbringen müßte.

Damit war das Projekt in Eilat so gut wie abgeschrieben, denn Israels Staatswirtschaft befindet sich in einer tiefen Krise, die es nicht erlaubt, größere Summen für die Verbesserung der Infrastruktur der Wasserversorgung auszugeben.

Man hat in Israel indessen auch keine Mühen gescheut, den Wasserverbrauch zu drosseln. Privathaushalte werden immer wieder zur Disziplin im Umgang mit Wasser aufgefordert, und die israelische Landwirtschaft hat sich als Pionier sparsamer Bewässerungssysteme hervorgetan. Man arbeitet auch indirekt an der Bewältigung des Wasserproblems, indem man Pflanzungen vor intensiver Sonnenstrahlung und Austrocknen zu schützen sucht: Auf kultiviertem Boden in Israel stehen prozentual die meisten Gewächshäuser der Welt.

Alle diese Anstrengungen sind Beweis genug für den Willen, das Wasserproblem in den Griff zu bekommen. Sie zeigen aber deutlich, daß der Wasserbedarf auch mit den modernsten Methoden nicht über eine untere Grenze hinaus reduziert werden kann.

Vielmehr stehen die Israelis heute, bei bestmöglicher Verringerung der Wassernachfrage und größtmöglicher Wassergewinnung, wieder am Anfang des Problemkreises: Nach wie vor werden in Israel 90 bis 95 Prozent der Wasserproduktion verbraucht.

Jede politische oder militärische Veränderung in der Region oder – schlicht jedes Dürrejahr könnten dieses zerbrechliche Gleichgewicht gefährlich ins Wanken bringen.

Ein neutraler Beobachter, die Nahrungsmittel- und Landwirtschaftsorganisation der Vereinten Nationen (FAO), hat 1984 in einem Bericht festgestellt, daß Israel die Kapazität der herkömmlichen Wassergewinnung erschöpft hat. Alle anderen, meist komplizierteren Methoden können frühestens in zwanzig Jahren beeindruckende Ergebnisse aufweisen. In diese Prognose ist bereits miteingeschlossen, daß Israel auf die Wasserresourcen der besetzten Gebiete zurückgreift. Besonders die jordanische Westbank ist dank ihrer geologischen Struktur ein fruchtbares Feld, denn sie liegt auf riesigen Grundwasserseen, vor allem dem Barkoum- und Timsah-See, die rund 400 Milliarden Kubikmeter Wasser jährlich liefern können.

Daraus folgt unschwer, daß der israelische Staat neue Möglichkeiten für seine Wassergewinnung erschließen muß.

Und man hat sich etwas einfallen lassen, so fürchten jedenfalls die Libanesen, Israels nördliche Nachbarn. Schon lange spricht man im Libanon davon, daß die Israelis ihre eigenen Pläne mit dem südlibanesischen Litani-Fluß haben.

Der Litani, der ungefähr 25 Kilometer nördlich der israelisch-libanesischen Grenze ins Mittelmeer fließt, steht nur stellvertretend für andere kleinere Flüsse auf libanesischem Territorium, aus denen Israel schon seit geraumer Zeit Wasser abzweigt.

Israelische Aktivitäten zur Ausbeutung libanesischer Gewässer haben sich seit dem sogenannten »Litani-Feldzug« von 1978 verstärkt. Damals haben die Israelis mit der Installation von Pumpen und Pipelines auf der libanesischen Seite der Grenze begonnen, die garantierten, daß mehr Wasser mit einer höheren Fließgeschwindigkeit nach Israel transportiert wurde. Davon betroffen waren vor allem der Hasbani und der Wazzani, beides Nebenflüsse des Jordan, die auch nach dem Krieg von 1982 im Libanon wieder ins Gespräch kamen.

In den vier Jahren zwischen dem Litani-Feldzug (1978) und der israelischen Invasion des Libanon (1982) war Israel offiziell nicht Besatzungsmacht im Libanon. Doch schon damals war der Süden dem

Zugriff der schwachen libanesischen Zentralregierung weitgehend entzogen, und man verschwendete in Beirut wenig Gedanken auf den Ausbau der landwirtschaftlichen Infrastruktur. Das gab Israel die Möglichkeit, massiv auf die dort lebenden Bauern einzuwirken. In einigen Gebieten untersagten die Israelis die Aushebung von Brunnen zur Nutzung des Grundwassers für landwirtschaftliche Zwecke. Damit stand Israel das Grundwasserreservoir bis hinüber zum Berg Hermon an der libanesisch-syrischen Grenze zur Verfügung.

Doch alle diese Unternehmungen, so erfolgreich sie auch sein mochten, sind nur »Tropfen auf den heißen Stein« des israelischen Bedarfs. Denn die israelischen Bemühungen müssen sich an konkreten Zahlen orientieren: an der zu erwartenden Steigerungsrate des Wasserbedarfs in Israel um 500 bis 700 Kubikmeter in den kommenden zehn Jahren. Deshalb fürchtet man im Libanon, daß das Anzapfen von Hasbani, Wazzani und der Grundwasserseen nur die Spitze des Eisbergs ist.

Dahinter steht, so glaubt man, das sogenannte »Litani-Projekt«.

Für die Nutzung oder das Abzweigen des Litani-Wassers würde die bloße Installation von Pumpen nicht genügen, sondern Voraussetzung wären komplizierte technische Anlagen, die es auch erlauben, Unterschiede im Wasserniveau zwischen der Pumpstelle und der Sammelstelle des Wassers zu überbrücken.

Man weiß inzwischen, daß Grabungsarbeiten unternommen worden sind, die es, sind sie einmal abgeschlossen, erlauben,etwa die Hälfte des Litani-Wassers – jährlich fließen rund 300 Millionen Kubikmeter ins Mittelmeer – nach Israel umzuleiten. Die Bedingungen sind so günstig, daß nicht einmal ein neuer Tunnel für den ganzen Transportweg errichtet werden müßte: Streckenweise kann dazu auch die stillgelegte »Tapeline«-Erdölleitung dienen.

Bisher ist das Litani-Wasser noch nicht in größerem Ausmaß angetastet worden. Zwar hat man häufiger ein nicht saisonbedingtes Absinken des Wasserspiegels bemerkt, doch führt man dieses Phänomen auf die Fremdnutzung der Grundwasserseen zurück.

Die Tatsache jedoch, daß der Südlibanon seit 1982 israelische Besatzungszone und fast hermetisch abgeriegelt ist, läßt befürchten, daß in der Zwischenzeit von israelischer Seite Fakten geschaffen worden sind, die auch nach einem israelischen Abzug nicht mehr ungeschehen gemacht werden können.

In der Vergangenheit ist bei Forderungen, die Israel über amerikanische Vermittler an seine arabischen Nachbarn für eine Lösung des Nahost-Konflikts überbringen ließ, stets auch die Wasserfrage zur Sprache gekommen. Der amerikanische Unterhändler Philip Habib beispielsweise überbrachte den Jordaniern die Hiobsbotschaft, daß

Israel unter anderem 40 Millionen Kubikmeter Wasser jährlich aus dem Yarmukfluß verlange, um seinen Sommerbedarf besser abzudecken.

Wenn man auch nicht so weit gehen kann, die Wasserfrage als ursächliches und auslösendes Moment der Nahost-Kriege zu bezeichnen, so spielte sie doch stets eine zentrale strategische Rolle in den Nachkriegsphasen.

Wasser ist nicht nur »Lebensspender«, es ist auch ein wichtiger Produktionsfaktor, der demjenigen Macht verleiht, der es besitzt.

Israel will den Libanon verlassen

Am 15. Januar 1985 verkündete die israelische Regierung ihre Entscheidung, sich aus dem Libanon zurückzuziehen. »Nach zweieinhalb Jahren im Libanon haben wir begriffen, daß wir nicht versuchen sollten, Polizei zu spielen«, kommentierte der israelische Verteidigungsminister Yitzchak Rabin diesen Entschluß.

Der Abzug sollte in drei Etappen vonstatten gehen und endgültig im Spätsommer 1985 abgeschlossen sein.

Damit hatte sich in Israel vorerst das Lager der »Tauben« durchgesetzt mit Ministerpräsident Shimon Peres und Verteidigungsminister Yitzchak Rabin an der Spitze. Ihnen stehen aber nach wie vor die »Falken« im Kabinett gegenüber, die von Außenminister Yitzchak Shamir und dem ehemaligen Verteidigungsminister und Hauptverantwortlichen im Libanon-Feldzug, Ariel Sharon, vertreten werden.

Peres und seine Anhänger verfolgten das Ziel, den Südlibanon so bald als möglich und mit so wenigen Verlusten wie nötig zu verlassen. Demgegenüber sahen Männer wie Shamir und Sharon die israelische Besatzungspolitik im Libanon trotz aller Schwierigkeiten auch weiterhin gerechtfertigt. Zwar erregte sie die Gemüter und ließ auch zu Hause die Wogen der Empörung hoch schlagen, aber sie hatte andererseits doch bewirkt, daß für zwei Jahre die übrigen von Israel besetzten arabischen Gebiete aus dem Blickpunkt der Weltöffentlichkeit gerückt waren.

Obwohl die Rückzugsentscheidung einseitig von den Israelis getroffen wurde, kam sie für die Libanesen keineswegs überraschend. Zwei Monate lang hatte man vorher mit Hilfe der Vereinten Nationen versucht, Bedingungen für einen koordinierten Abzug auszuhandeln, der die israelischen und libanesischen Interessen gleichermaßen berücksichtigen sollte. In dem libanesischen Grenzstädtchen Nakoura, Hauptquartier der UNO-Truppen, mühten sich Offiziere aus Israel und dem Libanon, die gegensätzlichen Positionen einander näher zu bringen. Doch die zähen Gespräche scheiterten schließlich.

Die entscheidende Hürde, die nicht genommen werden konnte, war dabei die israelische Forderung nach besonderen Sicherheitsgarantien für die gemeinsame Grenze, um so die Siedlungen in Nordisrael zu schützen. Doch die Libanesen sahen sich außerstande, die israelischen Vorstellungen zu befriedigen.

Statt dessen beharrte die Beiruter Zentralregierung darauf, ihre reguläre Armee bis hinunter an die internationale Staatsgrenze zu postieren. Gemeinsam mit den zahlenmäßig verstärkten Soldaten der UNO (UNIFIL) sollten die Regierungstruppen das gesamte frei werdende Gebiet kontrollieren und dafür sorgen, daß Nordisrael künftig von terroristischen Anschlägen verschont bliebe.

Die libanesische Militärdelegation stützte sich bei ihrer Verhandlungstaktik in Nakoura auf die Grundsätze des Völkerrechts, die Unverletzlichkeit international anerkannter Grenzen und auf die UN-Resolutionen 508 und 509, die einen bedingungslosen Abzug der israelischen Soldaten aus dem Südlibanon verlangen. Soweit die offizielle libanesische Position, die zweifellos von Damaskus ferngesteuert war.

Kaum verwunderlich, daß die Israelis sich von dem Angebot, die libanesische Armee als Ordnungsmacht in den Süden zu schicken, nicht sehr beeindruckt zeigten. Denn diese Truppe hat sich in der Vergangenheit als wenig belastbar erwiesen. In kritischen Zeiten gehörte die Solidarität der Soldaten nicht dem Staat, sondern der eigenen Religionsgemeinschaft, und im Februar 1984 zerbrach diese Armee zum zweiten Mal seit 1975 an den religiösen Gegensätzen des Libanon.

Die Israelis selbst hatten für den Südlibanon ganz andere Pläne. Sie wollten den Löwenanteil der militärischen Sicherheitsaufgaben der sogenannten »Südlibanesischen Armee« übertragen. Diese vorwiegend aus christlichen Söldnern rekrutierte Privatarmee gilt als israelischer Befehlsempfänger im Südlibanon. Gegründet wurde die Miliz von Major Saad Haddad, einem Dissidenten-Offizier der regulären libanesischen Truppen.

Seine ersten vorsichtigen Bande zu Israel knüpfte Haddad schon 1972. In den ersten Bürgerkriegsjahren 1975/76 begann er Soldaten für seine Miliz »Armee des freien Libanon« anzuheuern und wurde dabei von der israelischen Regierung tatkräftig sowohl finanziell als auch logistisch unterstützt. Seine große Stunde kam nach dem israelischen »Litani-Feldzug« 1978, der die PLO-Basen im Südlibanon zerstören sollte.

Als die Israelis sich wieder zurückzogen, ließen sie Haddad als Verantwortlichen für einen schmalen Landstreifen entlang der libanesisch-israelischen Grenze zurück. Diesem Gebiet gab Haddad 1979 den programmatischen Namen »Freier Libanon«.

Unter dem Druck der muslimischen Opposition im Lande mußte die Zentralregierung in Beirut den Major damals unehrenhaft aus der Armee entlassen. Doch vor allem in den falangistischen Rängen hatte er viele Bewunderer. Zu ihnen gehörte auch Beschir Djemayyil, Kommandant der »Lebanese Forces« und bei seiner Ermordung im September 1982 gewählter Präsident des Libanon. Er bezeichnete Haddad als einen »ehrenhaften libanesischen Offizier, der seine Pflicht getan hat«.

Als die Israelis im Sommer 1982 zum zweiten Mal in den Libanon einmarschierten, versuchte Haddad in ihrem Schlepptau den Einfluß seiner Miliz weiter auszudehnen. Doch er scheiterte. Selbst die Summe von 1000 US-Dollar schien den Südlibanesen nicht verlockend genug, um sich Haddads unpopulärer Truppe anzuschließen, die bei der einheimischen Bevölkerung noch verhaßter ist als die israelische Besatzungsarmee.

Bei diesem Stand der Dinge ist es mehr als fraglich, ob die auf rund 1000 Mann geschrumpfte »Südlibanesische Armee«, die jetzt von dem pensionierten Armeeoffizier Antoine Lahd geführt wird, der Rolle einer Ordnungsmacht im Südlibanon gewachsen ist. Jedenfalls kann dies kaum die Lösung sein, auf die die israelische Regierung vertraut, wenn es um die Sicherheit Galiläas geht.

Vom Friedenskorps der Vereinten Nationen war bereits die Rede. Diese 5200 Männer der »UNIFIL«-Truppen (United Nations Interim Forces in Lebanon) sind 1978 in den Südlibanon entsandt worden, um dort der Regierung in Beirut wieder zu ihren souveränen Rechten zu verhelfen, nachdem Israel seine erste libanesische Invasion beendet hatte.

Von Beginn an wurde die Aufgabe der »Blauhelme« durch israelische Übergriffe, die Präsenz der palästinensischen Kämpfer und – nicht zuletzt auch – durch die Milizionäre der heutigen »Südlibanesischen Armee« erschwert.

Im Juni 1982 mußten sie die Israelis tatenlos an sich vorbeiziehen lassen. Der Umstand, daß die UNO-Soldaten keinen Kampfauftrag haben, brachte ihnen wenig schmeichelhafte Kommentare ein. Man nannte sie »nutzlos«, »zahnlos« oder »nette Jungs, aber leider machtlos«.

UNIFIL-Sprecher Timur Goksel führt die mangelnde Effizienz der Truppe auf den Widerspruch zurück, in dem sie operieren muß:

»Zum ersten Mal in der Geschichte finden wir eine Besatzungsmacht Seite an Seite mit einer Friedenstruppe. Um konkreter zu werden: Hauptsächlich werden wir durch die Anwesenheit lokaler Milizen in der Region, die von Israel unterstützt, ausgerüstet und trainiert werden, blockiert. Diese Milizen stellen gleichzeitig eine Bedrohung für die Souveränität des libanesischen Staates dar. Das ist nur eine Methode, durch die wir gehemmt werden. Darüber hinaus bauen die Israelis willkürlich Straßensperren auf, um ihr Sicherheitsbedürfnis, oder was immer ihre Bedürfnisse sein mögen, zu befriedigen, und sie dringen in Dörfer ein und verhaften Leute. Dadurch wird eine gespaltene Autorität in der Region geschaffen. Wir sind hier, um die legale libanesische Staatsgewalt zu repräsentieren und zu unterstützen. Dieses Selbstverständnis wird ständig durch die Besatzungsmacht und ihre lokalen Verbündeten herausgefordert. Diese Verhaftungen sind ein ernstes Problem für uns. Leider können wir nicht viel dagegen ausrichten, denn die Militärmacht, die uns gegenübersteht, ist erdrückend. Sie verfügt über ein Geheimdienstnetz, das sich auf jahrelange Erfahrung gründet. Sie kommen zu unregelmäßigen Zeiten, um die Leute aus ihren Häusern zu holen, und da wir nicht vor jedem Haus einen Wachtposten aufstellen können, sind wir oft rein technisch nicht in der Lage, zu beurteilen, was passiert ist. Normalerweise kommen sie spät abends oder nach Mitternacht, und wir hören davon erst am nächsten Tag durch die Dorfbewohner. Dann tun wir unser Bestes, um herauszufinden, wer genau dafür verantwortlich ist und ob die Verhafteten in guter Verfassung sind – das nur, um die Familien etwas zu beruhigen.

Ich gestehe ein, daß es unmöglich ist, Festnahmen jederzeit zu verhindern. Aber oft ist es sehr wichtig für uns und die internationalen Hilfsorganisationen, überhaupt darüber Bescheid zu wissen, daß ein Mann verschwunden ist. Wenn jene, die ihn mitgenommen haben, erkennen, daß wir darüber Bescheid wissen, dann gibt das dem Verhafteten ausreichend Schutz. Wenigstens den können wir bieten.«

Nach dem Scheitern der Militärgespräche von Nakoura schien es keinen Sieger und keinen Besiegten zu geben. Es sah vielmehr so aus, als würden Israel und der Libanon gleichermaßen verlieren.

Die Israelis begannen mit ihrem dreistufigen Rückzug, ohne zufriedenstellende Sicherheitsvereinbarungen für Nordisrael erreicht zu haben, und mußten sich eingestehen, daß der längste Nahostkrieg ihnen zwar mehr als 600 Tote und ungefähr 4000 Verwundete eingebracht, die Siedlungen in Galiläa aber nicht sicherer gemacht hatte. Denn eine Garantie, daß die PLO-Kommandos *nicht* in den Südlibanon zurückkehren würden, nahmen die israelischen Soldaten nicht mit nach Hause.

Die Libanesen wiederum erblickten neue unheilvolle Wolken am Horizont. Sie fürchteten, im Süden könne sich eine ähnliche Katastrophe abspielen wie im Herbst 1983 in den Chouf-Bergen oberhalb Beiruts.

Damals hatte sich der Staub der abfahrenden israelischen Panzer noch nicht gelegt, da schlugen Christen und Drusen aufeinander los, und es kam zu den blutigsten Schlachten in der Geschichte des Bürgerkriegs.

»Libanon und Syrien - das sind ein einziges Volk und eine einzige Nation«

Syrien im Libanon

Von der Osmanischen Provinz »Groß-Syrien« zur regionalen Supermacht des Hafiz al-Assad

Für uns ist Syrien ein Staat des 20. Jahrhunderts. Doch Syrien – oder »Groß-Syrien«, wie es früher hieß – hat eine lange, oft blutige Geschichte. Es war ein zu Zeiten riesiges, mächtiges und stolzes Imperium. Syrien bezeichnete einst die gesamte Region, die heutzutage von den Ländern Syrien, Libanon, Jordanien und Israel eingenommen wird – und war damit der Kreuzpunkt zwischen Europa, Asien und Afrika. Hier stießen Ost und West nicht nur kulturell, sondern oft genug auch militärisch aufeinander. Im Verlauf seiner Geschichte wurde Syrien von allen Eroberern, die etwas auf sich hielten und die strategische Bedeutung des Landes erkannten, überrannt: Kanaaniter, Phönizier, Hebräer, Aramäer, Assyrer, Babylonier, Perser, Griechen, Römer, Nabatäer, Byzantiner und Araber richteten sich hier häuslich ein und wurden wieder vertrieben.

Im 7. und 8. Jahrhundert war Damaskus die glanzvolle Metropole des Kalifenreiches. In der Kreuzzugsperiode diente es als Hauptquartier des arabischen Volkshelden Saladin. Doch bald nach dem Zerfall seiner Macht wurde Syrien dem Osmanischen Reich zugeschlagen und sank für fast 400 Jahre auf das Niveau einer unbedeutenden Provinz.

Bereits um 1830 hatte das Osmanische Reich – der »Koloß auf tönernen Füßen« – seine Machtbasis in der arabischen Welt verloren, und es war nur noch eine Frage der Zeit, wann seine Herrschaft ganz zusammenbrechen würde.

Demgegenüber wuchs in diesem Teil der Welt der Einfluß der europäischen Kolonialmächte Frankreich und England auf politischer und wirtschaftlicher Ebene. In dieser Situation wurde die Ideologie des »arabischen Nationalismus« geboren. Den Muslimen und besonders den Sunniten, die unter der osmanischen Herrschaft eine Vorzugsstellung genossen hatten – auch die Türken waren schließlich Sunniten – lag die Bildung eines arabischen Nationalstaates am Herzen.

Im Gegensatz dazu tendierten die Christen in Groß-Syrien, das damals noch das heutige Syrien und den Libanon umfaßte, zu einer engeren Verbindung mit Europa. Sie hatten ohnehin schon lange Zeit intensive Kontakte zu den europäischen Staaten, aber der ausschlaggebende Grund für ihre anti-arabische Haltung war ein anderer: Mehr und mehr verbanden die Muslime ihren Wunsch nach unabhängigen Staaten mit dem Ruf nach einer Wiedererweckung des Islam. Dort, wo die arabisch-nationalistische Bewegung säkularistisch geblieben war – wie in Syrien – fand sie zwar auch Fürsprecher unter den Christen – nämlich den Griechisch-Orthodoxen –, aber sie waren in der Minderheit. Sie plädierten dafür, Syrien als eine historische, geographische und kulturelle Einheit zu erhalten.

Die massivste Opposition gegen die Idee vom groß-syrischen Staat kam von den maronitischen Christen des Libanon. Sie hatten jahrhundertelang in relativer Unabhängigkeit im »Mont Liban« gelebt und wehrten sich nun dagegen, von Syrien verschlungen zu werden. Da zogen sie schon die Europäer vor. Vor allem Frankreich galt den Maroniten von jeher als ihre Schutzmacht. Als schließlich 1920 nach dem Zusammenbruch des Osmanischen Reiches den Franzosen das Mandat über Groß-Syrien übertragen wurde, begannen sich die Dinge im Sinne der Maroniten zu entwickeln.

Schon kurze Zeit später sicherte die französische Regierung den Maroniten des Libanon zu, daß sie zwar nicht die volle Unabhängigkeit, aber eine autonome Regierung erhalten würden. Mit anderen Worten: Die Franzosen waren bereit zu verhindern, daß der Libanon Teil eines arabisch-islamischen Nationalstaates wurde.

Eine Umfrage bei der betroffenen Bevölkerung wurde dabei völlig mißachtet. Demnach sprachen sich nämlich vier Fünftel der Einwohner für eine Einheit mit Syrien aus, und nur eine kleine Minderheit wünschte sich einen von Syrien getrennten Libanon. Die zuständige Kommission empfahl daher den Kolonialmächten, daß »die Einheit Syriens erhalten bleibt, in Übereinstimmung mit der ernstgemeinten Eingabe der großen Mehrheit der syrischen Bevölkerung. Das betreffende Gebiet ist zu begrenzt, die Bevölkerungszahl zu klein, die wirtschaftliche, geographische, ethnische und sprachliche Einheit zu gefestigt, um die Bildung von unabhängigen Staaten in diesen Grenzen wünschenswert erscheinen zu lassen, wenn eine Teilung vermieden werden kann. Das Land ist sehr arabisch in seiner Sprache, Kultur, Tradition und seinen Gebräuchen. Libanon hat ein beachtliches Maß an Wohlstand und Unabhängigkeit innerhalb des Türkischen Reiches erlangen können. Mit Sicherheit wird es ihm auch möglich sein, seine legitimen Bedürfnisse in einem syrischen Nationalstaat zu verwirklichen.«

Dieser Ratschlag wurde jedoch ignoriert. Den Franzosen lag daran, die Basis der nicht-nationalistischen Kräfte zu erweitern. Daher wurden dem Libanon Gebiete zugeschlagen, die ursprünglich Syrien gehört hatten: Die Bekaa-Ebene, die Akkar-Region im Norden und die wichtigen, ehemals syrischen Hafenstädte Tripoli, Beirut, Saida und Tyros.

Ein künstlicher Staat, der 1943 unabhängig werden sollte, war so auf dem Reißbrett entworfen worden. Die Maroniten des Libanon, deren Wunsch nach Abtrennung vom arabischen Syrien damit Realität geworden war, wußten noch nicht, daß in der Vergrößerung ihres staatlichen Territoriums gleichzeitig die Wurzel für spätere Übel lag. Waren sie nämlich im kleineren »Mont Liban« bisher die Mehrheit gewesen, so stellten sie von nun an nicht mehr als ein Drittel der Gesamtbevölkerung, denn in den neu angeschlossenen Gebieten wohnten fast ausschließlich Muslime. Diese – unter ihnen vor allem die Sunniten – wehrten sich noch lange gegen ihre Zugehörigkeit zum Libanon und beklagten, daß sie sich von ihrem kulturellen Hinterland, der »Mutter Syrien«, abgeschlossen fühlten.

1936 beispielsweise organisierten sunnitische Würdenträger eine sogenannte »Küstenkonferenz«, auf der sie den Anschluß an Syrien forderten. Schon damals kam es in den libanesischen Hafenstädten zu bewaffneten Zusammenstößen, und es entstanden die Vorläufer späterer Milizen – wie etwa die para-militärische sunnitische Jugendorganisation »Najjadeh«.

Ebenfalls 1936 hatte die französische Mandatsmacht sowohl mit Syrien als auch mit dem Libanon Verträge über die Unabhängigkeit der beiden Länder unterzeichnet. Doch erst am Ende des Zweiten Weltkrieges wurden diese Abkommen ratifiziert. Nach langem Ringen und zahlreichen militärischen Zwischenfällen verließ schließlich 1946 der letzte französische Soldat den Nahen Osten.

Die Ungewißheit aber, zu welchem Kulturkreis und zu welcher politischen Einflußzone der Libanon gehören sollte, und wie sich in Zukunft die Beziehungen zwischen Syrien und dem Libanon gestalten sollten, blieb bestehen.

Die Republik Syrien erlebte schon 1948 ihren ersten Staatsstreich, dem noch viele folgen sollten. Nach und nach verschwanden die traditionellen Politiker von der politischen Bühne, und die Armee rückte immer mehr in den Mittelpunkt des Geschehens. Eine neue und dynamische Bewegung tauchte am Horizont auf: Die »Baath«-Partei – zu deutsch »Sendung«. Sie hatte die Stärkung des arabischen Nationalismus auf ihre Fahnen geschrieben. Ihr Gründer war ein christlicher Intellektueller, Michel Aflak, der von Anfang an engste Kontakte zur syrischen Armee unterhielt.

Der ägyptische Präsident Nasser hingegen, der sich selbst als Führer der arabischen Nationalisten verstand, versuchte, den Einfluß der syrischen Baathisten auf die Armee zu schmälern. Einige Jahre lang war er erfolgreich, nachdem Syrien eine kurzlebige Union mit Ägypten eingegangen war (1958–61). Die »Baath«-Partei erlebte damals eine Machteinbuße, gewann aber um 1963 ihre zentrale Position umso nachhaltiger zurück. Wenig später, nämlich 1965, erschien im Hintergrund bereits der starke Mann der Zukunft: Hafiz al-Assad, den man später den »Bismarck der Araber« nennen sollte.

Ein Porträt der Republik Syrien muß immer auch eine politische Biographie dieses Mannes sein.

Hafiz al-Assad wurde 1928 in einem kleinen Dorf bei Latakia geboren. Sein familiärer Hintergrund ist bäuerlich, und seine Eltern lebten in ärmlichen Verhältnissen. Nach einer dürftigen Schulbildung in Latakia wurde die syrische Militärakademie in Homs zu Assads Karrieresprungbrett. Von dort aus schickte man ihn zum weiterführenden Studium in die Sowjetunion. Schon mit 18 Jahren war er Mitglied der »Baath«-Partei und gehörte später zum inneren Kreis der Offiziere, die 1966 mit einem Militärputsch die Macht in Syrien an sich rissen. Mit seiner einflußreichen Stellung als Kommandant der Luftstreitkräfte und Verteidigungsminister, hatte er einen guten Ausgangspunkt, um seinerseits 1970 einen erfolgreichen Staatsstreich durchzuführen. Er begnügte sich zunächst mit einem sogenannten »weißen Putsch« ohne Blutvergießen, um die Fäden der Macht in die Hand zu bekommen. Damals galt er den Sowjets noch als unbeschriebenes Blatt, doch ihr Vertrauen in Hafiz al-Assad sollte bald steigen.

1970 kam es im benachbarten Jordanien zu schweren bewaffneten Auseinandersetzungen zwischen der Armee des Königs und den palästinensischen Freischärlern der PLO, die im »Blutigen September« gipfeln sollten. Assad sprach sich gegen einen Einsatz der syrischen Luftwaffe zur Unterstützung der Palästinenser aus und teilte damit die Meinung der Sowjets, die die Unberechenbarkeit dieses Abenteuers fürchteten. Aber auch der Westen hätte einen Sturz des jordanischen Königs ungern gesehen und erkannte mit Erleichterung Assads Zurückhaltung. Damit war in Syrien der Konflikt zwischen dem zivilen Flügel der »Baath«-Partei und ihrem militärischen Flügel – personifiziert in Hafiz al-Assad – offen ausgebrochen. Am 13. November 1970 übernahm Assad schließlich mit Hilfe ergebener Offiziere vollends die Macht in Syrien.

In den rund fünfzehn Jahren, die Hafiz al-Assad die Geschicke Syriens lenkt, hat er erstaunliche Wandlungen durchgemacht. Als er die Regierung antrat, war Syrien durch latenten Bürgerkrieg, unzählige Staatsstreiche und politische Intrigen zerrüttet. In 21 Jahren hatten die

Syrer nicht weniger als dreizehn Staatsoberhäupter erlebt. Assads Vorhaben, das Land zu stabilisieren, schien nicht nur zum Scheitern verurteilt, weil Syrien durch innere Unruhen erschüttert war, sondern Hafiz al-Assad selbst hatte ein erhebliches Handicap: Er war nämlich der erste alawitische Präsident Syriens und repräsentierte damit nur knapp 12 Prozent der Bevölkerung. Die Alawiten sind eine extremschiitische Geheimsekte im sonst überwiegend von sunnitischen Muslimen bewohnten Syrien.

Doch Hafiz al-Assad verstand es, andere mächtige Alawiten um sich zu scharen und konzentrierte sich dabei auf das Militär. So ist das Offizierkorps der syrischen Armee in seiner Mehrheit alawitisch und sehr darauf bedacht, daß der Mann, der ihm zum Aufstieg verholfen hat, auch an der Macht bleibt.

Hafiz al-Assad begann seine Herrschaft mit einer Politik der »Offenen Tür« gegenüber dem Westen, nachdem sich Syrien lange Jahre von Europa und den USA abgeschlossen hatte. Er liberalisierte das nationale Wirtschaftssystem und ermutigte seine Landsleute, ihr Kapital, das sie in den Jahren der Wirren außer Landes gebracht hatten, wieder in Syrien zu investieren. Die Sozialisierung der Wirtschaft datierte noch aus dem Jahr 1961, als Syrien gemeinsam mit Nassers Ägypten die »Vereinigte Arabische Republik« gebildet hatte, und Hafiz al-Assad hatte diesen ökonomischen Weg als Fehler erkannt. Ebenso verzichtete er anfangs weitgehend auf Spitzel- und Polizeistaatsmethoden, die unter seinen Vorgängern an der Tagesordnung gewesen waren. Er plädierte statt dessen für eine vorsichtig gelenkte Demokratie und lockerte auch den Griff der regierenden »Baath«-Partei in den innenpolitischen Fragen.

Obwohl enge Beziehungen zur Sowjetunion bestanden, war Assad der erste syrische Staatschef, der 1974 in Damaskus mit Richard Nixon einen amerikanischen Präsidenten zu Gast hatte. Später traf er mit einem zweiten, Jimmy Carter, zu politischen Gesprächen zusammen. Besonders auf Carter machte Assad einen nachhaltigen Eindruck. Ex-Präsident Carter weist bis auf den heutigen Tag die amerikanischen Interpretationen zurück, Syrien sei nichts anderes als ein Satellit der Sowjetunion und sein Präsident, Hafiz al-Assad, eine Marionette des Kreml.

Den pragmatischen Ansatz seiner Politik stellte Assad einmal mehr unter Beweis, nachdem ausgerechnet Jimmy Carter 1979 das ägyptisch-israelische »Camp-David«-Abkommen zustande brachte. Für Assad, den erklärten Gegner dieses Separatfriedens, war dies kein Anlaß, seine guten Kontakte zu dem amerikanischen Präsidenten abzubrechen. Noch Ende 1983, als Jimmy Carter längst nicht mehr im Amt war, sandte Assad seinen späteren Außenminister, Farouk al-

Shareh, nach Georgia, wo Jimmy Carter ein politisches Seminar über den Mittleren Osten organisiert hatte.

Dennoch wird Hafiz al-Assad im Westen gewöhnlich als radikaler arabischer Politiker eingestuft – und es gibt Fakten, die diese Wertung zu rechtfertigen scheinen: Seine Rolle im Libanon-Konflikt, seine Drahtzieherfunktion in der palästinensischen Revolte gegen Yassir Arafat, seine Allianz mit dem Libyer Oberst Ghaddafi, seine Unterstützung der iranischen Mollahs im Golfkrieg gegen den verfeindeten Irak, und nicht zuletzt die Tatsache, daß er dem palästinensischen »Chef-Terroristen« Abu Nidal in Syrien Unterschlupf gewährt.

Doch so militant Hafiz al-Assad vielen auch erscheinen mag – so sehr schreckt er im Grunde vor militärischen Lösungen schwelender Konflikte zurück. Die Schwenker und Richtungswechsel in der syrischen Politik sind nicht auf eine jeweils neue ideologische Orientierung zurückzuführen. Es handelt sich vielmehr um taktische Maßnahmen, mit denen das syrische Regime auf eine veränderte Gesamtsituation im Mittleren Osten reagiert hat und nach wie vor reagiert.

Diesen Gedanken muß man zugrundelegen, wenn man Antwort auf folgende Fragen sucht: Warum wird eine Regierung, die früher als weltoffen, liberal und gemäßigt galt, heute angeklagt, ihre Gefangenen zu foltern und zu liquidieren? Warum halten die USA es heute für nötig, daß die syrischen Truppen den Libanon verlassen, wenn sie 1976 die israelische Zustimmung für den Einmarsch der syrischen Armee in das Nachbarland besorgten? Warum wurde Präsident Assad phasenweise zum entschiedenen Gegner des jordanischen Königs, wenn beide noch 1976 Verbündete waren und sogar eine jordanisch-syrische Konföderation erwogen? Warum unterzeichnete Hafiz al-Assad 1980 einen Freundschaftsvertrag mit der Sowjetunion, obwohl er bereits ein Jahrzehnt lang ohne ein solches Abkommen regiert hatte?

Die Antworten ergeben sich im wesentlichen aus zwei Faktoren: Aus dem Kampf des syrischen Regimes ums eigene Überleben und aus der Furcht heraus, Syrien könnte im Mittleren Osten und damit auf internationalem Parkett isoliert werden.

So war beispielsweise der Aufstand der fundamentalistischen »Muslimbruderschaft« in Syrien nicht allein ein Kampf muslimischer Fanatiker um die Durchsetzung religiöser Werte, wie es in anderen arabischen Ländern der Fall ist. Auf dem Programm der syrischen Muslimbrüderschaft stand ganz deutlich die Absetzung des Assad-Regimes mit der Begründung, daß Assad selbst wie viele seiner engsten Mitstreiter der kleinen schiitischen Minderheit im Lande, den Alawiten, angehörte.

Der Konflikt mit den Muslimbrüdern begann Ende der siebziger Jahre mit mehreren Anschlägen auf syrische Regierungsmitglieder.

Für Assad stand damals fest, daß sich die Bruderschaft mit seinem Erzfeind, der rivalisierenden »Baath«-Partei im Irak und ihrem Führer Saddam Husein, verbündet hatte. Damit handelte es sich schon nicht mehr um eine rein innenpolitische Auseinandersetzung, sondern Hafiz al-Assad sah sich zwischen zwei Fronten eingeschlossen – die eine verlief zu Hause in Syrien, die andere in Baghdad. Später gesellte sich noch ein dritter Feind in diesem Kampf hinzu. Gemeint ist der jordanische König Husein, dem Assad – wohl zu Recht – unterstellte, daß er militärische Trainingscamps der syrischen Muslimbrüder auf jordanischem Boden duldete. Um dieser Bedrohung Herr zu werden, verließ sich Assad auf eine paramilitärische Truppe, die sogenannten »Special Forces«, die unter dem Kommando seines Bruders Rifaat standen. Mit ihrer Hilfe und mit immer brutaler werdenden Methoden lieferte er den Muslimbrüdern im eigenen Land und in Jordanien über Jahre hinweg blutige Gefechte.

Gleichzeitig ging Assad daran, den Staatssicherheitsapparat auszubauen. Der enge Führungskreis schottete sich nun – ebenfalls aus Sicherheitsgründen – weitgehend von der Öffentlichkeit ab. Die Sicherheitsvorkehrungen wurden nach einem Attentatsversuch auf Präsident Assad noch weiter verstärkt. In der syrischen Hauptstadt Damaskus entstand ein neuer Präsidentenpalast, und das ganze umliegende Stadtviertel wurde praktisch abgeriegelt. Auch die Sommerresidenz Assads in der Hafenstadt Latakia stand fortan unter scharfer Bewachung. Damals wie heute ist die dorthin führende Küstenstraße am Mittelmeer von Zeit zu Zeit für den zivilen Autoverkehr gesperrt. Die blutigen Praktiken der Muslimbrüderschaft benutzte das Regime in Damaskus als Alibi für immer brutalere Gegenschläge. 1980 wurden 600 Mitglieder der Bruderschaft in Palmyra exekutiert. Ihren Höhepunkt erreichte die Welle der Gewalt im Februar 1982, als Hama, eine Stadt in Zentralsyrien, wo sich kämpferische Muslimbrüder verschanzt hatten, fast dem Erdboden gleichgemacht wurde. In Hama starben zwischen 10000 und 25000 Menschen – unbemerkt von der westlichen Öffentlichkeit.

Die syrische Regierung ging davon aus, daß die »Strafaktion« von Hama ebenso notwendig wie erfolgreich gewesen war: Das Rückgrat der Widerstandsbewegung hatte man gebrochen, und es würde lange dauern, bis sie neu erstarken könnte.

Die Opposition der Muslimbruderschaft hatte für Präsident Hafiz al-Assad durchaus eine regional-arabische Komponente. Letztere lag in der Unterstützung, die Jordanien den Muslimbrüdern angedeihen ließ. Aber sie enthielt auch eine viel gefährlichere internationale Komponente. Assad vermutete dahinter eine von den USA geschürte Verschwörung gegen Syrien, die Damaskus isolieren und den Weg für amerikanische Friedensvorstellungen im Nahen Osten freimachen sollte. Diese Theorie Assads wurde durch die Tatsache untermauert, daß die Muslimbruderschaft nach der Unterzeichnung des »Camp-David«-Abkommens sehr plötzlich und rasch an Schlagkraft gewonnen hatte.

Damit war der Zeitpunkt gekommen, an dem es Hafiz al-Assad für ratsam hielt, sich nach Verbündeten umzusehen, denen der Alleingang der USA in Sachen »Nahost-Frieden« ebenfalls nicht genehm sein konnte. Auf diese Weise kam 1980 sein Freundschaftsvertrag mit der Sowjetunion zustande. Mit diesem Vertrag sicherte er sich den Nachschub an Waffen und Technologie und neutralisierte gleichzeitig die linke Opposition im Lande, weil er sich als radikaler arabischer Führer, als anti-amerikanischer Politiker präsentieren konnte. Um jedoch nicht zu sehr in die »linke Ecke« gerückt zu werden, ließ Assad niemals das andere Ende des politischen Spektrums außer acht. Er pflegte stets seine gute Beziehungen zum Königreich Saudi-Arabien, was ihm ohne Zweifel dabei half, die wirtschaftliche Situation seines Landes zu verbessern und sich gleichzeitig als »Gemäßigter« auszuweisen.

Den besonderen Platz, den Syrien in der arabischen Welt einnimmt, hat Hafiz al-Assad selbst 1978 einmal so beschrieben:

»Syrien ist anders als alle anderen arabischen Staaten. Wir haben eine pan-arabische Berufung, und alles, was arabisch ist, geht uns an. Eine arabische Einheit kann sich ohne Syrien nicht herausbilden. Ebensowenig, wie es ohne uns keinen Krieg geben könnte. Hätten wir gemeinsame Grenzen mit Ägypten, so wäre unsere Armee mit Sicherheit dort einmarschiert, nachdem Sadat Jerusalem besucht hatte. Ja, wir sind das Herz – wir sitzen mitten im Herzen der arabischen Welt! Syrien ist der Problemknoten und der Schlüssel zu den Problemen im Nahen Osten!«

Auch die positive Haltung, die Assad gegenüber der Islamischen Revolution in Iran und ihrem greisen Führer Ayatollah Khomeini einnahm, ist in Zusammenhang mit der herausragenden Rolle zu sehen, die er Syrien zugedacht hatte. Die religiösen Motive der iranischen Revolutionäre interessierten ihn herzlich wenig. Man kann es eher so formulieren: Die zentrale Bedeutung, die dem Islam im »Neuen Iran« zukommt, störte ihn nicht. Denn sie basiert auf dem schiitischen – und nicht wie bei der Muslimbruderschaft auf dem sunnitischen – Islam. Immerhin ist Assad selbst Alawit, gehört also einer schiitischen Sekte an. Dem syrischen Staatschef gefiel an der Politik des Ayatollah jedoch am meisten, daß jener den Sturz des irakischen Präsidenten Saddam Husein forderte – weil dies Hafiz al-Assad aus tiefstem Herzen sprach.

So sehr sich auch die innenpolitische Struktur und die außenpolitische Orientierung Syriens veränderten –, Hafiz al-Assad blieb der Mann an der Spitze des Staates. Die syrische Politik war und ist auf das engste mit seiner Person verbunden. Er ist Staatsoberhaupt, Oberbefehlshaber der Armee, Generalsekretär der regierenden »Baath«-Partei und Präsident der »Nationalen Fortschrittlichen Front«, in der alle linksorientierten Parteien Syriens zusammengefaßt sind. Nachdem er von seiner schweren Krankheit weitgehend wieder genesen war, hat er konsequent an seiner Nachfolgeregelung gearbeitet. Die lange Abwesenheit von der Staatsspitze Ende 1983 hat seiner Autorität offenbar nicht geschadet. Zwar gab es während dieser Zeit hinter den Damaszener Kulissen heftige Machtkämpfe, die hin und wieder in militärische Scharmützel einmündeten, doch Assad machte nach seiner Rückkehr so manchen ehrgeizigen Plänen ein Ende. Er gestaltete die politische Führungsspitze teilweise um und besetzte das Amt des Vizepräsidenten, das seit 1980 vakant geblieben war, gleich dreifach. Ungehorsam ahndete er schwer – und machte dabei auch vor seiner eigenen Familie nicht halt. Seinen Bruder Rifaat, einen seiner drei offiziellen Stellvertreter, schickte er ein halbes Jahr ins Schweizer Exil, ohne ihn jedoch seines Amtes zu entheben.

Trotz des politischen Drucks, dem die syrische Bevölkerung auch unter Präsident Assad ausgesetzt ist, sieht man in Syrien mit Sorge der Ära nach Assad entgegen. Die Erinnerung an die politische Orientierungslosigkeit und Instabilität früherer Jahre ist noch frisch und – so fürchten viele– der Übergang zum Bürgerkrieg erfolgt oft mehr oder weniger fließend.

Die Geschichte, die geographische Lage Syriens, die Gesamtentwicklung im Nahen Osten und die geschickten politischen Schachzüge der syrischen Regierung brachten es mit sich, daß Hafiz al-Assad bald zwei wichtige Trümpfe in Händen hielt: den Libanon und die Palästinenser.

In beiden Fällen hat er in den letzten Jahren wiederholt klargemacht, daß er eine von den syrischen Interessen losgelöste Konfliktregelung nicht zulassen werde. Im Falle der Palästinenser reagierte er scharf, als PLO-Chef Yassir Arafat Anfang 1983 Anstalten machte, eine Lösung der Palästina-Frage in Zusammenarbeit mit Jordanien anzustreben – und dabei Syrien außer acht ließ. Hafiz al-Assad unterstützte daraufhin oppositionelle Gruppen innerhalb der »Palästinensischen Befreiungsorganisation«, und es kam zum großen Bruderkampf in der nordlibanesischen Hafenstadt Tripoli.

Yassir Arafat konnte zwar aus der eingekreisten Stadt entkommen, doch sein Führungsanspruch innerhalb der PLO blieb weiterhin umstritten.

Im Zusammenhang mit dem Libanon hat man oft – unter Verweis auf die Geschichte – die territorialen Ansprüche Syriens in den Mittelpunkt gestellt. Doch was Hafiz al-Assad wirklich will, ist nicht die Annexion, sondern die politische Vorherrschaft im Libanon. Er verfolgte niemals das Ziel, die Zentralgewalt im Libanon zu zerstören, sondern wollte sie stets nur abhängig machen. Die Maßnahmen, mit denen er dieses Ziel immer wieder neu anpeilte, stifteten oft Verwirrung, dienten jedoch beim zweiten Hinsehen nur einer konsequenten Taktik: Wenn die libanesische Regierung zu stark wurde, mußte sie geschwächt werden. Lief sie Gefahr zusammenzubrechen, mußte sie gestärkt werden.

»Was genau will dieser Assad? Er bleibt für mich ein Buch mit sieben Siegeln.« Diese Worte stammen von Elias Sarkis, dem Mann, der in der bisher schwersten Phase – nämlich von 1976 bis 1982 – Staatspräsident des Libanon war und häufig zu Konsultationen mit dem syrischen Staatschef zusammenkam. Ein enger Mitarbeiter von Elias Sarkis und heutiger politischer Berater der christlich-libanesischen Miliz »Lebanese Forces«, Karim Pakradouni, zeichnet ein eindrucksvolles Bild von Assads Persönlichkeit:

»Der Mann, über den viele staunen, ist groß, hellhäutig, mit einem länglichen Gesicht, einer charaktervollen Stirn und kleinen, blitzenden Augen, die gleichzeitig Intelligenz und Introvertiertheit verraten. Obwohl er sein Kinn hochreckt, was das autoritäre Temperament verrät – ist sein Verhalten grundsätzlich schüchtern und reserviert, fast ruhig und majestätisch. Er ist immer höflich und hebt niemals die Stimme. Zwar ist er elegant gekleidet, doch er läßt auch seine bäuerliche Herkunft und seine militärische Laufbahn nicht vergessen. Seine Haare sind stets im ›Kasernen-Einheitsstil‹ geschnitten. Er wirkt oft schwermütig, aber das wird ausgeglichen durch den listigen Blick eines Mannes, dem Stürme und Drohungen nicht fremd sind. Er hat einen empfindlichen Sinn für Würde. Seine Person und alles, was mit ihr in Zusammenhang steht, sind vollständig tabu.

Alle Fehler und Irrtümer sind in Syrien im Zweifelsfall entschuldbar – ausgenommen die Beleidigung des Präsidenten. Das wäre eine unverzeihliche Todsünde.

Seine Ziele verfolgt der syrische Präsident mit Geduld und Sturheit. Seine Macht hat er unermüdlich, Stein für Stein, aufgebaut. Er zieht es immer vor, etwas auf sanfte Art zu erreichen, und gibt stets der Überzeugung den Vorzug vor dem Zwang. Auf diese Weise hat er im Grunde zweimal die Macht in Syrien ergriffen: Mit einem ›weißen Putsch‹ 1969 und ein Jahr später, um den Prozeß abzuschließen, durch den Militärputsch. Auch im Libanon hat er zunächst 1965 politisch interveniert, dann – 1976 – militärisch. Er liebt es, seine Beute zu verdauen. Nach jeder Aktion hält er an – verhandelt – entwickelt – und schlägt wieder zu.

Er hat ein Gespür dafür, die richtigen Gelegenheiten beim Schopf zu packen, sich abzusichern und seine Rivalen ins Leere laufen zu lassen. Auf bewundernswerte Weise wählt er immer den richtigen Moment.

Ist er in einer Position der Schwäche, dann betrachtet er alle Verhandlungen als den Versuch, ihn auszuradieren. Ist er stark, dann nimmt er Kompromisse entgegen wie Gratisgeschenke. Für ihn hat alles seinen Preis –, den er festsetzt. Um Grenzen, die andere ihm stecken wollen, kümmert er sich nicht. ›Macht euch keine Sorgen um die ›Rote Linie‹, von der die Amerikaner und Israelis reden‹, erklärte er Anfang 1976, ›sie existiert überhaupt nicht. Jedenfalls sehe ich sie nicht. Auf jeden Fall ist sie beweglich.‹

Assad hat sich stets körperlich und gefühlsmäßig unter Kontrolle. Bei Verhandlungen präsentiert er sich mit einer Maske der Unnahbarkeit und empfängt seine Gäste immer mit demselben Zeremoniell, ob er ihnen nun im Präsidentenpalast oder in seinem Privathaus gegenübertritt. Letzteres geschieht, wenn er dem Treffen einen feierlichen oder intimen Charakter geben will. Ob es sich um Könige, Präsidenten oder weniger illustre Besucher handelt –, die Treffen finden immer in einem riesigen Raum statt, in dem es keinen Tisch, kein Notizpapier und nichts zum Schreiben gibt. Assad sitzt immer in der gleichen Haltung auf demselben Stuhl. Er macht sich keine Notizen und liest niemals in einem Dokument nach. Er kennt seine Dossiers auswendig und verdankt dies dem Gedächtnis eines Elefanten und einer bewundernswerten Konzentrationsfähigkeit.«

Soweit der christliche Libanese Pakradouni über den syrischen Staatschef. Andere Stimmen klingen ähnlich. Auch der ermordete Drusenfürst Kamal Djumblatt hat sich an einem Persönlichkeitsbild Assads versucht:

»Präsident Assads Persönlichkeit ist eine Mischung aus Vernunft, Ehrlichkeit, Loyalität gegenüber seinen Freunden, einem ausgeprägten Gerechtigkeitssinn, einer guten Portion Sturheit, Talent im Manipulieren von Widersprüchen und einer gewissen natürlichen Bereitschaft, wohlwollend zu sein – aber da sind auch Doppelzüngigkeit und Härte. Im Hintergrund wartet immer der große Stock, der eine wichtige Rolle spielen kann. Abgesehen davon, daß er viel zu viel auf den Rat seiner vier oder fünf Geheimdienste hört, ist er ein Mann, der genau weiß, was er will und wie er es bekommt – wenn es sein muß, mit List.

Nachdem er im Libanon eingegriffen hatte, zeigte er sich abwechselnd nachtragend und leidenschaftlich-teilnahmsvoll. Er schien sehr betroffen und voller Mitleid über die Massaker, Zerstörungen und

Gemeinheiten des Bürgerkriegs. Tatsächlich gab er vor, daß diese Gefühle der eigentliche Anlaß für sein Eingreifen im Libanon waren – und das syrische Regime hält an diesem Argument bis auf den heutigen Tag fest.«

Der ehemalige amerikanische Außenminister Henry Kissinger ist viele Male mit Hafiz al-Assad zusammengetroffen und hat später die Verhandlungstaktik des Syrers beschrieben:

»Seine Taktik war, mit einer Erklärung zu beginnen, die von der extremsten Haltung geprägt war, um so zu prüfen, was wir zu tolerieren bereit waren. Mit der Zeit gab er sich dann den Anschein, als würde er sich mühsam gemäßigteren Forderungen nähern – nicht ohne eine gewisse Zurückhaltung, um zu zeigen, wie teuer ihm diese Zugeständnisse waren, und um zu signalisieren, daß man nicht zu viel von ihm erwarten sollte. Seine Verhandlungsmethode war gar nicht so verschieden von der der Israelis – obwohl beide Seiten diesen Vergleich wahrscheinlich nicht gerne hören. Hatte er einmal entschieden, in welche Richtung er gehen wollte, dann rief er seine engsten Mitarbeiter in den Raum, darunter zahlreiche hohe Offiziere. Nun begannen wir dieselbe Diskussion nochmals von vorne und versuchten, sie genauso zu führen wie am Anfang. Es war, als würde man ein Theaterstück wiederholen.«

Hafiz al-Assad hat am Beispiel des syrischen Eingreifens im Libanon seine Doktrin für die Beziehungen arabischer Staaten untereinander erklärt. Sie basiert im wesentlichen auf drei Prinzipien: Dem Recht eines arabischen Staates kleinerer oder mittlerer Größenordnung, militärisch auf dem Gebiet eines anderen arabischen Staates einzugreifen, wenn es darum geht, diesen arabischen Staat oder bestimmte Gruppen darin davon abzuhalten, die Sicherheit Syriens oder der Arabischen Nation insgesamt zu bedrohen. Denn diese Sicherheit rangiert über der einzelstaatlichen Souveränität; sie beruht auf dem Recht eines Staates wie Syrien, die Belange eines anderen Landes in seine Hände zu nehmen, ohne sich vorher mit den Supermächten zu beraten. Syrien reagiert in seiner Eigenschaft als »regionale Großmacht«; es gibt ein Recht eines Staates in der sowjetischen Einflußsphäre – zum Beispiel Syriens – über die Sicherheit eines Staates zu wachen, der sich in der amerikanischen Einflußsphäre befindet – wie der Libanon –, auch wenn dabei die Regel durchbrochen wird, daß die beiden Supermächte in ihren Einflußbereichen schalten und walten können, wie sie wollen.

Dem Syrien des Hafiz al-Assad liegt viel daran, zu beweisen, daß es eine weitgehend unabhängige Politik betreibt – unabhängig von den beiden Supermächten und auch unabhängig von den arabischen Brüdern am Golf, die die syrische Politik zu einem erheblichen Teil finanzieren. So hat Syrien in dem Zeitraum von 1978 bis 1983 von den ölreichen arabischen Staaten Zuschüsse von rund 6 Milliarden US-Dollar erhalten. Das bedeutet im Jahresdurchschnitt eine Finanzaufbesserung von 1,2 Milliarden US-Dollar. Diese Gelder waren nicht an einen politischen Kurs gebunden, sondern galten als Hilfsleistung für Syriens Rolle als »Frontstaat« gegenüber Israel. Neben der Tatsache, daß die arabischen Ölmonarchien Syriens vorgeschobene politische und strategische Rolle anerkennen, spielen auch persönliche Bindungen zwischen den jeweiligen Führern bei solchen Entscheidungen mit. So ist zum Beispiel der saudi-arabische Kronprinz Abdullah mit einer Nichte Präsident Assads verheiratet – und das ist nicht die einzige Verwandtschaftsbeziehung, die es zwischen der Familie Hafiz al-Assads und dem saudischen Königshaus gibt. Nicht selten werden politische Probleme im »trauten Familienkreis« besprochen, und die Problembewältigung ist häufig abhängig von Sympathie und Antipathie. Dieses Phänomen ist besonders von amerikanischen Regierungen immer wieder unterschätzt worden, wenn sie erwarteten, daß Saudi-Arabien konsequent Druck auf das syrische Regime zugunsten amerikanischer Vorstellungen ausüben sollte.

Hafiz al-Assad ist ein Meister des »offenen Spiels«. Er zieht es vor, schwelende Konflikte zunächst einzufrieren, wenn sich keine Lösungsmöglichkeiten anbieten. In dieser Ruhephase bleibt den rivalisierenden Parteien dann Raum, ihre widersprüchlichen Ziele und Ideologien zu vertreten. An die Stelle des offenen Konflikts, den eine erzwungene Lösung vielleicht hervorrufen könnte, setzt sich ein Provisorium, von dem man hofft, daß es sich irgendwann festigt. Bei diesem politischen Konzept ist es für Assad wichtig, beweglich zu bleiben. Tatsächlich bleiben die Türen zum syrischen Präsidenten nie sehr lange Zeit verschlossen, doch er selbst wählt den Moment, wann er sie aufstoßen und verhandeln will.

Bei dieser Taktik gibt es allerdings verschiedene Ausnahmen. Der syrische Präsident weigert sich, direkt mit Israel zu verhandeln, und benutzt hier die Amerikaner als Vermittler. Mit den Amerikanern wiederum diskutiert er keine innerarabischen Probleme. Dafür schickt er Saudi-Arabien vor. In der Palästinenser-Problematik zieht er es dann wieder vor, direkt mit den palästinensischen Vertretern zu sprechen.

Assads grundsätzliche Flexibilität führt zwangsläufig dazu, daß er seine jeweiligen Verbündeten als austauschbar betrachtet. Dieser Grundzug seiner pragmatisch orientierten Politik hat sich auch am libanesischen Beispiel einige Male offenbart. Dabei achtet er sorgfältig darauf, daß derjenige, der vom Freund zum Feind geworden ist, nicht am Boden zerstört zurückbleibt: Denn er könnte ja eines Tages wieder ein Freund sein.

Dabei handelt es sich keineswegs um primitiven politischen Opportunismus – das wäre ohnehin ein fragwürdiges moralisches Kriterium –, sondern um Teil einer klugen Politstrategie. Wenn Assad Beziehungen abbricht, so erklärt er deutlich und überzeugend, warum. Wenn er sich verbündet, dann definiert er für jeden nachvollziehbar die gemeinsamen Ziele.

Aber auch diese Methode der »austauschbaren Alliierten« kennt Einschränkungen, die auf der Hand liegen: Israel hat, nach Assads Verständnis, das Ziel, mit amerikanischer Zustimmung die gesamte arabische Welt – vom Nil bis zum Euphrat – unter seine Herrschaft zu bringen. Für ihn würde eine Annäherung an Israel zum gegenwärtigen Zeitpunkt immer unter dem Druck der israelischen Militärüberlegenheit leiden – und ist somit nicht ernsthaft zu erwägen.

Das zentrale Motiv der ehrgeizigen Pläne und Aktionen des Hafiz al-Assad ist es, Syrien zu einer einflußreichen Regionalmacht zu machen, und es in dieser Position zu stabilisieren. Auf diesem Weg ist er schon weit gekommen, denn nie zuvor besaß Syrien so viel Einfluß und innere Sicherheit wie unter dem derzeitigen Regime. Doch die Medaille hat natürlich auch eine Kehrseite: Seit 1973 befindet sich die syrische Armee in ständiger Alarmbereitschaft. Um der Gefahr vorzubeugen, daß sich aus der relativ starken Armee heraus eine gefährliche Opposition aufbauen könnte, wird die Armee verhätschelt, mit finanziellen und anderen Privilegien verwöhnt – dies ist vergleichbar mit der Rolle, die das Offizierskorps unter dem letzten Schah von Iran spielte. Syrien stöhnt unter den Auswirkungen der Militärdiktatur. Besonders wirtschaftlich wird dem Volk viel Verzichtbereitschaft abverlangt, denn nur so ist es für das relativ arme Land möglich, die hohen Rüstungskosten aufzubringen. Alle männlichen Staatsbürger Syriens müssen einen 30monatigen Militärdienst ableisten. Bei einer Gesamtbevölkerung von rund 10 Millionen Menschen wird die Armee ständig auf einer Stärke von 230000 Soldaten gehalten, von denen rund 40000 im Libanon dienen. Das kostet natürlich viel Geld, und so verschlingen die Militärausgaben fast 30 Prozent des Staatshaushaltes. In absoluten Zahlen entspricht dies einer Summe von ungefähr 6 Milliarden US-Dollar im Jahr.

Es ist leicht einzusehen, daß die syrische Führungsspitze der Bevölkerung schon aus Selbsterhaltungsgründen einen Ausgleich für all diese Opfer anbieten muß. Bisher hat es Hafiz al-Assad allerdings mit seiner ausgeklügelten Außenpolitik vermocht, die Gründe für die große militärische Wachsamkeit Syriens für alle einsehbar zu machen.

Hafiz al-Assad hat Syrien zum Modell eines neuen Typus von »Regionalen Supermächten« gemacht: Alliierter Moskaus, ohne Satellit oder Marionette zu sein, und zeitweilig Verhandlungspartner der USA, ohne mit dem Kreml zu brechen. Er hat es sogar fertiggebracht, sich »seine« Einflußzone, »seine« Abhängigen und »seine« Kriege zu erhalten.

Der saudi-arabische Botschafter in Washington, Prinz Bandar Ibn Abdul Aziz, faßte das so zusammen: »Es sind nicht die Sowjets, die Assad benutzen. Vielmehr benutzt Assad die Sowjets.« Mit dieser Wahrheit, die auf so banale Weise ausdrückt, daß die Kleinen im Nahen Osten beginnen, die Großen zu mißbrauchen, haben sich sowohl die USA als auch die UdSSR abfinden müssen. Denn die Supermächte selbst suchen es zu vermeiden, direkt in die vielen Konflikte verwickelt zu werden. Stattdessen sind sie bemüht, lokale oder regionale Mächte als ihre Interessenvertreter wirken zu lassen. Häufig entgleitet ihnen dann aber die Entwicklung, und die sorgsam aufgebaute Regionalmacht setzt ihre Stärke ein, um ihre eigenen Belange durchzusetzen. Diese Erfahrung haben die Amerikaner mit Israel und die Sowjets mit Syrien machen müssen.

Beirut zwischen dem israelischen Hammer und dem syrischen Amboß

»Wenn wir uns an die Amerikaner wenden, greifen die Russen den Fehdehandschuh auf und torpedieren jedes Projekt einer Regelung. Wenn wir uns an die Syrer anlehnen, wirft uns Israel Stöcke zwischen die Beine und umgekehrt. Wir sind also mehr oder weniger gefangen zwischen dem israelischen Hammer und dem syrischen Amboß und gleichen in vieler Hinsicht einem minderjährigen Kind, das zwischen seinen geschiedenen Eltern hin- und hergerissen wird. Die natürliche Wahl treibt unsere Regierung immer wieder in die Arme Syriens, weil die Erfahrung gelehrt hat, daß jede Zusammenarbeit mit Israel von Mißerfolg gekrönt wird. Wenn man dieses Dilemma objektiv betrachtet, dann muß man klar erkennen, daß das schädliche Potential, über das Syrien verfügt, für unsere ganze Nation wesentlich destruktiver ist als das des jüdischen Staates«, so lautete der unverhüllte Kommentar eines libanesischen Ministers über die Qual der Wahl von Verbündeten, vor die jede libanesische Zentralregierung gestellt ist. Abgesehen von den Schwachstellen, die die libanesische Nation im Inneren zweifellos besitzt, hat die Tatsache, daß das Land an die beiden Staaten grenzt, die für sich in Anspruch nehmen, regionale Großmächte zu sein, entscheidend zum schweren Schicksal des Libanon beigetragen. Für den syrischen Präsidenten Hafiz al-Assad ist unverrückbar klar, wohin der kleine Libanon gehört:

»Der Libanon und Syrien bilden ein einziges Volk und eine einzige Nation. Wir sind zwei unabhängige Staaten, aber das heißt noch lange nicht, daß wir auch zwei verschiedene Nationen sind. Frankreich ist das Land, das darüber am besten Bescheid weiß. Als es Mandatsmacht für Syrien und den Libanon war, hat Frankreich die Wirtschaft der beiden Länder vereinigt, indem es ihnen dieselbe Währung gab. Ja, ich sage sogar: Die verwandtschaftlichen Beziehungen zwischen Syrien und dem Libanon sind enger als die zwischen zwei Bundesstaaten der USA je sein könnten.

Die Amerikaner geben vor, daß ihre Interessen im Libanon bedroht sind. Aber der Libanon ist weder eine wirtschaftliche Macht – ein Ölland beispielsweise – noch eine Militärmacht. Deswegen sehe ich nicht, wo er für die Amerikaner von Interesse sein kann. Wenn es darum geht, die Sowjetunion vom Libanon fernzuhalten, dann kann ich nur antworten: Sie ist hier niemals präsent gewesen – weder vor noch nach der israelischen Invasion des Libanon. Wenn die syrische Anwesenheit im Libanon angesprochen ist, dann muß ich wiederholen, daß Syrien seit Jahrhunderten im Libanon zu Hause ist. Vor acht Jahren haben wir auf den herzzerreißenden Hilferuf der Libanesen reagiert – und teuer dafür bezahlt, mit finanziellen Opfern und vielen Menschenleben. Kein anderer in der Region wollte auf diesen Hilferuf reagieren. Wenn wir konkrete Pläne mit dem Libanon haben, warum haben wir sie dann nicht längst verwirklicht? Und wenn es eine Vereinbarung zwischen uns und der Sowjetunion über das Schicksal des Libanon geben sollte, warum wurde sie nicht inzwischen in die Tat umgesetzt? Und wenn der Plan bestanden hat, Israel vom Libanon aus anzugreifen, warum haben wir es nicht getan? Die Israelis haben erklärt, daß sie mit ihrer Invasion 1982 den ›Frieden für Galiläa‹ sichern wollten, indem sie dem Chaos im Libanon ein Ende setzten. Man muß sich ernsthaft die Frage stellen, ob die israelische Sicherheit nun mehr gewährleistet ist. Die Libanesen, die sich von den Israelis kolonialisiert fühlen, leisten Widerstand. Ich bin überzeugt, daß die Israelis auf diese Weise viermal so viele Leute verloren haben, als wenn sie alles beim alten gelassen hätten. Das einzige, was sie erreicht haben, ist, daß nicht nur ihr Blut geflossen ist, sondern auch das von Palästinensern, Libanesen und Syrern. Niemand auf der Welt hat mehr Opfer gebracht, um den Krieg im Libanon zu beenden, als wir.«

Als die ungleichen Geschwister Libanon und Syrien in den vierziger Jahren in die Unabhängigkeit entlassen wurden, begannen gleichzeitig auch die Probleme zwischen ihnen. Zunächst waren sie vorwiegend wirtschaftlicher Natur: Man stritt sich über die Währung oder das Zollsystem, die anfangs noch miteinander verknüpft waren. Als die ehemalige Mandatsmacht Frankreich 1948 den französischen Franc abwertete – die Leitwährung für das libanesische und das syrische Pfund –, unterzeichnete der damals wirtschaftlich noch schwache Libanon ein neues Währungsabkommen mit Frankreich. Syrien aber tat nichts dergleichen. In der Folge kam es wiederholt zu kleinlichen Auseinandersetzungen über Handelsfragen, bis die Syrer zeitweise ihre Grenze für libanesische Waren schlossen – eine Maßnahme, die sich sicher nachteilig auf den libanesischen Export nach Jordanien, in den Irak und die Golfstaaten auswirkte.

Der häufige Regierungswechsel in Syrien brachte schließlich auch politische Schwierigkeiten für Beirut mit sich. Denn jede syrische Regierung nahm eine jeweils andere Position in gesamtarabischen Fragen ein. Die libanesischen Führer versuchten dementsprechend, so gut es eben ging, keine eindeutige Stellung zu beziehen. Schon früh kam es auch zu bewaffneten Zwischenfällen an der syrisch-libanesischen Grenze, die bereits damals ägyptische und saudische Vermittler auf den Plan riefen. Syrien schlug dem Libanon schließlich ein Sicherheitsabkommen vor – doch die Libanesen lehnten ab. Auch die von Syrien 1950 angestrebte Wirtschaftsunion wurde von libanesischer Seite mit der Begründung zurückgewiesen, Syrien und Libanon ergänzten sich ökonomisch. Beirut wollte damit zum Ausdruck bringen, daß die Unabhängigkeit und der besondere Charakter beider Staaten erhalten bleiben müsse.

Die Tatsache, daß in Syrien ein Putsch auf den anderen folgte, hatte für die Libanesen eine recht unangenehme Begleiterscheinung. Der Libanon wurde zum Asylland für die gestürzten syrischen Politiker, was die in Damaskus gerade Herrschenden natürlich als unfreundlichen Akt betrachteten und heftig attackierten.

Als die libanesische Regierung 1969 versuchte, mit Hilfe der nationalen Armee gegen palästinensische Kommandos vorzugehen, wurde sie von Syrien der »Liquidierung des palästinensischen Volkes« angeklagt. Das im selben Jahr getroffene »Abkommen von Kairo« schrieb schließlich die palästinensische Präsenz im Libanon fest und legte damit einen weiteren Grundstein für den Ausbruch des Bürgerkriegs im Jahre 1975. Das Chaos, das der Bürgerkrieg innerhalb kürzester Zeit im Libanon herbeiführte, gab den Syrern immer mehr Möglichkeiten, im Nachbarland einzugreifen.

Im Juni 1976 schließlich rückten syrische Truppen in den Libanon ein mit dem eindeutigen Ziel, den Widerstand der unbotmäßigen Palästinenser und ihrer linksmuslimischen Bürgerkriegsverbündeten zu brechen. Damals waren die Syrer von den rechtsgerichteten, christlichen Parteien, die sie jedoch bald als unliebsame Besatzer betrachteten, als Retter in der Not ins Land gerufen worden. Schon

1978 kam es zu schweren Zusammenstößen zwischen den christlichen Privatarmeen und den syrischen Soldaten. Einige Monate nach Beginn der syrischen Intervention erhielt Damaskus die politische Rückendeckung der Araber für seine Anwesenheit im Libanon. Die »Arabische Liga« erklärte die syrischen Soldaten nachträglich zu Mitgliedern der sogenannten »Arabischen Abschreckungstruppe«, die dem Bürgerkrieg ein Ende machen sollte.

1982 war ein schwarzes Jahr für Syrien. Israels Invasionsarmee hatte nicht nur den PLO-Kommandos im Libanon böse mitgespielt, sondern auch der syrischen Luftwaffe, die in wenigen Tagen über 80 Flugzeuge verlor. Am Ende mußten die syrischen Truppen West-Beirut räumen und sich auch aus anderen Gebieten zurückziehen. Kein Zweifel, Damaskus war militärisch geschwächt und seine politische Stellung im Libanon unterminiert.

Mit der Wahl des Falangistenführers Beschir Djemayyil zum neuen libanesischen Staatspräsidenten im August 1982 schien für die Syrer alles verloren zu sein. Denn Beschir galt als strammer Parteigänger der Israelis. Entsprechend hart waren die Attacken gegen ihn in der syrischen Presse. Als Beschir dann aber, nur drei Wochen nach seiner Wahl, einem Attentat zum Opfer fiel, deutete Syrien mit anklagendem Finger auf Israel. Beschirs Bruder und Nachfolger Amin Djemayyil – ebenfalls ein Funktionär der »Falange«-Partei – räumte die syrische Regierung anfangs eine »Im-Zweifel-für-den-Angeklagten«-Stellung ein und betonte, »Syrien ist bereit, jedes Opfer zu bringen, um den Libanon von der israelischen Besatzung zu befreien«. Daher waren die Syrer wie vor den Kopf gestoßen, als Präsident Amin Djemayyil dem berüchtigten Truppenabzugsabkommen mit Israel den Vorzug vor einer Zusammenarbeit mit Syrien gab – und reagierten entsprechend scharf. Hafiz al-Assad bezog sich wiederholt darauf, daß seine Soldaten vor Jahren auf Anfrage der »legitimen Autorität« in den Libanon gekommen waren – und auch nur auf deren Ersuchen wieder gehen würden. Ein libanesischer Präsident aber, der zur Zusammenarbeit mit Israel bereit war, konnte in Assads Augen nicht im eigentlichen Sinn als »legitim« gelten.

Also machte die syrische Regierung eine Kehrtwendung. Hatte sie nach dem Ende der israelischen Invasion des Libanon im Herbst 1982 noch vage signalisiert, daß sie unter gewissen Umständen – die es noch festzulegen galt – möglicherweise bereit sei, ihre Truppen oder einen Teil davon aus dem Libanon abzuziehen, so stellte sie sich völlig »taub«, sobald das israelisch-libanesische Truppenabzugsabkommen am 17. Mai 1983 unter Dach und Fach war.

Aus Damaskus verlautete damals: »Eine Vereinbarung, mit deren Hilfe Israel deutliche Gewinne aus seiner Invasion ziehen kann, die die libanesische Souveränität einschränkt und syrische Sicherheitsinteressen bedroht, ist für Syrien nicht akzeptabel.« Der syrische Außenminister Khaddam fügte später noch hinzu, dieses Abkommen sei gleichzeitig ein Schlag ins Gesicht der Libanesen, der Syrer und der Araber im allgemeinen.

Selbst der amerikanische Außenminister George Shultz, der für den Inhalt des Abkommens weitgehend mitverantwortlich war und es versäumt hatte, die syrische Meinung dazu zur rechten Zeit einzuholen, räumte später ein, daß »einige Bedenken der Syrer Hand und Fuß hatten«. – Doch mit Berufsoptimismus wischte der amerikanische Politiker diese unbequemen Gedanken vom Tisch und vertraute darauf, daß »alles gut enden wird«, wobei er vor allem darauf setzte, daß sich Syrien dem zu erwartenden Druck arabischer Staaten nicht würde entziehen können.

Wie unterschiedlich die Auffassungen der Amerikaner und der Syrer darüber waren, wer von ihnen einlenken sollte, zeigt eine Anekdote, die vom verspäteten Treffen zwischen Shultz und Assad erzählt wird: An einem zentralen Punkt der Diskussion wandte sich der syrische Präsident an George Shultz und sagte trocken: »Das ist Ihr Problem, Herr Außenminister.« Und Shultz antwortete: »Nein, Herr Präsident, das ist Ihr Problem, aber wir sind gern bereit, zu helfen.«

Diese fehlende Bereitschaft aufeinander zuzugehen, offenbart sich auch in einem traurigen Witz, den sich die Libanesen über die Unlösbarkeit ihres Problems erzählen:

Ein Syrer, ein Israeli und ein Libanese kommen gemeinsam in den Himmel. Petrus führt alle drei sogleich zum lieben Gott, der sie nach ihrem innigsten Wunsch befragen will.

Der liebe Gott wendet sich zunächst an den Syrer: »Nun, mein Freund«, sagt er und lächelt gütig, »hast du eine dringende Bitte, die ich dir erfüllen kann?«. »Oh, ja«, antwortet der Syrer, »mir liegt die Situation im Libanon am Herzen. Unsere Soldaten würden das Land nur zu gern verlassen und in Frieden zu Hause leben. Aber wir können natürlich nicht vor den Israelis gehen. Bitte sorge dafür, daß Israel umgehend seine Truppen aus dem Libanon abzieht. Das ist mein größter Wunsch.« »Gut«, antwortet der liebe Gott, »wir werden sehen, was sich machen läßt.«

Darauf wendet er sich an den Israeli: »Und du, was wäre dein innigster Wunsch?« »Ja«, sagt der Israeli, »ich wünsche, daß du das größte Problem für mein Land lösen könntest. Wie gern würden wir den Libanon verlassen, denn wir haben dort nur Schwierigkeiten. Doch es steht ganz außerhalb der Diskussion, daß wir unsere Soldaten heimholen, solange nicht alle Syrer in ihr Land zurückgekehrt sind.« Schon etwas irritiert spricht der liebe Gott den Libanesen an: »Du hast gehört, was die beiden gesagt haben. Ich bin ratlos. Was kann man da nur machen, um allen gerecht zu werden? Du bist ja nun am meisten betroffen. Rate du mir doch. Was wünschst du dir?«

Da hebt der Libanese abwehrend die Hände und ruft: »Bitte, lieber Gott. Richte dich am besten nach den Wünschen der beiden anderen. Ich bin mit allem einverstanden.«

Abgesehen davon, daß Syrien immer und immer wieder auf die traditionellen, historischen Bindungen zwischen dem syrischen und dem libanesischen Staat hinwies, hatte es auch politisch-aktuelle und militärstrategische Gründe für sein Verbleiben auf libanesischem Territorium, angesichts derer eine Hinnahme des Truppenabzugsabkommens purer Leichtsinn gewesen wäre. An erster Stelle stand der Wille, zu verhindern, daß der Libanon ein ausschließlich pro-westlicher Staat wurde. Zu groß war die Gefahr, daß Beirut sich unter amerikanischer Anleitung mit anderen gemäßigten arabischen Staaten zu einer Front zusammenfinden könnte, die den syrischen Einfluß in der gesamten Region zurückdrängen würde; zu offensichtlich waren auch die amerikanischen Bestrebungen, den libanesischen Staat gemeinsam mit Jordanien, Saudi-Arabien und Ägypten in eine Nahost-Friedensplanung mit einzubeziehen.

Die Präsenz der syrischen Armee im Libanon gab den Syrern darüber hinaus die Möglichkeit, ihren ungeschützten »empfindsamen Unterbauch« gegen eventuelle israelische Flankenangriffe zu verteidigen. Jenseits dessen hoffte man in Damaskus, daß die Zeit gegen Israel arbeiten würde. Nicht abreißende Attentatsserien im Südlibanon und wachsender Unwille in der israelischen Bevölkerung zu Hause könnten die israelische Regierung vielleicht eines Tages zum Rückzug bewegen, selbst wenn die Syrer blieben – eine Kalkulation, die nach der Annullierung des Mai-Abkommens immer mehr Gestalt annahm. Solange jedoch das Truppenabzugsabkommen noch auf dem Tisch der libanesischen Regierung lag, begnügte man sich in Syrien mit dem lapidaren Kommentar, man werde selbstverständlich über die Rolle der syrischen Armee im Libanon reden, »sobald der Libanon seine Freiheit wiedererlangt hat und die Eindringlinge von seinem Territorium vertrieben sind«.

Unterdessen intensivierte Syrien seine Kontakte zu alten und neuen Verbündeten im Libanon: dem heutigen Ministerpräsidenten Raschid Karame in Tripoli, dem Ex-Staatspräsidenten Suleiman Frandjieh in Zghorta, dem Drusenfürsten Walid Djumblatt und dem Schiitenführer Nabih Berri.

Nachdem sowohl Amerikaner als auch Israelis betont hatten, daß die Bestimmungen des Abkommens keinesfalls nochmals überprüft oder diskutiert werden dürften, stand fest, daß nur zwei Wege offen blieben. Entweder mußte das Abkommen mit Gewalt gegen den syrischen Einspruch durchgesetzt oder aber annulliert werden. Eine Zeitlang sah es so aus, als würde die Entscheidung über das künftige Schicksal des Abkommens – und des Libanon – in einem israelisch-syrischen Krieg auf libanesischem Boden fallen. Der propagandistische Schlagabtausch in den beiden Hauptstädten gewann schnell an Schärfe. Außerdem begann sowohl die syrische als auch die israelische Armee damit, ihre Positionen entlang der Frontlinien im Südost-Libanon, wo sie sich auf Sichtweite gegenüberlagen, auszubauen. Aber es kam nicht zu einem neuen Waffengang: Beiden Ländern saßen wohl noch ihre Verluste von 1982 in den Knochen, und sie mögen außerdem befürchtet haben, einen militärischen Konflikt nicht regional begrenzen zu können.

Inzwischen waren in der arabischen Welt Werbekampagnen sowohl für die Annahme als auch die Ablehnung des israelisch-libanesischen Truppenabzugsabkommens angelaufen. Libanesische, syrische und amerikanische Unterhändler reisten kreuz und quer, um für ihre Positionen in den arabischen Hauptstädten zu werben. Libyen, Südjemen und die PLO waren von Anfang an im syrischen Lager, während Ägypten, Sudan und Oman das Abkommen befürworteten. Doch es kam ja vor allem auf die ölreichen Golfmonarchien an, von deren Stellungnahme sich besonders die Amerikaner viel versprachen. Die im sogenannten »Golf-Kooperationsrat« zusammengefaßten Golfstaaten – Saudi-Arabien, Kuwait, Bahrain, Katar, Oman und die Vereinigten Arabischen Emirate – rangen sich zu einem Kommuniqué durch, in dem sie das Abkommen nicht ausdrücklich verurteilten. Mit anderen Worten: Sie nahmen eine abwartende Haltung ein. Doch die Grundstimmung am Golf war von Anfang an eine andere, und ein Regierungssprecher in Kuwait sprach es laut aus. »Jedes Abkommen, das mit dem Feind abgeschlossen wird und die Sicherheit eines arabischen Staates bedroht, schadet den Rechten der arabischen Nation.« Saudi-Arabien ging später noch einen Schritt weiter und belegte Waren aus dem Südlibanon mit einem Einfuhrboykott – mit der Begründung, es könne sich um israelische Erzeugnisse handeln.

Syrien hatte gewonnen. Es hatte nicht nur seine Position zu dem Abkommen durchsetzen können, sondern sich vor den arabischen Massen auch als zuverlässiger Wächter über die Rechte aller Araber hervorgetan.

Wie ein Uhrpendel trieb es den Libanon zwischen Syrien und Israel hin und her – auf der Suche nach einem Ausweg aus seinem Dilemma. Ein knappes halbes Jahr überlebte das Paradestück der sogenannten »israelischen Lösung« mehr schlecht als recht. Dann wurde der krampfhafte Versuch der libanesischen Zentralregierung unter Amin Djemayyil, den Libanon aus seinem arabischen Umfeld herauszulösen, als untauglich entlarvt. Nachdem die Ereignisse in Beirut am 6. Februar 1984 mit dem erfolgreichen Vorstoß der vereinigten muslimischen Milizen auf die Hauptstadt eine dramatische Wende genommen hatten, richteten sich die Augen der libanesischen Politiker wieder reumütig und hoffnungsvoll auf Damaskus.

Die staatliche Existenz des Libanon hing nur noch an einem seidenen Faden, und dies bedeutete, daß die christlich gelenkte libanesische Regierung nicht in der Lage war, ihrerseits Forderungen zu stellen. Die große Illusion der libanesischen Politik hatte – wie schon so oft – auch diesmal darin bestanden, daß man glaubte, einen selbstgewählten Weg ungestört bis ans Ende verfolgen zu können. Doch der »israelische Weg« war aufgrund der geographischen Lage und der historischen Bindungen des Libanon nicht gangbar gewesen.

Nun stellte man die »arabische Lösung«, die mit der »syrischen« gleichzusetzen ist, in den Mittelpunkt und hoffte, daß man nicht wieder an regionalen und internationalen Widersprüchen scheitern werde. Denn auch nach dem Rückschlag, den die israelische Politik im Libanon erlebt hatte, behielten doch alle Parteien – Syrien ebenso wie Israel – ihre »Vasallen« auf libanesischem Boden. Mit anderen Worten: Jede ausländische Macht, die sich aus dem Libanon zurückzieht, hinterläßt Statthalter, die weiterhin um die Durchsetzung ihrer politischen Vorstellungen kämpfen. Im übrigen haben die meisten, die sich zum einen oder anderen Zeitpunkt auf das »libanesische Abenteuer« eingelassen haben, die Erfahrung gemacht, daß es einfacher ist, in den Libanon hinein- als aus ihm herauszukommen. Der israelische Verteidigungsminister Moshe Arens hat das so ausgedrückt: »Man betritt den Libanon nicht wie ein Kasino, das der Verlierer verlassen kann, wenn ihm danach zumute ist.«

Die libanesische Bevölkerung glaubte, nachdem sie sich von dem Schock des blutigen Februar 1984 erholt hatte, unermüdlich an ein neues Wundermittel – welches das Schicksal des Libanon vom Bösen zum Guten wenden würde. »Der Zauberstab liegt an den Ufern des Barada«, sagten die Libanesen – und der Barada fließt durch die syrische Hauptstadt Damaskus.

Dorthin begab sich nun Amin Djemayyil, der libanesische Präsident ohne Staat und Armee, gegen den Widerstand aus den eigenen Reihen seiner christlich-maronitischen Glaubensbrüder. Die syrische Regierung gab sich redlich Mühe, den Libanesen für seinen schweren Gang zu entschädigen: Auf dem Damaszener Flughafen wurde er mit allen militärischen Ehren vom syrischen Staatsoberhaupt Hafiz al-Assad persönlich empfangen. Doch der herzliche Willkommensgruß konnte nicht darüber hinwegtäuschen, daß sich in Damaskus wohl kaum zwei gleichberechtigte Gesprächspartner gegenübersitzen würden.

Zwei syrische Forderungen, die von der libanesischen Seite zunächst ohne Gegenleistung zu erfüllen waren, standen im Raum: Die Annullierung des Mai-Abkommens mit Israel und das Eingeständnis, daß die syrische Präsenz im Libanon von ganz anderer Qualität war als die israelische. Syrien betrachtet sich als einen Bruderstaat, der seine Armee in freundschaftlicher Absicht und auf Einladung der Libanesen ins Land geschickt hat, während die israelischen Truppen als feindliche Eindringlinge zu betrachten sind.

Manchen Beobachter erinnerte Djemayyils Reise nach Damaskus ein wenig an die »Heimkehr des verlorenen Sohnes«.

Sehr bald nach seiner Rückkehr nach Beirut verkündete Amin Djemayyil die Annullierung des israelisch-libanesischen Truppenabzugsabkommens. Damit war Damaskus wieder als Zentrale für die Bemühungen anerkannt worden, den Libanon aus der politischen Sackgasse herauszuführen. Libanesische Oppositionspolitiker und Vertraute Djemayyils gaben sich in der syrischen Hauptstadt praktisch die Türklinke in die Hand, bis die Einberufung einer zweiten libanesischen »Versöhnungskonferenz« – diesmal in Lausanne – beschlossene Sache war.

Syrien setzte bei diesem Kräftespiel seine Glaubwürdigkeit aufs Spiel und war entschlossen, das Gesicht zu wahren: Der Zeitpunkt zur Befriedung des Nachbarlandes war nach dem Willen der Damaszener Führungsspitze gekommen. Nach der Versöhnung mit der Djemayyil-Regierung glaubte Hafiz al-Assad, alle Trümpfe für eine Regelung des Libanon-Konflikts in Händen zu halten. Denn die innerlibanesische Opposition hörte ja ebenfalls auf syrisches Kommando. Drusenfürst Walid Djumblatt sagte das ganz offen: »Ich bekomme meine Waffen von den Syrern. Wenn die Syrer mir untersagen zu schießen, dann schieße ich nicht.«

Außerdem wollte Damaskus mit der Versöhnung der Libanesen auch deutliche Signale aussenden. Die libanesische Regierung sollte für ihre mutige Entscheidung, das Abkommen mit Israel aufzukündigen, belohnt werden. Schließlich galt es zu beweisen, daß die Einbettung des Libanon in seine arabische Umwelt nicht nur die einzig mögliche, sondern auch eine richtige Entscheidung gewesen war. Gleichzeitig schickte Damaskus mit dem Hinweis auf den Zickzack-Kurs des Libanon, der zu guter Letzt in den arabischen Weg eingemündet war, eine warnende Botschaft an andere arabische Staaten: Wer wie der Libanon sein Glück als Protegé des Westens machen will und gar mit Israel verhandelt, der muß mit syrischem Widerstand rechnen. Auch die gesamtpolitische Entwicklung in der arabischen Welt ließ es Syrien mehr und mehr angeraten erscheinen, die libanesische Krise zu beenden, um den Rücken zur Bewältigung anderer Probleme frei zu haben. Da gab es den Golfkrieg, der jederzeit in eine entscheidende Phase eintreten konnte; andererseits machte Ägypten ernsthafte Anstalten, seine Führungsrolle zurückzugewinnen, die es 1979 nach der Unterzeichnung des »Camp-David«-Abkommens mit Israel verloren hatte; darüber hinaus zeichnete sich eine neue Allianz zwischen Jordanien, Ägypten und der Arafat-PLO ab, die bereit schien, im Steigbügel der USA eine Verhandlungslösung mit Israel anzustreben. Damaskus fürchtete, durch eine Achse Kairo-Amman auch seine Schlüsselrolle bei der Suche nach einer Nahost-Regelung zu verlieren.

Im Prinzip versuchten die Syrer im Libanon nichts anderes als vor ihnen die Amerikaner – allerdings mit einigen Startvorteilen. Sie wollten eine lebensfähige, aber nicht zu starke libanesische Zentralregierung etablieren, die ihnen verpflichtet war. Ein unabsehbar vom blutigen Bruderzwist zerrissener Libanon dagegen entsprach nicht mehr ihrem Interesse.

Die Frage muß erlaubt sein: Haben Syrien und der Libanon nach der Annulierung des umstrittenen israelisch-libanesischen Abkommens bekommen, was sie sich voneinander erhofft hatten?

Für Syrien war die Aufkündigung des Vertrages mit Israel das wichtigste Zugeständnis, das es von Präsident Djemayyil zu fordern galt. Sobald das libanesische Staatsoberhaupt darauf eingegangen war, wurde seine Autorität als Regierungschef von den Syrern nicht mehr angezweifelt. Dementsprechend wirkten die Syrer auf ihre libanesischen Verbündeten ein, die Forderung nach Djemayyils Rücktritt fallen zu lassen.

Vor allem christliche Kreise im Libanon konstatierten aber sehr bald mürrisch, daß sie den syrischen Wünschen sehr weit entgegengekommen wären, die Syrer jedoch mit einem harten Durchgreifen auf der »anderen, oppositionellen Seite« auf sich warten ließen. In diesem Zusammenhang hob man hervor, daß mit Dr. Elie Karameh als Vorsitzendem der »Falange«-Partei und Nachfolger des verstorbenen Präsidentenvaters Pierre Djemayyil, und mit Fuad Abu Nader als Kommandant der christlichen Miliz »Lebanese Forces« zwei Männer in Amt und Würden gekommen waren, die als loyal gegenüber Amin Djemayyil galten und insofern seine nun pro-syrische Politik mittragen würden. Damit hatte Amin Djemayyil eine Hausmacht gewonnen, auf deren Basis er auch bei den Maroniten unpopuläre politische Reformen durchsetzen könnte. »Er kann sich nun entscheiden, ob er der erste Präsident des neuen Libanon oder der letzte maronitische Präsident des alten Libanon sein möchte«, schlug eine linksgerichtete Beiruter Tageszeitung vor.

Das politische Überleben des Amin Djemayyil unter syrischer Aufsicht verdeutlicht eine syrische Einstellung zur libanesischen Zentralregierung, die die libanesischen Christen eigentlich beruhigen sollte. Denn es beweist, daß die Syrer den maronitischen Präsidenten in seinem Amt belassen und auch seine Religionsgemeinschaft keineswegs vollends entmachten wollen. Andererseits bedeutet das, daß Amin Djemayyils Position mit der syrischen Unterstützung steht und fällt. Das Ausmaß des syrischen Wohlwollens aber wird jeweils davon abhängen, wie der libanesische Präsident auf künftige syrische Forderungen reagiert.

Die Frage ist, wieviel Druck von außen Präsident Djemayyil selbst hinnehmen und vor seiner Partei und Religionsgemeinschaft rechtfertigen kann. Die Antwort auf diese Frage wird dann kritisch, wenn es den Syrern nicht in naher Zukunft gelingt, ihre muslimischen Verbündeten im Zaum zu halten und zu konstruktiver Mitarbeit zu zwingen. Man hat der syrischen Regierung diese Fähigkeit zuerkannt, weil man davon ausging, daß dann, wenn politische Überzeugungskünste versagen, Damaskus seinen Partnern eben die Nachschubwege für Waffen und Munition zu sperren bereit ist. Doch die muslimischen Milizen im Libanon entbehren einer gemeinsamen Führung, auf die Damaskus Einfluß nehmen könnte. Die Dynamik »anarchistischer« Gruppen in West-Beirut birgt die Gefahr in sich, das syrische Projekt zu torpedieren.

Die Christen wollen diese Grenze der syrischen Möglichkeiten nicht akzeptieren. Damaskus jedoch macht ihnen eine ganz andere Rechnung auf, die unter dem Strich eine positive Bilanz des bisher Erreichten aufweist. Immerhin habe die muslimische Opposition ihre Forderung nach dem Rücktritt Amin Djemayyils ganz fallengelassen, eine »Regierung der nationalen Einheit« sei zum ersten Mal seit Ausbruch des Bürgerkriegs eingesetzt worden, die Bombardierung der Wohngebiete sowie schwere Artillerieduelle in den Bergen gehörten ebenfalls der Vergangenheit an. An die Adresse der Christen gerichtet, verwies Damaskus zudem stolz auf eine besondere Errungenschaft seiner Libanon-Politik: Eine »Rote Linie« für die Existenz und Rolle der christlichen Gemeinschaft im Libanon sei gezogen worden, und ein Überschreiten dieser Linie sei verboten. Damit war das Argument der Christen entkräftet, sie seien gezwungen, im »muslimischen Meer« um ihr Überleben zu kämpfen. Nachdem den Christen diese Angst nun genommen sei – so argumentierte die syrische Regierung weiter – würde es ihnen sicherlich nicht mehr schwerfallen, politischen Reformen zugunsten der Muslime zuzustimmen.

Syrische Mahnungen zur Mäßigung ergehen in regelmäßigen Abständen an alle libanesischen Kontrahenten: »Beide Seiten sollen ihre maximalen und minimalen Forderungen definieren, damit der Dialog in diesem Rahmen fruchtbar sein kann. Beide Seiten müssen vermeiden, konfessionellen Fanatismus auszuüben – denn das wird Syrien nicht tolerieren.«

Trotz solcher im Befehlston gegebener Anweisungen glaubte eine Reihe von Libanesen, daß die Syrer ihnen genügend Freiraum lassen werden – vorausgesetzt, Syrien bekommt, was es verlangt.

Fuad Butros, ehemaliger libanesischer Außenminister, sieht der »syrischen Zukunft des Libanon« recht optimistisch entgegen:

»Vorausgesetzt, daß die vitalen Interessen Syriens in der Region und seine Politik in der arabischen Welt nicht beeinträchtigt werden, kann sich der Libanon auch künftig einer gewissen Entscheidungsfreiheit hinsichtlich seiner internationalen Beziehungen erfreuen. Ich glaube nicht, daß Syrien den Libanon in seiner Außenpolitik beschränken wird. Erst kürzlich habe ich eine Tendenz in der syrischen Politik bemerkt, die ich sehr interessant finde. Sie besteht darin, den Libanon-Konflikt von der Lösung der gesamten Nahost-Krise abzukoppeln und als eigenständiges Problem zu behandeln. Zum ersten Mal bezieht Syrien diese Position, und das ist sehr bemerkenswert. Wenn man nämlich eine Regelung der libanesischen Krise eng mit der Lösung der Nahost-Krise verknüpft, so wäre damit eine zeitlich nicht begrenzte Wartezeit verbunden – und das wäre eine sehr heikle Situation. Wenn Syrien nun aber von der unabhängigen Lösungsmöglichkeit überzeugt ist – und die einflußreichen Gruppen im Libanon ebenfalls –, dann gibt es eine gute Chance des politischen Fortschritts. Dies gilt auch, wenn man diese Chance nur dazu nutzt, einen akzeptablen Modus vivendi zu erarbeiten, bis eine umfassende Regelung des Nahost-Konflikts erfolgt, die das ganze Problem an seiner Wurzel löst.

Ich bin überzeugt davon, daß die Syrer ernsthaft eine Lösung der Libanon-Krise wünschen – und dabei in der Sicherheitsfrage den Anfang machen wollen. Aber sie sind auch willens, das Problem politisch anzugehen. Es gibt sicherlich viele Nuancen in der syrischen Haltung gegenüber dem Libanon und den verschiedenen Kräften die auf libanesischem Gebiet wirken. Es bleibt natürlich abzuwarten, welche Maßnahmen die Syrer ergreifen, um an das gewünschte Ziel zu gelangen. In der nahen Zukunft wird es in der syrischen Libanon-Politik sicher keine Richtungsänderung geben.«

Aber solange es den Syrern nicht gelingt, den libanesischen Politikern aller Fraktionen ihren Willen aufzuzwingen und sich noch zusätzlich die heißblütigen und militanten Fanatiker zu unterwerfen, wird der Libanon ein zerrissenes und blutendes Stück Erde bleiben, in dem eine Waffe oder die »richtige« Identitätskarte im gegebenen

Moment ausschlaggebend sind. Wie wenig geeint dieses Land ist, macht eine Fahrt in das Reich der verschiedenen Milizen – nach Norden, in die Berge und in die östliche Bekaa-Ebene – deutlich.

Wer niemals einen Blick von den Höhen des Libanongebirges hinunter in die saftigen grünen Weiten der Bekaa-Ebene und wieder empor auf die bläulich-grau schimmernden Gipfel des Anti-Libanon geworfen hat, der weiß nicht, welche atemberaubendende Schönheit die Natur diesem kleinen Land geschenkt hat.

Aber das Reisen durch den Libanon ist beschwerlich geworden, und eine Fahrt von Beirut in die waffenstrotzende Bekaa-Ebene kann trotz der Naturschönheiten zur Qual werden. Unzählige Straßensperren säumen den Weg hinauf in die Berge. Zuerst sind es Restbestände der libanesischen Armee, die die Kontrollen ausführen. Nur wenige hundert Meter weiter stellen die Milizionäre der Schiiten-Organisation »Amal« (»Hoffnung«) unangenehme Fragen, dann kommen die Drusen und irgendwann die Israelis. Schließlich, wenn das Konterfei des syrischen Präsidenten Hafiz al-Assad auftaucht, weiß man, daß man bei den Syrern angelangt ist. Die Straße ist völlig verdreckt durch Panzer und schwere LKW-Transporter, und die Schlaglöcher erfordern die ganze Aufmerksamkeit des Fahrers. Seit dem Chouf-Krieg im Herbst 1983 trifft man zusätzlich noch auf tiefe Bombenkrater – darunter solche, die auf das Konto des US-Schlachtschiffes »New Jersey« gehen.

Etwas weiter südlich liegen sich die syrische und die israelische Armee auf einer Frontlänge von 30 Kilometern oft nur auf Sichtweite gegenüber. An manchen Stellen trennen gerade 100 Meter die syrischen T-72-Panzer über das Niemandsland hinweg von den israelischen Positionen. Die Soldaten der beiden Armeen beobachten sich von den Höhen aus ständig, um unliebsame Überraschungen zu vermeiden.

Die Geschütze der Syrer, die von der Straße aus zu sehen sind, tragen häufig noch ihre Tarnbedeckung. Man gewinnt fast den Eindruck einer trotz allem entspannten Atmosphäre – als seien Syrer und Israelis hier Nachbarn geworden. In Chtaura, dort, wo der schmackhafte trockene Weißwein wächst, verläuft die Frontlinie gerade südlich der Stadt, mitten durch die Felder und kleinen Dörfer. Auf der Hauptstraße herrscht ein buntes Treiben, und die Geschäfte quellen über von frischem Obst und Gemüse. Dunkelrote Kirschen lachen uns an – und die Feinkosttheke birgt Köstlichkeiten aus der Region ebenso wie aus dem Elsaß! Hier und dort tauchen PLO-Kämpfer auf, und auch zwei russische Soldaten können wir klar von den Syrern unterscheiden. Dennoch, nirgendwo spüren wir eine direkte Bedrohung. Die Frauen schlendern lässig vorbei und sagen: »So ist das hier schon seit acht Jahren.«

Auf der »Straße der Gurken«, vorbei an Feldern mit Cannabis- oder Haschischpflanzen, fahren wir nach Gaza. In diesem kleinen Dorf treffen wir wieder einmal auf eine libanesische Besonderheit: Mitten auf dem Gurkenfeld, wo die dunkelbraune Erde schwer und fruchtbar riecht, sitzen wir auf dem Boden und radebrechen – spanisch. Ahmed Murad, unser Gastgeber in freier Natur, schiebt seinen Tropenhelm aus der Stirn und erklärt, daß er – wie viele andere in dem Dorf – zehn Jahre in Südamerika gearbeitet hat. Ahmed zeigt auf die kahlen karstigen Höhen des Anti-Libanon, um uns auf die israelischen Stellungen dort aufmerksam zu machen. Wir trinken den süßen schwarzen Tee, die Frauen in ihren breitrandigen Strohhüten lachen und deuten auf zwei syrische Soldaten, die den Feldweg hochkommen. Ahmed sagt: »Wir haben keine Angst – auch die Frauen nicht. Die Syrer werden irgendwann gehen, wenn sie genug Geld bekommen.

Jetzt machen sie uns das Leben schwer auf den Feldern. Sie verminen unser Land, beschlagnahmen unsere Häuser und verbieten uns die Jagd. Aber auch die Israelis bringen uns Probleme, weil sie ihr eigenes Obst und Gemüse im Libanon zu Schleuderpreisen anbieten.«

Am Ortsausgang treffen wir an einer syrischen Straßensperre auf Husein. Er ist 22 Jahre alt und dient seit knapp drei Jahren als syrischer Soldat im Libanon. Er würde sehr gern nach Hause zurückkehren. Doch das ist momentan nicht möglich. Er hat noch einige Monate seines Militärdienstes zu absolvieren, aber immerzu fragt er sich: »Was mache ich eigentlich hier?«

Die gleiche Frage stellen auch viele Libanesen, wenn sie durch die Straßensperren an die Anwesenheit der syrischen Soldaten in ihrem Land erinnert werden. Manche Libanesen – vor allem unter den Christen – haben eine starke Abneigung gegen die syrischen Soldaten entwickelt und vermeiden es so gut es geht, den syrisch besetzten Teil des Landes zu besuchen. Sie trauen den Syrern nicht und haben Angst vor Willkürakten. Andere wieder begrüßen die Syrer als ihre »arabischen Brüder«. Und dann gibt es noch viele, die dazu keine Meinung mehr haben.

Die Einwohner der syrisch kontrollierten Gebiete – also des Nord- und Ostlibanon – haben sich wohl ober übel an die syrischen Truppen gewöhnt und persönliche oder geschäftliche Beziehungen zu ihnen entwickelt. Doch gute und schlechte Erfahrungen sind individueller Natur und oft vom Zufall abhängig.

Als die syrischen Soldaten 1976 als »Friedenstruppe« in den Libanon einmarschierten, wurden sie von den bürgerkriegsmüden Libanesen mit Hurra-Rufen, Umarmungen und Blumen begeistert empfangen. Doch als sich der Bürgerkrieg auf andere Ebenen ausdehnte und die Syrer zur Partei in einem regionalen und internationalen Konflikt wurden, ersetzte man die Blumen durch Bomben – und die Syrer schossen zurück. Ihr ehemaliger Verbündeter – die christlichen »Lebanese Forces« – wurde zum Todfeind. In den folgenden Jahren kämpften die Syrer mit und gegen all die im Libanon existierenden Gruppen.

Die Regeln in diesem Verwirrspiel sind für die einfachen syrischen Soldaten, die im Libanon stationiert sind, nicht mehr nachvollziehbar. Husein ist dafür ein Paradebeispiel: Er stammt aus einem kleinen Dorf in Ostsyrien. Seine Heimat, seine Familie und die gerade begonnene Arbeit mußte er vor fast drei Jahren verlassen, um in den Libanon zu gehen. Die chaotischen Zustände hier, den immer wieder aufflammenden Bürgerkrieg, die regionale und internationale Seite des Konflikts – all das versteht er nicht, will er auch gar nicht mehr verstehen. Er sehnt das Ende seiner Militärzeit herbei und möchte dann sofort nach Hause zurückkehren, heiraten und seiner Arbeit nachgehen.

»Verstehen Sie mich nicht falsch«, sagt er, »ich finde den Libanon sehr schön. Wie Syrien ist es ein herrliches Land und die meisten Leute hier waren sehr freundlich zu uns. Aber ich möchte jetzt nach Hause. Ich bin es müde, in der Armee zu dienen, Befehle entgegenzunehmen, und außerdem fühle ich tief in mir, daß die libanesische Bevölkerung unsere Anwesenheit hier ablehnt und lieber sehen würde, wenn wir gingen.«

Husein war während seines Dienstes im Libanon sowohl in der Bekaa-Ebene als auch im Nordlibanon stationiert: »Es ist Armee-Politik, daß wir nicht lange am selben Ort bleiben. Sie wollen verhindern, daß wir uns zu sehr an die Umgebung oder die Einheimischen gewöhnen. Ein Soldat muß eben immer bereit sein, von einem Ort zu anderen zu gehen.«

Husein hat nicht den Eindruck, daß in den drei Jahren, die er im Libanon verbracht hat, irgend etwas verbessert wurde: »Ich habe das Gefühl, daß wir gar nichts erreicht haben. Drei Jahre meines Lebens sind vorbei, und der Libanon ist immer noch in Aufruhr.«

Der Kommandant von Huseins Einheit befindet sich mit seiner Erklärung für die Anwesenheit syrischer Truppen im Libanon ganz auf der offiziellen syrischen Regierungslinie: »Wir sind Teil der arabischen Nation und haben enge historische Bindungen zum Libanon. Syrer und Libanesen sind Brüder. Alles was wir wollen, ist verhindern, daß Probleme in den von uns kontrollierten Gebieten ihren Anfang nehmen. Und wir wollen natürlich dazu beitragen, den Frieden im ganzen Land wieder herzustellen. Aber leider gibt es hier eben Gruppen, die stören wollen und die anderen Probleme bereiten.«

Die Libanesen selbst haben die leidvolle Erfahrung gemacht, daß die syrischen Soldaten ihre Aufgabe oft nicht so begrenzt sehen, sondern

Freude an Schikanen zeigen: »Ich hasse es, daß ein Fremder mich in meinem eigenen Land wie einen Bürger zweiter Klasse behandelt. Jeden Tag muß ich an ihren Straßensperren anhalten und dieselben blöden Fragen beantworten: Wo kommst du her? Wie heißt du? Wo fährst du hin? Was hast du in deinem Auto? Manche der syrischen Soldaten sind sehr unangenehm und einige wirklich bösartig. Einmal hielt mich ein syrischer Soldat an, als ich mit meiner Frau im Auto unterwegs war. Er wollte einfach mit ihr quatschen und wußte nicht, daß wir verheiratet sind. Es war widerlich für uns beide. Aber in solchen Situation kannst du gar nichts tun, außer die Ruhe zu bewahren. Denn sie sind fremde Soldaten, die jederzeit auf uns schießen können.«

Syriens Führungsanspruch in der arabischen Welt beginnt in Beirut

Robert Neumann, ehemaliger US-Botschafter in Saudi-Arabien, konnte seine Bewunderung für Hafiz al-Assads politische Schachzüge nicht verhehlen:

»Als Amerikaner und als Freund Libanons bin ich sehr besorgt über Assads Position. Als Berufspolitiker bleibt mir nichts übrig als meine Bewunderung auszusprechen für die Brillanz und Waghalsigkeit seiner Politik. Er hat sich selbst in den Fahrersitz geschwungen und hält jetzt alle Karten in der Hand. Seine Rolle im Libanon und in der Frage der Golanhöhen ist Teil einer politischen Idee. Das Streben nach Führerschaft hat in der arabischen Welt Tradition. Wir alle erinnern uns sicher daran, daß Gamal Abdul Nasser, noch bevor er Präsident von Ägypten wurde, von der Rolle eines ›Helden‹ träumte und versuchte, diese Rolle auszufüllen. Es gelang ihm für eine Weile, bis er den fatalen Fehler machte, den fast jedes Land irgendwann macht: Er hatte sein ›Vietnam‹ im Jemen.

Nach ihm kam der ägyptische Präsident Anwar Sadat, der einen ganz anderen Weg beschritt, um diese Rolle auszufüllen. Unglücklicherweise war er sich nicht ganz darüber im klaren, was er von Israels Ministerpräsident Begin erwarten konnte. Mit dem Ergebnis, daß er sich selbst für die Rolle des ›Helden‹ und ›Führers‹ disqualifizierte. Danach war es eine lange Zeit der irakische Präsident Saddam Husein, der den ›arabischen Helden‹ spielten wollte. Die Saudis haben es niemals versucht – ihre innere Struktur, ihre Familienordnung sind dafür nicht gemacht.

Saddam Husein machte ebenfalls den folgenschweren Fehler, einen Krieg – gegen den Iran – zu beginnen, und seine Rolle war beendet. Gegenwärtig versucht Präsident Assad von Syrien, es besser zu machen als seine Kollegen.«

Die Chance für Hafiz al-Assad, Syrien als Führungsmacht der arabischen Welt aufzubauen, bot sich nach der Unterzeichnung des ägyptisch-israelischen Friedensvertrages von Camp-David im Jahr 1979. Kairo war fortan als Sprachrohr arabischer Politik nicht mehr akzeptabel und bei den arabischen Brüdern weitgehend isoliert. Der Irak fiel ebenfalls aus, seit er im kräfteverzehrenden Krieg gegen den Iran mit all seiner Energie gebunden war. Als einziger Frontstaat gegenüber Israel mit einer ernstzunehmenden Armee und auch entsprechenden Gebietsforderungen – nämlich der Golanhöhen – blieb Syrien übrig. Seither hat der syrische Präsident Assad das Image seines Landes als letztem Bollwerk gegen den vordringenden Zionismus ausgebaut und finanziert seine Politik zum größten Teil mit Geldern, die ihm von Saudi-Arabien und den innenpolitisch äußerst zerbrechlichen Golfstaaten zwar manchmal zögernd, aber doch in beträchtlichem Ausmaß zur Verfügung gestellt werden.

Außenpolitisch galt das syrische Staatsoberhaupt nach der israelischen Invasion des Libanon im Sommer 1982 als der große Verlierer im Nahost-Roulette. Seine palästinensischen Verbündeten wurden nach zähem internationalen Ringen aus dem belagerten West-Beirut evakuiert, und seine eigene Armee mußte im Ostlibanon schwere Verluste durch die israelische Luftwaffe hinnehmen. Die Relikte der syrischen Niederlage – ausgebrannte Panzer und Armeetransporter – konnte man noch Monate später links und rechts entlang der Fernstraße Beirut–Damaskus liegen sehen. Die USA erwähnten in ihrem kurz darauf erfolgenden Vorschlag für eine umfassende Friedensregelung im Nahen Osten – dem »Reagan-Plan« – die syrische Rolle nicht einmal. Statt dessen sah der Plan eine Verständigung zwischen den Palästinensern und dem jordanischen König Husein vor und hatte die Errichtung eines palästinensischen Mini-Staates unter jordanischer Oberhoheit zum Inhalt.

Niemand in Washington sprach mehr von den syrischen Golanhöhen, die von Israel annektiert worden waren.

Abgesehen davon machte die libanesische Zentralregierung ernsthafte Anstrengungen, das Mandat der syrischen Armee im Libanon zu beenden, die als »Arabische Abschreckungstruppe« 1976 auf Bitten der damals bedrängten Christen ins Land gekommen war. Damit nicht genug, Israel und mit ihm die USA schienen im Libanon politisch festen Boden unter die Füße zu bekommen. Es sah so aus, als seien die Syrer an allen neuralgischen Punkten gekonnt aus dem Nahost-Spiel geworfen worden.

Die ehrgeizige Vision Hafiz al-Assads, Syrien zur Politik- und Entscheidungszentrale der arabischen Welt zu machen, drohte am Libanon-Konflikt mit seinen vielen Facetten zu scheitern.

Doch nur ein Jahr später sah das Bild schon wieder ganz anders aus. Tatsächlich hatte die politische und militärische Entwicklung den syrischen Interessen zugearbeitet, und Hafiz al-Assad war plötzlich wieder in der Lage, von einer Position der Stärke aus zu argumentieren und zu handeln. Eine Erkenntnis des ehemaligen amerikanischen Außenministers Henry Kissinger, die gerade die amerikanische Regierung so oft ignoriert hatte, bewahrheitete sich ein weiteres Mal: »Es gibt im Nahen Osten keinen Krieg ohne Ägypten und keinen Frieden ohne Syrien.«

Es liegt in der Natur der Nahost-Problematik, daß sie sich auf den Kampf für und um Palästina konzentriert. Die Notwendigkeit, aus syrischer Sicht, die Bedingungen für diesen Kampf und – vielleicht – sein Ende entscheidend mitzubestimmen, liegt auf der Hand. Deswegen hatte Präsident Assad auch ein scharfes Auge darauf, in welche Richtung PLO-Chef Yassir Arafat, der für seine spontanen Alleingänge berüchtigt ist, sein politisches Fähnlein setzte.

Nachdem die PLO in den siebziger Jahren ihr Hauptquartier in Beirut aufgeschlagen und erheblichen Anteil an den Kämpfen während des ersten Bürgerkriegs 1975/76 hatte, waren es die Syrer, die dafür sorgten, daß der militärische Erfolg der PLO nicht zu glänzend ausfiel.

Auch in den Jahren, die bis zur Ankunft der Israelis noch vergingen – die palästinensische Führung nutzte diese Zeit, um praktisch in Beirut einen »Staat im Staate« aufzubauen – wurde sie von Damaskus aus mißtrauisch beäugt. Nach dem Abzug der palästinensischen Kämpfer aus Beirut im August 1982 verfolgte Hafiz al-Assad die Aktionen seines Kollegen Yassir Arafat – der etwa ebensolang im Amt ist wie Assad selbst – sehr aufmerksam. Nicht zu Unrecht, wie sich bald herausstellen sollte. Denn Yassir Arafat streckte seine Fühler nach Riyad, Amman und sogar nach Washington aus – ohne den nötigen Umweg über Damaskus zu machen.

Ein Verhandlungsfriede im Nahost-Konflikt unter Mitwirkung der palästinensischen Führung und unter Mißachtung Syriens schien in greifbare Nähe gerückt. Doch Hafiz al-Assad besaß die erforderlichen Mittel, um diesem demütigenden Verlauf der Dinge vorzubeugen – und nutzte sie entsprechend.

Die Belagerung West-Beiruts und die sich anschließende Evakuierungsaktion, in deren Verlauf die Guerillas auf mehrere arabische Länder verteilt wurden, hatte nicht nur einige tausend PLO-Kämpfer nach Syrien verschlagen. Die syrische Hauptstadt Damaskus war darüber hinaus zur Zentrale vieler PLO-Büros und anderer palästinensischer Institutionen geworden.

Hafiz al-Assad hatte somit seinen Finger am »Herzschlag der palästinensischen Revolution«.

Sehr bald wurde aus Damaskus heftiger Widerspruch gegen Arafats Politik laut, und schließlich entluden sich die Gegensätze in einem blutigen Bruderkrieg zwischen Arafat-treuen Kämpfern und PLO-Rebellen. Schauplatz war wieder einmal der Libanon – diesmal die nordlibanesische Hafenstadt Tripoli.

Zwar gelang es Yassir Arafat, seine Haut und die der meisten seiner Anhänger zu retten, doch die Ära, in der er als umjubelter Führer aller Palästinenser fungiert hatte, war endgültig vorbei. Eine von Syrien unabhängige Palästina-Politik schien bis auf weiteres nicht mehr denkbar. Dies sollte sich allerdings ein knappes Jahr später wieder ändern, als Arafat gegen den Willen der Syrer und der von Damaskus gestützten PLO-Gruppen und unter dem Schutz des jordanischen Königs Husein in Amman das palästinensische Exilparlament zusammenrief, das ihn nicht nur als PLO-Chef bestätigte, sondern auch die enge Zusammenarbeit mit Jordanien absegnete.

Nachdem Yassir Arafat 1982/83 vorläufig in seine Schranken verwiesen war, konnte sich der syrische Präsident nun dem zweiten heißen Eisen im Nahen Osten, dem Libanon-Konflikt, zuwenden.

Auch hier war von dritter Seite versucht worden, eine Lösung in Form eines separaten Friedensschlusses zu verwirklichen, der die politischen Vorstellungen Syriens nicht berücksichtigte. Die Rede ist von dem israelisch-libanesischen Truppenabzugsabkommen vom 17. Mai 1983. Die syrische Regierung benötigte ein knappes Jahr, um diesen »Fehltritt« der Libanesen ungeschehen zu machen.

Hafiz al-Assad, der syrische Staatschef, hatte seinem Land die Führungsposition im Nahen Osten erobert, ohne zu weit vorzupreschen. Er hatte sich lediglich darauf beschränkt, hin und wieder deutlich »Nein« zu sagen, sich nicht zu bewegen und die nötige Geduld des Abwartens aufzubringen.

Hinter seinem Erfolg stand natürlich der große Alliierte, die UdSSR, ohne deren bereitwillig zur Hilfe ausgestreckte Hand all das nicht zu schaffen gewesen wäre, weil die syrische Armee zahnlos und entwaffnet geblieben wäre. Die Sowjetunion zögerte nicht, ihren arabischen Verbündeten nach dem Desaster von 1982 wieder aufzurüsten. Moskau hatte auch einiges gutzumachen. Hafiz al-Assad war verbittert gewesen über die schlechte Qualität des Kriegsmaterials aus der UdSSR, das von der israelischen Armee problemlos hinweggefegt worden war. Die Sowjets besannen sich eines besseren und schickten den Syrern nun hochentwickelte Waffen, darunter Boden-Luft-Raketen, die zuvor außerhalb der Warschauer-Pakt-Staaten noch nicht stationiert worden waren. Seitdem behaupten die syrischen Militärs stolz, sie könnten nun auch den entferntesten Punkt in Israel erreichen. Damit nicht genug, der Kreml entsandte mehrere tausend Militärberater nach Syrien, deren Aufgabe es war, die Syrer mit den komplizierten Waffensystemen vertraut zu machen. Für die mit eigenen Leuten besetzten Militärbasen handelte die Sowjetunion einen »absolut exterritorialen Status« mit der syrischen Regierung aus. Auch wenn die Entscheidung über den Einsatz dieser Raketen offenbar bei Moskau liegt, so hat Syrien doch mit dieser Aufrüstung ein wesentlich stärkeres Droh- und Abwehrpotential gegenüber Israel als früher.

Vor diesem Hintergrund gilt grundsätzlich folgendes: Sowohl die sowjetische als auch die syrische Führung wissen nur zu genau, daß die UdSSR keinen anderen ernstzunehmenden Verbündeten im Nahen Osten besitzt und sich daher in großem Ausmaß auf Präsident Assads Weg in der Libanon- und Palästina-Frage einlassen muß.

Somit hat auch der syrische Präsident erreicht, was ihm Israel bereits mit den USA vorgemacht hatte, nämlich den Freiraum, den die »Schutzmacht« ihrem »Schützling« notgedrungen lassen mußte, extensiv für eigene politische Mannöver und Ziele zu nutzen.

Als sich Ende 1983 abzuzeichnen begann, daß die Syrer das verlorene Terrain politisch und militärisch wieder zurückgewinnen würden, konnte sich Hafiz al-Assad einige großartige staatsmännische Gesten leisten. Seine erste Lektion hatte er den Amerikanern zugedacht: Anfang Januar 1984 reiste der farbige amerikanische Bürgerrechtler und damalige Präsidentschaftskandidat Jesse Jackson nach Damaskus, um dort die Freilassung eines im Libanon gefangengenommenen US-Piloten zu erreichen. Großzügig ging die syrische Führung auf seine Bitte ein und gab ihm den Inhaftierten gleich mit nach Hause. Jackson sprach begeistert von einem »großen Schritt in Richtung Frieden«. Damaskus indessen wollte diesen »humanitären Akt« noch anders verstanden wissen. Schon am Vortag der Freilassung des amerikanischen Soldaten hatte nämlich die staatlich kontrollierte syrische Presse Jesse Jackson als scharfen Kritiker der Nahost-Politik Präsident Reagans hervorgehoben und ihn entsprechend gelobt – gewissermaßen als Vorspiel auf ein Happy-End. Jackson, so konnte man in der Regierungszeitung »Tischrin« lesen, sei als Reagan-Kritiker in Damaskus herzlich willkommen.

Für den syrischen Staatschef Hafiz al-Assad war der Besuch Jacksons eine gute Gelegenheit, der westlichen – insbesondere der amerikanischen – Öffentlichkeit zu zeigen, daß er humanitäre Gesichtspunkte zu würdigen weiß und auch bereit ist, entsprechende Appelle wohlwollend zu erhören. Diese freundliche Geste gegenüber Washington konnte auch erbracht werden, weil die syrische Regierung spürte, daß im Libanon die Entwicklung mehr und mehr nach ihrem Geschmack verlief. Die von Syrien gestützte innerlibanesische Opposition war politisch auf dem Vormarsch und militärisch gut gerüstet. Nur einen Monat später sollte sie West-Beirut im Handstreich nehmen und der »amerikanischen Ära« im Libanon ein Ende bereiten.

Nachdem der Libanon reumütig in die syrischen Arme zurückgekehrt war, öffnete sich Damaskus auch zeitweise wieder gegenüber arabischen Bruderstaaten, mit denen es jahrelang verfeindet gewesen war und die – ihrerseits von der amerikanischen Nahost-Politik enttäuscht – nun auch zu einem radikaleren, pro-arabischen Vorgehen tendierten.

Viel Aufmerksamkeit rief die bemerkenswerte Verbesserung in den Beziehungen zwischen Jordanien und Syrien im Verlauf des Jahres 1984 hervor. Die Geschichte ihrer Beziehungen war bis dahin sehr wechselhaft gewesen: Mal hatte man am gleichen Strang gezogen, mal in Phasen der Entfremdung oder sogar des »Kalten Krieges« gelebt. Vor dem Oktoberkrieg 1973 planten Jordanien und Syrien, eine starke »Ostfront« gegen Israel zu bilden. Der Höhepunkt der Zusammenarbeit wurde 1976 erreicht, als beide Staaten eine Konföderation erwogen und zu diesem Zweck fast ununterbrochen diplomatische Delegationen austauschten. Doch plötzlich schlug die Kooperation in Konfrontation um. Ein auslösendes Moment war die jordanische Haltung gegenüber der »Muslimbruderschaft«, die dem syrischen Regime feindlich gegenüberstand: »Zwischen uns und Jordanien gibt es nur ein einziges Problem – die Muslimbrüder. Die Jordanier beschützen sie. Aber es ist inzwischen der ganzen Welt klar geworden, daß ein Krieg gegen Syrien nicht erfolgreich sein kann und daß es in jedermanns Interesse sein muß, gute Beziehungen zu Syrien zu unterhalten«, kommentierte damals der syrische Verteidigungsminister Mustafa Tlas.

Aber nicht nur die Muslimbrüder, auch der »Golfkrieg« zwischen Iran und Irak trennte Jordanien und Syrien, denn beide hatten und haben unterschiedliche Favoriten in diesem Krieg. Während die Jordanier – wie die meisten arabischen Staaten – einen Sieg des Iraks herbeisehnen, stellten sich die Syrer von Anfang an an die Seite des Iran. Denn Teheran hatte ein Ziel im Auge, daß die syrische Regierung schon lange verfolgte: den Sturz des irakischen Präsidenten Saddam Husein und seines mit Syrien verfeindeten »Baath«-Regimes. Die syrische Unterstützung für den Iran beschränkte sich keineswegs auf bloße Propaganda, sondern wurde bald handfester. Syrien kappte die Erdölleitung, mit deren Hilfe der Irak bisher sein Öl ans Mittelmeer transportiert hatte, um so den ungeliebten Nachbarn wirtschaftlich in die Knie zu zwingen. Als Gegenleistung erhielt Damaskus von den iranischen Revolutionsführern preiswerte Öllieferungen.

Jordaniens offene Bereitschaft, auf der Basis des »Reagan-Plans« eine Annäherung an Israel und eine Lösung des Nahost-Konflikts zu versuchen, machte die kurzfristige Sympathie der Syrer wieder zunichte. Syrien klagte die jordanische Regierung nun massiv an, eine ähnlich verräterische Politik zu betreiben wie der ägyptische Präsident Sadat, der das Camp-David-Abkommen mit Israel unterzeichnet hatte. Noch einmal glätteten sich die Wogen zwischen Jordanien und Syrien, als auch die jordanische Regierung sich von Washington distanzierte und eine Neuorientierung suchte. Syrien machte damals den ersten Schritt zu einer erneuten Annäherung mit einem Glückwunschtelegramm: Der syrische Präsident schickte es dem jordanischen König im Juli 1984 anläßlich der großen Feierlichkeiten am Ende des muslimischen Fastenmonats Ramadan – eine traditionelle Geste der Freundschaft. Fast gleichzeitig stoppten die staatlich gelenkten Medien in Amman und Damaskus – ein wichtiges Stimmungsbarometer – die wechselseitigen feindlichen Propagandakampagnen. Der syrische Staatschef Hafiz al-Assad schließlich erklärte seine Initiative als Teil einer gesamtarabischen Politik:

»Die Annäherung zwischen Damaskus und Amman ist eine arabische Notwendigkeit, die von den Interessen der arabischen Nation in ihrer Konfrontation mit Israel bestimmt wird und die expansionistischen Ziele des Feindes vereiteln soll.«

Inzwischen aber ist das Pendel erneut zurückgeschlagen, nachdem Jordanien mit Ägypten wieder diplomatische Beziehungen aufgenommen und Yassir Arafat – dem Gegner des syrischen Präsidenten – die Hand zur Zusammenarbeit gereicht hat.

Zusammenfassend lassen sich für das politische Handeln des syrischen Staatspräsidenten Hafiz al-Assad drei wesentliche Beweggründe ausmachen:

– Sein Ehrgeiz – oder wie er es nennt – seine Pflicht, sich Israel entgegenzustellen und die weitere Ausbreitung des jüdischen Staates in der arabischen Welt zu verhindern. Sein Widerstand gegen Israel ist nicht allein ein politisches Prinzip, sondern – das betont er immer wieder – eine Frage von Leben und Tod, besonders für einen »Frontstaat« wie Syrien. Assad ist davon überzeugt, daß Israel langfristig das Ziel verfolgt, die gesamte Region zwischen Nil und Euphrat zu kontrollieren. Jeden arabischen Politiker, der ihm in diesem Punkt widersprach, hat er scharf verurteilt: »Wir sind mit einem Feind konfrontiert, der all unser Land in den Griff bekommen will. Wenn Syrien zusammenbricht, dann wird die gesamte arabische Welt nachfolgen. Wir betrachten diese Gefahr als eine Realität, aber leider sind einige Brüder anderer Meinung.«

– Sein Wunsch, das politische und militärische Ungleichgewicht zwischen Israelis und Arabern zu korrigieren. Präsident Assad geht davon aus, daß alle Vereinbarungen, die in der gegenwärtigen Situation mit Israel getroffen werden, der arabischen Welt nur Verluste einbringen können. Vor diesem Hintergrund wird seine kompromißlose Ablehnung des Camp-David-Vertrages und des israelisch-libanesischen Truppenabzugsabkommens verständlich. Erst, wenn das Gleichgewicht zugunsten der Araber verschoben worden ist, kann die Zeit für Friedensverhandlungen reif sein. Aus dieser Überzeugung ergibt sich eine bestimmte Strategie: Syriens Allianz mit der Sowjetunion als Gegengewicht zu Israels Bund mit den USA. Assad traut einer Friedensinitiative, die allein von den USA getragen wird, nicht über den Weg und besteht darauf, beide Supermächte miteinzubeziehen. Mit anderen Worten: Eine internationale Friedenskonferenz, wie sie von der Sowjetunion noch unter Leonid Breschnew vorgeschlagen wurde, sollte einberufen werden. Alle Versuche Israels oder Amerikas indessen, dieses »Muß« zu umgehen, sind zu torpedieren.

– Sein Wille, der Welt Syriens zentrale Rolle in der Region vor Augen zu führen, was in der Praxis bedeutet, daß Syrien in Entscheidungen, die Jordanien, den Libanon und die PLO betreffen, befragt werden muß. Aus diesem Grund verhindert Assad, solange es in seiner Macht steht, jeden Versuch eines arabischen Staates, sich Israel mit einem Alleingang anzunähern. Nach seinem Verständnis ist ein arabisches Land allein nicht in der Lage, den Konflikt mit Israel zu lösen. Vielmehr stehen sich im Nahost-Konflikt, so der syrische Präsident, alle Araber auf der einen, und Israel auf der anderen Seite gegenüber.

Fiasko für die Supermacht
Das Scheitern der USA

Von der triumphalen Ankunft bis zum traurigen Abzug

Die Rolle der amerikanischen Friedenssoldaten in Beirut

Die israelische Belagerung West-Beiruts im Sommer 1982 war noch in vollem Gange. Hinter verschlossenen Türen wurde darüber verhandelt, wie ein Abzug der eingekesselten palästinensischen Kampfverbände zu bewerkstelligen sei. Dabei verfiel man auf die Idee, einer »multinationalen Friedenstruppe« die Aufsicht über die Evakuierung anzuvertrauen. Sie bestand aus amerikanischen und französischen Soldaten.

»Mir ist klar, daß es Risiken gibt. Aber, wenn es dem Frieden nützt, ist die rechte Zeit gekommen, um dieses Angebot zu machen«, erklärte US-Präsident Reagan optimistisch, als er die Bereitschaft der Vereinigten Staaten bekanntgab, US-Marines nach Beirut zu entstehen. Damit hatte das dunkelste Kapitel in der Geschichte der amerikanischen Nahost-Politik begonnen.

Die ersten Soldaten erreichten Beirut noch im September 1982. Damals war ihre einzige Aufgabe, den Abzug der in West-Beirut eingeschlossenen palästinensischen Kämpfer zu überwachen und nach dem Abzug die Sicherheit der palästinensischen Zivilbevölkerung in der Stadt zu garantieren. Nachdem ihre Pflicht erfüllt war, verließen sie Beirut wieder, so wie es mit der libanesischen Regierung vereinbart worden war.

Nur wenige Tage später aber überstürzten sich in Beirut erneut die Ereignisse: Im Osten wurde der frisch gewählte christliche Präsident Beschir Djemayyil ermordet. Daraufhin stürmten die Israelis den Westteil der Stadt, »um Unruhen vorzubeugen«. Etwa zur gleichen Zeit begannen in den West-Beiruter Flüchtlingslagern Sabra und Schatila die tagelangen Massaker, in deren Verlauf rund ein- bis zweitausend palästinensische Männer, Frauen und Kinder abgeschlachtet wurden.

Der entsetzten libanesischen Öffentlichkeit war nach Bekanntwerden der Morde auf drastische Weise klargeworden, daß es in Beirut wohl keine militärische Macht gab, die den Schutz der Zivilbevölkerung ausreichend gewährleisten konnte. Die libanesische Regierung suchte erneut Hilfestellung von außen.

Diesmal bat sie vier westliche Staaten um die Entsendung von »Friedenssoldaten«, nämlich Italien, Großbritannien, Frankreich und die USA.

So kehrten also die westlichen Truppen nach Beirut zurück. Die rund 5900 Mann starke Truppe teilte das Stadtgebiet und die Peripherie unter sich in verschiedene Kontrollzonen auf. Von den Libanesen wurden sie begeistert begrüßt und gefeiert. Das Hauptquartier der Amerikaner am Beiruter Flughafen wurde zum beliebtesten sonntäglichen Ausflugsziel; den Franzosen rief man aufmunternde Worte zu, wenn sie sportlich durch die Innenstadt joggten; am beliebtesten aber waren die Italiener, die in ihren phantasievollen Uniformen fast wie Operettensoldaten wirkten.

Vor allem die Franzosen und Amerikaner sollten jedoch sehr bald tief in den »libanesischen Sumpf« gezogen werden. Zunächst aber sah es so aus, als würden sie die ihnen übertragene Aufgabe bravourös meistern. Besonders die amerikanischen Soldaten hatten dabei oft keinen leichten Stand: In ihren Stellungen im Süden Beiruts befanden sie sich in Sichtweite der israelischen Armee, die sich damals noch nicht in Richtung Südlibanon zurückgezogen hatte. Sie lagerte vielmehr in der unmittelbaren Nähe Beiruts und unternahm wiederholt Vorstöße, um ihre Positionen näher an das Stadtzentrum heranzuschieben. Auftragsgemäß stoppten die Amerikaner sie jeweils an der vereinbarten Demarkationslinie. Oft fehlte bei diesen Gelegenheiten nicht viel, und die beiden engsten Verbündeten im Nahen Osten, Israelis und Amerikaner, hätten sich mit der Waffe bekämpft.

Auch die Amerikaner selbst empfanden die israelische Gegenwart häufig als Provokation: »Es hat eine Reihe von Zwischenfällen mit der israelischen Armee gegeben, die uns veranlassen zu glauben, daß es sich dabei nicht um bloße Zufälle gehandelt hat. In Übereinstimmung mit der Vereinbarung, die wir mit der libanesischen Regierung getroffen haben, soll das US-Marines-Korps das Gebiet zwischen den israelischen Positionen und Baabda kontrollieren. Dabei haben wir das Recht, die Küstenstraße zu benutzen, wenn das für unsere Mission erforderlich ist. Unglücklicherweise scheint es dabei aber eine Mißdeutung auf der israelischen Seite zu geben: Sie behaupten, daß sich die Marines nicht außerhalb des abgesteckten Gebiets bewegen dürfen – und das ist absolut falsch«, erklärte der Kommandant der amerikanischen Friedensschützer, Colonel James Mead, im Frühjahr 1983.

Doch das Vertrauen in die Redlichkeit der multinationalen Friedenstruppen wurde bald erschüttert. Je weniger Fortschritte die

Politiker bei der Versöhnung der zerstrittenen libanesischen Nation machten, desto mehr wurden die »Friedenssoldaten« zum Symbol der Unterdrückung. Die Vereinigten Staaten hatten nämlich inzwischen die den Marines zugedachte Aufgabe neu definiert. Sie sollten nun nicht mehr nur im Dienste der Zivilbevölkerung stehen, sondern vor allem der libanesischen Zentralregierung unter dem neuen Präsidenten Amin Djemayyil zur Festigung ihrer Macht verhelfen.

Für die muslimische Bevölkerungsmehrheit bedeutete das, daß die Marines einseitig die unpopuläre Politik der Djemayyil-Regierung unterstützten, die ihre Interessen mit denen der Amerikaner und Israelis verbunden hatte. Für die innerlibanesiche Opposition, die sich den Rücken von Syrien stärken ließ, wurde die bloße Anwesenheit der multinationalen Truppen – und besonders der Amerikaner – bald zu einer »aggressiven und provokativen Tatsache«. Der propagandistische Kampf gegen die »imperialistischen Truppen« in Beirut wurde von der syrischen Hauptstadt Damaskus aus geführt. Der syrische Staatspräsident Hafiz Assad geriet dabei bald in offene Konfrontation zu der amerikanischen Nahost-Politik. Er setzte alles daran, den Abzug der multinationalen Truppen zu erreichen. Die Amerikaner ihrerseits verdächtigten ihn ebenso offen, die Macht im Libanon übernehmen zu wollen. Die Damaszener Regierungszeitung »Tischrin« klagte die Länder, die Kontingente für die Friedenstruppen stellten – also die USA, Frankreich, Italien und Großbritannien – an, ausschließlich und um jeden Preis für die Aufrechterhaltung der Regierung Amin Djemayyils tätig zu werden und damit gegen die nationalistischen Gruppen im Libanon zu arbeiten, die von Damaskus unterstützt wurden. In altbekannter Manier, mit der politische Programme in Schlagworte gefaßt werden, wurde die syrische Hauptstadt bereits heroisch als das »Hanoi der Araber« bezeichnet. Nicht zuletzt sollte diese Formulierung wohl bei den amerikanischen Bürgern und Kongreßabgeordneten, die der Nahost-Politik ihres Präsidenten ohnehin nur noch zögernd folgten, alte Vietnamängste an die Oberfläche spülen.

Es blieb allerdings nicht bei dem »Krieg der Worte«, sondern es folgten Taten. Die Anschläge auf die Soldaten der Friedenstruppen häuften sich: Mal gerieten sie in das Feuer von Heckenschützen, mal wurden sie aus dem Hinterhalt mit Granaten oder Raketen beschossen, mal explodierten mit Sprengstoff beladene Autos direkt vor ihren Stellungen. Bevorzugte Ziele waren die Amerikaner und die Franzosen.

Für Yussef Bitar, einen libanesischen Sprengstoffexperten, stellten die Friedenssoldaten schon damals, Anfang 1983, das größte Sicherheitsrisiko für die libanesische Zivilbevölkerung dar, weil ihre Anwesenheit immer neue Attentäter zu reizen schien: »Im September und Oktober 1982 war es einigermaßen ruhig im ganzen Libanon. Seit November aber steigt die Bombenrate wieder, und bis jetzt ist kein Ende abzusehen. Im November hatten wir 70 Bomben, im Dezember zwischen 60 und 65. Im Januar waren es zahlenmäßig weniger, dafür wurden sie immer größer, wie die Bombe vor dem ›Sadat-Tower‹, die aus 60 Kilogramm hochexplosivem Hexogen bestand.«

Allmählich begriffen die einst so umjubelten »Friedensschützer«, daß sie dazu ausersehen waren, in Beirut die Zeche für die Libanon-Politik ihrer Regierungen zu bezahlen. Sie begannen, sich zu verbarrikadieren: Positionen von Kontingenten der »Friedenstruppe« kündigten sich von nun an durch hohe Sandsackburgen an, die meist noch von mehreren Reihen Stacheldraht, Betonblöcken und Drachenzähnen umgeben waren. Dahinter sah man zuweilen einen Soldaten mit der Maschinenpistole im Anschlag hervorlugen. Beirut war wieder einmal zur Festung geworden. Die größten Straßen wurden gesperrt, und nicht einmal Fußgängern war es erlaubt, sich den fremden Soldaten zu nähern. Versuchten sie es doch, so bewogen sie unmißverständliche Drohgebärden schnell wieder zur Umkehr. Doch all diese Vorsichtsmaßnahmen konnten nicht verhindern, daß entschlossene Fanatiker ihre auserkorenen Opfer erreichten. Sie erfanden zu diesem Zweck eine neue Strategie: den Selbstmordterrorismus.

Am Montag, dem 18. April 1983, kurz vor ein Uhr mittags wurde West-Beirut von einer mächtigen Explosion erschüttert. Die amerikanische Botschaft brannte. Ein mit Sprengstoff vollgepackter Lieferwagen hatte sich die Zufahrt erzwungen und war direkt vor dem Eingang des Gebäudes explodiert. Am schwersten war der Mittelbau des siebenstöckigen Botschaftsgebäudes betroffen. Die Konsularabteilung war völlig zerstört. Die Hauptpfeiler, auf denen das Gebäude ruhte, waren wie Streichhölzer eingeknickt. Die Balkone baumelten bedrohlich im Wind und gaben den Blick frei auf die Verwüstungen im stehengebliebenen Botschaftsteil. Überlebende Augenzeugen berichteten, die Flammen seien über die belebte Strandpromenade bis hinaus aufs Mittelmeer geschossen. Etwas später stieg ein riesiger schwarzer Rauchpilz über dem Gebäude auf. Den ganzen Tag über war die Stadt erfüllt von dem Sirenengeheul der Kranken- und Feuerwehrwagen. Hubschrauber schafften Verletzte auf vor der Küste liegende Schiffe der 6. US-Flotte. Zahlreiche Opfer waren Passanten, denn die Beiruter Strandpromenade ist zur Mittagszeit ein beliebter Treffpunkt für Spaziergänger. Die Kraft der Bombe zerstörte die Fenster einer ganzen Häuserzeile, verstreute die Trümmer bis zu fünfhundert Meter weit, zerriß die Körper mehrerer Menschen und schleuderte einzelne Leichenteile weit ins Meer.

Als man die Rettungsarbeiten nach mehreren Tagen einstellte, zählte man über 60 Tote und ein Vielfaches an Verletzten. Dabei hätte es noch schlimmer kommen können: Ein Teil des Explosionsdrucks war durch den Lichtschacht in der Mitte des Gebäudes abgeleitet worden. Allein deshalb hatten die Menschen, die sich im hinteren Teil der Botschaft aufhielten, überlebt.

Der Anschlag auf die amerikanische Botschaft in Beirut bildete den vorläufigen Höhepunkt einer Reihe von Angriffen auf die Soldaten der internationalen Friedenstruppen. Der Zeitpunkt war geschickt gewählt, denn mit dem Anschlag wurden mehrere Ziele verfolgt: Er bewies, daß die Sicherheitslage in der libanesischen Hauptstadt instabil war und legte damit die Schwäche der Zentralregierung bloß. Der Anschlag zielte auch auf die Rolle der USA im Libanon-Konflikt sowie im Nahen Osten insgesamt. Zu einem Zeitpunkt, da der US-Sonderbotschafter Philip Habib seine Reisediplomatie verstärkte und hoffen konnte, endlich ein Ergebnis bei den Truppenabzugsverhandlungen zwischen Israel und Libanon zu erreichen, fiel ein dunkler Schatten auf Habibs Mission und Reagans Libanon-Politik. Es war ein inneramerikanischer Schatten, dessen Konturen zuvor schon eine ganze Weile zu erkennen waren: Der wieder aufkommende Vietnamkomplex und die Scheu der amerikanischen Bevölkerung, in einen Krieg außerhalb der USA hineingezogen zu werden. Der Anschlag mußte vor diesem Hintergrund als ein Versuch verstanden werden, Druck auf Präsident Reagan auszuüben, der schließlich den völligen Rückzug der USA aus dem Libanon zur Folge haben sollte.

Der Schatten hatte darüber hinaus auch noch ein libanesisches Gesicht: Die Explosion geschah in einem Moment, als die multinationalen Truppen sich anschickten, über die Grenzen der Hauptstadt Beirut hinaus Positionen zu beziehen. Längst war es kein Geheimnis mehr, daß sie gemeinsam mit der libanesischen Armee ihre Autorität auf die Berge auszudehnen planten. Nach Meinung der libanesischen Opposition jedoch wären damit die Befugnisse der »Friedenstruppen« eindeutig überschritten worden. Denn in den libanesischen Bergen kämpften zum damaligen Zeitpunkt bereits zwei Parteien: Die Drusen und die christlichen Falangisten. Es galt als selbstverständlich, daß die reguläre libanesische Armee – sollte es ihr gelingen, in die Berge vorzudringen – sich auf die Seite der Christen schlagen würde.

Der Anschlag gegen die amerikanische Botschaft rief höchst unterschiedliche Reaktionen hervor: Offizielle Regierungskreise in Beirut drückten ihr Entsetzen aus. Aus den Reihen der radikal-muslimischen Opposition wurde ihm offen Anerkennung gezollt. Den Israelis lieferte der Anschlag ein Argument dafür, im Südlibanon Besatzungsmacht zu bleiben: »Wenn es der libanesischen Armee nicht einmal gelingt, in

West-Beirut für Sicherheit zu sorgen, wie will sie sich dann im Südlibanon durchsetzen?« Der libanesische Normalbürger glaubte noch ein bißchen weniger daran, daß es mit seinem Land wieder bergauf gehen könnte: »Wir haben am Montag sehr viel verloren. Wir haben Freunde verloren – libanesische und amerikanische, die nicht wußten, daß es tödlich sein kann, an diesem Tag in der amerikanischen Botschaft zu arbeiten oder dort ein Visum zu beantragen. Wir drücken ihren Familien und Freunden unser Beileid aus – aber auch wir haben Beileid nötig. Denn wir haben eine weitere Hoffnung verloren. Die Hoffnung, daß die Terrorflut im Libanon verebben könnte, nachdem die selbsternannten ›Kreuzfahrer der Zerstörung‹ vor dem Willen des libanesischen Volkes und der libanesischen Regierung zurückweichen mußten. Wir werden nicht aufhören zu hoffen. Aber im Gegensatz zu dem Eindruck, der vielleicht während der vergangenen acht Jahre entstanden ist, muß eines gesagt werden: Auch in einer libanesischen Brust blüht die Hoffnung nicht ewig!« So beschrieb ein libanesischer Journalist die Stimmung seiner Landsleute.

Unterdessen spitzte sich die politische Lage im Libanon weiter zu. Nur einen Monat nach dem Anschlag auf die amerikanische Botschaft gab der bedrängte libanesische Staatspräsident Amin Djemayyil seine Zustimmung zu dem israelisch-libanesischen Truppenabzugsabkommen bekannt. Schon damals war offensichtlich, daß sich die von Syrien gestützte Opposition niemals damit einverstanden erklären würde. Amin Djemayyil war für sie nichts anderes mehr als der »Erfüllungsgehilfe« amerikanischer und israelischer Interessen.

Ronald Reagan, der den libanesischen Staatschef zu seiner Politik veranlaßt hatte, betonte grimmig die Entschlossenheit der USA, im Libanon zu bleiben: »Ein Abzug der Marines aus Beirut steht nicht zur Debatte. Das wäre eine Kapitulation vor dem feigen Terrorismus.«

Nur wenige Monate später aber hatte sich die militärische Situation für die libanesische Zentralregierung und ihre schwache nationale Armee weiter verschlechtert. Denn die israelischen Truppen hatten in einer Nacht-und-Nebel-Aktion Gebiete, die sie bis dahin kontrolliert hatten, geräumt und sich gen Süden zurückgezogen. In dem so entstandenen Machtvakuum waren innerhalb weniger Stunden heftige Kämpfe aufgeflammt. Bald wurde deutlich, daß die drusischen Milizen, die der Opposition angehörten, den Sieg davontragen würden. Aber die Drusen begnügten sich nicht damit, ihre ärgsten Widersacher – die christlichen Falangisten – aus den libanesischen Bergen zu vertreiben. Sie machten alle Anstalten, auch die libanesische Armee aus ihren Positionen zu verjagen und kamen dabei gut voran.

Damit war der Punkt erreicht, an dem die gesamte Libanon-Initiative der Amerikaner wie ein Kartenhaus zusammenzubrechen drohte. Die amerikanischen Soldaten in Beirut erhielten nun die Order, zurückzuschießen: Zur Wahrung des amerikanischen Gesichts im Libanon sowie zur Rettung der libanesischen Zentralregierung und des israelisch-libanesischen Truppenabzugsabkommens, das noch auf seine Ratifizierung wartete.

Ein amerikanischer Armee-Sprecher gab bekannt, daß seine Leute um jeden Preis eine Niederlage der libanesischen Armee verhindern wollten. Schon Monate zuvor wimmelte es entlang der Beiruter Küste von Zerstörern und Flugzeugträgern. Tagtäglich konnte man sie – mal näher, mal weiter entfernt – sehen, so, als wollten sie sich in Erinnerung bringen. Nun machten sie von ihrer Feuerkraft Gebrauch und begannen mit der Beschießung drusischer Stellungen in den Chouf-Bergen östlich von Beirut.

Obwohl das militärische Schauspiel, das die amerikanischen Soldaten in und um Beirut boten, keineswegs der libanesischen Einheit, sondern vielmehr dem amerikanischen Modell eines geeinten Libanon diente, versuchte man das Selbstverständnis von der »Friedenstruppe« aufrecht zu erhalten. Der damalige Kommandant der US-Marines in Beirut, Colonel Timothy Geraghty, machte klar, daß seine Mission keine politische, sondern eine defensiv-militärische war:

»Wir haben lediglich Positionen beschossen, von denen aus die multinationalen Truppen, unsere diplomatischen Einrichtungen oder das Verteidigungsministerium ins Visier genommen worden waren. Es ist mir nicht möglich, zu erfahren, wer genau diese Stellungen hält. Alles was ich weiß ist, daß von diesen militärischen Stützpunkten aus das Leben von Friedenssoldaten oder amerikanischen Diplomaten gefährdet wird. Wer wirklich die Fäden zieht und die Raketen abschießt, ist mir nicht bekannt. Jeder unserer Gegenschläge – es handelt sich ja um Verteidigungsschläge, wird von Fall zu Fall erwogen. Zum Beispiel im letzten Jahr: Da haben wir mehrere Male aus dem einen oder anderen Grund geschossen, aber nicht ›militärisch‹ reagiert. Je nachdem, wie die Gegebenheiten sind, werden sie durchdacht und die Befehlshaber entscheiden dann, bis zu welchem Ausmaß sie von Waffen Gebrauch machen wollen. Unsere Antwort steht immer im Verhältnis zu der Drohung. Die Moral der amerikanischen Friedenssoldaten hier an Land ist überwältigend. Wenn wir überhaupt ein Problem mit unseren Marines haben, so ist es eher ein Frustrationsproblem. Denn wir stecken hier mitten in einer statischen Operation. Wir spielen die Rolle des Friedensschützers, und ich denke, wir machen das sehr gut. Aber es ist doch frustrierend für unsere jungen Soldaten, die für den Kampf und offensive Operationen ausgerüstet sind. Normalerweise, wenn wir wirklich in den Kampf verwickelt wären, würden wir nicht hier sitzen. Wir würden die Leute, die auf uns schießen, verfolgen. Es gab viele Diskussionen darüber, ob wir das tatsächliche Ziel der Bombardierungen sind oder nicht. Meine Antwort lautet: Diese Diskussion ist völlig überflüssig in dem Moment, da die Bomben um uns herum einschlagen und unsere Leute verwunden oder töten. Es ist unwichtig, was der Bursche, der die Artillerie, die Haubitzen oder die kleineren Waffen bedient, im Sinn hat. Ob er es nun so meint oder nicht ... Wir können jedenfalls nicht hier sitzen und das einfach hinnehmen, ohne darauf zu antworten.«

Während der amerikanische Offizier glaubte, daß seine Leute ihre Aufgabe als »Friedenstruppe« gut erfüllten, und auch Präsident Reagan keine Veranlassung sah, die Marines aus dem Libanon abzuziehen, schieden sich in den Vereinigten Staaten an dieser Frage schon die Geister. Immer mehr Stimmen wurden laut, die offen aussprachen, daß sie die amerikanische Libanon-Politik für »schlecht durchdacht« hielten, denn sie habe ein erschreckendes Maß an Unverständnis für den Libanon, Syrien und Israel offenbart.

Nun war man aber auf dem einmal beschrittenen Weg schon recht tief ins Dickicht geraten. Der politische und damit der militärische Erfolg war zur Prestigeangelegenheit der amerikanischen Regierung geworden. Zwei Lösungen für die verfahrene Situation boten sich auf den ersten Blick an. Ein sofortiger Rückzug aller amerikanischen Soldaten aus Beirut würde wenigstens verhindern, daß das Abenteuer noch mehr Opfer forderte. Er würde aber andererseits einen beträchtlichen Gesichtsverlust für die USA bedeuten und das amerikanische Libanonkonzept sofort zu Fall bringen.

Die andere Möglichkeit war, sich noch tiefer in den Konflikt zu verstricken – mit der vagen Chance, zum Schluß das gewünschte Ziel zu erreichen. Für Richard Parker, von 1977 bis 1978 amerikanischer Botschafter im Libanon, hatte sich die amerikanische Regierung hoffnungslos verrannt und war zum Bleiben verdammt: »Es gab oft, wenn nicht sogar immer, eine internationale Dimension dieses Konflikts. Meistens gelang es allerdings dem Vermittler, sich aus der Affäre zu ziehen, ohne zuviel Verantwortung für die Folgen zu tragen. Wenn wir heute rausgehen, dann zerstören wir unsere Glaubwürdigkeit und unseren Einfluß gegenüber der anderen Supermacht, gegenüber unseren Alliierten in Westeuropa und gegenüber den Völkern hier in der Region. Jetzt braucht man hier dringend jemanden, der bereit ist zu vermitteln. Und ob uns das nun gefällt oder nicht, wir haben diese Rolle angenommen. Als ich hier Botschafter war, haben wir uns ausgerechnet: Wenn wir uns hier mit Aussicht auf Erfolg einmischen wollen, können wir es nur auf militärischem Weg tun. Wir hätten dafür mindestens zwei Divisionen, das heißt rund 30000 Soldaten, und umfassende Unterstützung aus der Luft und vom Wasser benötigt.«

Die traurige Tatsache, daß man in einem Land wie dem Libanon nicht gleichzeitig als »Friedensschützer« und als Schutzmacht für eine ungeliebte Minderheiten-Regierung auftreten kann, wurde umso heftiger diskutiert, nachdem die Selbstmordterroristen ein weiteres Mal, diesmal noch mörderischer, zuschlugen.

In den frühen Morgenstunden des 23. Oktober 1983 erreichte die Bilanz des Schreckens in Beirut einen neuen furchtbaren Höhepunkt. Zwei mit Sprengstoff vollgepackte Lastwagen hatten sich die Zufahrt zu den Hauptquartieren der amerikanischen und französischen »Friedenssoldaten« erzwungen und waren im Abstand von nur wenigen Minuten explodiert. Es starben rund 70 Franzosen und annähernd 300 Amerikaner, die der Tod im Schlaf ereilte. Von dem Hauptquartier der Marines in der Nähe des Beiruter Flughafens waren nur noch die Zwischendecken aus Beton, die wie gefaltet aufeinander lagen, zu erkennen. Da die meisten Augenzeugen bei der Explosion ums Leben kamen, konnte der Tathergang später nur sehr mühsam rekonstruiert werden. Demnach war ein heller Mercedes-LKW mit geringer Geschwindigkeit aus Richtung Beirut auf den Flughafen zugefahren. Auf seinem Weg hätte er einen Kontrollpunkt der libanesischen Armee passieren müssen. Doch der war an diesem Morgen nicht besetzt. Der Lastwagen wendete und fuhr auf dem fast noch leeren Parkplatz des Flughafens zwei langsame Runden. Später erkannte man, daß der Fahrer hier versuchte, sich zeitlich mit seinem Komplizen abzustimmen, der wohl gerade auf dem Weg zum Hauptquartier der Franzosen sein mußte. Plötzlich steigerte der LKW seine Geschwindigkeit, durchbrach einen Stacheldrahtzaun und raste auf das Gebäude zu. Dabei bahnte er sich seinen Weg zwischen zwei Sandsackbarrikaden der Marines. Eine davon war aus unbekannten Gründen ebenfalls nicht besetzt. Der Posten in dem anderen Sandsackhäuschen hatte gerade keine Munition parat, und als er schließlich geladen hatte, war es schon zu spät. Der LKW hatte noch eine Schranke zerfetzt und dann das Erdgeschoß des vierstöckigen Gebäudes erreicht. 1000 Kilo TNT entluden sich mit Macht. Das Gebäude wurde zum Massengrab.

Das Streben der USA, überall dort, wo es möglich ist, amerikanische Interessen durchzusetzen und den Freunden Amerikas zu helfen, ist an dieser Stelle nicht zu werten. Es ist offenbar die Politik, die eine Supermacht betreiben muß. So wie die Sowjetunion auf Unruhen in ihrem Machtbereich reagierte, haben die Amerikaner stets dort eingegriffen, wo sie ihre Einflußzonen bedroht sahen. Es ist ein offenes Geheimnis: Amerikanische Truppen werden in einem fremden Land eingesetzt, um eine Regierung zu stützen oder zu stürzen. Das gilt für Zentralamerika, den Mittleren Osten und eben auch für den Libanon. Ohne die Anwesenheit der US-Marines wäre die schwache Regierung

Amin Djemayyils längst zusammengebrochen. Fatal wirkte sich indessen aus, daß Amerika seine Ziele im Nahen Osten unter dem neutralen Deckmäntelchen des »Friedensschützers« zu verfolgen suchte. Diese Aufgabe aber sollte anderen vorbehalten bleiben: »Den Frieden zu schützen – das ist etwas für die Finnen und Fidschi-Insulaner dieser Welt!«, sagte einmal ein Kritiker amerikanischer Politik.

Den Preis für Washingtons schizophrene Haltung, gleichzeitig Friedensschützer und Parteigänger sein zu wollen, zahlten die amerikanischen Soldaten in Beirut. Zu dem Schock für die Familien der Opfer gesellte sich noch die Überzeugung, daß die »Boys« umsonst gestorben waren. Im Libanon war unterdessen jenseits der vielen »kleinen Kriege« zwischen rivalisierenden libanesischen Gruppen eine neue Front entstanden. An ihr lagen sich die amerikanischen und französischen Soldaten der Friedenstruppe und die »Bombenterroristen« gegenüber. Man vermutete sie in den Kreisen schiitisch-muslimischer Fanatiker, die nach Meinung des amerikanischen Geheimdienstes von iranisch beeinflußten Mollahs die erforderliche »Erziehung« erhielten und von Syrien mit den nötigen Waffen für ihre Aktionen versorgt wurden. Syrien machte aus seiner Ablehnung der Friedenssoldaten keinen Hehl und forderte sie immer wieder ultimativ auf, den Libanon zu verlassen. Auch die iranische Führungsspitze in Teheran hatte mit den Amerikanern und Franzosen einige Rechnungen zu begleichen. Die USA galten seit der islamischen Revolution in Iran ohnehin als der »Große Satan«. Frankreich hatte sich erst später den Haß der Iraner zugezogen, als es den iranischen Erzfeind Irak mit hochentwickelten Kampfflugzeugen und Raketen belieferte. Damit hatte der Irak seine Luftüberlegenheit im Golfkrieg ausbauen können.

Beweggründe für immer neue Angriffe auf die multinationalen Truppen waren also genügend vorhanden, und – was noch wichtiger war – es fehlte auch nicht an Freiwilligen, die bereit waren, ihr Leben zu opfern. Denn inzwischen hatte der Konflikt noch einen radikalreligiösen Beigeschmack erhalten: Die Attentäter verstanden sich als »Märtyrer auf dem Wege Gottes« und bezeichneten ihren Terrorismus als »Islamischen Heiligen Krieg«. Der Märtyrertod aber verspricht den direkten Eingang ins Paradies: »Für uns ist es völlig nebensächlich, ob wir den anderen Tod bringen oder ob sie uns töten. Wir werden mit unserem heiligen Krieg fortfahren, indem wir uns in ihrer Mitte in die Luft sprengen«, erklärte ein Märtyrer-Anwärter namens »Abu Yahya«.

Die Kraft dieses Fanatismus hätte man auch mit technologischer Überlegenheit nur schwer brechen können. Allenfalls ein gezielter Einsatz der amerikanischen Kriegsmaschinerie mit einem klaren Auftrag hätte einen Durchbruch erreichen können. Mit anderen

Worten: Es wäre zu einem Krieg gekommen, der von amerikanischen Soldaten auf libanesischem Boden gegen die syrische Armee und libanesische Milizen ausgetragen worden wäre.

Doch hier befahl die amerikanische Regierung Zurückhaltung. Dafür hatte sie gute Gründe. Ein militärischer Vorstoß mußte sich zwangsläufig gegen die Syrer richten, die mit rund 40000 Soldaten im Nord- und Ostlibanon standen und die man als Drahtzieher der antiamerikanischen Anschläge verdächtigte. Syrien aber ist der engste Verbündete der Sowjetunion im Nahen Osten. Den Sowjets wiederum hatten die USA gerade erst empfindlich auf die Füße getreten: Kurz zuvor nämlich waren amerikanische Kampfverbände auf der karibischen Insel Grenada gelandet, um dort den »sowjetischen Einfluß« zurückzudrängen. Die Aktion war glimpflich verlaufen. Dennoch war die Frage mehr als berechtigt, ob Moskau im Falle eines amerikanischen Angriffs auf syrische Truppen im Libanon ebenfalls tatenlos zusehen würde.

Auch in den USA selbst stand das Stimmungsbarometer nicht auf »Krieg«. Die meisten Amerikaner befürworteten den Abzug der Marines aus Beirut. Sie hätten kaum Verständnis dafür gehabt, wenn man sich im Libanon auf ein militärisches Abenteuer eingelassen hätte, das möglicherweise ein »zweites Vietnam« werden würde. In diesem Zusammenhang mußte der amerikanische Präsident Ronald Reagan auch an seine Wiederwahl denken. Seine Popularität konnte das verlustreiche Jahr 1983 noch verkraften. Mehr Nackenschläge aus dem libanesischen Sumpf aber hätten auch sein Image des »starken Mannes« gefährden können.

Weil weder ein Rückzug noch ein Vorstoß möglich erschienen, blieb in Beirut alles beim alten, abgesehen von kleinen, kosmetischen Verbesserungen. Der größte Teil der amerikanischen Friedenstruppe wurde auf die Schiffe der 6. Flotte vor der libanesischen Küste verlegt. Im Schichtwechsel blieben nur einige hundert Soldaten an Land stationiert. Diese verschanzten sich hinter Erdwällen, Sandsackburgen, Betonblocks und spanischen Reitern und kamen kaum je ans Tageslicht.

Als das Weihnachtsfest von 1983/84 herannahte, gingen Bilder von zusammengekauerten Marines um die Welt, die in ihren Erdlöchern neben aufgepflanzten Plastik-Tannenbäumen hockten. Immer noch schien Washington auf den großen Durchbruch der Regierung Amin Djemmayyils zu warten. Doch die Weichen waren längst anders gestellt.

Mittlerweile hatten Amerikas Kollegen in der multinationalen Friedenstruppe, die Italiener und Engländer, die Bedingungen für ihren Abzug aus Beirut bereits festgelegt: Wenn sich die libanesiche

Zentralregierung und die Opposition einigen sollten, würden sie abziehen, weil sie dann nicht mehr gebraucht würden. Sollten die Verhandlungen aber scheitern, so würden sie ebenfalls gehen, denn dann gäbe es keinen Frieden mehr zu schützen.

Die Erlösung für die US-Marines kam schließlich schneller als erwartet und völlig anders, als man dies in Washington gewollt hatte.

Am 6. Februar 1984 verwandelten vereinigte muslimische Milizen die libanesische Hauptstadt Beirut innerhalb von Stunden in ein Schlachtfeld. Sie stießen von den südlichen Vororten aus ins Stadtzentrum vor und strömten von den Bergen hinunter an die Küste. In ihrem Sturmlauf vertrieben sie die reguläre libanesische Armee aus ihren Positionen und kreisten die Marines in der Nähe des Beiruter Flughafens ein.

Nur wenige Wochen später kündigte der libanesische Staatspräsident die 24 Monate alte politische Ehe mit den USA auf. Er ließ das Truppenabzugsabkommen mit Israel fallen und wandte sich Syrien zu in der Hoffnung, die Syrer würden die triumphierenden muslimischen Sieger in ihre Schranken weisen.

Damit war den USA der Boden für einen längeren Verbleib im Libanon entzogen worden. Doch der Abzug der Marines erfolgte nicht sofort: In Washington herrschte nämlich wochenlang völlige Verwirrung. Ein Sprecher des Verteidigungsministeriums beklagte sich: »An der Spitze fehlt jeglicher Mut, eine Entscheidung zu treffen. So etwas habe ich noch nicht erlebt. Es ist beängstigend.«

Unterdessen nahmen die Marines in Beirut ihr Schicksal selbst in die Hand. Noch bevor der heißersehnte Befehl zum Rückzug aus Washington kam, begannen sie einzupacken. An dem Beiruter Strand mit dem schönen Namen »Green Beach« wurde die militärische Ausrüstung nach und nach verladen und zu den Versorgungsschiffen der 6. Flotte transportiert. Die schiitischen und drusischen Milizionäre sahen dabei aus der Ferne schweigend und regungslos zu. Von Zeit zu Zeit jedoch bewegten sie einen der erbeuteten Panzer etwas näher an die Positionen der US-Soldaten heran, so daß die Furcht wuchs, sie würden den Abzug in letzter Minute stören wollen.

Anfang März 1984 war der große Tag gekommen. Die letzten US-Soldaten verließen Beirut und verbargen ihre Erleichterung nicht: »Keine Verwundeten mehr, keine Toten. Alles, was die Libanesen von uns wollen, ist, daß wir hier abhauen. Laßt sie sich doch abschlachten. Ich und alle meine Freunde – wir haben es geschafft. Wir kommen hier an einem Stück wieder raus. Wir waren hier, um ein bißchen mehr Stabilität ins Land zu bringen, es war unmöglich. Ich glaube nicht, daß die hier Frieden wollen. Alles, was ich gesehen habe, war, daß sie uns beschossen und sich gegenseitig umbrachten.«

In derselben Sekunde, als der letzte amerikanische Soldat seinen Fuß vom libanesischen Boden abhob, raste ein Patrouillenwagen der Milizen auf das Camp am »Green Beach« zu. Der Beifahrer sprang heraus und hißte die Flagge der schiitischen Organisation »Amal« (»Hoffnung«) über der verlassenen Stellung.

Washington als Garant der »israelischen Lösung«

Nach der israelischen Invasion des Libanon im Sommer 1982 und angesichts der Kompromißlosigkeit der Israelis in den sich anschließenden langwierigen Truppenabzugsverhandlungen stellte sich so mancher arabische Beobachter die Frage:
»Wann werden die USA, die Schutzmacht Israels, ihren Verbündeten im Nahen Osten zur Ordnung rufen? Wann werden sie Druck auf die unnachgiebige israelische Regierung ausüben, etwa durch Kürzung oder Einstellung der massiven amerikanischen Wirtschafts- und Militärhilfe?«

Doch die Regierung Ronald Reagan hatte eine ganz andere Taktik im Sinn, die am Ende scheiterte. Die Aufforderung an die israelische Führung, die Besetzung des Südlibanon zu beenden und ihre Position in der Frage der Neusiedlungen in der Westbank zu überdenken, sollte aus Israel selbst kommen. Die USA indessen wollten nach der Vorstellung Präsident Reagans – als erfolgreicher Makler eines umfassenden Nahostfriedens auftreten.

Mit Ägypten hatte man den Anfang gemacht, und nun schienen die Voraussetzungen günstig, um den geschwächten Libanon in den Friedensprozeß mit Israel einzubetten. Danach, so glaubte man, würden andere arabische Führer schon nachziehen. Dabei dachte Washington wohl vor allem an den jordanischen König Husein und an PLO-Chef Yassir Arafat.

Anregungen aus den eigenen Reihen, eine araber-freundlichere Politik zu betreiben, konnten die Marschrichtung Präsident Reagans nicht beeinflussen. So warnte der ehemalige Sicherheitsberater des Weißen Hauses, Zbigniew Brzezinski, daß die israelische Haltung in der Libanon-Frage eine Hinhaltetaktik sei. Indem man die Zukunft des Libanon zum Prüfstein für das Schicksal des gesamten Nahost-Konflikts mache, steuere man möglicherweise in zwei Sackgassen: Die Lösung der libanesischen Frage werde unnötig erschwert, und gleichzeitig verzögerten sich die Verhandlungen über das israelisch besetzte Westufer des Jordan.

»Es gibt in Israel einige Gruppen, die ein Ende der libanesischen Krise so lange wie möglich hinauszögern wollen. Ob sie damit Erfolg haben werden, hängt von vielen Faktoren ab. Dazu zählt die Haltung der amerikanischen Regierung, aber auch die Bereitschaft der Araber, vor allem der Palästinenser und Jordanier, so verführerische Voraussetzungen für Fortschritte im Friedensprozeß zu schaffen, daß sich selbst der uneinsichtigste Israeli nicht mehr gegen eine Beilegung der Libanon-Krise sperren kann«, kommentierte Brzezinski.

Einige Monate vor der Unterzeichnung des verhängnisvollen israelisch-libanesischen Truppenabzugsabkommens im Mai 1983, das die Eskalation des libanesischen Bürgerkriegs nochmals vorantreiben sollte, äußerte sich Brzezinski optimistisch über die amerikanische Position. Nach seiner Meinung hatte Israel nach dem Krieg von 1982 auch in den Augen vieler Amerikaner ein neues Gesicht erhalten:

»Es kommt mir so vor, als sei in Amerika etwas in Gang gesetzt worden. Ob berechtigt oder unberechtigt, es ist bei uns eine tiefgehende Veränderung in unseren Vorstellungen über Israel zu beobachten. Die meisten Amerikaner haben Israel seit der Staatsgründung 1948, und oft verständlicherweise, als ein bedrohtes Land betrachtet. In jüngster Zeit, und besonders in Zusammenhang mit den Schachzügen der Regierung unter Begin, sehen die Amerikaner Israel mehr und mehr als einen expansionistischen Staat. Natürlich wirkt sich das negativ auf die traditionelle amerikanisch-israelische Freundschaft aus. Auf lange Sicht könnte das sogar die israelischen Interessen gefährden. Deswegen kann man nur hoffen, daß die gemäßigten und vorausschauenden Israelis erkennen, daß Friedensfortschritte sowohl im amerikanischen als auch im israelischen Interesse sind. Ich glaube, die zunehmende Unsicherheit im Weißen Haus und die abnehmende Sympathie für Israel im Kongreß werden zu mehr amerikanischem Druck auf Israel führen.«

Doch Brzezinski irrte – jedenfalls, was die offizielle Politik seiner Regierung betraf.

Der Ehrgeiz der US-Administration galt nun einmal einer umfassenden Nahostlösung. Grundlage dafür sollte der »Reagan-Plan« sein, der die Schaffung eines konföderativen jordanisch-palästinensischen Staates auf dem Territorium der Westbank vorsah. In der Form aber, in der er präsentiert worden war, stieß der »Reagan-Plan« nicht nur auf Ablehnung durch die Palästinenser, sondern auch die israelische Regierung wies ihn brüsk zurück. Es war bald keine Beschönigung mehr möglich: Ronald Reagans »Nahost-Friedenszug« hatte sich festgefahren.

Da die Amerikaner selbst soviel Wert darauf gelegt hatten, die verwirrenden und vieldimensionalen Konflikte im Nahen Osten »global und mit einem Streich zu lösen«, mußten sie sich nun die provokative Frage gefallen lassen: »Wenn ihr die Israelis nicht mal aus dem Südlibanon vertreiben könnt, wie wollt ihr sie dann aus der Westbank herausbekommen?«

Für den Libanon waren die USA in der Person ihres Sonderbotschafters Philip Habib am »Grünen Tisch« zunächst erfolgreich gewesen. Nach einer aufwendigen Reisediplomatie Habibs, nachdem man die Israelis etwas gedrückt und die Libanesen etwas gestoßen hatte, präsentierte US-Außenminister Shultz der Öffentlichkeit stolz das Ergebnis der Verhandlungen: Das israelisch-libanesische Truppenabzugsabkommen, dessen Name irreführend ist. Ohne zu übertreiben, kann man diese Vereinbarung als »mehr als einen Friedensvertrag« bezeichnen. Die Mehrzahl der Libanesen und vor allem Israels Erzfeind Syrien nannten es ein »Friedensdiktat« und eine glatte Kapitulation.

Das Abkommen, mit dessen Wortlaut und Inhalt sich die amerikanische Regierung so begeistert identifizierte, hatte für die USA Folgen, die weit über die Grenzen des Libanon hinausreichten: Es wurde zum »Sargnagel« des amerikanischen Ansehens in der gesamten Region.

Dabei hatten Erfolg und Mißerfolg für die amerikanische Außenpolitik im Libanon sehr eng beieinandergelegen. Monatelang blieb unklar, zu wessen Gunsten das Pendel ausschlagen würde. Nach Bekanntwerden des israelisch-libanesischen Vertrages begann es in der politischen Landschaft des Libanon zu brodeln: Die rechtsstehende christliche »Falange«-Partei und besonders ihr militärischer Flügel waren schon lange stille Verbündete Israels. Sie hatten nichts gegen die Festschreibung eines engen Miteinanders einzuwenden und drängten auf die rasche Ratifizierung des Abkommens.

Die muslimischen Gruppen indessen fürchteten einen Ausbau der christlichen Machtposition, wenn die Israelis sich einmal in Libanon festgesetzt hatten. Sie rüsteten zur massiven Gegenwehr und wurden dabei von der syrischen Regierung bereitwillig unterstützt. Denn Syrien konnte und wollte nicht hinnehmen, daß das Nachbarland Libanon zur israelischen Einflußzone wurde; historisch gesehen und auch nach seinem Selbstverständnis als erster arabischer Frontstaat gegenüber Israel, war dies für Syrien ausgeschlossen. Selbst nachdem die Amerikaner ihren ersten mörderischen Schreckschuß auf der libanesischen Bühne erhalten hatten – am 19. April 1983 waren durch einen Selbstmordanschlag auf die amerikanische Botschaft in Beirut über 60 Menschen getötet worden – schmolzen die Hoffnungen des amerikanischen Präsidenten Reagan auf eine baldige friedliche Lösung der Libanon-Krise nicht dahin. Für den Präsidenten hatte sich der Konflikt auf eine reine Machtfrage zwischen Ost und West vereinfacht. »Amerika«, so wiederholte er häufig, »verteidigt im Libanon die freie Welt.« Die arabischen Staaten, die sich den amerikanischen Friedensvorstellungen widersetzten, galten ihm als »Parteigänger Moskaus«. Sie verrichteten lediglich »Handlangerdienste« und handelten nicht im Eigeninteresse. Diese falsche Einschätzung arabischer Politik hatte vor allem im Falle des direkten libanesischen Nachbarn, nämlich Syriens, fatale Folgen.

Viel zu spät hatten die Amerikaner erkannt, daß sie Syrien nicht einfach wie einen unbedeutenden Stolperstein aus dem Weg räumen konnten. Immerhin haben die Syrer seit 1976 eine rund 40000 Mann starke Armee im Libanon stehen, deren Anwesenheit durch einen Beschluß der »Arabischen Liga« abgesegnet ist. Darüber hinaus betrachtete die syrische Regierung den Libanon nicht als »Ausland« im herkömmlichen Sinn. Zwar ist heute nicht mehr von einer Angliederung an Syrien die Rede, doch ist man sich der engen historischen Bindungen zwischen beiden Ländern weiterhin bewußt und entschlossen, sie aufrecht zu erhalten: Seit Bestehen der Republik Libanon mußten sich alle libanesischen Regierungen ihre Anerkennung in der syrischen Hauptstadt Damaskus holen.

Damit nicht genug: Die USA hatten nicht nur Syriens Rolle im Libanon, sondern auch seinen ehrgeizigen Führungsanspruch in der arabischen Welt übersehen. Syrien war nach dem »Camp-David-Abkommen« von 1978 zielbewußt in Ägyptens Fußstapfen getreten und hatte sich als vorderster Frontstaat gegenüber Israel hervorgetan. Obwohl Syrien seine Waffen größtenteils aus der Sowjetunion erhält, ist es jedoch keineswegs eine Marionette Moskaus. Den Sowjets ist bereits damit gedient, wenn die syrische Regierung den amerikanischen Einfluß in der Region in Grenzen hält beziehungsweise zurückdrängt. Diesen Anspruch haben die Syrer stets im Rahmen ihrer eigenstaatlichen Interessen erfüllt. Sie haben aber die Grundlinien ihrer Politik immer selbst bestimmt. Das wurde besonders deutlich in den Auseinandersetzungen um das Schicksal der »Palästinensischen Befreiungsorganisation«: Während die Sowjetunion weiterhin Yassir Arafat favorisierte, unterstützte Syrien die radikale Opposition innerhalb der PLO.

Als die USA schließlich auf ihre Unterlassungssünde aufmerksam wurden, grollten die Syrer bereits. Philip Habib, der Vermittler beim israelisch-libanesischen Truppenabzugsabkommen, stand in Damaskus vor verschlossenen Türen. Doch Washington ließ nicht locker: Als das Abkommen bereits unter Dach und Fach war, wurden amerikanische Diplomaten in der arabischen Welt auf Reisen geschickt. Sie sollten für das Abkommen werben, und die arabischen Regierungen, vor allem die Geldgeber der Syrer, wie Saudi-Arabien, veranlassen, Druck auf Damaskus auszuüben.

Reagans Außenminister George Shultz war optimistisch hinsichtlich des Gelingens der Mission: »Der saudi-arabische Außenminister, Prinz

Saud al-Faisal, hat ganz klar zum Ausdruck gebracht, daß Saudi-Arabien Syriens Abzug aus dem Libanon wünscht. Auch Präsident Mubarak von Ägypten hat sich offen für die libanesische Regierung ausgesprochen und Syrien aufgefordert, den Libanon zu verlassen. König Husein von Jordanien wurde in diesem Punkt ebenfalls sehr deutlich. Und die Irakis, die ich in Paris gesprochen habe, waren ganz eindeutig für einen syrischen Rückzug aus dem Libanon. Wir wollen hier keinen großen Öffentlichkeitsrummel betreiben. Mein Eindruck ist aber, daß die arabische Meinung im allgemeinen dahin tendiert, daß Syrien abziehen solle.«

Doch am Ende verließen nicht die Syrer den Libanon, sondern die Amerikaner mußten gehen: Das Licht, das man so hoffnungsvoll am Ende des Tunnels zu erkennen glaubte, war ein entgegenkommender Zug gewesen.

Unterdessen fehlte es den Befürwortern und Widersachern des umstrittenen israelisch-libanesischen Truppenabzugsabkommens im Libanon an einem politischen Forum, in dessen Rahmen sie Verhandlungen hätten führen können. Sie nahmen daher – wie gewohnt – Zuflucht zur »Sprache der Waffen«. Im Verlauf des Jahres 1983 drohte die libanesische Nation immer mehr im Blut des Bürgerkriegs zu ertrinken. Artillerieduelle im Beiruter Stadtgebiet waren an der Tagesordnung und forderten Tausende von Opfern. Dieser militanten Feindseligkeit, das sah man auch in Washington ein, war nicht mehr mit politischen Überredungskünsten oder Verhandlungen beizukommen. Deshalb entschloß sich die amerikanische Regierung nun zu einer militärischen Demonstration der Stärke auf libanesischem Boden. Sie versprach sich davon eine abschreckende Wirkung auf die zahlreichen libanesischen Privatarmeen. Die rund 1200 US-Marines, die als »Friedenstruppe« und als »Beschützer der Zivilbevölkerung« ins Land gekommen waren, verwandelten ihre vorgelagerten Stellungen um Beirut in Festungen. Vor der Küste der libanesischen Hauptstadt kreuzte die 6. Flotte, Amerikas »Feuerwehr im Mittelmeer«: 50 Schiffe, 200 bis 250 Flugzeuge, bis zu 30000 Seeleute, Flieger und Marine-Infanteristen, einschließlich des majestätischen Schlachtschiffes »New Jersey«, das noch aus dem Zweiten Weltkrieg stammt und kurz zuvor erst wieder hergerichtet worden war.

Am Vorabend des Bombenattentats auf das amerikanische Hauptquartier in Beirut im Oktober 1983, bei dem 241 US-Soldaten getötet wurden, hatte die Situation den Siedepunkt erreicht. Die Zuspitzung der Lage in Beirut ließ viele an die unrühmliche Rolle denken, die die USA im Vietnamkrieg gespielt hatten. Im Libanon hatten die Amerikaner ein konkretes politisches Ziel: Der regulären libanesischen Armee zum Sieg über die Milizen zu verhelfen, das israelisch-

israelisch-libanesische Truppenabzugsabkommen durchzusetzen und die libanesische Regierung zu unterstützen, die dieses Abkommen akzeptiert hatte. Sie waren jedoch nur zögernd bereit, zur Verwirklichung dieses Zieles militärische Mittel einzusetzen.

Ronald Reagan ist der amerikanische Präsident, der seine Popularität auf der Parole aufbaute, daß die Vereinigten Staaten wieder die mächtigste Supermacht der Welt werden sollten. Für Reagan lag der Fehler amerikanischer Politik darin, daß sie in einem »friedlichen Nebeneinander« mit der Sowjetunion die andere Supermacht gewähren und somit ihre Position ausbauen ließ. Dieser Fehler hatte, so Reagans Interpretation, den amerikanischen Einfluß in strategisch wichtigen Weltgegenden, wie dem Nahen Osten, geschwächt. Das Gebot der Stunde war daher, sich das Verlorene zurückzuholen.

Wie dies zu bewerkstelligen war, darauf schien der »starke Präsident« eine klare Antwort zu haben. Für den Libanon lautete sie: Man hatte sich mit einer schwachen Zentralregierung über ein politisches Konzept zu einigen und mit allen Mitteln zu versuchen, dieses durchzusetzen.

Doch schon bald verdichteten sich die Befürchtungen, daß die amerikanische Politik im Libanon zum Scheitern verurteilt war. Angriffe auf die amerikanischen Soldaten in der multinationalen Friedenstruppe häuften sich und zwangen diese, sich regelrecht in den libanesischen Boden einzugraben. Die Bilder von den Marines, die in ihren Unterkünften wie »hockende Enten« auf den nächsten Schlag zu warten schienen, verletzten den Stolz der amerikanischen Nation tief. Der Ruf, die »Boys« nach Hause zu holen, wurde immer lauter. Die Bilanz der Verluste an Menschenleben war erschreckend: Im Verlauf des Jahres 1983 allein starben rund 300 amerikanische Soldaten im Libanon.

Dennoch strengte man sich weiter an, das umstrittene israelisch-libanesische Truppenabzugsabkommen, das so viel Haß und Gegenwehr heraufbeschwor, am Leben zu erhalten. Ende 1983 reiste der libanesische Staatspräsident Amin Djemayyil nach Washington. Er hatte große Hoffnungen darauf gesetzt, daß die »Supermacht des freien Westens« sein Land unter ihre Fittiche genommen hatte: »Ich verspreche hiermit, daß der Libanon in Zukunft nicht mehr die Arena des internationalen Terrorismus sein wird oder ein geschwächtes Land, in dem Fremde ihre Kriege austragen und ihre Konten regeln.«

Als Djemayyil in den USA aus dem Flugzeug stieg, hatte sich der damalige israelische Ministerpräsident Yitzchak Shamir gerade von Ronald Reagan verabschiedet und umfassende Zusagen für eine künftige amerikanische Unterstützung seiner Politik erhalten. Natürlich hatten Reagan und Shamir auch bereits über die Zukunft des

Libanon gesprochen. Shamir erklärte später, daß Israel erwogen habe, das Nachbarland in Kantone aufzuteilen.

Doch am meisten schockierte den Libanon und die gesamte arabische Welt eine Vereinbarung, die Reagan und Shamir getroffen hatten und die keineswegs nur das Schicksal des Libanon betraf. Amerika und Israel hatten nämlich in dieser delikaten Situation ein strategisches Abkommen geschlossen. Im Rahmen dieses Abkommens waren gemeinsame militärische Manöver, eine aufeinander abgestimmte militärische Planung und die Stationierung und Lagerung amerikanischer Waffen in Israel geplant. Damit war allen, die es noch nicht hatten glauben wollen, klar, daß eine amerikanische Nahost-Politik sich immer zuerst an den israelischen Interessen orientieren würde. Amerikas Freunde in der Region, gemäßigte Staaten wie Jordanien oder Saudi-Arabien, waren vor den Kopf gestoßen. Nachträglich bewahrheitete sich eine Warnung, die der jordanische König Husein an die amerikanische Adresse gerichtet hatte. US-Präsident Reagan, so Husein, solle seine ehrgeizigen Pläne für den Mittleren Osten nicht zu weit stecken: »Beginnen Sie nichts, was Sie nicht zu Ende führen können! Ein eklatanter Mißerfolg der USA würde den arabischen Massen vor Augen führen, daß die Amerikaner unfähig sind, den Lauf der Dinge in ihrem Sinne zu beeinflussen. Damit wären die gemäßigten arabischen Verbündeten der USA in der Zwickmühle und müßten die Zeche bezahlen.«

Bei diesem Stand der Dinge konnte Präsident Djemayyil in seine Gespräche mit Ronald Reagan keine großen Erwartungen mehr setzen. Zwar wurde ihm ein weiteres Mal lauwarm versichert, daß die USA zu ihren Verpflichtungen im Libanon stünden. Doch die Ratschläge an den Libanesen gipfelten letzten Endes in dem ironischen Motto: »Hilf Dir selbst, dann hilft Dir Onkel Sam!«

Der libanesische Staatschef Djemayyil hatte die Absicht, in Washington eine Änderung des israelisch-libanesischen Vertrages durchzusetzen. Damit glaubte er, doch noch die Zustimmung der immer härter drängenden Opposition in seinem Land gewinnen zu können. Er warf seinen amerikanischen Gesprächspartnern diesen Ball lockend zu. Doch jene schleuderten ihn wie eine »brennende Feuerkugel« zurück: Eine erneute Diskussion des Abkommens war nicht mehr möglich, denn dagegen hatten die Israelis bereits ihr Veto eingelegt.

Amerika verstand seine Hilfe für den Libanon von nun an mehr als eine »moralische Unterstützung«. Sie sollte den Libanesen helfen, die Befreiung ihres Landes selbst in die Hand zu nehmen. Die libanesische Regierung und die nationale Armee sollten beweisen, daß sie in der Lage waren, ihren Herrschaftsbereich auf Gebiete auszudehnen, die nicht von fremden Truppen besetzt waren. Das traf nur auf ein Drittel des 10452 Quadratkilometer großen Libanon zu. Gemeint waren vor allem das muslimische West-Beirut und die Chouf-Berge, das Siedlungsgebiet der Drusen. Planquadrat für Planquadrat sollte die libanesische Armee unter ihre Kontrolle bringen. Alles in allem: Die Botschaft, die Amin Djemayyil aus Washington mit nach Hause brachte, war deutlich. Die Amerikaner waren unter keinen Umständen mehr bereit, sich für den Libanon in militärische Auseinandersetzungen ziehen zu lassen oder ihren treuesten Verbündeten, Israel, zu schwächen. Es gab für den Libanon nur noch die »israelische Option«.

Djemayyil kehrte nach Beirut zurück mit einem Bündel guter Ratschläge, aber keiner einzigen Zusage.

»Ich glaube, Djemayyil versteht das«, sagte ein amerikanischer Gesprächspartner, »er ist vielleicht nicht sehr glücklich darüber. Aber er versteht die politische Notwendigkeit, die uns an diesen Punkt gebracht hat.«

Derweil hatte Amin Djemayyil vergeblich versucht, in Washington für die besondere Situation seines Landes zu werben: »Sehen Sie, meine erste Sorge ist die Einheit meines Landes, es zusammenzuhalten. Nummer zwei ist, daß ich den arabischen Charakter des Libanon bewahren muß. Diese beiden Faktoren beschränken ganz erheblich die Möglichkeiten, in welchem Umfang und wie schnell ich mit den Iraelis zusammenarbeiten kann.«

Ein israelischer Abzug, so Djemayyil weiter, würde bei einer nationalen Versöhnung sehr hilfreich sein.

Doch für Verhandlungen war es zu spät. Die Amerikaner hatten sich inzwischen ganz auf die israelische Position zurückgezogen: »Wir haben ihm gesagt: Du kannst nicht mehr warten. Du mußt in beide Richtungen zur gleichen Zeit arbeiten. Lehne Dich nicht einfach zurück und erwarte nicht, daß wir für Dich den Truppenabzug aushandeln. So wird das nie funktionieren. – Ich glaube, er hat die Botschaft verstanden. Er versteht wohl die Notwendigkeit. Wir sind ganz in das Geschäft eingebunden, Friedensverträge im Mittleren Osten zu erreichen. Und wenn die fertig sind, dann gehen wir doch nicht hin und sagen ›Laßt es uns nochmal ändern‹ oder ›Laßt es uns an den Nagel hängen‹.«

Die eindeutige Stellungnahme der USA zugunsten Israels führte nicht nur zum Scheitern der amerikanischen Libanon-Politik. Das wäre zu verschmerzen gewesen, zumal der kleine Libanon militärstrategisch gesehen keine Rolle spielt, die nicht auch Israel übernehmen könnte. Viel schwerer wog, daß die Amerikaner im Libanon ein Prestige verloren, das sie nach eigenem Bekunden gerade erst aufbauen wollten: Der »ehrliche Makler« im Nahost-Konflikt zu sein. Statt dessen waren sie nun in den Augen der arabischen Staaten zur Partei geworden. Aus diesem Blickwinkel mußten folglich in der Zukunft alle Vermittlungsversuche von amerikanischer Seite betrachtet werden.

Statt das Konflikte-Knäuel im Nahen Osten geduldig zu entwirren, hatte sich die amerikanische Regierung hoffnungslos darin verfangen: Die Verhältnisse im Libanon waren nach dem erzwungenen Abzug der US-Marines im März 1984 noch chaotischer als je zuvor; die gemäßigten arabischen Staaten waren gezwungen, sich von den USA zu distanzieren, um nicht in den Augen ihrer Brüder als »Marionetten der unpopulären amerikanischen Politik« dazustehen; die Möglichkeit, den einen oder anderen der regionalen Konflikte doch noch beizulegen, war vorerst ausgeschaltet worden. Über allem schwebte drohend, von den Amerikanern heraufbeschworen, die Wolke des Machtkampfes zwischen den USA und der UdSSR. US-Präsident Reagan hatte keine Gelegenheit verstreichen lassen, ohne die einzelnen Brandherde im Libanon mit einer unglücklichen Symbolik zu belegen. So machte er das kleine, nur drei Quadratkilometer große Städtchen Souk al-Gharb, letzter Stützpunkt der libanesischen Armee in den Bergen, zur »Großen Mauer« zwischen Gut und Böse. »Hier«, so sagte Präsident Reagan, »stehen sich im Prinzip die Nato und der Warschauer Pakt gegenüber.« Nachdem er sich so weit vorgewagt hatte, mußte er sich später verständlicherweise die Frage gefallen lassen: Warum sind die amerikanischen Soldaten vom Festland und mit ihren Schiffen verschwunden, noch bevor das Schicksal Souk al-Gharbs entschieden war?

Die Bilanz von knapp zwei Jahren amerikanischer Libanon-Politik, von 1982 bis Anfang 1984, war niederschmetternd: Anstelle der syrischen, palästinensischen und israelischen Truppen entschlossen sich die amerikanischen, französischen, italienischen und britischen Soldaten der sogenannten »Friedenstruppen« abzuziehen, und das von der Beiruter Zentralregierung kontrollierte Gebiet war nicht vergrößert worden, sondern ihr Einfluß war auf ein Minimum gesunken; die Unzufriedenheit der libanesischen Bevölkerung hatte den Aufstieg der vereinigten muslimischen Milizen erleichtert, und die Erfolge der regierungsfeindlichen Kampfverbände hatten die nationale libanesische Armee traumatisiert. Ganze Einheiten lösten sich auf oder desertierten geschlossen zu den verschiedenen Privatarmeen.

Dem libanesischen Staatspräsidenten Amin Djemayyil blieb es überlassen, den Schlußstrich unter seine Zusammenarbeit mit den USA zu ziehen. Im März 1984 verkündete er feierlich die Annullierung des Abkommens mit Israel. In Zukunft sollte sein Land einen Weg an der Seite Syriens beschreiten, dessen wichtige Rolle von den USA ganz übersehen worden war. Damit war die »israelische Lösung« für den Libanon, die die Amerikaner zu ihrer eigenen gemacht hatten, gescheitert.

Beirut ist auch am Golf
Über den Gesichtsverlust der Amerikaner bei ihren arabischen Freunden

Erinnern wir uns: Das Paradepferd der amerikanischen Nahost-Initiative war der sogenannte »Reagan-Plan«.

Er sollte den Palästinensern das Selbstbestimmungsrecht in der israelisch besetzten Westbank und dem Gaza-Streifen innerhalb eines konföderativen Staates mit dem Königreich Jordanien bescheren. Die Tatsache an sich, daß der Plan – wie so viele andere vor ihm – nicht verwirklicht werden konnte, ist zwar bedauerlich, hätte aber nicht unbedingt weitreichende Folgen haben müssen. Die Art und Weise indessen, wie er scheiterte, kann sich langfristig sehr negativ auf den amerikanischen Einfluß im Mittleren Osten auswirken.

Die oft unkluge Taktik der Reagan-Regierung schien zuweilen völlig an den politischen Gegebenheiten im Nahen Osten vorbeizulaufen. Die arabischen Staaten fühlten sich übergangen und in die Ecke gedrängt in Belangen, die eigentlich vor allem sie selbst betrafen.

Dabei waren die ersten Reaktionen auf die Enthüllung des Reagan-Planes in der arabischen Welt durchaus wohlwollend. König Husein von Jordanien, der besonders angesprochen war, zeigte sich bereit, gewisse Risiken auf sich zu nehmen und einen Vorstoß in Richtung Frieden zu wagen. Tatsächlich kam er mehrere Male mit PLO-Chef Yassir Arafat zu politischen Gesprächen auf der Basis der Reagan-Initiative zusammen. Selbst Syrien, das später zum härtesten Widersacher amerikanischer Nahost-Politik wurde, zeigte sich anfangs am Reagan-Plan interessiert. Dann aber machte die amerikanische Regierung einen taktischen Fehler: Sie überließ nach der Bekanntgabe des Reagan-Planes die arabischen Führer, die zur Zusammenarbeit bereit waren, sich selbst und unternahm nichts, um ihnen den Rücken zu stärken.

Statt dessen steigerte Washington in der arabischen Welt die Verwirrung hinsichtlich der wirklichen Ziele des Reagan-Planes: Zuerst war von einer »Angliederung der Westbank an Jordanien« die Rede gewesen. Doch plötzlich tauchte die Version auf, man wolle eine Konföderation erreichen. Das aber deutete darauf hin, daß man es mit zwei Staaten, einem jordanischen und einem palästinensischen, zu tun haben würde. Diese Interpretation stand jedoch wiederum im Widerspruch zu Ronald Reagans Aussage, er wolle auf keinen Fall einen unabhängigen palästinensischen Staat dulden. König Husein seinerseits durfte nicht wagen, für ein selbständiges Palästina zu sprechen. Das war allein Sache der palästinensischen Führung in der PLO. Durch diese »Verwirrung der Begriffe« wurde vor allem die Schlüsselfigur in der amerikanischen Friedensplanung, König Husein von Jordanien, stark bedrängt. Ohne glaubwürdige Garantien konnte er sich nicht auf das Wagnis von Friedensverhandlungen einlassen. Schließlich befreite sich König Husein mit einem gewaltigen Satz aus seiner Ecke: Er erteilte den Amerikanern eine deutliche Absage.

Nachdem König Husein, den sich die amerikanische Regierung als Partner auserkoren hatte, seine Zusage zurückziehen mußte, brach der Reagan-Plan wie ein Kartenhaus zusammen. Wieder einmal hatte man in Washington den verhängnisvollen Fehler begangen, die regionale Großmacht Syrien links liegen zu lassen. Statt dessen hatte man sein Glück in einem separaten Friedensschluß zwischen Israel und Jordanien versuchen wollen – nach dem israelisch-ägyptischen »Camp-David«-Modell. Doch Jordanien war, anders als Ägypten, wirtschaftlich und politisch zu schwach, um die arabische Isolation zu überstehen, die einem Alleingang in Sachen Frieden zweifellos gefolgt wäre.

Syrien, das sich selbst als Führungsmacht in der arabischen Welt betrachtet, rächte sich auf seine Weise für die Mißachtung durch die amerikanische Regierung. Es unterstützte radikale, anti-amerikanische Gruppierungen innerhalb der »Palästinensischen Befreiungsorganisation« und brachte damit PLO-Chef Yassir Arafat in die Zwickmühle. Obwohl Arafat gemeinsam mit König Husein bereits zum Sprung auf den amerikanischen »Nahost-Friedenszug« angesetzt hatte, mußte er unter dem Druck der Radikalen aus den eigenen Reihen – und Syriens – seine Marschrichtung wieder ändern. Für den PLO-Führer war der Flirt mit den Amerikanern auch ein persönlicher Rückschlag: Nachdem sich Arafat-treue PLO-Kämpfer und von Syrien gestützte PLO-Rebellen in der nordlibanesischen Hafenstadt Tripoli wochenlang blutige Gefechte geliefert hatten, konnten sich die palästinensischen Politiker nicht mehr auf eine gemeinsame Plattform einigen. Arafat, der die Organisation mehr als fünfzehn Jahre lang leitete, hatte nun in den Augen vieler seinen Führungsanspruch verwirkt.

Die von den Amerikanern selbst gewählte Basis für einen Frieden im Nahen Osten war von Anfang an sehr zerbrechlich. Sie beruhte auf der Vorstellung, einzelne Staaten und deren Regierungen aus dem arabischen Verbund herauszubrechen, um sie Israel zuzuführen. Aber sie berücksichtigte nicht die Abhängigkeiten, die zwischen den jeweiligen Ländern bestehen, und zog nicht die Empfindlichkeit in Betracht, auf die man in der arabischen Welt stößt, wenn das Palästina-Problem zur Sprache kommt. In dem Moment, da ein Glied in der dünnen Kette ausfiel, war der gesamte Friedensplan nicht mehr zu verwirklichen:

Der jordanische König Husein nämlich war abhängig von Yassir Arafat. Der aber war ohne die Zustimmung seiner Organisation handlungsunfähig. Die PLO jedoch versagte ihm das »Okay«.

Immerhin gab das Scheitern des Reagan-Planes der amerikanischen Regierung eine wichtige Information: Für das Ziel, eine umfassende Friedensregelung im Nahen Osten erreichen zu wollen, ist die Politik der bilateralen Friedensschlüsse sicherlich der dornenreichste Weg, sollte er überhaupt gangbar sein.

Wenn die eigenen politischen Initiativen sich festgefahren hatten, wandte sich die amerikanische Regierung häufig an das Land, das die Politik vieler arabischer Staaten zu einem erheblichen Teil mitfinanziert: das Königreich Saudi-Arabien. Die saudischen Prinzen waren sowohl aufgerufen, für das israelisch-libanesische Truppenabzugsabkommen zu werben, als auch, dem jordanischen König Mut für Friedensverhandlungen mit Israel zu machen. Doch das saudi-arabische Königreich macht eine vorsichtige und kluge Politik. Es schickt zwar bereitwillig seine Sonderbotschafter auf Reisen, die jedoch selten mehr als bloße Empfehlungen abgeben: »Saudi-Arabien ist kein Werkzeug in den Händen irgendeiner großen oder kleinen Macht, um auf einen anderen arabischen Staat Druck auszuüben«, erklärte der saudische Verteidigungsminister die Position seiner Regierung.

Tatsächlich ist Saudi-Arabien diesem Prinzip stets treu geblieben. Es war zu keinem Zeitpunkt aus der arabischen Ablehnungsfront gegen Israel ausgeschert: Das ägyptisch-israelische »Camp-David«-Abkommen war von den Saudis ebenso verurteilt worden wie das israelisch-libanesische Truppenabzugsabkommen. Auch hatte man es unterlassen, finanziellen Druck auf Syrien oder die PLO auszuüben, als der Reagan-Plan auf dem Spiel stand. Angesichts dieser konsequenten »pro-arabischen« Haltung wuchs der Groll der amerikanischen Regierung, die Saudi-Arabien als ihren Verbündeten im Mittleren Osten betrachtete. Man stellte in Washington unverhüllt die Frage: »Welche Gegenleistung erbringen die Saudis für die bevorzugte Versorgung mit amerikanischen Waffen?«

Bei der Verurteilung der Haltung Saudi-Arabiens übersahen die USA jedoch zweierlei: Obwohl ein ölreiches Land, ist Saudi-Arabien politisch längst nicht so stark und stabil, wie es den Anschein hat. Ein Verrat an der arabischen oder gar der islamischen Sache könnte für das saudi-arabische Königreich verheerende Folgen haben. Deshalb ist man in Riyad darauf bedacht, sich das Wohlwollen der arabischen Nachbarn zu erhalten und in seiner pro-westlichen Politik deutliche Grenzen zu beachten. Abgesehen davon, hatte die saudische Regierung bei mehreren Gelegenheiten eine bittere Erfahrung machen müssen. Im Falle eines Falles nämlich galt die amerikanische Loyalität zuerst Israel. Selbst dann, wenn bare Petrodollars winkten, richtete sich die Politik amerikanischer Waffenverkäufe immer noch nach israelischen Sicherheitsinteressen.

Das einzige arabische Land, das sich nicht mehr im Kriegszustand mit Israel befindet, ist Ägypten. Aber auch hier ist die Libanon-Krise nicht ohne Folgen geblieben. Der Vorwurf, daß Israel beim Vertrag von Camp David nicht nur den Frieden im Sinn gehabt habe, wurde immer lauter, nachdem die israelische Armee in den Libanon eingedrungen war. Vielmehr, so glaubten nun die Ägypter verbittert, hatte Israel durch den Friedensvertrag Ägypten aus der Front der arabischen Staaten herausbrechen wollen, um damit den Rücken für weitere militärische Aktionen frei zu haben. Im Grunde habe das Abkommen von Camp David erst die Voraussetzungen für neue Nahost-Kriege geschaffen, so hörte man in Kairo ägyptische Politiker hinter vorgehaltener Hand klagen. Der Verdruß der Ägypter über diese Einsicht war umso größer, als ihr Land unter den Folgen der Camp-David-Vereinbarung sehr gelitten hatte. Die meisten arabischen Staaten hatten die diplomatischen Beziehungen zu Kairo eingefroren, Ägypten hatte seine Führungsrolle eingebüßt und war fortan in der arabischen Welt weitgehend isoliert. Erst Präsident Mubarak, der persönlich nicht für Camp David verantwortlich war, konnte vorsichtige Schritte unternehmen, um die Beziehungen zu den arabischen Regierungen wieder zu verbessern, ohne jedoch den Frieden mit Israel zu gefährden.

Angesichts dieser heiklen Aufgabe war das israelische Vorgehen im Libanon ein schwerer Schlag. Die schlimmste Enttäuschung für Ägypten aber war die Rolle der USA in diesem Konflikt. Immerhin waren die Vereinigten Staaten Ägyptens wichtigster Verbündeter im Westen – und gleichzeitig der Garant für den Frieden mit Israel. »Falls die derzeitige Situation im Libanon anhält (d.h. die israelische Besatzung), werden die Beziehungen der Vereinigten Staaten zu den arabischen Ländern Schaden erleiden«, warnte denn auch 1982 der ägyptische Präsident Mubarak.

Zu den außenpolitischen Folgen, die der Friedensvertrag mit Israel nach sich zog, gesellten sich während der Libanon-Krise zusätzlich noch interne Probleme: Denn auch in Ägypten gibt es fanatische Muslime, die in der israelischen Invasion des Libanon einen weiteren Beweis dafür sahen, daß der »zionistische Feind« seine aggressiven Ziele nicht aufgegeben hatte. Ägyptens Christen, die Kopten, mußten damals befürchten, daß infolge der Zusammenarbeit libanesischer Christen mit Israel sich die Wut muslimischer Extremisten nun wiederum gegen sie kehren würde.

Nach dem ersten Schock gelang es Ägypten jedoch, den Krieg im Libanon zur Verbesserung seiner außenpolitischen Stellung in der arabischen Welt zu nutzen. Während der Invasion im Sommer 1982 sandte Präsident Mubarak eine in Ägypten stationierte Brigade der »Palästinensischen Befreiungsarmee« (PLA) zur Verstärkung nach

Beirut. Nach Kriegsende empfing er als erstes arabisches Staatsoberhaupt den PLO-Führer Yassir Arafat: Ein deutliches Signal, daß Ägypten wieder ein Wort in der Nahost-Politik mitreden wollte.

Für die Araber war die Blüte der amerikanisch-israelischen Einheit ein ausreichender Anlaß, um nach einer alten arabischen Redensart zu verfahren: »Mein Bruder und ich, wir verschwören uns vielleicht gegen unseren Vetter. Aber wir alle drei wehren uns gegen unseren gemeinsamen Feind.«

Der gemeinsame Feind der Araber ist – daran besteht kein Zweifel – Israel. Dieser israelische Staat aber wird rückhaltlos von der westlichen Supermacht USA gestützt, die ihrerseits der Partner einer ganzen Reihe arabischer Länder, vor allem der konservativen Golfmonarchien, ist. Hier offenbart sich nochmals das ganze Dilemma. Es liegt in dem unterschiedlichen Feindbild der Araber einerseits und der Amerikaner andererseits: Die arabischen Staaten betrachten Israel, und nicht die Sowjetunion, als die größte Bedrohung für den Mittleren Osten. Demgegenüber sind die Amerikaner auf die Konkurrenz mit der anderen Supermacht festgelegt: Für sie ist Moskau das »rote Tuch« in der Region.

Die Geschichte arabischer Solidarität gegenüber westlicher Mißachtung ist alles andere als glorreich. Einheitsfronten, die während der verschiedenen Nahost-Kriege entstanden, zerbrachen schnell wieder an den Interessengegensätzen. Anläßlich der israelischen Belagerung West-Beiruts im Sommer 1982 war einmal mehr der Ruf nach einem Ölembargo zu hören, um den Westen unter Druck zu setzen und die Lage der eingeschlossenen »palästinensischen Brüder« zu verbessern. Das lag vielleicht auch daran, daß die Ölwaffe inzwischen stumpf geworden ist. Der größte Teil der westlichen Welt hat längst andere Lieferanten für den kostbaren Rohstoff gefunden.

Diese Tatsachen beruhigten die amerikanische Regierung. Man glaubte in Washington nicht daran, daß die arabischen Staaten sich für einen langen Zeitraum von den USA abwenden würden, wenn man nur zu verhindern wußte, daß ein vorläufiges Machtvakuum sofort von der Sowjetunion ausgefüllt werden würde.

Kaum dem Libanon-Abenteuer entronnen, suchte die amerikanische Regierung wieder engeren Kontakt zu den arabischen Golfmonarchien – nur um zu erkennen, daß hier die libanesische Akte keineswegs geschlossen war. Für die Staaten am Golf war der Libanon kein isolierter Einzelfall, sondern ein Paradebeispiel für die mangelnde Glaubwürdigkeit der USA als Makler im Nahost-Konflikt.

Präsident Reagans Sonderbotschafter Richard Murphy mußte sich wenig schmeichelhafte Worte anhören. Scheich Zayed Ibn Sultan von Abu Dhabi sprach aus, was seine Kollegen am Golf dachten:

»Wenn die Vereinigten Staaten ihre Politik nicht mäßigen, dürfen sie nicht erwarten, daß die Freundschaft zu uns dieselbe bleibt, die sie einmal war. Wir haben bei den USA einen erschreckenden Mangel an Respekt für unsere Rechte festgestellt. Obwohl die Vereinigten Staaten wiederholt versucht haben, ihre Position in der Libanon-Frage zu rechtfertigen, können wir darin bedauerlicherweise nur erkennen, daß gegebene Versprechen nicht erfüllt wurden. Wir können nur hoffen, daß Washington aus der Vergangenheit lernt, daß es eine Pflicht ist, seine Freunde zu stärken. Bevor sich die Amerikaner im Libanon eingemischt haben, gaben sie vor, dem Land den Frieden zu bringen und die legale Staatsgewalt zu stützen. Kaum waren sie dort, bewaffneten sie eine Partei und bekämpften die andere. Dadurch wurde das Libanon-Problem nur komplizierter, und die Kluft zwischen den libanesischen Gemeinschaften vergrößerte sich. Nachdem sie so noch mehr Öl auf das schon brennende Land gegossen hatten, zogen sich die USA plötzlich zurück und ließen den Libanon in der Hölle des Krieges allein. Im Widerspruch zu der Zusage, die Probleme des Mittleren Ostens lösen zu helfen, hat sich die amerikanische Regierung nun ganz auf die Seite Israels gestellt.«

Die harten Worte des Scheichs vom Golf brachten es an den Tag: Das politische Klima in der arabischen Welt hatte sich gegen die USA gewandt und begünstigte das Vordringen der Sowjetunion. Mit dieser Wetterwende wurde ein Prozeß eingeleitet, den frühere amerikanische Präsidenten mit allen Mitteln zu vermeiden suchten. Mit anderen Worten: Nicht eine offensive Politik verhalf der Sowjetunion zu mehr Einfluß im Mittleren Osten, sondern die Fehler der amerikanischen Regierung.

Weniger ist oft mehr
Das Wirken der Sowjetunion im Hintergrund

»Dic Russen kehren auf die politische Szene des Nahen Ostens zurück« lautete im jahre 1983 der erschreckte Ruf in Washington. Und wahrlich, Moskau tat sein Bestes, um die amerikanische Schlappe in der Region für sich in einen außenpolitischen Erfolg umzumünzen. Zu diesem Zweck wurden mehrere hohe Funktionäre auf Reisen geschickt, und sie trafen in vielen arabischen Staaten auf offene Ohren.

Je mehr die Vereinigten Staaten durch ihre Libanon-Politik und das Scheitern des Reagan-Planes an Glaubwürdigkeit verloren, desto mehr Bodengewinne konnte die Sowjetuion für sich verbuchen. Die sowjetische Führungsspitze hatte sich diese günstige Position geduldig und ohne viele Worte zu machen erarbeitet. Nach der demütigenden

Niederlage ihrer Verbündeten im Nahen Osten, der »Palästinensischen Befreiungsorganisation« in Beirut und der Syrer im Ostlibanon, hatten die Sowjets umgehend mit der Wiederaufrüstung der syrischen Armee begonnen. Konventionelle Waffen im Wert von rund zwei Milliarden US-Dollar sollten die Verluste ersetzen, die die syrische Armee während der israelischen Invasion des Libanon 1982 erlitten hatte. Darüberhinaus wurden nun auf syrisch kontrolliertem Gebiet im Libanon moderne Boden-Luft-Raketen stationiert. Die Syrer behaupteten stolz, daß sie mit diesen Raketen auch den entferntesten Punkt in Israel erreichen könnten.

Nach allem, was man weiß, sind diese SAM-5-Batterien jedoch an das sowjetische Satellitensystem angeschlossen. Es scheint, als werde die Entscheidung über den Einsatz dieser Raketenwaffen in Moskau und nicht in Damaskus getroffen.

Obwohl Syrien keinesfalls als »Marionette des Kreml« gelten kann, war es doch lange Zeit der einzige Verbündete der Sowjetunion im Nahen Osten. Daher ist es verständlich, daß Moskau, in seinem Bemühen mehr Einfluß in der gesamten Region zu gewinnen, hier den Hebel ansetzte. Der Rest des Weges wurde der Sowjetunion durch den israelischen Aggressionskrieg im Libanon erleichtert, den viele arabische Staaten ohnmächtig mitangesehen hatten. Die sich anschließende pro-israelische Politik der Vereinigten Staaten tat ein übriges. Auch die gemäßigten arabischen Regierungen meinten zu erkennen, daß es nicht zu ihrem Vorteil sein konnte, dem amerikanischen Präsidenten Reagan den Mittleren Osten als Arena für eine »One-Man-Show« zu überlassen.

Viele entschieden sich für eine Öffnung gegenüber der Sowjetunion und sandten entsprechende Signale aus. Dabei ging das politische Kalkül der Araber nicht etwa in Richtung eines »Entweder–Oder«. Vielmehr strebten sie ein Gleichgewicht zwischen den Supermächten an. Auch in den Friedensprozeß im Mittleren Osten sollten beide, die Vereinigten Staaten und die Sowjetunion, zu gleichen Teilen eingebunden sein.

Der Hintergrund dieser Idee ist einleuchtend: Vorschläge für eine Friedensregelung wurden bisher immer nur von den Verbündeten der einen Supermacht akzeptiert und von den anderen boykottiert. Das beweist, daß ein Frieden im Nahen Osten unmöglich ist, solange der Lösungsansatz nicht aus der Einflußsphäre einer einzigen Macht herausgehoben wird.

Die Vereinigten Staaten betrachteten den Nahen Osten als ihre Domäne. Die Sowjetunion ihrerseits hatte ein klares Ziel: Nach dem Scheitern des Reagan-Planes sollte der Frieden im Nahen Osten zu einem internationalen Anliegen werden.

Eine internationale Konferenz, an der neben den USA natürlich auch die Sowjets teilnehmen würden, sollte Lösungen für den jahrzehntealten Konflikt erarbeiten und in die Tat umsetzen.

Die verbesserte Position Moskaus im Nahen Osten ist im Grunde ein Glücksfall. Es war kaum vorauszusehen gewesen, daß sich für die Sowjets so bald die Chance ergeben würde, in der arabischen Welt wieder festen Boden unter die Füße zu bekommen. Vor allem hatte das sowjetische Ansehen nach der Invasion Afghanistans (1979) und der dort noch andauernden schweren Kämpfe sehr gelitten. Die Szenerie, die sich daran anschließend im Nahen Osten mit der israelischen Invasion des Libanon bot, war in sowjetischen Augen äußerst beängstigend. Für Moskau stand damals fest, daß Israel und die USA diesmal in dem gewohnten Schlagabtausch zwischen Ost und West nicht nur einen Punktegewinn erzielen würden. Vielmehr sah es so aus, als sollte es Washington gelingen, mit Hilfe Israels in dieser Region weltpolitische Konstellationen über den Haufen zu werfen. Das Kräftegleichgewicht im Nahen Osten schien sich eindeutig zugunsten des Westens zu verschieben. Damit nicht genug, plante Präsident Reagan zusätzlich, seinen Erfolg durch eine umfassende »Pax Americana« zu krönen.

Für die Sowjetunion waren damit die schlimmsten Befürchtungen, die man im Hinblick auf das Camp-David-Abkommen gehabt hatte, Wirklichkeit geworden. Der geniale Plan des ehemaligen amerikanischen Außenministers Henry Kissinger schien aufzugehen: Ägypten war bereits aus der arabischen Front gegen Israel herausgebrochen worden. Nun sollte offensichtlich der Libanon folgen. Anschließend, das offenbarte schon der Reagan-Plan, sollten Jordanien und die PLO in den Friedensprozeß miteinbezogen werden. Mit dieser Strategie würde sich Washington langfristig eine Monopolstellung zwischen dem Arabisch-Persischen Golf und dem Mittelmeer sichern, die auch Westeuropa und Japan nutzen könnten. Ja, die amerikanische Regierung hatte unmißverständlich von diesem Raum als der »Zone amerikanischer Lebensinteressen« gesprochen.

Dieser »amerikanische Gürtel« im Mittleren und Nahen Osten – nämlich Israel, flankiert von Ägypten, dem Satellitenstaat Libanon, dem schwachen Jordanien bis hin zu den konservativen Golfstaaten – würde ungeahnte Möglichkeiten eröffnen: die allmähliche Ausschaltung der »progressiven« oder »arabisch-nationalistischen« Regime.

Erfüllt von solch dunklen Ahnungen blickten die sowjetischen Führer in Richtung Libanon. Doch ihnen waren die Hände gebunden. Solange der israelische Erfolg im Libanon noch unbestritten war, saßen hier auch die Amerikaner fest im Sattel. Die sowjetische Regierung konnte im Sommer 1982 nicht viel mehr tun, als immer wieder die Uneinigkeit der Araber zu beklagen.

»Ein erfolgreicher Kampf gegen Israel erfordert vor allem eine arabische Einheit. Es ist deshalb nicht überraschend, daß das Durcheinander und Schwanken, die Unfähigkeit der arabischen Staaten, politischen Willen oder wenigstens ein Mindestmaß an Einigkeit im gegenwärtigen Stadium an den Tag zu legen, tiefes Bedauern und Befürchtungen in der fortschrittlichen arabischen Öffentlichkeit erweckt«, schrieb die Moskauer Nachrichtenagentur TASS.

Damit reagierte Moskau auf scharfe Angriffe verschiedener arabischer Regierungen, die die sowjetische Untätigkeit getadelt hatten. Bereits während des vierten Nahost-Krieges 1973 und zu Beginn des libanesischen Bürgerkriegs 1975/76 sahen sich die arabischen Staaten veranlaßt, über die »kühle Haltung« der Sowjetunion zu klagen.

»Und wieder«, so war 1982 in Zeitungen aus den Golfländern zu lesen, »sind wir mit einer extrem kühlen sowjetischen Haltung konfrontiert, die sich auf eine bloße verbale Verurteilung der israelischen Aggression und salbungsvolle Stellungnahmen zum heroischen Widerstand der PLO beschränkt. Erfordert die Lage im Libanon nicht von der Sowjetunion eine strategisch effektive Initiative, ähnlich wie die der Vereinigten Staaten, die ja ihr gesamtes aggressives militärisches und politisches Gewicht in die Waagschale Israels werfen? Gibt es da vielleicht so etwas wie ein ›Gentlemen-Agreement‹, wie manche behaupten, zwischen Washington und Moskau, den Libanon und die palästinensische Revolution als Handelsobjekt gegen Polen und Afghanistan anzubieten?«

Doch alles in allem zahlte sich die zurückhaltende Taktik der Sowjetunion in der Libanon-Krise später aus. Hin und wieder sprach man damals in Moskau von den »Ausschreitungen der israelischen Aggressoren im Libanon«, von dem »blutigen Raubüberfall Israels, den die USA unterstützten« oder auch vom »Völkermord an den Palästinensern«. Nur ganz selten kamen offene Warnungen: Israel solle nicht vergessen, daß das Kriegsgebiet »in der Nähe der Südgrenze der Sowjetunion« liege und die Ereignisse dort »die Interessen der UdSSR berührten«. Eine ähnliche Stellungnahme war übrigens der militärischen Invasion in Afghanistan vorausgegangen. Doch im Libanon griffen die Sowjets nicht direkt ein. Sie hatten vielmehr ein anderes Konzept, das auch letzten Endes aufging: Die Israelis und Amerikaner in den Augen der Araber als »machthungrige Imperialisten« zu »entlarven«, die sich über völkerrechtliche Prinzipien hinwegsetzten, um dann selbst von den enttäuschten Staaten ins Land gerufen zu werden und erneut Fuß zu fassen.

Schon lange bevor im Libanon eine Waffenruhe eingetreten war, wiederholte die UdSSR den Vorschlag, den Frieden im Nahen Osten im Rahmen einer »internationalen Friedenskonferenz« zu regeln.

Gegen Ende des Krieges von 1982 präzisierte der damalige sowjetische Regierungschef Breschnew in einem »Brief an Präsident Reagan« und in mehreren Interviews die Position seines Landes im Libanon-Konflikt: Die israelischen Soldaten sollten sich sofort aus dem Libanon zurückziehen, denn die fortdauernde Aggression würde Tel Aviv politisch und moralisch mehr und mehr isolieren. Abgesehen davon stelle sich die Sowjetunion kategorisch gegen die Ankunft amerikanischer Truppen im Libanon. Auch wurden die Amerikaner nochmals daran erinnert, daß separate Friedensschlüsse keine Lösung für den Nahen Osten sein könnten. Daß im Libanon über die künftigen Einflußzonen in der ganzen Region entschieden werden sollte, lag für den Kremlchef klar auf der Hand: Schon jetzt, so klagte er, hätten die Amerikaner die Kriegssituation genutzt als »Rechtfertigung für einen amerikanischen Flottenaufmarsch am Persischen Golf«.

Schließlich präsentierte die Sowjetunion zum Reagan-Plan einen Gegenentwurf mit sechs wesentlichen Punkten. Er ist wohl mehr als ein »Bonbon« für die arabische Welt zu werten, denn keine einzige Forderung ist für Israel gegenwärtig annehmbar. Demnach sollte Israel sämtliche Gebiete abtreten, die es seit 1967 besetzt hält, den Palästinensern das Recht auf Selbstbestimmung und auf einen eigenen Staat zuerkennen sowie den Ostteil Jerusalems an die Araber zurückgeben, der dann zum palästinensischen Staat gehören sollte. Als Gegenleistung würde Israel die staatliche Anerkennung der arabischen Länder erlangen.

Damit hatte die sowjetische Führung den Arabern nicht nur aus dem Herzen gesprochen, sondern auch fast wörtlich deren eigene Forderungen wiederholt. Etwa gleichlautend ist nämlich der sogenannte »Fes-Plan«, der auf dem arabischen Gipfeltreffen 1982 verabschiedet wurde.

Den Reagan-Plan hingegen bezeichnete man in Moskau als »verwerflich«. Er stelle im Prinzip sogar die Grundlage für das Existenzrecht Israels in Frage: »Der 1947 angenommene Beschluß der Vereinten Nationen sah ja die Gründung zweier souveräner Staaten, eines arabischen und eines jüdischen, auf dem früheren Mandatsgebiet Palästina vor. Diesen Beschluß hat niemand außer Kraft gesetzt und niemand hat das Recht dazu. Und es wäre falsch, zu glauben, daß dieser Beschluß nur in dem einen Teil, der die Gründung eines jüdischen Staates betrifft, erfüllt und hinsichtlich des anderen Teils, der Gründung eines arabischen, palästinensischen Staates, endlos mißachtet werden kann.«

Wenn also die Offerten aus Moskau auch keinerlei Neuerungen enthielten, so waren sie doch ein deutliches Signal. In der Sowjetunion hatte man begriffen, daß die Zeit gekommen war, in der die Araber für die wohlwollende Unterstützung ihrer Position hellhörig waren. Für die Sowjetunion, die ihre Ziele nicht so hoch geschraubt hatte wie die USA, ging es nicht unbedingt darum, im Nahen Osten Friedensschlüsse nach ihrem Geschmack durchzusetzen. Es reichte schon völlig, wenn dies den Amerikanern ebensowenig gelang.

Abgesehen davon nämlich, daß die amerikanische Regierung mit ihrer schlecht durchdachten Libanon-Politik die arabischen Verbündeten vor den Kopf gestoßen hatte, hatte sie gleichzeitig noch einen empfindlichen Nerv der Sowjetunion berührt. Denn Syrien, das Land, das Washington so gern umgehen wollte, ist für Moskau das »Fenster zum Mittleren Osten«. Ein Vertrag über Freundschaft und Zusammenarbeit zwischen den beiden Staaten soll dafür sorgen, daß dieses Fenster offen bleibt. Wie ernst es Moskau damit ist, beweist die Entsendung von mehreren tausend sowjetischen Militärberatern nach Syrien während der Libanon-Krise. Folglich wäre eine endgültige politische oder militärische Niederlage der Syrer im Libanon auch ein arger Rückschlag für die Sowjetunion gewesen. Vielleicht vertrauten die Amerikaner darauf, daß sich die Sowjetunion für Syrien nicht in einen Krieg treiben lassen würde. Sie bedachten aber nicht, daß gerade die libanesische Geschichte reich ist an Beispielen für »Stellvertreterkriege«. Die Entwicklung des Libanon-Konflikts bewies dann, daß es auf der libanesischen Bühne sowohl Sympathisanten der amerikanisch-israelischen Option als auch der sowjetisch-syrischen Option gibt.

Vom Standpunkt der Sowjets aus hat die politische Zusammenarbeit mit dem Regime in Damaskus reiche Früchte getragen. Denn die Sowjetunion konnte über die »syrische Brücke« verhindern, daß ihr die Entwicklung im Nahen Osten vollends aus den Händen glitt. Nach dem Erfolg der USA bei der Vermittlung des Camp-David-Abkommens zwischen Israel und Ägypten begann nämlich eine schleichende Entwicklung mehr und mehr Konturen zu zeigen: Amerikaner und Israelis verfolgten gemeinsam im Nahen Osten eine Taktik der »separaten Friedensschlüsse«. Man plante, nach und nach einzelne arabische Staaten aus der »Ablehnungsfront« gegen Israel herauszulösen und so ein Geflecht von bilateralen Friedensschlüssen zu schaffen, das dann in die globale Befriedung der ganzen Region einmünden sollte. Den Anfang sollte dabei der Libanon machen, der nach dem Krieg von 1982 mit Israel das umstrittene Truppenabzugsabkommen aushandelte. Anschließend sollte auf der Basis der Reagan-Vorschläge und unter Einbeziehung Jordaniens die Palästina-Frage geregelt werden. Doch beide Versuche scheiterten unter anderem deshalb, weil man in Washington die Rechnung ohne den »syrischen Wirt« gemacht hatte.

Die sowjetische Regierung hatte nicht nur einen Gegenvorschlag zum Reagan-Plan vorzuweisen. Sie stellte auch noch einmal ihren Plan für die Golf-Region zur Diskussion, der aus dem Jahre 1980 stammte.

Nachdem das Mißtrauen in den Golfmonarchien gegenüber den USA beträchtlich gewachsen war und sie sogar befürchteten, die Amerikaner würden aus dem Iran-Irak-Krieg Vorteile ziehen und sich militärisch am Golf festsetzen, hatten sie offene Ohren für die Vorschläge aus Moskau. Diese erschöpften sich zwar eher im Grundsätzlichen, verfehlten aber nicht ihre Wirkung:

»Natürlich ist es uns nicht gleichgültig, was sich in einer Region abspielt, die so nahe an unserer Grenze liegt. Wir wünschen uns eine Normalisierung und Beruhigung der Lage. Im Gegensatz zu der imperialistischen Doktrin von Aggression und Unterdrückung für die Länder am Persisch-Arabischen Golf schlagen wir eine Doktrin von Frieden und Sicherheit vor. Das sind nicht leere Worte. Das ist unsere Politik. Wir schlagen den Vereinigten Staaten, den anderen westlichen Mächten, China, Japan, allen Staaten, die ein Interesse äußern, vor, sich auf folgende Punkte zu einigen: Keine Militärbasen in der Golfregion oder auf den Inseln zu errichten und dort keine Nuklearwaffen oder andere Waffen zur Massenvernichtung zu stationieren; keine Gewalt gegen die Golfstaaten zu gebrauchen oder ihnen damit zu drohen; sich nicht in die internen Angelegenheiten dieser Staaten einzumischen; den blockfreien Status dieser Staaten zu respektieren und sie nicht in militärische Bündnisse zu drängen; das Recht dieser Staaten auf ihre Bodenschätze nicht in Frage zu stellen; den Handelsaustausch nicht zu behindern und die Seewege, die diese Staaten mit der übrigen Welt verbinden, nicht zu gefährden.

Wir glauben, daß solche Vereinbarungen, bei denen die betreffenden Länder selbstverständlich gleichberechtigte Partner wären, ihren Interessen sehr entgegenkommen.«

Je mehr sich das Libanon-Debakel für die Amerikaner seinem Ende zuneigte, desto mehr hatte Moskaus »Politik der kleinen Schritte« Erfolg. Es begann mit einer Besuchsserie. Karin Brutents, stellvertretender Chef des Büros für Außenbeziehungen der KPdSU, nutzte im Frühsommer 1984 eine Einladung libanesischer Politiker zu Gesprächen in Beirut und zu einem Abstecher nach Syrien. Mit der Damaszener Führungsspitze wurden bei dieser Gelegenheit nicht nur die bilateralen Beziehungen besprochen, sondern auch die politischen Perspektiven, die sich nach dem absehbaren Scheitern der amerikanischen Nahost-Politik eröffnen würden.

Der zweite russische Staatsgast, Vladimir Poliakov, wandte sich nach Kairo. Und dieser Besuch entbehrte nicht einer gewissen Pikanterie, die gleichzeitig Symbol für einen neuen Anfang war. Denn Poliakov, heute Vorsitzender der für den Mittleren Osten zuständigen Abteilung im Außenministerium, war Botschafter in Kairo, als 1981 die sowjetischen Diplomaten von dem damaligen ägyptischen Präsidenten Sadat so unrühmlich außer Landes gewiesen wurden. Ganz im Gegensatz zu Saudi-Arabien, das mit der Sowjetunion keine »gemeinsame Vergangenheit« hat, blickt Ägypten auf eine wechselvolle Geschichte seiner Beziehungen zu der östlichen Supermacht zurück. Nach über einem Jahrzehnt des engen Miteinanders unter Gamal Abdel Nasser kündigte Sadat 1971 einseitig den Vertrag über Zusammenarbeit mit der Sowjetunion, wies ein Jahr später 17000 russische Militärberater außer Landes und schickte kurz vor seiner Ermordung auch noch den russischen Botschafter nach Hause.

»Ägypten und die Sowjetunion fühlen gegenseitig wieder den dringenden Wunsch, ihre Zusammenarbeit zu entwickeln und zu verbessern«, verkündete der ägyptische Staatschef Mubarak als Reaktion auf die amerikanische Nahost-Politik. Das Verhältnis zu den USA war merklich abgekühlt nach der einseitigen Unterstützung für Israel im Libanon-Konflikt, der mangelnden Bereitschaft oder Fähigkeit der Reagan-Administration, die israelische Besatzung des Südlibanon zu beenden und nach politischen Akten, die von den Arabern als zusätzliche Provokation empfunden wurden, wie zum Beispiel der Abschluß des strategischen Abkommens zwischen Israel und den Vereinigten Staaten. Präsident Mubarak, der trotz allem willens ist, an seinem schweren Erbe, dem von den USA vermittelten Camp-David-Abkommen, festzuhalten, zog nun die Konsequenzen, und öffnete sein Land neuen engeren Kontakten mit der Sowjetunion.

Dennoch sind die zugespitzten Interpretationen, die die arabische Welt schon bald dem westlichen Einfluß ganz entgleiten sehen, nicht gerechtfertigt. An erster Stelle wollen die arabischen Staaten die Rolle der USA im Mittleren Osten relativieren. Eine stärkere Präsenz der Sowjets in der Region könnte, so hofft man, die Amerikaner zu einer ausgeglicheneren Politik zwingen. Andererseits wissen auch die gemäßigten Führer in der arabischen Welt nur zu genau, daß dort, wo israelische Interessen nicht direkt berührt sind – wie etwa in dem vom Golf-Krieg bedrohten Bereich – die Amerikaner nach wie vor der einzige Garant von Stabilität sowie des Überlebens der dort herrschenden Regime sind.

Im Grunde ist man sich in den arabischen Ländern bewußt, daß auch eine Verschiebung des Kräftegleichgewichts zwischen den beiden Supermächten nicht unbedingt eine Lösung des Konflikts mit Israel mit sich bringen wird: »Wenn Israel sich nicht eines Tages aus dem Libanon, der Westbank, dem Gazastreifen und den Golanhöhen zurückzieht, dann ist die amerikanische Niederlage im Nahen Osten, wenn man sie überhaupt so nennen kann, nicht so sehr als ein Sieg für die Sowjetunion zu werten, sondern vielmehr ein Triumph für Israel«, kommentierte im Sommer 1984 die führende Beiruter Tageszeitung »al-Nahar«.

Die Sowjetunion ihrerseits scheint zu wissen, daß sie im Nahen Osten bis auf weiteres nicht mehr sein kann als ein »Spielverderber« für die USA. Sie hat die rückhaltlose Unterstützung für Israel als den schwachen Punkt der amerikanischen Nahost-Politik erkannt. Demzufolge basiert die taktische Linie Moskaus auf dem naheliegenden Gedanken, im Nahost-Konflikt die Partei der Araber zu ergreifen.

Ölprinzen, Diktatoren und Revolutionäre
Beirut - Arena arabischer Rivalitäten

Die Wurzel unserer Tragödie«, so erklärte 1976 der libanesische Staatspräsident Elias Sarkis, »ist das Unrecht, welches dem palästinensischen Volk durch den Zionismus zugefügt wurde. Die Folgen daraus spürt der Libanon tief in seinem Fleisch. Für einen Fehler, den er nicht begangen hat, zahlt er einen ungeheuren Preis, der seine Existenz und seine Zukunft bedroht. Aber die Tragödie hat auch ihre Ursprünge in den *arabischen Gegensätzen,* die sich auf unserem Boden herausgeschält haben. Wenn die Palästinenser von den verschiedenen arabischen Regimen besser behandelt worden wären, hätte der Libanon nicht all die Katastrophen erleiden müssen, denen er immer noch ausgesetzt ist. Jedesmal, wenn ein *arabischer Staat* die Freiheit der Palästinenser in Frage stellte, strömten sie in noch größerer Zahl in unser Land. Unter dem Druck der Menge war der libanesische Staat schließlich gezwungen, 1969 das »Abkommen von Kairo« zu unterzeichnen, in dem die Beziehungen zum palästinensichen Widerstand geregelt wurden. Das war damals das Maximum an Zugeständnissen, das wir machen konnten, ohne unsere Souveränität einzubüßen. Eine Fraktion innerhalb des palästinensichen Widerstands indessen hat sich geweigert, das Abkommen zu befolgen. Seither ist das Vertrauen zwischen den beiden Partnern mehr und mehr geschwunden. Angesichts der Reichhaltigkeit der Waffenarsenale, die sich im Besitz der Palästinenser befinden, wurde eine Gruppe der libanesischen Bevölkerung von Angst ergriffen. Tatsächlich wurden sie Zeugen, wie sich eine Bewegung herausbildete, die sich ihrem Staat entgegenstellte. Damit nicht genug, drängten sich die Palästinenser in die inneren Angelegenheiten ihres Gastlandes, in dem sie die Forderungen der einen Bevölkerungsgruppe gegen die der anderen auspielten.«

Auch wenn Elias Sarkis' Worte einmal mehr die Neigung der Libanesen zeigen, außerhalb ihrer Grenzen nach Schuldigen für ihre Misere zu suchen, so macht doch ein Blick auf die Rolle der arabischen Staaten im Libanon-Konflikt deutlich, daß ihnen eine Mitverantwortung für den Gang der Dinge nicht abzusprechen ist.

Ägypten – ideologisches Vorbild und »untreuer Bruder«

Verkürzt ausgedrückt, hat Ägypten stets der libanesischen Fraktion Unterstützung gewährt, die gerade nicht von Syrien favorisiert war. Damit fand der unermüdliche Machtkampf zwischen Ägypten und Syrien um den Führungsanspruch in der arabischen Welt auch seine Entsprechung im libanesischen Bürgerkrieg.

In der Praxis sah das so aus: Als Syrien die »Nationalbewegung«, die Koalition linksgerichteter und muslimischer Milizen unter der Führung des Drusenfürsten Kamal Djumblatt und die »Fatah«, Yassir Arafats Hausmacht innerhalb der PLO, unterstützte, wandte sich Ägypten wohlwollend den Maroniten zu.

Dann aber griffen die Syrer 1976 militärisch zugunsten der maronitisch-christlichen Milizen ein, und Djumblatt und Arafat mußten sich nach einem anderen Alliierten umsehen. Im Interesse ihres Überlebens gegenüber der »syrisch-maronitischen Übermacht« überwanden sie ihren Widerwillen gegen den ägyptischen Präsidenten Anwar Sadat. Letzterer hatte nämlich kurz zuvor – am 4. September 1975 – ein zweites Truppenentflechtungsabkommen mit Israel für die Halbinsel Sinai unterzeichnet. Sadat, der als Folge dieses Vertrages von den radikaleren arabischen Staaten geschnitten worden war, witterte seine Chance. Er ließ die Maroniten fallen. Nun konnte er in der neuen schimmernden Rüstung eines Beschützers der »Palästinensischen Revolution« und der »entrechteten Muslime« vor seine Widersacher treten. Arafat-treue Brigaden der »Palästinensichen Befreiungsarmee«, die in Ägypten stationiert waren, wurden in aller Eile in den Libanon entsandt. Zusätzlich konnte Sadat auch noch dem Irak einen Dienst erweisen. Dort überlegte man nämlich, auf welche Weise man Verstärkung für die Palästinenser in den Libanon schaffen könnte, denn der Irak verfügte über keinen direkten Zugang zu libanesischem Gebiet. Nun werden alle diese Transporte über eine Luftbrücke Bagdad–Kairo–Beirut abgewickelt.

In dieser Situation widersetzte sich Sadat auch dem dringenden Ruf Saudi-Arabiens nach einem »Arabischen Gipfel«. Der Preis für seine Teilnahme sei die Anerkennung des Sinai-Abkommens durch Syrien, erklärte er.

Erst viel später erkannten Damaskus und Kairo, daß ihre Rivalität im Libanon nur einem nutzte: den Israelis, die immer mal wieder Streifzüge und Strafaktionen im Südlibanon unternahmen und 1978 ihren umfangreichen »Litani-Feldzug« durchführten. Doch zu diesem Zeitpunkt war es für eine gemeinsame Friedensinitiative bereits zu spät, denn mittlerweile waren in »Camp David« die israelisch-ägyptischen Verhandlungen angelaufen, die 1979 in die Unterzeichnung eines Friedensvertrages einmünden sollten. Damit war Ägypten bis auf weiteres weder für die Palästinenser noch für Syrien ein willkommener Gesprächspartner und spielte folglich auch auf libanesischem Parkett nur noch eine untergeordnete Rolle.

Irak – Vorkämpfer des arabischen Sozialismus und Erzfeind Syriens

Der Irak bemühte sich, im Libanon seinem pan-arabischen Selbstverständnis gerecht zu werden. Aus zwei Gründen betrachtete sich der Irak als Vorreiter des Pan-Arabismus: aufgrund seiner arabisch-nationalistischen Traditionen und vor allem aufgrund der Tatsache, daß Baghdad der Sitz der »legitimen pan-arabischen Führerschaft der Baath-Partei« ist. Diese Führungskader hatten ihr Hauptquartier ursprünglich in der syrischen Hauptstadt Damaskus aufgeschlagen; unter ihnen befand sich auch der Vater der »Baath«-Partei, Michel Aflak, ein Libanese griechisch-orthodoxen Glaubens. Dann aber, so lautete die irakische Version, sei in Damaskus eine »Dissidenten-Clique« innerhalb der »Baath«-Partei mit Hafiz al-Assad an die Spitze der Macht gekommen. Diese »Abweichler« trieben die rechtmäßigen Führer außer Landes.

Andere ehemals pan-arabisch orientierte Bewegungen haben sich später zu marxistischem Gedankengut bekannt, wie z. B. die beiden PLO-Unterorganisationen »Demokratische Front zur Befreiung Palästinas« (DFLP) und die »Volksfront zur Befreiung Palästinas« (PFLP). Als Wächter über die pan-arabische Ideologie war demnach nur noch der Irak übriggeblieben.

Daraus ergibt sich, daß sich Baghdad schärfstens allen Versuchen einer Regelung des Nahost-Konflikts widersetzte, die eine Anerkennung Israels auch nur vage in Aussicht stellten. Mit dieser Vorgabe war die irakische Regierung der Ansprechpartner der radikaleren Flügel innerhalb der PLO und der libanesischen »Nationalbewegung«.

Die syrische Regierung hingegen galt den Irakis als »illegitim«, und entsprechend mißtrauisch beobachten beide die jeweiligen Aktivitäten des anderen auf libanesischem Boden. Beide Länder brachten die Gründung libanesischer Ableger ihrer »Baath«-Parteien zustande, die sich natürlich im Libanon auch feindselig gegenüberstanden.

Die Irakis wünschten damals, das hat sich inzwischen grundlegend geändert, einen politisch radikalisierten Libanon, als Endpunkt einer Achse von Frontstaaten gegenüber Israel.

Libyen – Geldgeber und Drahtzieher

Neben Syrien und dem Irak war Libyen das Land, das sich emsig für den Libanon zu interessieren begann, als es in Beirut langsam brodelte. In diesem Bürgerkrieg gab es eine ganze Reihe von Widersprüchen und Rivalitäten, die den libyschen Staatschef Muammar Ghaddafi faszinierten und seine Aufmerksamkeit fesselten: Christen gegen Muslime, Reiche gegen Mittellose, Linke gegen Rechte, Pan-Arabisten gegen Isolationisten, maronitische Privatarmeen gegen palästinensische Kommandos, Bewahrer gegen Revolutionäre und andere mehr. Dies alles verband sich mit Ghaddafis Version vom islamischen Fundamentalismus, seinem beduinischen Unmut gegen soziale Ungerechtigkeit, seinem Widerwillen gegenüber der selbstherrlichen traditionell arabischen Herrscherschicht und nicht zuletzt mit seiner eigenen Selbstherrlichkeit, mit der er das Erbe Nassers als Führer der »muslimischen Linken« an sich gerissen hatte.

Schon 1969, kurz nach seiner Machtergreifung in Libyen, wurde Ghaddafi daher im Libanon aktiv, indem er radikal-muslimische Kräfte eifrig mit moralischem Zuspruch und handfesten Geldüberweisungen stützte, um so eine »neo-nasseristische Renaissance« einzuleiten.

Ghaddafi sah sich auch als ausgleichende Kraft zu den konservativen arabischen Regimen und dem Iran, der sich damals noch nicht in seiner revolutinären Phase befand. Jene nämlich förderten das muslimische Establishment – oder gar die Maroniten.

Indem er die im Libanon verstreuten Nasser-Anhänger unterstützte, verschaffte er sich auch Gelegenheit, den ägyptischen Präsidenten Sadat zu ärgern, den er als »Abweichler vom Wege Nassers« brandmarkte. Ghaddafi wünschte sich einen radikalisierten Libanon, der sich allerdings nicht mit dem Irak, sondern mit Syrien und Libyen zu einer »Ablehnungsfront« gegenüber Israel zusammenfinden sollte.

Die konservativen arabischen Staaten

Von den Ölmonarchien am Golf beschäftigten sich vor allem das Emirat Kuwait und das Königreich Saudi-Arabien mit der Libanon-Krise. Sie teilten dieselben Sympathien, dieselben Befürchtungen und Hoffnungen.

Beide Staaten sahen auf der einen Seite die Maroniten des Libanon als ein willkommenes Bollwerk gegen radikal-muslimische und linke Kräfte. Andererseits hatten sie viel Sympathie für die muslimischen Libanesen und natürlich die Palästinenser, fürchteten aber die Konsequenzen, sollten diese beiden Gruppen die Macht im Libanon übernehmen. Eine Neuorientierung des Libanon nach links würde möglicherweise auch den politischen Standort der großen palästinensischen Kolonien am Golf beeinflussen und die Stabilität der Golfstaaten bedrohen.

Andererseits sahen sie auch die Gefahr, daß eine andauernde palästinensich-syrische Rivalität im Libanon die Autorität des syrischen Präsidenten Hafiz al-Assad untergraben und seinen Stuhl ins Wanken bringen könnte. Dies barg das Risiko in sich, daß in Syrien der noch radikalere irakische Flügel der »Baath«-Partei die Macht ergriff. Daraus folgte für Saudi-Arabien und Kuwait, daß es ratsamer sei, Assads Position im Libanon-Konflikt zu stützen.

Ihr Endziel war allerdings eine Versöhnung zwischen Damaskus und Kairo, um so einen geeinten arabischen Standpunkt im Nahost-Konflikt zu entwickeln.

In der Zwischenzeit unterstützten sie im Libanon, um nichts zu versäumen, mal die Maroniten und mal die Palästinenser mit harten Petrodollars.

Arabische Ohnmacht

Ebenso lapidar wie treffend war der Ausspruch eines amerikanischen Experten über die Konsequenzen, die der 5. Nahost-Krieg im Libanon 1982 für die Araber nach sich zog: »Die arabische Welt wird nach der israelischen Invasion nicht mehr das sein, was sie vorher war – so oder so.«

Den Zeitpunkt für die Invasion des Libanon hatte Israel gut gewählt, denn der Einmarsch erfolgte, als die arabische Welt durch andere Konflikte geteilt, zerstritten und überfordert war – wie durch den »Golfkrieg« zwischen Iran und Irak, um nur ein Beispiel zu nennen.

Deshalb war es eigentlich keine Überraschung, daß die Araber zuerst gar nicht und dann völlig unzureichend auf den israelischen Sturmlauf im Libanon reagierten. Zwar hatte der damalige libanesische Staatspräsident Elias Sarkis (1976–82) schon in den ersten Tagen der Invasion nach einem »arabischen Gipfel« gerufen, doch erntete er für seine Bemühungen nichts weiter als bestürzte Ungläubigkeit und verhohlene Wut von arabischer Seite. Selbst als die israelischen Truppen bereits an den Außenbezirken von Beirut standen, waren es allein die Saudis, die allmählich erwachten und ihr Bestes taten, um zu retten, was jetzt noch zu retten war.

Mehr als drei Wochen »diskutierten« die arabischen Staaten darüber, ob die heikle Situation im Libanon Anlaß genug für einen »Sondergipfel« sei, oder ob es auch mit einer Konferenz auf mittlerer Ebene getan wäre. Trotz der ohnmächtigen Überzeugung, daß ihnen die Hände gebunden waren, beriefen die arabischen Regierungen schließlich eine außerplanmäßige Konferenz ihrer Außenminister ein, die am 26. und 27. Juni in Tunis tagte. Man trennte sich mit dem Beschluß, einen Ausschuß zu bilden, der den weiteren Verlauf der Ereignisse im kriegsgeschüttelten Libanon aufmerksam verfolgen sollte. Ihm gehörten Repräsentanten aus Saudi-Arabien, Kuwait, Libanon, Syrien, Algerien und der »Palästinensischen Befreiungsorganisation« (PLO) an. Während des Libanon-Krieges von 1982 trafen sich die Ausschuß-Delegationen zu regelmäßigen Sitzungen in Taif, der Sommerresidenz des saudischen Königshauses, auf der arabischen Halbinsel. Das Arbeitspapier, das die bedrängten Libanesen diesem Gremium präsentierten, stand noch ganz im Zeichen eines panarabischen Selbstverständnisses und war ein verzweifelter Hilferuf an die arabische Welt:

»Das libanesische Staatsgebiet ist einer tyrannischen Aggression ausgesetzt. Der Libanon geht durch eine tragische Phase, angefüllt mit Tod, Zerstörung und Vertreibung der libanesischen und palästinensischen Bevölkerung. Die arabischen Staaten, die gesamte Region und die ›Arabische Liga‹ mögen sich den Schutz des libanesischen Volkes sowie die Unantastbarkeit seines Landes ebenso vor Augen halten wie die Unabhängigkeit, Souveränität und den Schutz des palästinensischen Volkes.

Die Gesetzlosigkeit und Zerrissenheit, die der Libanon in den vergangenen siebeneinhalb Jahren erleiden mußte, und die Tatsache, daß das libanesische Problem ein gesamtarabisches Problem darstellt, sollte sie dazu anleiten, folgende Beschlüsse zu fassen:

– Die libanesische Tragödie ist die Tragödie aller Araber, und wir verkünden somit unsere Solidarität mit dem Libanon sowie unsere Bereitschaft, alles daran zu setzen, um dieser Tragödie der Libanesen ein Ende zu setzen.
– Die Aggression Israels gegen den Libanon und sein Volk sowie gegen die Palästinenser und ihre gerechte Sache ist scharf zu verurteilen.
– Die Aufmerksamkeit der Weltöffentlichkeit ist auf die darin liegende Gefahr zu lenken sowie auf die Folgen, die diese Aggression für die Sicherheit und den Frieden in der Region haben kann.
– Die Verwirklichung der UN-Resolutionen 508 und 509, die einen Waffenstillstand und den Abzug israelischer Truppen von libanesischem Territorium fordern, ist nach Kräften zu unterstützen.
– Der militärischen Aktivität der Palästinenser von libanesischem Boden aus ist ein Ende zu setzen. Bewaffnete palästinensische Präsenz sollte es in Zukunft nicht mehr im Libanon geben. Statt dessen ist der libanesischen Regierung die Möglichkeit einzuräumen, ihre rechtmäßige Kontrolle über den gesamten Libanon auszudehnen.

– Dessen ungeachtet sollten alle arabischen Staaten der PLO jede nötige Hilfe anbieten, damit sie das Ziel ihres Kampfes erreicht. Dem libanesischen Volk indessen sollte umfassende soziale Hilfe zuteil werden.«

Soweit die libanesischen Vorstellungen über die Position, die die arabischen »Bruderstaaten« im libanesisch-israelischen Konflikt einnehmen sollten.

Das Arbeitspapier der PLO war in seinen Forderungen wesentlich militanter und offensiver, denn schließlich ging es in Beirut nicht nur um das Leben der eingeschlossenen Kämpfer, sondern auch um die Rettung der palästinensischen Machtbasis im Libanon. Entsprechend hoch schraubten Yassir Arafat und seine Leute in dieser bedrohlichen Lage ihre Erwartungen an die »Solidarität der arabischen Brüder« – und wurden bitter enttäuscht.

Die Palästinenser forderten:

– »Die Abberufung aller arabischen Botschafter aus den USA.
– Einen Boykott gegen alle amerikanischen Firmen im Nahen und Mittleren Osten.
– Einen Boykott gegen amerikanische Waren.
– Die sofortige Einberufung einer arabischen Gipfelkonferenz, um die arabisch-palästinensischen Widersprüche aufzulösen.
– Die ausdrückliche Zusicherung aller arabischen Staaten, daß sie bedingungslos an der Seite der PLO und des Libanon stehen.
– Die Rückführung arabischer Gelder aus den Vereinigten Staaten.
– Einen Beschluß, der amerikanischen 6. Flotte in arabischen Häfen jede Versorgung mit Öl zu versagen.
– Die Zusicherung der gesamten ›Arabischen Nation‹ für die Unterstützung des palästinensischen Volkes.
– Maßnahmen zu ergreifen, welche die Belagerung Beiruts durchbrechen, den Bombardierungen ein Ende setzen und den bedingungslosen Abzug der israelischen Armee aus dem Libanon bewirken können.«

Abgesehen von der verständlichen Verzweiflung, die das palästinensische Papier erkennen ließ, legte es einmal mehr Zeugnis davon ab, welch erschreckender Mangel an Realitätssinn die PLO-Funktionäre auszeichnete.

Als die erwünschten gesamtarabischen Reaktionen ausblieben, begriffen die in Beirut von den israelischen Truppen eingekreisten Palästinenser und Libanesen schließlich, daß sie auf eine umfassende arabische »Bruderhilfe« nicht hoffen durften.

»Die arabische Solidarität ist eine große Lüge, die arabische Welt an sich ist schon eine Lüge – und die sogenannte Standhaftigkeits- und

Konfrontationsfront sind auch Lügen«, lautete damals der verbitterte Kommentar der Beiruter Radiostation »Stimme von Palästina«.

Ohne Zweifel hat die arabische Reaktion, oder besser, das Fehlen jeglicher Reaktion auf die monatelange israelische Belagerung West-Beiruts, die sogenannten »Konfrontationsstaaten« gegen Israel – Syrien, Libyen, Südyemen und Algerien – vor aller Welt entlarvt und an den Pranger gestellt. Von ihnen hatte Yassir Arafat offensichtlich weitreichende politische oder sogar militärische Initiativen erwartet. Statt dessen klangen die Kommentare aus den betreffenden Hauptstädten hilflos, wütend und manchmal makaber. So riet der libysche Staatschef Muammar Ghaddafi den eingeschlossenen Palästinensern, lieber kollektiven Selbstmord zu begehen als sich auf eine »unehrenhafte Verhandlungslösung« mit den Israelis einzulassen.

An die Adresse der konservativen arabischen Staaten, zu denen vor allem die Golfmonarchien zählen, richtete sich ein ganz anderer Vorwurf. Sie hatten, so klagte die PLO, auf sträfliche Weise versäumt, für die Befreiung der palästinensischen Kämpfer aus der Beiruter Falle das einzusetzen, was sie im Überfluß besaßen: Geld und Öl.

Doch der Ruf nach der »Ölwaffe«, die schon einmal gute Dienste geleistet hatte – erinnern wir uns an das Ölembargo gegen die westlichen Industriestaaten anläßlich des Nahostkrieges von 1973 – verhallte 1982 ungehört. Ohnehin war diese »Ölwaffe« längst stumpf geworden, denn der Westen, mit Ausnahme Japans, hatte aus dem Schock von 1973 gelernt und seine Abhängigkeit von Ölimporten aus den arabischen Ländern stark reduziert. Somit hätte das Abdrehen des Ölhahns mehr die Wirtschaft der ölexportierenden Länder geschädigt als die westliche Welt unter Druck gesetzt.

Doch den Palästinensern kam es vor allem auf die symbolische Geste ihrer »arabischen Brüder« an. Als diese ausblieb, schworen sie bittere Rache in Form von Terroranschlägen in der ganzen arabischen Welt – allen voran die radikalen Fraktionen innerhalb der PLO, wie z.B. George Habbaschs »Volksfront zur Befreiung Palästinas« (PFLP). Der entschlossene Ton, in dem sie dies taten, erinnerte auf beunruhigende Weise an die Drohungen, die sie mehr als ein Jahrzehnt zuvor nach ihrer Flucht aus Jordanien ausgestoßen und wahrgemacht hatten.

Mit den »libanesischen Ereignissen« im Sommer 1982 fanden die Illusionen der Araber, sie könnten mit ihren reichen Bodenschätzen einen Ausgleich zu der militärischen Überlegenheit der Israelis schaffen, ein abruptes und enttäuschendes Ende. Es zeigte sich, daß die Araber weder Washington noch Tel Aviv unter Druck setzen konnten, im Gegenteil, sie waren gezwungen, tatenlos zuzusehen, wie die palästinensischen Kämpfer in West-Beirut das Feld räumen mußten. Sie mußten es geschehen lassen, daß der jüdische Staat relativ mühelos immer neue Hürden nahm, um sich als regionale Supermacht aufzubauen.

Diese Erkenntnis veranlaßte den Publizisten Muhammad Heikal, ehemals Vertrauter des ägyptischen Präsidenten Nasser, zu folgender Stellungnahme:

»Im Libanon sind wir Zeugen vom Ende einer ganzen Ära geworden, die man vielleicht die ›saudische Ära‹ nennen könnte. Bis zur Invasion des Libanon durch die israelische Armee im Sommer 1982, haben wir in der Illusion gelebt, wir könnten den militärischen Vorsprung der Israelis mit unserem Öl und unserem Geld ausgleichen. Was sich jedoch im Libanon erwies, war die bittere Wahrheit, daß diejenigen, die jene wertvollen Schätze besaßen, nämlich die Araber, im Grunde die Amerikaner mehr brauchten als die Amerikaner sie. Nicht die arabischen Staaten konnten Druck auf die USA ausüben, damit Washington seinerseits die Israelis im Zaum hielte, nein, es waren die Israelis, die die Amerikaner unter Druck setzten und erreichten, daß die PLO West-Beirut verlassen mußte.

Darin liegt auch die große Gefahr für den Libanon, das kleine Land an der Nordgrenze Israels. Das Argument, der Libanon sei ja noch niemals eine militärische Macht gewesen und habe sich dennoch eine gewisse Unabhängigkeit erhalten können, gilt nicht mehr. Denn die Verhältnisse haben sich geändert. Der Libanon hatte es einem zerbrechlichen Kräftegleichgewicht zu verdanken, daß er sein Territorium bis 1982 zusammenhalten konnte – einem Kräftegleichgewicht nicht nur zwischen Arabern und Israelis, sondern auch innerhalb der arabischen Welt. Dieses Gleichgewicht verschwindet nun immer mehr wie Wassertropfen im Wüstensand. Der Libanon ist und bleibt das Schlachtfeld, auf dem der verzweifelte Kampf um neue Vorherrschaften ausgetragen wird. Die Araber sind an dieser Entwicklung keineswegs schuldlos, denn sie haben den Libanon immer als Vorposten in ihrem Kampf gegen Israel mißbraucht. Nun ist Israel am Zug und kann den Libanon einsetzen, um die Balkanisierung der arabischen Welt voranzutreiben. Wie erfolgreich es dabei sein wird, hängt einmal davon ab, ob sich die arabischen Staaten wieder zu einem gemeinsamen Willen und einem gemeinsamen Weg durchringen können, und andererseits davon, wie sich das Verhältnis zwischen den Supermächten im Nahen und Mittleren Osten entwickelt.

Bis jetzt teilen wir uns paradoxerweise den großen Alliierten, der uns helfen könnte, nämlich die USA, mit Israel. Ich glaube, was die Amerikaner wirklich wollen, ist eine geteilte arabische Welt, damit sie den einzelnen Staaten leichter ihren politischen Willen aufzwingen können. Schauen Sie sich doch an, was in unseren Hauptstädten an politischer Willensäußerung ertönt: Das Äußerste, wozu sich arabische

Regierungen angesichts der Libanon-Krise durchringen konnten, waren Protestbriefe an die jeweiligen amerikanischen Botschaften oder an Präsident Reagan persönlich.«

Saudi-Arabien müht sich

In einem Punkt allerdings irrte Muhammad Heikal: Die »saudische Ära« war durch den israelischen Krieg im Libanon 1982 keineswegs beendet worden; sie hatte nur eine neue Dimension erhalten. Denn als eine gesamtarabische Initiative ausblieb, waren es die Saudis, die allein ihr Glück als Vermittler versuchten. Mit Ausnahme direkter Kontakte zur israelischen Regierung verhandelten sie während der Belagerung West-Beiruts mit allen beteiligten Gruppen: Rechten und Linken, Christen und Muslimen, Palästinensern und Vertretern westlicher Staaten. Freilich konnten die Unterhändler Saudi-Arabiens keine politische Lösung der Libanon-Krise herbeiführen, dazu war ihre Position zu schwach, doch sie erreichten immerhin einige menschliche Erleicherungen für die eingeschlossene Beiruter Bevölkerung.

Im Rahmen ihrer begrenzten Möglichkeiten leisteten die saudischen Vermittler gute und unermüdliche Arbeit. Dies gilt insbesondere für die Verhandlungen über den Abzug der palästinensischen Kämpfer aus Beirut im Sommer 1982. Während sich das Ringen um die Abzugsbedingungen in die Länge zog, gelang es den saudischen Unterhändlern immer wieder, der eingeschlossenen West-Beiruter Bevölkerung kurze Kampfpausen zu verschaffen. Sie übermittelten die Forderungen der PLO an die Amerikaner, immer auf der Suche nach einem Abzugsmodus, den die palästinensichen Guerillas als »ehrenhaft« genug empfinden würden, um ihn auch wirklich in die Tat umzusetzen.

Der saudi-arabische König Fahd gehört zu den arabischen Herrschern, die nach wie vor PLO-Chef Yassir Arafat die Stange halten, weil sie bei seinem Sturz eine Radikalisierung der »Palästinensischen Befreiungsorganisation« befürchten: »König Fahd betrachtet Arafat als Pragmatiker, nicht als Revolutionär. Er schließt nicht aus, daß nach Beirut eine neue PLO wie ein Phönix aus der Asche entstehen könnte – viel häßlicher, radikaler und weniger geeint als unter Arafat«, orakelte ein Berater des saudischen Königshauses.

Jenseits der PLO und Yassir Arafats Schicksal lag dem saudischen König während des Libanon-Krieges noch eine andere Sorge am Herzen. Sie betraf die Gefahr, daß sich im ohnehin labilen Libanon, begünstigt durch die verheerenden Folgen der israelischen Aggression, weite Teile der Bevölkerung radikalisieren könnten und damit für eine revolutionäre islamische Propaganda äußerst empfänglich wurden. Tatsächlich waren bereits im Verlauf der ersten Kriegsmonate von der

Teheraner Regierung mehrere hundert »Revolutionsgardisten« in den Libanon entsandt worden. Ihre erklärte Aufgabe war es, am Kampf gegen den »zionistischen Feind« teilzunehmen, solange dies möglich und nötig war, und anschließend libanesische Schiiten zu »Soldaten und Märtyrern Gottes« zu erziehen. Saudi-Arabien und die übrigen Golfstaaten sahen sich nun von zwei Seiten mit der »islamisch-schiitischen Renaissance« und ihren oft fanatischen Anhängern konfrontiert: Zu Hause, wo der Golfkrieg praktisch vor ihren Toren ablief und die iranischen Mullahs davon schwärmten, die »gerechte islamische Herrschaft« nicht nur im Irak, sondern überall dort zu errichten, wo Khomeinis Ideen bisher mißachtet worden waren, und am östlichen Mittelmeer, wo sich der Libanon zum neuen Außenposten der radikal-muslimischen Fundamentalisten entwickelte. Wie geschickt die Parteigänger Khomeinis die anarchischen Zustände in Beirut für sich genutzt und wie nachhaltig sie Fuß gefaßt hatten, bekamen die Saudis in den Jahren nach der israelischen Invasion mehrfach selbst zu spüren. Anfang 1984 wurde ihr Konsul in West-Beirut entführt. Wenige Monate später stürmten Mitglieder der radikal-schiitischen »Partei Gottes« (»Hizbullah«) die saudi-arabische Botschaft, machten Kleinholz aus der Visa-Abteilung und zogen große Poster mit Khomeinis Konterfei an den Wänden hoch. Der Anlaß für den Sturmlauf: Die libanesischen Schiiten waren unzufrieden mit der saudischen Abwicklung von Visa-Anträgen für Gläubige, die nach Mekka pilgern wollten.

Solche Ereignisse führten bei den Saudis einen Stimmungswandel herbei. Sie begriffen, daß Zurückhaltung und Ausgewogenheit gegenüber den Konfliktherden im Nahen Osten allein ihr Regime auf Dauer nicht stabil halten konnten.

»Die Saudis haben immer nur beobachtet und ihre defensive Kraft eingesetzt, um auf Entwicklungen einzuwirken – ohne sich allzusehr einzumischen«, sagte ein amerikanischer Diplomat im Sommer 1984.

»Aber König Fahd scheint nun entschlossen, diese passive Haltung aufzugeben, damit ihm nicht eines Tages der Boden unter den Füßen weggezogen wird.«

König Fahd hatte klar erkannt, daß die größte Bedrohung für die arabische Welt, so wie er sie versteht und repräsentiert, gegenwärtig keineswegs von Israel ausgeht, sondern von der »Islamischen Republik Iran« des Ayatollah Khomeini.

»Es ist vielleicht übertrieben, von einer fixen Idee bei ihm zu reden. Aber es ist sicher eine tief verwurzelte Angst. Er ist ein frommer Mann, doch der ›Khomeinismus‹ ist für ihn gleichzusetzen mit ›Fanatismus‹. Er weiß, daß er gegenüber jenen Fanatikern keine Zeit zu verlieren hat«, kommentierte ein kenntnisreicher libanesischer Interpret saudischer Politik.

Angesichts dieser saudischen »Betroffenheit« ist es nicht verwunderlich, daß Saudi-Arabien während der israelischen Invasion des Libanon zum »Mekka arabischer Politiker« wurde. »Taif«, so beschrieb ein saudischer Funktionär das rege Treiben, »sieht aus wie ein verstopfter Kreisverkehr, in dem sich die arabischen Führer drehen. Die einen kommen – die anderen gehen.«

Doch all die Mühen, die Zeit und der ernstgemeinte Wille, die die saudische Regierung in die Lösung der Libanon-Krise investierte, dürfen letzten Endes nicht darüber hinwegtäuschen, daß Saudi-Arabien kaum in der Position war, diesen Konflikt einer politischen Lösung näherzubringen. Im Gegenteil, obwohl sich rein äußerlich alles um den saudischen König Fahd als der zentralen Figur auf der arabischen Szene zu drehen schien, mußte gerade er sich häufig mit einer rein beratenden Funktion zufriedengeben und nicht selten sogar akzeptieren, daß die Entwicklung keineswegs in seinem Sinne verlief. Dies betraf vor allem die palästinensische Frage, deren Geschichte der letzten zehn Jahre ja eng mit dem Libanon verbunden war. Wie schon erwähnt, stand den Herrschern am Golf eine PLO unter Yassir Arafat näher als eine radikalisierte, in unversöhnliche Splittergruppen zerfallene »Palästinensische Befreiungsorganisation«. Dementsprechend war es seit jeher Arafats eigene Hausmacht, die »Fatah«, gewesen, die den Löwenanteil des saudischen Geldregens für die »palästinensische Sache« erhalten hatte. Natürlich dachten die Saudis bei dieser Finanzpolitik durchaus nicht uneigennützig: Denn sie bangten auch um die Stabilität im eigenen Land, sollten sich radikale Strömungen innerhalb der PLO durchsetzen, die sich dann möglicherweise mit einer kompromißbereiten Haltung arabischer Staaten gegenüber Israel nicht abfinden würden. Aus diesem Grund tat Saudi-Arabien sein Bestes, um die amerikanische Regierung davon zu überzeugen, daß es klüger sei, die derzeitige PLO-Führung nicht zu schwächen. Die Saudis unterbreiteten den Amerikanern Richtlinien für eine zukünftige Friedensinitiative im Nahen Osten und machten deutlich, daß nur ein gemäßigter, aber starker PLO-Chef Arafat einen Verhandlungsfrieden würde mittragen können.

Doch die saudischen Vorstellungen trafen in Washington offensichtlich auf wenig Gegenliebe, und was man befürchtet hatte, trat wenig später auch ein. Als Yassir Arafat mit rund 11 000 Kämpfern aus West-Beirut abzog, waren die Weichen für die Spaltung seiner Bewegung bereits gestellt. Viele unzufriedene Palästinenser verurteilten Arafats Einwilligung, vor dem israelischen Feind zu weichen, und verkündeten lauthals: »Wohin diese Politik führt, das haben wir ja gesehen – in die Sackgasse und immer weiter weg von Palästina. Nun ist die Zeit überreif für militärische Aktionen.«

Zwar gelang es Arafat zwei Jahre später, seine Stellung als PLO-Chef erneut zu festigen, doch die palästinensische Bewegung selbst blieb gespalten.
Nachdem das Aushängeschild der arabischen Einheit, die »Palästinensische Revolution«, mit dem Verlust ihrer Basis in Beirut einen demütigenden Schlag erhalten hatte, schien auch für konservative arabische Staaten wie Saudi-Arabien die Zeit gekommen, ihre politische Haltung in der Libanon-Frage zu überdenken. Sie konnten nicht wagen, sich dem Verdacht auszusetzen, eine möglicherweise pro-israelische und damit anti-arabische Politik zu betreiben, indem sie in Beirut eine Regierung stützten, die sich mit Israel einließ.

Arabische Distanz

Die Libanesen waren von der offen zur Schau getragenen Gleichgültigkeit der Araber enttäuscht, denn sie waren überzeugt, daß ihr Land den bisher größten Preis im Nahost-Konflikt gezahlt hatte. Bevor der libanesische Präsident Amin Djemayyil ernsthafte Verhandlungen mit Israel begann, appellierte er im Oktober 1982 nochmals an die arabische Welt:
»Wenn die gleichgültigen Reaktionen der Araber auf das, was im Libanon passiert, fortdauern, dann wird der Brand von Beirut bald in alle arabischen Hauptstädte getragen werden. Ich verspreche im Namen des libanesischen Volkes, dieses stolzen und standhaften Volkes, daß wir keine Mühen scheuen werden, um dieser Region einen gerechten Frieden zu bringen.«

Die Legitimität des christlichen Staatspräsidenten an sich wurde zu diesem Zeitpunkt von keinem arabischen Staat in Frage gestellt, mit der naheliegenden Ausnahme Libyens. Der Libyer Ghaddafi hatte Präsidentschaftswahlen in einem Land, daß wie der Libanon »von den Truppen des zionistischen Feindes« besetzt ist, für ungültig erklärt. Der ranghöchste libysche Diplomat in Beirut führte die Stellungnahme seines »Führers« weiter aus:

»Ich habe den libanesischen Außenminister darüber informiert, daß der Bruder Kommandant (Ghaddafi) nicht die Person des Präsidenten der Republik angreifen wollte, sondern lediglich feststellte, daß die Wahlen in einem besetzten Land stattgefunden haben. Bruder Ghaddafi spricht mit der Logik eines Revolutionärs, als Kommandant einer Revolution –, er ist kein Präsident oder König. Deshalb sollte man seine Äußerungen nicht so bewerten, als stammten sie von einem König oder einem Präsidenten. Oberst Ghaddafi ist vielmehr ein Revolutionsführer und als solcher hat er das Recht, seine Überzeugungen klar und deutlich auszusprechen.«

Unterdessen tat die libanesische Regierung weiterhin ihr Bestes, um bei den Arabern ein größeres Verständnis für ihre Politik zu wecken. Präsident Djemayyil betonte wiederholt die Loyalität des Libanon zur arabischen Welt und den Willen zur Zusammenarbeit mit den »arabischen Brüdern«.

Ende 1982 reiste er nach Saudi-Arabien und bat König Fahd um Unterstützung bei der Lösung der Libanon-Krise. Fahd sollte vor allem seinen Einfluß bei den anderen arabischen Staaten geltend machen, um einen Abzug aller palästinensischen und syrischen Truppen aus dem Libanon zu erreichen, eine Vorbedingung Israels für den Rückzug der eignen Armee.

Damals war Djemayyil noch optimistisch und überschätzte wohl auch den politischen Einfluß der saudischen Monarchie auf die radikaleren Staaten, wie z. B. Syrien: »Wir hoffen, daß wir mit Saudi-Arabiens Hilfe die libanesische Souveränität auf dem gesamten libanesischen Staatsgebiet wiederherstellen können«, sagte er. Auf einem arabischen »Mini-Gipfel« sollte die libanesische Frage aus arabischer Sicht diskutiert und Lösungswege vorgeschlagen werden.

Doch schon wenig später trübte sich der Himmel des arabisch-libanesischen Miteinanders weiter ein. Die Libanesen fühlten sich zu Unrecht angegriffen, als die »Arabische Liga« die immer intensiver werdenden Kontakte zu Israel verurteilte. Präsident Djemayyil schoß scharf zurück:

»Die ›Arabische Liga‹ ist kein Inquisitionsgericht, das Urteile fällen kann, bevor die Fakten klargestellt sind. Niemand darf dem Libanon etwas vorwerfen, wenn es um die palästinensische Frage geht, weil niemand für die palästinensische Sache mehr Opfer gebracht hat als die Libanesen. Wir weisen auch alle Vorwürfe gegen die reguläre libanesische Armee zurück. Schließlich war sie 1948 die einzige, die nach Palästina einrückte. Wir weigern uns, mit jemanden auf dieser Ebene zu sprechen und diesen Hochmut hinzunehmen. Es ist verwerflich, aus der momentanen Schwäche des Libanon Vorteile zu ziehen.«

Damit hatte sich der Ton zwischen dem Libanon und den »arabischen Brüdern« empfindlich verschärft.

Nach wie vor schienen jedoch wenigstens die Saudis bereit, den Weg, den Präsident Djemayyil gewählt hatte, um sein Land aus der Krise zu führen – also die »israelisch-amerikanische Option« – zu akzeptieren. Bei seinem zweiten Besuch in ihrem Land innerhalb weniger Wochen bereiteten sie ihm einen herzlichen Empfang: »Wir begrüßen Präsident Djemayyil in der Hauptstadt seiner zweiten Heimat und schätzen seine Bemühungen, den Libanon aus dem Griff des zionistischen Kraken, verkörpert in der israelischen Besatzungsarmee, zu befreien. Der Besuch Präsident Djemayyils in Riyad beweist seine Begeisterung für

König Fahds Aktionen und drückt Optimismus für wirkungsvolle Ergebnisse in der Libanon-Krise aus. Der libanesische Präsident wird mehr saudische Unterstützung finden als er erwartet hat«, versprachen offizielle Stellen in Saudi-Arabien.

Aber nicht nur der Libanon brauchte Hilfe, auch die arabische Welt schien den Libanon als Handels- und Finanzzentrum noch zu benötigen. Um diese Aufgabe erfüllen zu können, mußte der Libanon aus arabischer Sicht wieder zu dem werden, was er einmal war: Ein kleines, aber geeintes Land mit einer starken, unabhängigen Wirtschaft. Das war deutlich in der saudischen Zeitung »al-Riyad« zu lesen: »Der Libanon ist in Gefahr, das Opfer von bedrohlichen Kräften zu werden, in einer Zeit, da die arabische Welt ihn bitter nötig hat als Bank, Bibliothek und Forum für den kulturellen Dialog.«

Als sich abzeichnete, daß die Israelis einen Libanon nach ihrem Geschmack anstrebten und die Libanesen sich ihrerseits diesem Willen nicht würden entziehen können, wurden die Reaktionen auch der gemäßigten arabischen Staaten zunehmend unwilliger.

»Es ist sehr schwierig für Saudi-Arabien, dem Libanon finanzielle Hilfe zu geben, solange israelische Truppen einen Teil des Landes besetzt halten«, erklärte der saudische Verteidigungsminister Prinz Sultan Ibn Abdulaziz. Mit dieser Formulierung machte er klar, daß genau das eingetreten war, was die Libanesen schon lange befürchtet, Amerikaner und Israelis aber unterschätzt hatten: Im arabischen Lager hatten sich die »Falken«– an erster Stelle Syrien – durchgesetzt, die einen amerikanisch vermittelten Verhandlungsfrieden mit Israel keinesfalls hinnehmen wollten.

Als schließlich die umstrittenen Gespräche zwischen Israel und Libanon, die in das Truppenabzugsabkommen vom 17. Mai 1983 einmündeten, nach dem Weihnachtsfest 1982 begannen, war der arabische Blätterwald voller Ratschläge, wie man es besser machen könne. Vielerorts sprach man vom »Camp David Nummer 2« und stellte die ketzerische Frage: »Wenn einige Libanesen die israelische Invasion als eine Chance begrüßt haben, um die palästinensischen Kämpfer in Beirut loszuwerden – wer kann dann dem Libanon helfen, die fremden Truppen auszuweisen, die heute im Land sind?«

Die Libanesen wehrten sich gegen solche Bemerkungen: »Wir brauchen die Belehrungen der Araber nicht. Was wollen die Araber eigentlich von uns mit all ihren Ratschlägen und Warnungen? Was haben denn die Araber bis heute in ihrer Konfrontation mit Israel erreicht, das sie in die Lage versetzt, den Libanon darin anleiten zu wollen? Die Araber haben bewiesen, daß sie es verstehen, arabisches Land der Besatzung preiszugeben. Aber der Libanon muß den Beweis führen, daß er in der Lage ist, eine Besatzung zu beenden.«

Kurze Zeit vor der Unterzeichnung des israelisch-libanesischen Truppenabzugsabkommens im Mai 1983 boten sich den Libanesen nicht mehr viele offene Türen: Selbst die Saudis waren auf deutliche Distanz zu den Ereignissen im Libanon gegangen. Sie, die sich lange Zeit immer wieder als Vermittler eingesetzt hatten, zogen nun ihren Botschafter aus Beirut inoffiziell ab, ein unmißverständliches Signal an Präsident Djemayyil, daß sie mit seiner Öffnung gegenüber Israel und den USA nicht mehr einverstanden waren. Andererseits lockten Amerikaner und Israelis die libanesische Regierung mit einem Vertrag, der, so hoffte man damals noch in Beirut, dem Libanon endlich den erwünschten Frieden bringen würde.

Arabische Sonderbehandlung

Unterdessen ließ es sich der libysche Revolutionsführer Ghaddafi nicht nehmen, hin und wieder das Feuer im Libanon zu schüren. Mit Vorliebe äußerte er sich zum Verhältnis zwischen Christen und Muslimen, das ohnehin ständig auf Messers Schneide stand.

Den Ansatzpunkt hierzu hatten ihm die Israelis geliefert, denn Menahim Begin hatte seinen Feldzug im Libanon unter anderem als »Schutz für die christliche Minderheit« verkauft. Nun fühlte sich Ghaddafi berufen, den libanesischen Christen einen Ausweg aus ihrer Existenzangst anzubieten:

»Wenn die Christen des Libanon sich als eine bedrohte Minderheit betrachten, dann sollten sie erkennen, daß die Lösung ihres Problems weder in Amerika noch in Israel, weder in der Gründung von Milizen noch in einem Krieg liegt. Die Lösung ist vielmehr, sich zum Islam zu bekennen. Ich hoffe zuversichtlich, daß die junge Generation christlicher Libanesen die wunderbare und strahlende Wahrheit erkennen wird und ihre wahre Identität wiederfindet, indem sie auf die christliche Religion verzichtet, die nicht in der Lage ist, sie zu beschützen.«

Gewiß, Ghaddafi ist für seine krausen Meinungsäußerungen bekannt, die auch in der arabischen Welt so manches Kopfschütteln hervorrufen. Doch im Libanon schlugen seine Worte ein wie der Blitz. Für die Christen waren sie ein weiterer Beweis dafür, daß Arabismus mit Islam gleichzusetzen ist.

Das Parteiorgan der Falangisten ging so weit, Ghaddafi als den »ehrlichsten arabischen Politiker« zu bezeichnen, und fuhr fort, »natürlich brauchten wir nicht erst Ghaddafis Hinweis, um die bedauerliche Wahrheit zu entdecken, daß ein Araber auch ein Muslim sein muß, die Christen sich also unterwerfen und den Islam annehmen müssen, um das ›Paradies des Arabismus‹ zu betreten.«

Anfang 1983 gesellte sich zu dem politischen Dilemma, in dem sich der Libanon befand, noch eine wirtschaftliche Katastrophe.

Ohne die libanesische Regierung davon offiziell in Kenntnis zu setzen, belegte die saudische Industrie- und Handelskammer verschiedene libanesische Exportgüter mit einer Einfuhrsperre. Unter diese Bestimmung fielen unter anderem: Geflügel, Eier, Süßwaren, Rechenmaschinen, Computer, Textilien, Brillen, Radios, Fernseher, Waschmaschinen, Fotoapparate, Schuhe, Schmuck und alle landwirtschaftlichen Produkte aus dem israelisch besetzten Südlibanon.

Das war für die schon kränkelnde libanesische Kriegswirtschaft ein schwerer Schlag, denn Saudi-Arabien war bisher der größte Handelspartner der libanesischen Exportwirtschaft gewesen.

Im Jahre 1974 beispielsweise machten Waren aus dem Libanon 15,2 Prozent aller saudischen Importe aus. Aus libanesischer Sicht waren die Zahlen noch eindrucksvoller: Saudi-Arabien erhielt 48,5 Prozent der libanesischen Industrieexporte und rund 55 Prozent der gesamten Exporte aus dem Libanon. Damit stand der Libanon als Exportland für Saudi-Arabien an dritter Stelle hinter den USA und Japan. 1983 aber sank die Einfuhr libanesischer Güter nach Saudi-Arabien radikal auf 2,2 Prozent.

Die Libanesen hatten im Handel mit Saudi-Arabien nicht nur stets eine positive Bilanz, wenn man den Import saudischen Öls ausklammert, sie verdienten sogar doppelt. Denn die große Kolonie libanesischer Gastarbeiter in Saudi-Arabien schickte den Löwenanteil ihres Verdienstes zurück in den Libanon, um dort zu investieren. Nun aber schienen die goldenen Zeiten zu Ende zu gehen.

Die saudische Regierung begründete den Boykott für libanesische Waren damit, daß sich hinter den Importen aus dem Libanon israelische Güter verstecken könnten.

Tatsächlich überschwemmten die Israelis den libanesischen Markt mit eigenen, oft billigeren Produkten, und so mancher libanesische Bauer beklagte sich über die unlautere Konkurrenz. Damit nicht genug, boten die Israelis libanesischen Kaufleuten äußerst attraktive Bedingungen für die Geschäftsaufnahme zu israelischen Firmen. Sie öffneten libanesischen Händlern ihre Grenze und stellten ihnen den Hafen von Haifa mit der außergewöhnlich niedrigen Zollrate von zwei bis drei Prozent zur Verfügung.

Somit konnte Saudi-Arabien mit gutem Recht behaupten, eine liberal gehandhabte Einfuhr von Waren aus dem Libanon würde, solange die Israelis noch den Süden des Landes kontrollierten, den »arabischen Boykott israelischer Produkte faktisch aufheben«.

In einer Anweisung der saudischen Industrie- und Handelskammer an Importeure hieß es: »Die Einfuhr bestimmter libanesischer Waren nach Saudi-Arabien ist verboten. Im übrigen werden besondere Maßnahmen für die Begutachtung von Produkten aus dem Libanon eingeführt, bevor diese die Grenze passieren.«

Im Klartext bedeutete dies für libanesische Händler, daß sie für ihre Waren eine »Herkunftsbescheinigung« vorzuweisen hatten. Dabei spielte es keine Rolle, ob die fraglichen Produkte direkt aus dem Libanon stammten oder von dort aus lediglich weiterexportiert wurden. In vielen Fällen, etwa bei leicht verderblicher Ware oder Fertigprodukten aus Dritt- und Viertländer, war es oft nicht möglich, in der erforderlich kurzen Zeit ein solches Zertifikat beizubringen.

Die Libanesen, die ihrem Ruf als gewiefte levantinische Händler alle Ehre machen, versuchten mehrere Male, die arabischen »Wüstensöhne« zu übertölpeln. Doch ohne Erfolg. Die Saudis rieten den libanesischen Kaufleuten »nicht zu smart« zu sein. Man wisse in Saudi-Arabien nur zu genau, daß Avocados im Libanon in zu kleinen Mengen geerntet würden, um noch exportiert werden zu können. Darüber hinaus sei es im Königreich bekannt, daß libanesische Erdbeeren nicht im Februar auf den Markt kämen. Wenn dennoch große Mengen dieser Produkte an der Grenze erschienen, so läge es nahe, ihren Ursprung in israelischen Gewächshäusern zu vermuten.

Arabische Kehrtwendung

Als Beirut den ersten Jahrestag der israelischen Invasion erleben mußte, hatte sich in dem Durcheinander arabischer Stellungnahmen immer noch keine klare Linie abgezeichnet. Allein die Syrer, direkt von den Ereignissen im Libanon betroffen, wußten genau, was sie nicht wollten, und drückten es auch unmißverständlich aus: »Unsere Entscheidung, den Shultz-Plan (damit ist das 17. Mai-Abkommen gemeint) zurückzuweisen, entspricht unserer Ablehnung des Reagan-Plans und des Camp-David-Abkommens. Genauso, wie wir uns mit Stärke und Standhaftigkeit den Vereinbarungen von Camp David entgegengestellt haben und den Reagan-Plan angegriffen haben, bis er endlich unterging, sind wir ebenfalls in der Lage, dieses sogenannte ›Abkommen‹ einzufrieren. Denn wir werden niemandem erlauben, den Libanon zu benutzen, ihn in ein israelisch-amerikanisches Protektorat zu verwandeln und von dort aus unsere Sicherheit und die Sicherheit der ganzen arabischen Nation zu bedrohen. Wir sind jetzt auf alle Eventualitäten vorbereitet. Keine Macht auf Erden kann uns davon abhalten, unsere Rechte der tödlichen Umklammerung zu entreißen, die unser Volk und künftige Generationen bedroht.«

Angesichts solch starker Worte konnte die brüske Entgegnung des libanesischen Präsidenten Djemayyil nicht mehr als eine Pflichtübung sein: »Wir werden uns den arabischen Erpressungsversuchen nicht beugen, denn sie können zu einer permanenten Stationierung israelischer Truppen im Südlibanon führen.«

Im Spätsommer 1983 erlaubte die sich verschärfende Lage im Libanon keinem arabischen Staat mehr, Zurückhaltung zu üben oder gar stillschweigend die amerikanisch-israelische Politik zu unterstützen. Denn mittlerweile hatten die Israelis durch ihren überstürzten Rückzug aus den libanesischen Bergen östlich Beiruts den blutigen »Choufkrieg« zwischen Christen und Drusen heraufbeschworen. Eine unnachgiebige innerlibanesische Oppositionsfront unter syrischer Anleitung begann sich zu formieren, und zusätzlich war PLO-Chef Yassir Arafat zum zweiten Mal innerhalb eines guten Jahres im Libanon in Bedrängnis geraten, diesmal in der nordlibanesischen Hafenstadt Tripoli.

Nun ging man in der arabischen Welt geschlossen dazu über, den Abzug der israelischen Armee aus dem Südlibanon zu verlangen. Von einem möglichen koordinierten syrischen Rückzug war nicht mehr die Rede.

Auch Saudi-Arabien schaffte noch rechtzeitig vor der »Schlacht um Beirut« am 6. Februar 1984 die Kehrtwendung, verurteilte offen die amerikanische Libanon-Politik und forderte den Abzug der US-Marines aus Beirut. Damit stellte sich das Königreich an die Seite Syriens, erhöhte den Druck für einen Abzug der Amerikaner aus dem Libanon und kritisierte zusätzlich scharf die amerikanische Politik im Libanon und der gesamten Region schlechthin.

Ein Blick auf die Äußerungen des saudischen Kronprinzen Abdullah, die er vor einer Delegation amerikanischer Geschäftsleute machte, mag erhellen, welche Botschaft die Saudis der Reagan-Administration vermitteln wollten:

»Wenn die US-Flotte und die Marinetruppen in den Libanon gekommen wären, um den israelischen Aggressor zurückzuschlagen und ihn zu zwingen, das Land zu verlassen, dann wären sie willkommen gewesen. Aber wenn eine Supermacht im Libanon auftritt, um die Stellung einzelner Persönlichkeiten zu verteidigen oder eine bestimmte Politik zu unterstützen, die auf falschen Ratschlägen beruht, dann ist dies beschämend.«

Auch wenn man berücksichtigt, daß der zweitmächtigste Mann Saudi-Arabiens mit dem Assad-Clan in Damaskus verschwägert ist, so waren doch seine kritischen Worte an die Adresse Washingtons keineswegs mit der in Beirut zu hörenden Erklärung abgetan, es gebe möglicherweise Meinungsverschiedenheiten im saudischen Königshaus, und Prinz Abdullah sei ein Vertreter der anti-amerikanischen Gruppierung. Prinz Abdullahs Kritik an der verfehlten US-Politik griff weit über die Problematik des Libanon-Konflikts hinaus. Er warf den Amerikanern vor allem einen neuen strategischen Pakt mit Israel vor, durch den Saudi-Arabien in der arabischen Welt in eine schwierige Lage geraten war. Die Saudis, bekannt als Verbündete der USA, hatten nun, auch angesichts der wirksamen Propaganda radikaler Staaten wie Syrien und Libyen, große Schwierigkeiten, den arabischen Massen die USA als ehrlichen Makler im Nahen Osten nahezubringen. Daher war es nun für die saudische Regierung an der Zeit, auf größere Distanz zu den Vereinigten Staaten zu gehen, zugunsten einer glaubwürdigen Unabhängigkeit in den Augen der arabischen Öffentlichkeit.

Saudi-Arabien mußte den sogenannten »Frontstaaten« in der arabischen Welt beweisen, daß es kein willfähriges Ziehkind der Amerikaner war, sondern seinem alten Grundsatz treu blieb: Als Vermittler in inner- und außerarabischen Konflikten aufzutreten, ohne jedoch jemals eindeutig für eine Partei Stellung zu beziehen.

Die arabische Nation: Führungslos

Abgesehen von den negativen Auswirkungen, die die arabische Zerrissenheit und Entscheidungsunlust für den Libanon hatten, offenbarten sie auch das große Handicap der Araber: Ihnen fehlte seit langem schon eine Führungsmacht, der es mit anerkannter Autorität vielleicht gelungen wäre, die arabischen Ränge zu schließen und eine Politik zu präsentieren, die auf der Basis arabischer Solidarität beruhte.

Der letzte arabische Politiker, der für sich in Anspruch nehmen konnte, das »Oberhaupt« – der »Ra'is« – der arabischen Gemeinde zu sein, war der ägyptische Präsident Gamal Abdel Nasser.

Nach seinem Tod 1970 haben wechselweise, oft auch gleichzeitig, syrische, irakische, saudische, libysche und jordanische Politiker versucht, an seine Stelle zu treten, doch ohne Erfolg. Selbst, wenn es ihnen gelang, Parteigänger außerhalb der Grenzen ihres Landes zu finden, so blieb ihr Einfluß doch sehr beschränkt und wurde immer wieder herausgefordert. Der Kampf einzelner um die Führerschaft in der arabischen Welt wurde nur selten von außen beeinflußt. Vielmehr war er bestimmt von innerarabischen Streitigkeiten, Intrigen und Rebellionen.

So hatten beispielweise die saudischen Könige im Vergleich mit Nasser den arabischen Massen wenig Attraktives anzubieten und hielten sich klug im Hintergrund. Die Beziehungen zwischen Ägypten und Saudi-Arabien waren, solange Nasser lebte, niemals herzlich. Anfang der sechziger Jahre wäre es sogar beinahe zu kriegerischen Auseinandersetzungen zwischen beiden Staaten gekommen. Anlaß war der Nordjemen, wo Nasser die republikanischen Rebellen unterstützte, die Saudis aber auf seiten der Royalisten standen. Erst nach der arabischen Niederlage im 67er Krieg gegen Israel kam es zu einer Annäherung.

Selbst unter Nassers Nachfolger Anwar Sadat blieben die saudisch-ägyptischen Beziehungen gespannt und Schwankungen unterworfen. Das lag weniger an grundsätzlichen politischen Meinungsverschiedenheiten als vielmehr an Sadats eigenwilligem, oft egozentrischem Führungsstil.

Allmählich aber rutschten die saudischen Könige selbst in die Rolle von »Führungsanwärtern« der arabischen Welt hinein. Sie profilierten sich wiederholt als Vermittler in innerarabischen Konflikten, wie z. B. bei den Grenzstreitigkeiten zwischen Jordanien und Syrien, dem Westsahara-Problem zwischen Algerien und Marokko, oder den Rivalitäten zwischen dem marxistischen Südjemen und seinen konservativen Nachbarn.

Die Tatsache, daß die Saudis die Politik mehrerer arabischer Staaten zu einem guten Teil finanzierten, machte sie auch zum wichtigen Ansprechpartner für die USA, die immer wieder hofften, Saudi-Arabien könne und wolle Druck auf seine arabischen Freunde ausüben.

Doch Saudi-Arabien war über die ihm zugedachte Rolle keineswegs glücklich: Eine allzu exponierte Position, so fürchteten die saudischen Könige, könne sich gefährlich auf die innere Stabilität des Königreichs auswirken.

Als sich in Zusammenhang mit dem Libanon-Konflikt und der Notwendigkeit einer gesamtarabischen Reaktion dringend die Frage nach der führenden arabischen Nation stellte, traten mehrere Anwärter in den Vordergrund. Neben Syrien, das diese Rolle liebend gern angenommen hätte und eifrig daran werkelte, und Saudi-Arabien, dem die Führungsposition vom Westen fast aufgedrängt wurde, meldete sich noch ein alter Bekannter zurück: Ägypten.

Nach der Ermordung Präsident Sadats 1980 hatte dessen Nachfolger, Hosni Mubarak, von Beginn an unermüdlich daran gearbeitet, sein Land wieder aus der Isolation gegenüber den arabischen Staaten zu befreien, die seit Abschluß des Friedensvertrages mit Israel bestand. Er wollte Ägypten in den »arabischen Schoß« zurückführen. Mubaraks Karten waren zunächst sehr schlecht. Im Grunde hatte er nur einen einzigen Trumpf vorzuweisen: Er selbst war nicht für das Abkommen mit Israel verantwortlich zu machen.

Die erste Tür, die Mubarak aufstoßen konnte, bot sich durch den Golfkrieg zwischen Iran und Irak. Wie jeder »anständige arabische Staat« unterstützte er offen den Irak in diesem Kampf und ermutigte sogar ägyptische Freiwillige, sich den irakischen Soldaten anzuschließen. Dennoch war der Erfolg mäßig: Nicht ein einziges arabisches Land, das nach »Camp David« die diplomatischen Beziehungen zu Ägypten eingefroren hatte, schickte seinen Botschafter nach Kairo zurück.

Als dann im Sommer 1982 die israelische Invasion des Libanon begann, schien das ein schwerer Schlag für die ägyptischen Bemühungen zu sein, sich mit den arabischen Brüdern auszusöhnen. Kairo mußte sich den Vorwurf gefallen lassen, daß erst der Vertrag von »Camp David« den israelischen Einfall in den Libanon ermöglicht habe, weil die Israelis ja von der ägyptischen Armee, der stärksten arabischen Militärmacht, nichts mehr zu befürchten hatten.

Muhammad Heikal, der ägyptische Publizist, schildert, wie seine Landsleute den israelischen Feldzug im Libanon aufnahmen:

»Was nun Ägypten im besonderen betrifft, so hat die israelische Invasion des Libanon unsere schlimmsten Befürchtungen bestätigt. Ich sage ›bestätigt‹, weil der Verdacht, daß es so kommen würde, schon lange in den Köpfen der Ägypter saß. Für die Ägypter war das, was im Libanon passierte, der exakte Ausdruck ihres Bildes von Israel als dem ›arabischen Alptraum‹.«

Doch in letzter Konsequenz gelang der ägyptischen Regierung das Kunststück, das israelische Abenteuer im Libanon für ihre Zwecke zu nutzen. Es gab ihr Anlaß, ihre einseitig pro-amerikanische Bündnispolitik neu zu überdenken und sich wieder etwas mehr der Sowjetunion zu öffnen. Die neu entdeckten ägyptisch-sowjetischen Interessen gipfelten schließlich in der Wiederaufnahme diplomatischer Beziehungen, die der ermordete Präsident Sadat einst so brüsk beendet hatte.

Auch zur PLO, die durch Ägyptens Ausscheren aus der Ablehnungsfront gegenüber Israel am härtesten betroffen war, konnten wieder zarte Bande geknüpft werden. Ende 1983 sollte die ägyptische Hauptstadt die erste Station für PLO-Chef Yassir Arafat werden, nachdem er von PLO-Rebellen aus der nordlibanesischen Hafenstadt Tripoli vertrieben worden war.

Die vorläufige Abberufung des ägyptischen Botschafters aus Tel Aviv ging einher mit vorsichtigen Kontakten zu Syrien. Doch eine wirkliche Annäherung zwischen den beiden Staaten wurde sehr erschwert durch die engen politischen und finanziellen Bindungen, die Anwar Sadat zu den USA aufgenommen hatte. Ägypten beherbergt die größte US-Botschaft im Nahen Osten und mehrere amerikanische Luftbasen. Syrien indessen war von den Amerikanern als Störenfried Nummer Eins für eine Libanon-Lösung nach amerikanischen Vorstellungen identifiziert worden.

Abschließend bleibt festzuhalten, daß die gesamte arabische Welt im Nachklang des Libanon-Krieges 1982 ihr Gesicht veränderte.

Latente Rivalitäten brachen auf, Fronten verschoben sich, und neue Allianzen entstanden. So wurde beispielsweise die Kluft zwischen dem gemäßigten und dem radikalen Lager tiefer, und es ist zu erwarten, daß beide Gruppen, Syrien, Libyen und die Anti-Arafat-PLO einerseits und Ägypten, Jordanien, Irak und die Arafat-PLO andererseits, in Zukunft getrennte Wege gehen werden.

Der ratlose Westen

Arabien - ein Meer voller Gefühle?

Arabismus und Islam: Eckpfeiler der arabischen Welt

Der Westen, genauer gesagt, die Vereinigten Staaten als die westliche Führungsmacht haben auf den Nahost-Konflikt im allgemeinen und die Libanon-Krise im besonderen im Rahmen der Logik ihrer politischen Denkstrukturen reagiert.

Die Tatsache, daß sie mit ihren Bemühungen ins Leere liefen und in vieler Hinsicht sogar scheiterten, lag nicht in einem Fehler ihrer Logik begründet. Sie rührte vielmehr daher, daß man vergessen hatte, die andere, die orientalische Logik zu berücksichtigen.

Das Hauptmerkmal von Politik in der arabischen Welt ist das Fehlen von Stabilität und Kontinuität.

Das Überleben politischer Führungsgruppen und Regimes hängt zuallererst von der Fähigkeit des einzelnen »Führers« ab, sich geschickt zu präsentieren, vorhandene Strömungen auszunutzen und seine Herrschaft abzusichern. Er muß darauf achten, von möglichst vielen einflußreichen Gruppen in der Bevölkerung, sei es das Militär, religiöse Gemeinschaften, die Partei oder Geschäftsleute, als erfolgreicher, verdienstvoller und verantwortlicher Politiker eingestuft zu werden. Um ihre Popularität zu erhalten oder zu steigern, darf eine arabische Führerpersönlichkeit das im Volk bereits verankerte Wertesystem nicht in Frage stellen oder gar verletzen.

Die beiden wichtigsten Eckpfeiler im Wertesystem der arabischen Welt sind der »Arabismus« und der »Islam«. Auch ein Staatschef, dem es gelungen ist, eine autoritäre Herrschaft mit einem ausgeprägten Personenkult zu errichten, wird es in der Regel vermeiden, diese beiden Grundfesten des arabischen Selbstverständnisses ins Wanken zu bringen.

Der Begriff »Arabismus« ist dabei keineswegs auf eine politische Ideologie beschränkt. In diesem einen Wort ist die ganze Identität des Arabers zusammengefaßt: Seine Zugehörigkeit zu einer riesigen Gruppe, deren Mitglieder ihren Ursprung, ihren Namen, ihr kulturelles Erbe gemeinsam haben, und diese Verbundenheit drückt sich nochmals deutlich in der arabischen Sprache aus, die sie alle sprechen.

Sicherlich, die Vergangenheit hat bewiesen, daß die Kraft des »Arabismus« nicht ausreicht, um die zahlreichen Spaltungen und Differenzen zu überwinden, die zwischen den arabischen Völkern und ihren Regierungen existieren. Daher haben die Menschen dieser Region begriffen, daß der »Arabismus« allein sie nicht zur Einheit führen kann. Dennoch lebt er als Idee und vor allem als Symbol einer möglichen Einheit weiter und sorgt dafür, daß kein arabischer Politiker außerhalb einer gewissen Toleranzgrenze agieren kann.

Dasselbe gilt im Prinzip für die Rolle, die der »Islam« in dieser arabischen Gesellschaft spielt. Er ist die Religion der übergroßen Mehrheit der Araber und seine Dogmen haben ihr Wertesystem entscheidend beeinflußt. Die islamische Religion hat es jedoch bisher nicht vermocht, alle Muslime unter ihrem Banner zu einigen. Ja, es gibt sogar viele historische und aktuelle Beispiele dafür, daß im Namen der Religion des Islam erbitterte Kriege zwischen muslimischen Völkern ausgefochten wurden und werden mit dem Ziel, den »wahren Islam« zu verwirklichen.

Doch dies zeigt nur um so deutlicher, daß der Vorwurf an ein Staatsoberhaupt, nicht im Sinne des Islams zu handeln und zu regieren, die große Gefahr in sich birgt, daß sich die Bevölkerung gegen diese Regierung erhebt. Wenn man so will, tragen somit »Arabismus« und »Islam« zur Instabilität im Nahen und Mittleren Osten bei. Schließlich kann jeder arabische Politiker seinen Kollegen im Nachbarland anklagen, eines der beiden Prinzipien vernachlässigt zu haben, und damit einen Prozeß einleiten, der sich allmählich schädlich auf die Loyalität der Bevölkerung gegenüber der Regierung auswirkt.

Die arabischen Regierungen, die dennoch aus diesem Kreislauf auszubrechen versuchten, und ihre ausländischen Mentoren hahen Schiffbruch erlitten.

Nehmen wir das Beispiel des ägyptisch-israelischen Friedensvertrages von Camp David (1979). Ägypten nimmt in der arabischen Welt eine gewisse Sonderstellung ein, denn es hat eigene besondere Traditionen und eine Geschichte jenseits der islamischen Geschichte, die es mit den übrigen arabischen Staaten teilt. Außerdem war es wirtschaftlich nicht nur in die arabische Welt eingebettet, sondern verfügte über gute Kontakte zum Westen, so daß es in der Lage war, die Isolation, die der Unterzeichnung des Friedensvertrages mit Israel folgte, zu überstehen.

Dennoch war die Kalkulation des ägyptischen Präsidenten Anwar Sadat, er könne seinem Volk einen Friedensvertrag mit Israel präsentieren, ein Mißgriff. Und das Frohlocken des Dritten im Bunde, nämlich der amerikanischen Regierung, war verfrüht: Hatte sie doch gehofft, daß das Camp-David-Abkommen der erste Stein in einem Gebäude aus bilateralen Friedensschlüssen zwischen arabischen Staaten und Israel sein würde. Letztendlich sollten diese separaten Verträge in einen umfassenden Nahost-Frieden einmünden. Wenn man jedoch überhaupt von einem Impuls sprechen will, den Camp David gegeben hat, so muß man sagen, daß die Auswirkungen sehr negativ waren. Im Grunde radikalisierte dieser Friedensvertrag die arabische öffentliche Meinung, weil man spürte, daß hierbei weder dem Geist des »Arabismus« noch dem »Islam« Gerechtigkeit widerfuhr.

Um so schlimmer und folgenschwerer wirkte es sich aus, daß die verantwortlichen westlichen Vermittler aus dem ägyptischen Beispiel nichts gelernt zu haben schienen. Denn im Libanon wurde der Fehler von einst wiederholt, allerdings mit dem Unterschied, daß hier auch der äußere Erfolg versagt blieb: Das israelisch-libanesische Truppenabzugsabkommen wurde niemals ratifiziert und im Frühjahr 1984 annulliert.

Allerdings hatten sich in der arabischen Welt inzwischen die Gewichte verschoben. Der »Arabismus« hatte als politisch-ideologische Bewegung mehr und mehr Haare lassen und zugunsten einer frisch erstarkten Kraft zurückweichen müssen: Dem radikalisierten Islam, von dem man bald nur noch als dem »Fundamentalismus« sprechen sollte.

Das islamische Erwachen im gesamten arabischen Raum ist auf den ersten Blick auf ein Ereignis zurückzuführen, daß nicht »arabisch«, sondern »persisch« war: die erfolgreiche schiitisch-islamische Revolution des Ayatollah Khomeini in Iran.

Seither hat das Wort »Schia« besonders in Europa eine aggressive Komponente erhalten, und man ist ratlos, wie man mit diesem Phänomen umzugehen hat, wo man es einordnen soll. »Wie«, so fragen sich westliche Politiker, »kann es im 20. Jahrhundert möglich sein, daß sich religiöse Bewegungen auf militante Weise in politische Prozesse hineindrängen? Wie soll man reagieren, wenn offensichtlich wird, daß immer mehr arabische Regime diese radikalen Fundamentalisten in ihr politisches Kalkül miteinbeziehen müssen?«

Sicherlich kommt man bei der Beantwortung dieser Fragen keinen Schritt weiter, wenn man vom Standpunkt der »aufgeklärten westlichen Welt« aus mit dem »gesunden Menschen- und Politikerverstand« argumentiert oder gar den vordringenden Islam in der heutigen Zeit mit der Rolle vergleicht, die das Christentum im Europa des Mittelalters gespielt hat.

Begnügt man sich mit dieser Betrachtungsweise, so bleiben tatsächlich nur düstere Zukunftsvisionen wie etwa das »Zurück ins Mittelalter.«

Jenseits solcher Klischees aber ist es angeraten, sich klarzumachen, daß der Islam den muslimischen Völkern auch heute noch mehr zu bieten hat als die Perspektiven, die »weltliche« politische Systeme in Aussicht stellen können. Das liegt vor allem an der integrierenden Kraft dieser umfassenden gesellschaftlichen Ordnung, die dem einzelnen das beruhigende Gefühl gibt, nicht mehr allein zu stehen, sondern Mitglied einer großen Gemeinschaft zu sein, so daß er weniger Angriffsflächen aufweist, um gedemütigt, ausgebeutet und ausgeliefert zu sein. Religionssoziologen, die sich mit dem religiösen Verständnis der Menschen in einem iranischen Dorf kurz vor und kurz nach der islamischen Revolution 1979 beschäftigt haben, sind zu interessanten Ergebnissen gelangt, die mit einigen Einschränkungen, bedingt durch kulturelle und historische Unterschiede, auf die erwachten Schiiten des Libanon ebenso angewendet werden können.

Die Untersuchungen konzentrierten sich auf den zentralen Mythos im schiitischen Islam: den Märtyrertod des Prophetenenkels Husein in der Schlacht von Kerbela (im heutigen Irak) 680 n. Chr. Husein hatte sich gegen die als tyrannisch und illegitim empfundene Herrschaft des – sunnitischen – Kalifen Yazid aufgelehnt und war mit nur rund 70 Getreuen von der weit überlegenen Armee des Kalifen niedergemetzelt worden. Er war für den »gerechten Glauben« gestorben, zum Märtyrer geworden. Für die Schiiten blieb die Symbolik dieses Opfertodes über all die Jahrhunderte hinweg bestimmend für ihr Verhalten gegenüber der Zentralgewalt. Sie betrachteten sich als die Leidenden und Entrechteten, verurteilt dazu, das Schicksal der Unterdrückten zu akzeptieren – so, wie ihr Leitbild Husein, der in den Kampf zog, wohl wissend, daß er chancenlos war.

Diese Grundhaltung erfuhr eine erstaunliche Wandlung durch die schiitisch-islamische Revolution in Iran. Plötzlich erkannte man, daß in der Zahl und der Entschlossenheit der »Leidenden« eine Stärke lag, die die Verhältnisse durchaus zum Umkippen bringen konnte.

Von dort aus war der Schritt zu einem religiösen Fanatismus, der den Einsatz des eigenen Lebens nicht nur rechtfertigte, sondern geradezu forderte, nicht mehr weit. Gerade am Beispiel des Libanon zeigte sich dann später, daß den solchermaßen motivierten Rebellen und Widerstandsgruppen weder mit überlegener Technologie noch mit reiner Machtpolitik beizukommen war.

Eigentlich gab es mindestens zwei gute Gründe dafür, weshalb Khomeinis Propaganda außerhalb Irans ebenso gut auf unfruchtbaren Boden hätte fallen können. Erstens ist der streitbare Ayatollah Perser – durchaus keine günstige Voraussetzung bei der an Rivalitäten und Kriegen reichen Vergangenheit von Arabern und Persern. Darüber hinaus repräsentiert Khomeini die schiitischen Muslime, während in fast allen arabischen Staaten, mit Ausnahme des Libanon und des Irak, die Muslime in der Mehrheit Sunniten sind.

Die Tatsache, daß Khomeinis radikale Lehre dann doch ihre Adressaten fand und nicht nur dem schiitischen Fundamentalismus zum Vormarsch verhalf, sondern gleichzeitig als Reaktion einen sunnitischen Fundamentalismus auf den Plan rief, hängt zusammen mit dem Wechselspiel von »Arabismus« und »Islam« und den Enttäuschungen, die die Bündnispolitik mit europäischen Mächten und den USA der arabischen Welt beschert hatte.

Das Phänomen, das man trotz Ölreichtums und trotz der von den gemäßigten Staaten – wie etwa Saudi-Arabien oder Jordanien betriebenen pro-amerikanischen Politik im Konflikt mit Israel keinen diplomatischen Bodengewinn verzeichnen konnte, weckte die Forderung nach einer Tendenzwende.

Daher griff man Khomeinis Anklagen dankbar auf:

»Wenn gewisse Regierungschefs muslimischer Länder oder gewisse Parlamentsabgeordnete den politischen, wirtschaftlichen oder militärischen Einfluß des Auslands fördern, was ohne Zweifel gegen die Interessen des Islams und der Muslime ist, müssen sie für einen solchen Verrat aus ihren Ämtern entfernt werden, welche diese auch seien, selbst wenn sie mit diesen Ämtern durch ein gesetzmäßiges Verfahren betraut worden sind.

Es ist die Pflicht aller Muslime, diese Individuen mit allen zu Gebote stehenden Mitteln zu züchtigen. Man behauptet oft, Religion und Politik müßten getrennt werden und die kirchliche Welt dürfe sich nicht in Staatsangelegenheiten einmischen. Man sagt, die hohen muslimischen Autoritäten dürften sich nicht in die sozialen und politischen Entscheidungen der Regierung einmischen. Solche Erklärungen stammen nur von Atheisten; sie werden von den Imperialisten diktiert und verbreitet.

War die Politik zur Zeit des Propheten – Gottes Heil über ihn – von der Religion getrennt? Gab es damals einen Unterschied zwischen den Frommen und den Staatsdienern? War die religiöse und die weltliche Macht zur Zeit der Kalifen getrennt? Das sind von den Imperialisten erfundene Verirrungen, um den Klerus aus dem materiellen und sozialen Leben der muslimischen Völker zu entfernen und so die Hände frei zu haben, deren Reichtümer zu plündern. Unter den gegenwärtigen Umständen, da sich die Imperialisten, die verräterischen und tyrannischen Regierungen, die Juden, die Christen und die Materialisten zusammengeschlossen haben, um die Wahrheiten des Islam zu verzerren und die muslimischen Völker zu täuschen, haben wir mehr als je zuvor die Pflicht und Verantwortung, aktive Propaganda zu betreiben und taugliche Lehranstalten zu errichten.

Wir stellen heute fest, daß die Juden – Gott möge sie erniedrigen – die Ausgaben des Koran verfälschen, die in den von ihnen besetzten

Gebieten gedruckt werden. Wir müssen protestieren, jede Aufmerksamkeit erwecken, um der Welt endlich begreiflich zu machen, daß diese Juden und ihre Beschützer das Ziel verfolgen, den Islam zu vernichten und eine jüdische Weltherrschaft zu errichten; und da es sich um ein listiges und geschäftiges Volk handelt, fürchte ich – Gott möge uns für immer davor bewahren –, daß sie früher oder später dieses Ziel erreichen, daß wir uns durch die Schwäche einiger von uns unter einer jüdischen Regierung wiedersehen – Gott möge uns davor schützen!«

Das Szenario des Ayatollah Khomeini ist natürlich keine politische Analyse und mag in westlichen Augen sogar lächerlich wirken. Doch seine Lehre fiel auf fruchtbaren Boden, denn immerhin wiesen Khomeinis warnende Worte einen Ausweg aus der Misere: die Rückkehr zum »wahren Islam«. Besonders für die schiitische Landbevölkerung im israelisch besetzten Südlibanon und in den Elendsvierteln Beiruts war dies eine attraktive Perspektive, die sie aus ihrer Apathie heraushob.

Die Fundamentalisten gaben den Muslimen nicht etwa ihren »Glauben« zurück. Sie verstehen sich keineswegs als eine bloße »religiöse Wiedererweckungsbewegung«. Denn auch laizistisch gesinnte Muslime, die in der Vergangenheit politische Konzepte, wie etwa in der Nasser-Zeit den »arabischen Nationalismus«, erarbeitet hatten, wiesen den Islam nicht völlig zurück.

Allerdings wollten sie die Religion allein als Wertesystem im sozialen und ethischen Bereich akzeptieren. Für sie war der Islam Traditionsgut, Kultur- und Identitätsträger. Im politischen System, in der Staatsordnung, hatte er jedoch nach ihrer Ansicht in der modernen Zeit nichts mehr zu suchen.

Genau an diesem Punkt setzen die Fundamentalisten den Hebel an. Für sie darf es eine Trennung zwischen Religion und Staat nicht geben. Auch Nationalstaaten haben aus der Sicht dieser muslimischen Extremisten keine Existenzberechtigung. Statt dessen erkennen sie nur eine »Nation« an: Die Gemeinde, in der alle Muslime vereint sind, die »umma«.

Bisher existiert die »umma« nicht. Sie ist zerfallen, seit die europäischen Mandatsmächte »Arabien«, das Erbe des Osman schen Reiches, unter sich aufteilten. Als sie nach dem Zweiten Weltkrieg die arabischen Nationalstaaten in die Unabhänigkeit entließen, waren die Grenzziehungen mehr oder weniger willkürlich. Sie zerstückelten geschlossene Siedlungsgebiete, ohne Rücksicht auf das Zusammengehörigkeitsgefühl der jeweiligen Bevölkerung zu nehmen. Das war, um nur zwei Beispiele zu nennen, der Fall im Irak, in dessen Grenzen seither eine schiitische Mehrheit lebt, die stark zum iranischen

Nachbarn tendiert. Auch dem Libanon wurden Gebiete zugeschlagen, die eigentlich seit altersher zu »Groß-Syrien« gehörten und deren vorwiegend sunnitische Bevölkerung lange für ein Verbleiben bei Syrien kämpfte.

Somit war den jungen arabischen Staaten die Saat der Krise bereits in die Wiege gelegt worden, und es blieb eine Frage der Zeit, wann sie aufgehen würde.

Unterdessen trugen die arabischen Länder ihren Teil zur Schwächung der arabischen Einheit bei. Auf der rastlosen Suche nach ihrer Identität und einer Regierungsform, die ihren Bedürfnissen gerecht werden konnte, wurden viele von ihnen durch innere Unruhen und Militärputsche erschüttert. Es entstanden Republiken, Diktaturen und Königreiche. Einige orientierten sich nach Westen, andere gen Osten, manche versuchten sich als Blockfreie, und hin und wieder purzelten Allianzen und Fronten durcheinander und bildeten sich neu.

Richtungsstreitigkeiten, gegensätzliche Gesellschaftsordnungen und nicht zuletzt der immer wieder offene Kampf um den Führungsanspruch in der arabischen Welt verhinderten es, daß eine geeinte panarabische Haltung in wichtigen außenpolitischen Fragen entstehen konnte. Daher gab es für Außenstehende immer wieder Ansatzpunkte, die mangelnde Gemeinsamkeit der Araber für ihre Interessen zu nutzen und »lenkend« einzugreifen.

Nun aber beginnen die Völker und Regierungen in diesem Teil der Welt wieder stärker zu entdecken, was sie gemeinsam haben: Eine Religion, die mehr sein kann als spirituelle Erbauung, die den Rahmen für sozio-politische Entwicklungsprozesse bieten kann.

Der Islam ist erneut zum politischen Forum geworden.

Ganz unterschiedliche Gruppen machen den Islam zum Sprachrohr ihrer Ziele und Motive: Konservative Herrschereliten wie in Saudi-Arabien ebenso wie fanatische Terrororganisationen im Libanon oder die iranische Revolutionsregierung in Teheran. Mit anderen Worten: Es ist hier und heute unmöglich, zu definieren, was »islamische Politik« wirklich bedeutet. Doch ein Grundgedanke scheint sich allmählich herauszukristallisieren: Früher tendierte die islamische Welt dazu, den Herausforderungen der westlichen Zivilisation zu begegnen, indem sie ihr Lied spielte und versuchte, ihr Werte- und Ordnungssystem zu übernehmen. Heute glaubt man, daß ein Rückgriff auf die eigenen Wurzeln unerläßlich ist.

Während Regierungen in islamischen Ländern früher unbedenklich den »Islam« auf ihre Fahnen schrieben, ohne befürchten zu müssen, in ihren Absichten hinterfragt zu werden, müssen sie heute feststellen, daß oft die Opposition den »wahren Islam« für sich reklamiert.

Der Islam ist vielfach auch zum Forum des Protestes geworden.

Der Protest, auch wenn er vorzugsweise anti-westliche Züge annimmt, richtet sich nicht ausschließlich gegen den Westen, sondern gegen die eigenen Führer, die ihre Traditionen verraten und sich fremden Einflüssen geöffnet haben.

Da sich die extremistischen islamischen Gruppen – mit der Ausnahme des Iran – bis heute durchgängig in der Opposition befinden, sind sie noch nicht mit der schweren Aufgabe konfrontiert worden, einen »islamischen Staat« zu bilden. Daher gibt es auch unter den einzelnen pro-islamischen Organisationen bisher kaum ideologische Differenzen. Letztere werden erst dann auftauchen, wenn die revolutionäre Phase zu Ende geht und die Aufbauphase beginnen muß. Dann nämlich werden nationale und regionale Gegebenheiten und Bedürfnisse eine entscheidende Rolle spielen.

Letzten Endes kann der islamische Fundamentalismus, so wie er sich heute präsentiert, nur ein Meilenstein sein auf dem Weg der Muslime zu einem selbstgewählten Standort in dieser Welt.

Der Libanon, dieses kleine nur 10452 Quadratkilometer umfassende Land an der östlichen Mittelmeerküste, ist das Fallbeispiel für alle Irrungen und Wirrungen, die es in dieser Region gegeben hat.

In historischer Zeit ein Exilland für religiös Verfolgte, entstand in unserem Jahrhundert nach dem Willen der Mandatsmächte ein Staat aus der Retorte, in dem eine bunt zusammengewürfelte Bevölkerung miteinander leben sollte. Dabei wurde der neue Staat auf eine politische Basis gestellt, die allenfalls eine Übergangslösung hätte sein können, an der jedoch die Mächtigen im Staat festhielten, als sei sie für die Ewigkeit gemacht.

Viel Zeit blieb den einzelnen Bevölkerungselementen nicht, um sich aneinander zu gewöhnen und Gemeinsamkeiten zu entwickeln.

Um sie herum jagten die Ereignisse wie in einem Stummfilm. Wollte man in diesem Chaos nicht verlorengehen, mußte man Stellung beziehen. Da der Begriff der »libanesischen Nation« eine leere Größe war, ist es nicht verwunderlich, daß sich die Libanesen nach außen orientierten – und so sehr schnell in den Strudel gerissen wurden, den wir heute »Nahost-Konflikt« nennen. Die daraus entstandenen Rivalitäten setzten sich wiederum im Innern des libanesischen Staatsgebäudes fest und höhlten es aus.

Inzwischen verkörpert der Libanon als Mikrokosmos die Zerrissenheit der arabischen Welt: Er war über ein Jahrzehnt hinweg die Basis der »Palästinensischen Befreiungsorganisation« und hat auf seinem Territorium einen der blutigsten Nahostkriege gegen Israel erlebt. Seine Menschen haben heute mit den palästinensischen Flüchtlingen die Erfahrung gemeinsam, was es bedeutet, von seiner Scholle vertrieben zu werden oder unter einer Besatzungsmacht zu leben.

Der Libanon beherbergt in seinen Grenzen auch eine christliche Minderheit, die einst die Mehrheit war und heute ihren Untergang vor Augen sieht, wenn sie sich nicht mit allen Kräften zur Wehr setzt.

Die neue Welle des islamischen Fundamentalismus hat das Land überschwemmt wie kein anderes Land in der Region. Im Norden ist die sunnitische »Islamische Einheitsbewegung« zu finden. In West-Beirut, in der Bekaa-Ebene und im Südlibanon treffen wir auf schiitische Muslime, die sich sowohl in gemäßigten Gruppen wie der »Amal« (»Hoffnung«) als auch in fanatischen Splitterorganisationen wie »Hizbullah« (»Partei Gottes«) oder »Djihad Islami« (»Islamischer Heiliger Krieg«) organisiert haben.

Auf libanesischem Boden stehen sich die Armeen der beiden härtesten Kontrahenten im Nahen Osten, Israels und Syriens, gegenüber.

Alltag im Chaos – Februar 1985

Libanon, Beirut, der muslimische Westteil der Stadt ist unsere Heimat seit drei Jahren. Wir haben das Land damals zum ersten Mal betreten und kannten den Libanon während seiner Blütezeit vor dem ersten Bürgerkrieg von 1975/76 nicht. Wohlmeinende Freunde, die schon länger Augenzeugen der Agonie des kleinen Landes waren, bescheinigten uns, dies sei von Vorteil. Sie hatten recht. Denn so fehlten die Vergleichsmöglichkeiten, und es bot sich die Chance, den Libanon so anzunehmen, wie er heute ist.

In diesem – nach historischen Maßstäben kaum ins Gewicht fallenden – Zeitraum von drei Jahren waren alle hier einem ständigen Wechselbad von Hoffnung und Verzweiflung ausgesetzt. Inzwischen hat sich zweifellos die Hoffnungslosigkeit durchgesetzt, und jeder sucht und findet die nötige Abwechslung in der oft mühsamen Organisation des Alltags. Das tägliche Leben wird geprägt von fehlender Elektrizität, Wasserproblemen, Autobomben, Entführungen, Attentaten, dem ständig wachsenden Verkehrschaos, den Personenkontrollen an den zahlreichen Straßensperren der verschiedenen Milizen und der libanesischen Armee und häufigen Katastrophenmeldungen von den Fronten der vielen kleinen Kriege im Stadtgebiet Beiruts, in den Chouf-Bergen, im Südlibanon und Ostlibanon.

»Die Regierungsgewalt existiert in West-Beirut praktisch nicht. Sie ist weder in der Lage, Sicherheit zu geben noch Elektrizität, Wasser oder Heizung. An den Abenden verlassen wir unsere Häuser nur ungern. Deshalb sitzen wir – bis auf zwei oder dreimal in der Woche, wenn für einige Stunden der Strom kommt – wie die Hühner auf der Stange und warten darauf, daß uns die nötige Bettschwere überfällt«, kommentierte eine befreundete Libanesin dieses Dasein.

Dennoch funktionierte und funktioniert die Versorgung mit Lebensmitteln ausgezeichnet, von einigen Wochen im Sommer 1982 abgesehen, als die israelische Armee ihren Belagerungsring um West-Beirut fest zugezogen hatte. Auch die wiederholte Schließung des Internationalen Flughafens von Beirut – 1984 für 153 Tage – konnte die Improvisationsgabe der Libanesen nicht besiegen.

Die Libanesen sind Meister der spontanen Organisation. Sie haben es geschafft, ihr Land mit einem Importnetz zu überziehen, das auch in Krisen- und Kriegszeiten lückenlos arbeitet. In europäisch aufgemachten Supermärkten kann man täglich Lammfleisch aus der Türkei, Kalbfleisch und Kognak aus Frankreich, Shrimps aus Tunesien, Schweizer Käse, Champagner, Kaviar und andere Köstlichkeiten erwerben. Auf den Straßen der Innenstadt bieten fliegende Händler ein großes Sortiment an französischen Parfums und ausländischen Zigaretten an.

Auch andere Produkte europäischer Lebensart liegen nach wie vor gut im Rennen: In den libanesischen Zeitungen erfährt man neben den neuesten Meldungen von der Front, wo man Modellkleider nach Pariser Chic kaufen kann oder wo »Antoine«, der Friseur mit Pariser Ausbildung, die schönsten Frisuren zaubert. Allerdings wirken diese Einsprengsel einer glitzernden Außenwelt in West-Beirut mit seinem Elendsgürtel, der sich immer weiter in Richtung Stadtzentrum vorschiebt und in dem rund 800000 Menschen leben, von Monat zu Monat absurder.

Das Angebot an Luxusgütern richtet sich an eine stetig kleiner werdende Minderheit: An die noch verbliebenen Ausländer und die dünne libanesische Oberschicht. So ist es mehr als verständlich, daß sich der Volkszorn, die Wut der »Unterprivilegierten«, gegen diese »Symbole der Unterdrückung« richtet.

Tatsächlich sind in den vergangenen Jahren Einrichtungen, die »westliche Lebensart« verkaufen, bevorzugte Ziele von Bombenattentaten gewesen: Boutiquen, Friseurgeschäfte, Bars und Einkaufszentren.

Auch »unseren« Supermarkt ereilte dieses Schicksal in der heiklen Phase zwischen Weihnachten und Neujahr 1983. Nach der Explosion einer im Innern des Ladens plazierten Bombe brannte er fast völlig aus. Nur zwei Stunden zuvor hatten wir unsere letzten Einkäufe gemacht.

Die Reaktionen auf die Anschlagserie waren zunächst panisch, denn es sickerte durch, daß die Ladenbesitzer zuvor Warnungen erhalten hatten, in denen die Frage des Alkohols eine zentrale Rolle spielte. Kurz vor dem Attentat waren noch die alkoholischen Getränke hinter Wasserflaschen versteckt worden, wohl, um die Gefühle strenggläubiger muslimischer Passanten nicht zu beleidigen.

Nachdem die Konkurrenz bereits heimgesucht worden war, gingen auch andere Geschäfte dazu über, Wein und Liköre aus ihrem Angebot zu verbannen, oder sie schlossen ihre Pforten ganz. Eine besonders pfiffige Lösung hatte sich die Leitung des teuersten Supermarkts in West-Beirut einfallen lassen: Dort, wo die Flaschenregale standen, sahen wir lange dichte Vorhänge bis auf den Boden fallen. Wer verschämt dahinter griff, konnte noch alles finden, was das Herz an Alkoholika begehrte, und es natürlich auch kaufen. Am Eingang allerdings wurde jeder Kunde genau gemustert. Wir als Ausländer, des islamischen Fundamentalismus unverdächtig, waren willkommen.

Wir haben die Jahre, die wir im vorwiegend muslimischen Westteil der libanesischen Hauptstadt leben, dazu genutzt, von den Libanesen zu lernen, wie man gegenüber dem absurd-tragischen Alltag eine nonchalante Haltung einnimmt, wie man zwischen sich und den Ereignissen »draußen« eine imaginäre Mauer errichtet, die hoch genug ist, um das Gefühl der unmittelbaren Gefahr nicht eindringen zu lassen, die es aber doch erlaubt, daß man – gewissermaßen vom Beobachterposten aus – die Geschehnisse auf der anderen Seite der Mauer wahrnimmt und einordnet.

Mit diesem Werkzeug gehen wir an die Aufschlüsselung der bedrohlichen Fakten: Autobomben, von denen wir durchschnittlich jeden zweiten Tag mehr als eine zählen, werden erträglicher, wenn man glaubt, die Urheber und ihre Ziele zu kennen. Sogar Selbstmordaktionen werden verständlicher, wenn man die Verzweiflung der Ausführenden in Rechnung stellt, und auch die Verstöße gegen die zahlreichen zerbrechlichen Waffenruhen erklären sich dadurch, daß eine »absolute Wahrheit« nicht zu finden ist und jeder »ein bißchen recht« hat.

Doch alle diese Kraftakte der Verdrängungsenergie werden hinfällig, wenn die Realität plötzlich eine Bresche in die Mauer schlägt und hautnah heranrückt. Diese Erfahrung machten wir zum ersten Mal, als eines Abends ein amerikanisches Auto in der Hofeinfahrt unseres Appartmenthauses stand und uns daran hinderte, unsere fast allabendliche »Trotz-Ausgangssperre-Spazierfahrt« zu machen. Der Hausmeister verwies uns zur Beantwortung aller Fragen an den Militärattaché der Amerikanischen Botschaft, wohnhaft im 6. Stock unseres Hauses.

Jener erklärte uns, die vornehmlich amerikanische Hausgemeinschaft habe sich zu dieser Maßnahme entschlossen, um möglichen Anschlägen von Selbstmordkommandos vorzubeugen. Entsprechende Drohungen seien in den letzten Tagen eingegangen. Denn, so erfuhren wir, und das mulmige Gefühl in der Magengrube verstärkte sich – unser Gebäude sei nicht nur fest in amerikanischer Hand, sondern in Kürze werde gegenüber auch die Amerikanische Botschaft selbst einziehen. Die alte US-Botschaft war im April 1983 in einer gewaltigen Explosion zerstört worden. Dabei waren über 60 Menschen ums Leben gekommen.

Nur wenige Wochen später fanden wir uns in einer Baustelle für eine Festungsanlage wieder: Die Amerikaner hatten eine Truppe von rund 50 libanesischen Wachleuten angeheuert, die im Schichtdienst rund um die Uhr das Gebäude selbst und alle Zufahrtswege kontrollierten. Zusätzlich postierten sich an der nächsten Straßenecke Panzerwagen der libanesischen Armee. Besucher mußten ihre Identitätskarten vorzeigen und sich unter Umständen eine Durchsuchung ihrer Taschen gefallen lassen. Autos durften nicht mehr vor unserem Haus geparkt werden.

Nach und nach wurden riesige Zementblöcke, verstärkt mit Eisenscharnieren, angefahren und wie eine mißlungene Perlenkette um unser Haus und das künftige amerikanische Botschaftsgebäude aufgereiht. Auf dem Dach hatte ein bewaffneter Sicherheitsmann seinen Ausguck, und elektronische Kameras, die ihre Linsen nach allen Seiten drehten, sollten erfassen, was dem menschlichen Auge entging.

Allmählich verwandelte sich das bunkerartige Botschaftsgebäude vor unseren Augen in einen Käfig. Es wurde in ein dickes Drahtgeflecht eingehüllt, das dazu dienen sollte, Granaten und kleinere Raketen wie einen Gummiball zurückzufedern.

Tatsächlich fand der befürchtete Anschlag dann auch im anderen Teil Beiruts, im Osten, statt und richtete sich gegen den dortigen Annex der Amerikanischen Botschaft. Wir haben allerdings nicht abgewartet, ob die eindrucksvollen Sicherheitsmaßnahmen der Amerikaner die Attentäter auf Dauer abschrecken würden – und sind umgezogen.

Privilegierte Westler finden auch heute noch Wohnungen in dieser Stadt, die ihre Eigentümer lieber jahrelang leerstehen lassen als freiwillig eine libanesische Familie aufzunehmen. So sind die Libanesen nicht selten gezwungen, in ihren zerschossenen Häusern auszuharren, auch wenn diese ihnen oft kein Dach oder keine vier Wände mehr bieten. Ja, selbst im völlig zerbombten alten Stadtzentrum Beiruts, in dem der Bürgerkrieg vor zehn Jahren seinen Anfang nahm, gibt es noch Menschen, die hier »wohnen«, die sich über all die Jahre nicht von der Stelle gerührt haben, weil sie nicht wissen, »wohin sie gehen sollen«.

Von den Fenstern unserer Wohnung blicken wir auf die Beiruter Küstenstraße, die einst so berühmte »Corniche«. Früher flanierten hier die zahlreichen Libanon-Touristen. Heute kommt kaum noch jemand nach Beirut, wenn er nicht aus beruflichen Gründen dazu gezwungen ist. Dennoch ist die »Corniche« an Sonn- und Feiertagen stets menschenüberfüllt. Autoschlangen wälzen sich im Schrittempo auf ihr entlang, libanesische Familien picknicken ausgiebig auf dem schmalen Grünstreifen, eingehüllt von all den Autoabgasen. Die »Corniche« ist das einzige Ausflugsziel, das den West-Beiruter Libanesen geblieben ist; Gärten oder Parkanlagen gibt es nicht, der Süden ist von den Israelis gesperrt, die Berge sind seit dem »Chouf-Krieg« im September 1983 zu gefährlich, und auf die Idee, ins Christengebiet oder nach Ost-Beirut zu fahren, kommt kaum ein Libanese aus West-Beirut. So suchen sie ein bißchen Zerstreuung an der Küste, bevor sie sich in der Abenddämmerung auf den Nachhauseweg machen.

Vor der entscheidenden Schlacht um West-Beirut am 6. Februar 1984, als die vereinigten muslimischen Milizen die Macht an sich rissen, sorgte offiziell die nationale Armee für Ruhe und Ordnung in der Stadt. Sie verhängte eine Ausgangssperre, die im Westen eingehalten wurde und um die sich in Ost-Beirut niemand scherte.

Der Westsektor war damals ab 20 Uhr wie ausgestorben. Alle kulturellen Veranstaltungen, Kino- und Theatervorstellungen wurden bereits am Nachmittag angeboten, damit den Besuchern genügend Zeit für den Nachhauseweg blieb. Kaum ein Auto war noch unterwegs, hin und wieder ein vereinzelter Fußgänger.

Dafür erhöhten die Posten der libanesischen Armee an den Straßensperren ihre Alarmbereitschaft. Journalisten mit gültiger Pressekarte war es gestattet, trotz Ausgangssperre das Haus zu verlassen. Oft begegneten wir auf unseren nächtlichen Fahrten keinem einzigen Menschen, keinem Auto, – nur Hunderudeln, die mit selbstbewußten breitbeinigen Schritten die Straßen der libanesischen Hauptstadt durchmaßen und meist nur unwillig und irritiert zur Seite wichen. Sie hatten die Macht im nächtlichen Beirut übernommen.

Wenige der »Ordnungshüter«, denen wir auf diesen Fahrten begegneten, waren erfahrene Soldaten. Kaum überraschend bei einer Armee, die es rund neun Jahre lang nur auf dem Papier gegeben hatte. Meistens waren es die neugezogenen 18-, 19jährigen, die man nachts vor die Sandsackhaufen der Straßensperren stellte und denen man die Angst vor einem Angriff aus dem Hinterhalt an den Gesichtern ablesen konnte. Die Nervosität der jungen Soldaten bewog uns dazu, stets mit Innenbeleuchtung im Auto zu fahren –, besonders, nachdem wir von einer neuen militärischen Order erfuhren: Die Soldaten waren ermächtigt, ohne Vorwarnung zu schießen, wenn sich ihnen ein Fahrzeug näherte, das sie für verdächtig hielten.

Nach der Milizenschlacht im Februar 1984 – so träumte man damals – würden sich die Lebensumstände zum Besseren wenden. Die Beirutis sollten sich wieder frei bewegen können, während die Milizionäre die Sicherheit der Straßen garantieren und sich ansonsten mit ihren Waffen an die Demarkationslinien zurückziehen wollten.

Doch die Realität sieht ganz anders aus. Zwar sind die Straßen nach Einbruch der Dunkelheit wieder bevölkert, doch beim zweiten Hinsehen erkennt man sofort, daß nur die wenigsten der Nachtschwärmer »Zivilisten« sind. Autos, vollgepackt mit Halbwüchsigen und jungen Männern, rasen mit quietschenden Reifen durch West-Beirut. Wenn sie aussteigen und sich mit männlich-breitbeinigen Schritten auf Abenteuersuche machen, kann man unter den modisch-kurzgeschnittenen Jacken mühelos die Pistolentasche hervorlugen sehen, oder sie tragen ihre Waffe gleich griffbereit im Hosenbund.

Raubüberfälle sind an der Tagesordnung: Es empfiehlt sich nicht, nachts ein neuwertiges Auto zu benutzen –, und auch in einem Lokal kann man schon einmal um sein Bargeld und seinen Schmuck erleichtert werden. Die Tatsache, daß Ausländer dabei zu den bevorzugten Opfern gehören, ist nicht unbedingt politisch zu werten, sondern hat rein praktische Gründe. Bei einem Ausländer kann man nämlich in der Regel sicher sein, daß er Geld in der Tasche hat und keine engen Beziehungen zu irgendeiner Miliz unterhält, die den Diebstahl rächen könnte.

Wer in einem Viertel lebt, das nur von einer einzigen Miliz kontrolliert wird, kann sich glücklich schätzen – egal, ob es sich dabei um die drusischen »Sozialisten«, die schiitische »Amal« oder die radikal-schiitische »Hizbullah« handelt. Denn in der Regel achten die Milizen darauf, daß die Sicherheit in ihrem Einflußgebiet gewährleistet ist und keine Übergriffe stattfinden. Außerdem hat man noch, wenigstens theoretisch, die Möglichkeit, sich an das betreffende Parteibüro zu wenden.

Schwieriger ist es, in einem Gebiet zu leben, in dem die Machtverteilung nicht geregelt ist. Hier finden regelmäßig Straßenkämpfe statt, um den verbliebenen Teil des Kuchens noch aufzuteilen. In der einen Nacht verschieben sich die Frontlinien, in der kommenden Nacht werden sie erneut »korrigiert«. Solange eine Gruppe nicht stark genug ist, um die absolute Kontrolle zu übernehmen, sind die Menschen in diesem Viertel einem ständigen Terror ausgesetzt.

An Tagen, an denen man die Spannung knistern hört, ist es nicht ratsam, zu später Stunde vom Machtbereich einer Gruppe in den einer anderen zu wechseln. Denn das Mißtrauen ist tief, und besonders nachts herrscht eine lebensgefährliche Wachsamkeit.

Wir leben seit jeher in einem drusisch dominierten Viertel. Das ist ein Vorteil im Anarcho-Dschungel von West-Beirut, weil die Drusen als zuverlässige und gute Kämpfer gelten und nur selten ein Infiltrationsversuch einer feindlichen Miliz vorkommt, der dann allerdings regelmäßig in einen Straßenkampf ausartet.

»Gesamtlibanesisch« gesehen, kann sich unsere Wohnlage jedoch manchmal recht unangenehm auswirken. Denn die Christen Ost-Beiruts sind immer wieder Bombardierungen durch die drusische

Artillerie in den Bergen ausgesetzt. Entschließen sie sich, ihrerseits mit schweren Waffen zurückzuschießen, so wählen sie als Ziel oft Viertel mit vorwiegend drusischer Bevölkerung – eine Faustregel, deren Konsequenzen wir schon mehrmals spüren mußten.

Jenseits dessen beschäftigt uns seit Jahren ein wenig spektakuläres Problem, das unseren Alltag bestimmt und die Arbeit behindert: die fehlende Elektrizität. Zwar gehören wir, seit es einen Generator im Haus gibt, zu den Privilegierten in West-Beirut. Doch der Motor ist zu schwach, um viel mehr als den Kühlschrank und zwei oder drei Lichtquellen zu nähren. Die elektrischen Geräte leiden unter den ständigen Stromschwankungen, und oft sitzen wir nicht nur im Dunkeln, sondern auch ohne Wasser da, weil die Stromversorgung für die Wasserpumpe nicht ausreicht.

Im Westteil der libanesischen Hauptstadt schlägt der Boom für Generatoren hohe Wellen: Geräuscharme, die man in den Wohnungen selbst aufstellen kann, große und laute, die in den Kellern der Häuser installiert werden, kleine und einfach konstruierte, die vor den Geschäften auf der Straße stehen und die gesamte Innenstadt mit einem unangenehm hämmernden Motorengeräusch erfüllen.

Mittlerweile sind die Preise für Generatoren in schwindelnde Höhen geklettert. Diejenigen Libanesen, die solche hohen Summen nicht bezahlen können oder wollen, müssen ihren Tagesablauf weitgehend dem Rhythmus der Elektrizitätsversorgung anpassen und auch schon mal nachts um zwei Uhr zum Bügeln aufstehen. Hin und wieder versuchen Verzweifelte auch erfolgreich, die Elektrokabel ihrer begünstigten Nachbarn anzuzapfen, denn vor dem libanesischen Elektrizitätswerk sind nicht alle gleich.

Ein Ende des Dilemmas ist vorerst nicht in Sicht, denn eines der wichtigsten Elektrizitätswerke südlich von Beirut kann derzeit nicht repariert werden, weil es in der Schußlinie feindlicher Milizen liegt.

Die leidgeprüften Libanesen machten ihrem Unmut Luft und klagten die Regierungsverantwortlichen offen an, mit den Generatoren-Importeuren gemeinsame Sache zu machen, ein Vorwurf, der immerhin wochenlang auf den ersten Seiten der Zeitungen diskutiert wurde. Der libanesische Energieminister reagierte scharf auf diese Anklagen. »Die Elektrizität«, so erläuterte er, »ist eine Errungenschaft der Zivilisation. Im Austausch für Frieden und Sicherheit sind wir gern bereit, Elektrizität zu liefern. Doch sieht man genau hin, wie sich die Menschen hier verhalten, so scheint es angemessen, daß sie bei Kerzenlicht sitzen.«

Oft wird gefragt, ob dieses Land »europäisch« oder »arabisch« sei. Auf diese heikle Frage hat es schon die widersprüchlichsten Antworten gegeben. Sie interessiert vor allem diejenigen, die den Libanon kannten, als er noch die »Schweiz des Orients« war, Beirut als das »Paris des Ostens« galt.

Auch die verfeindeten libanesischen Politiker, die sich Ende 1983 zur Genfer »Versöhnungskonferenz« trafen, beschäftigten sich mit dem Selbstverständnis des Libanon. Sie einigten sich schließlich darauf, daß es sich um ein »arabisches Land« handle.

Doch dies war eine politische Antwort. Die Meinung des einzelnen Libanesen wird davon abhängen, wo er lebt, welchen sozialen Status er hat und welcher Religionsgemeinschaft er angehört.

An guten Tagen fühlt man sich stark genug, um die Zerrissenheit dieses Landes und seiner Menschen zu ertragen: Westliche Vorbilder stehen gegen pan-arabische Gefühle; Bindungen an das christliche Europa gegen die Hinwendung zum Islam, und die Hoffnung aller ist es, bald ein »normales Leben« leben zu können – aber wann?

Statistiker mit ihrer Liebe zur zukunftsweisenden Genauigkeit haben folgendes errechnet: Ein Mensch, geboren am Tag des beginnenden Wiederaufbaus im Libanon, wird 37 Jahre alt sein, wenn alle äußeren Kriegsschäden behoben sind.

Chronologie der Ereignisse

1920 Frankreich wird Mandatsmacht für Syrien und Libanon. Der »Grand Liban« wird ausgerufen.

1943 Libanon wird unabhängig.

1945 Libanon wird Mitglied in der »Arabischen Liga«.

1948 Erster arabisch-israelischer Krieg, in dem die libanesische Armee eine untergeordnete Rolle spielt. Viele palästinensische Flüchtlinge verlassen ihre Heimat.

1958 Im Irak wird die haschemitische Monarchie gestürzt. Im Libanon bricht ein Bürgerkrieg aus. Während die libanesische Armee neutral bleibt, schicken die Vereinigten Staaten Marines nach Beirut.

1967 Der dritte arabisch-israelische Krieg hat die Eroberung des Sinai, der Golanhöhen und der jordanischen Westbank durch Israel zur Folge.

1968 Israel beginnt mit »Strafaktionen« gegen palästinensische Flüchtlingslager im Libanon. Die israelische Luftwaffe zerstört 13 Zivilflugzeuge auf dem Internationalen Flughafen von Beirut.

1969 Die libanesische Armee geht gemeinsam mit falangistischen Milizen gegen PLO-Einheiten vor. Im November unterzeichnen Vertreter der Armee und der PLO das »Abkommen von Kairo«, das die palästinensischen Aktivitäten auf libanesischem Boden regeln soll.

1970 *September*
Bürgerkrieg in Jordanien, als dessen Folge die PLO ihr Hauptquartier in den Libanon verlegt.

1973 *Mai*
Kämpfe zwischen der libanesischen Armee und PLO-Kommandos.
Oktober
Vierter arabisch-israelischer Krieg.

1975 *26. Februar*
Maarouf Saad, Führer der »Nasseristischen Volksorganisa-

tion«, wird während einer Demonstration in Saida erschossen. Weitere Demonstrationen in Beirut schließen sich an.

13. April

Falangistische Milizionäre massakrieren Palästinenser in Ain al-Roummaneh. In mehreren Teilen Beiruts brechen Kämpfe aus.

30. Juni

Nach Intensivierung der Gefechte bildet Raschid Karame ein 6köpfiges Kabinett mit Camille Schamun als Innenminister.

August

Die Kämpfe greifen über auf Zahle und Tripoli.

September

Die Falangisten starten einen Angriff auf das historische Beiruter Stadtzentrum. Die Kämpfe toben unverändert für den Rest des Jahres weiter.

1976 *Januar*

Die falangistischen Milizen beginnen mit der Blockade der palästinensischen Flüchtlingslager. Als Reaktion darauf beteiligen sich größere PLO-Einheiten am Bürgerkrieg und schlagen zurück, indem sie gemeinsam mit Truppen der muslimischen Koalition der »Nationalbewegung« die christliche Stadt Damour belagern.

14. Januar

Die Falangisten überrennen das Palästinenserlager in Dbayyeh (Ost-Beirut).

18. Januar

Die Falangisten nehmen Karantina ein. Die Bevölkerung wird entweder niedergemetzelt oder muß das Lager verlassen.

19. Januar

Syrien schickt Einheiten der »Palästinensischen Befreiungsarmee« (PLA) in den Libanon.

20. Januar

Palästinensische Kämpfer erorbern Damour und massakrieren die christliche Einwohnerschaft.

21. Januar

Der syrische Außenminister Abdel Halim Khaddam kommt nach Beirut, um einen Kompromiß auszuhandeln.

14. Februar

Der libanesische Staatspräsident Suleiman Frandjieh kündigt ein Reformprogramm an.

März

Die libanesische Armee zerfällt.

11. März
Brigadier Aziz Ahdab versucht einen Militärputsch.
13. März
Parlamentsabgeordnete verlangen den Rücktritt Frandjiehs.
1. Juni
Die syrische Armee kommt als Verbündete der Falangisten in den Libanon.
22. Juni
Die Falangisten greifen die palästinensischen Flüchtlingslager in Ost-Beirut an.
12. August
Das Flüchtlingslager Tall az-Zaatar wird von den falangistischen Milizionären gestürmt, die Einwohnerschaft niedergemetzelt.
23. September
Elias Sarkis wird neuer Staatspräsident des Libanon.
28. September
Die syrische Armee greift die vereinigten Verbände der PLO und der »Nationalbewegung« in Dhour Schweir an.
13. Oktober
Die syrische Armee erobert Bhamdoun von den Palästinensern zurück.
14. November
Syrische Truppen dringen nach Beirut vor.
9. Dezember
Unter dem neuen Ministerpräsidenten Selim al-Hoss wird ein Technokratenkabinett gebildet.

1977 *März*
Drusenfürst Kamal Djumblatt wird ermordet. Dem schließen sich Massaker der Drusen an ihren christlichen Nachbarn an.
Mai
In Israel wird Menahim Begin Ministerpräsident.
Juli
Das »Abkommen von Chtaura« zwischen der libanesischen Regierung, Syrien und der PLO soll eine Truppenentflechtung bewirken.

1978 *11. März*
Ein Kommando der »Fatah« verübt einen Terroranschlag in Haifa.
15. März
Israel beginnt seinen »Litani-Feldzug«.

19. März
Der Sicherheitsrat der Vereinten Nationen verabschiedet die Resolution 425, in der Israel zum Abzug aus dem Libanon aufgefordert wird.
7. April
Israel beginnt einen begrenzten Rückzug aus dem Libanon.
April
UNIFIL-Truppen gehen im Südlibanon in Stellung.
12. Juni
Israel übergibt dem Dissidenten-Major Saad Haddad die Kontrolle über ein Stück libanesischen Territoriums.
Juli
Die Syrer wechseln ihre Verbündeten und beginnen mit der Bombardierung Aschrafiehs (Ost-Beirut).

1979 *Februar*
Neue Kämpfe zwischen der syrischen Armee und den Falangisten.
April
Saad Haddad ruft den »Freien Libanon« in seinem Gebiet aus, bombardiert die Stellungen der UNIFIL-Soldaten und verwehrt der libanesischen Armee den Zugang in sein Gebiet.

1980 *Juli*
Ministerpräsident Selim al-Hoss tritt zurück. Beschir Djemayyil besiegt mit seinen Falangisten die rivalisierende Miliz des Ex-Staatspräsidenten Camille Schamun.
25. Oktober
Unter Schafiq al-Wazzan wird eine neue Regierung gebildet.

1981 *März*
Major Saad Haddad bombardiert eine Stellung von nigerianischen Soldaten in der UNIFIL.
April
In Zahle kommt es zu Kämpfen zwischen den Falangisten und der syrischen Armee. Die Syrer stationieren Sam-6 Flugabwehrraketen in der Bekaa-Ebene. Israel fordert umgehend ihre Beseitigung.
30. Juni
Begin gewinnt die israelischen Wahlen.
17. Juli
Israel beginnt mit einer Reihe von Luftangriffen auf PLO-Basen im Süden und bombardiert auch Fakhani in West-Beirut.

24. Juli
Der amerikanische Unterhändler Philip Habib vermittelt einen Waffenstillstand.
4. August
Regierungsbildung in Israel. Ariel Sharon wird Verteidigungsminister.

1982 *April*
Israel nimmt seine Luftangriffe auf palästinensische Flüchtlingslager wieder auf.
Mai
PLO-Kommandos beschießen im Gegenzug Nordisrael.
4. Juni
In London verüben Unbekannte einen Attentatsversuch auf den israelischen Botschafter.
6. Juni
Die israelische Invasion des Libanon beginnt. Vier Tage später erreicht die israelische Armee bereits die Außenbezirke von Beirut.
13. Juni
Die Blockade Beiruts beginnt.
21. August
Die Evakuierung der palästinensischen Kämpfer beginnt.
23. August
Beschir Djemayyil wird zum libanesischen Staatspräsidenten gewählt.
10. September
Die »Internationalen Friedenstruppen« ziehen ab.
14. September
Beschir Djemayyil wird ermordet.
15. September
Die israelische Armee dringt nach West-Beirut ein.
16. September
Die Falangisten beginnen die Massaker in den palästinensischen Flüchtlingslagern Sabra und Schatila.
21. September
Amin Djemayyil wird neuer libanesischer Staatspräsident.
Oktober und November
Der amerikanische Unterhändler Morris Draper beginnt mit Gesprächen über einen israelischen Abzug.

1983 *Januar*
Libanon und Israel sind gesprächsbereit.

8. Februar
Eine israelische Kommission tadelt den Verteidigungsminister Ariel Sharon und mehrere Offiziere für ihre moralische Mitverantwortung für die Massaker in Sabra und Schatila.
14. Februar
Der »Palästinensische Nationalrat« trifft in Algier zusammen.
10. April
Der jordanische König Husein bricht die palästinensisch-jordanischen Gespräche ab.
18. April
Bei einem Anschlag auf die US-Botschaft in West-Beirut kommen 69 Menschen ums Leben.
24. April
Der amerikanische Außenminister George Shultz kommt in den Mittleren Osten.
17. Mai
Israel und Libanon unterzeichnen ein »Truppenabzugsabkommen«. Die syrische Regierung weist das Abkommen zurück und weigert sich, den amerikanischen Sonderbotschafter Philip Habib zu empfangen.
Juni
Syrien stützt und ermutigt die Rebellen gegen PLO-Chef Yassir Arafat in den eigenen Reihen.
6. Juli
US-Außenminister Shultz besucht Damaskus, kann jedoch Präsident Hafiz al-Assad nicht zur Annahme des israelisch-libanesischen Truppenabzugsabkommens bewegen.
10. August
Die drusischen Milizionäre bombardieren von den Bergen aus den Internationalen Flughafen von Beirut.
29. bis 31. August
Die libanesische Armee geht gegen schiitische Milizionäre in den Süd-Beiruter Vororten vor. Die Israelis ziehen sich aus dem Gebirge oberhalb Beiruts zurück: Der Chouf-Krieg zwischen Drusen und Falangisten beginnt.
September
Die Drusen fügen den Falangisten mehrere Niederlagen zu. US-Präsident Reagan gibt der 6. amerikanischen Flotte grünes Licht, zur Unterstützung der libanesischen Armee die Stellungen der Drusen und Syrer in den Bergen zu beschießen.
25. September
Waffenstillstand. Ein »Nationales Versöhnungskomitee« wird gegründet.

23. Oktober
Fast 300 US-Marines und französische Soldaten werden Opfer eines Anschlags auf ihre Hauptquartiere.
31. Oktober
Erste »Versöhnungskonferenz« der Libanesen in Genf.
November
Allmählich bricht der Waffenstillstand zusammen. Die Drusen und Falangisten nehmen die gegenseitigen Bombardierungen wieder auf. Unterdessen wird PLO-Chef Yassir Arafat in der nordlibanesischen Stadt Tripoli von seinen eigenen Leuten bekämpft und muß fliehen.
4. November
Selbstmordanschlag auf das israelische Hauptquartier in Tyros, bei dem über 60 Menschen ums Leben kommen.

1984 *14. Januar*
Der Dissidenten-Major und Verbündete der Israelis, Saad Haddad, stirbt.
20. Januar
Schwere Kämpfe zwischen der regulären Armee und oppositionellen Milizen brechen in den Bergen und Beiruts südlichen Vororten aus.
22. Januar
Drusenfürst Walid Djumblatt ruft nach dem Rücktritt von Staatspräsident Amin Djemayyil.
27. Januar
Ein neuer amerikanischer Unterhändler – Donald Rumsfeld – kommt nach Beirut.
6. Februar
Eine Koalition aus drusischen und schiitischen Milizen ergreift die Macht in West-Beirut.
13. Februar
Washington gibt den US-Marines in Beirut den Befehl, innerhalb von 30 Tagen abzuziehen.
21. Februar
Amin Djemayyil entscheidet sich, das 17. Mai-Abkommen mit Israel zu annullieren.
5. März
Die Annullierung wird offiziell bekanntgeben. Das syrische Staatsoberhaupt Hafiz al-Assad gratuliert Amin Djemayyil telefonisch zu seiner Entscheidung.
17. März
Beginn der zweiten libanesischen »Versöhnungskonferenz« in

Lausanne. Die Opposition legt einen umfangreichen Reformkatalog vor.
März
Fortgesetzte Bombardierungen der christlichen Wohngebiete in Ost-Beirut aus den drusischen Bergen fordern viele Todesopfer.
Mai
Bombenanschläge auf Bars in West-Beirut und Entführungen westlicher Ausländer werden häufiger.
4. Juni
Der zweite Jahrestag der israelischen Invasion wird durch die »Woche des Zorns« eingeleitet. In der Folge häufen sich die anti-israelischen Attentate im besetzten Südlibanon.
August
Drusenfürst Walid Djumblatt weigert sich, die nationale Armee im Rahmen des Sicherheitsplans in die Berge vorrücken zu lassen.
16. August
Schiitenführer Nabih Berri bringt vor dem Sicherheitsrat der Vereinten Nationen eine Anklage gegen Israel ein.
20. September
Bombenanschlag auf den Annex der US-Botschaft in Ost-Beirut fordert mehr als 20 Todesopfer.
8. Oktober
Ministerpräsident Raschid Karame verweigert direkte Verhandlungen mit Israel und verlangt einen bedingungslosen und vollständigen Rückzug der israelischen Armee aus dem Südlibanon.
Oktober
Die Israelis riegeln den Südlibanon vom übrigen Land ab.
November
In Nakoura beginnen die Militärgespräche zwischen Israel und Libanon. Die Libanesen weisen eine Rolle der »Südlibanesischen Armee« als Ordnungsmacht zurück und fordern von Israel eine Kriegsentschädigung.
Dezember
Zahlreiche große Autobomben in West-Beirut.
24. Dezember
Saudi-Arabien hebt seinen Einfuhrboykott auf libanesische Waren auf.

1985 *15. Januar*
Israel verkündet seine Entscheidung, sich ohne Koordination mit den Libanesen aus dem Südlibanon zurückzuziehen. Es

entwickelt einen 3-Phasen-Plan, der im Oktober 1985 abgeschlossen sein soll.

21. Januar
Anschlag auf den sunnitischen Führer Mustafa Saad in Saida. Die erwarteten Zusammenstöße zwischen den verschiedenen libanesischen Religionsgemeinschaften bleiben jedoch aus.

Rue Omar Ben Abdel Aziz
Rue Hamra
Faraya Mzaar
The Cedars
Laqlouq

Die letzte offizielle Bevölkerungsschätzung wurde 1956 veröffentlicht; sie teilt die verschiedenen Religionsgemeinschaften wie folgt auf:

Maroniten	423000
Griechisch-Orthodoxe	149000
Griechisch-Katholische	91000
Sunniten	286000
Schiiten	250000
Drusen	88000
Sonstige	122000

Sonstige bedeutet: Armenisch-Orthodoxe, Armenisch-Katholische, Syrisch-Orthodoxe, Syrisch-Katholische, Nestorianer, Chaldäer, Römisch-Katholische, Protestanten, Baptisten, Anglikaner, Monophysiten und Juden

Aus politischen Gründen wurde die letzte Volkszählung im Jahre 1932 durchgeführt. Schon im ersten Bürgerkriegsjahr 1975 war man sich im Grunde bewußt, daß die Muslime inzwischen die Bevölkerungsmehrheit bildeten, und vor allem die Schiiten – vielleicht auch die Sunniten – die Maroniten überrundet hatten.